学随世转

二十世纪中国的史家与史学

虞云国 著

上海人民出版社

目　录

陈寅恪史学方法论

史坛南北二陈论

顾颉刚：古史辨"剿袭"案的再辩谳

后编

外编

张家驹三题

程应镠的命运与史学

自　序

我的专业方向是两宋史，本书却归入中国史学史的范畴；中国史学史也涵括宋代，但本书聚焦却是现代中国的史家与史学，在时段上逸出了两宋的畛界。我历年写的这类文章竟能出专书，纯属无心插柳之举。

一

我进入大学时已年届而立，史学训练近乎零起点，以史学为志业的意识却已然萌生。大目标既定，总得框个范围，因缘际会，经过拿捏掂量，选择了宋史。大三那年写出首篇宋史论文，或可视为走上治史之路。本科毕业留校，进入宋史研究室，不久在职读研究生，其后虽写过其他断代的论文，但治史大方向从未游移过。

对史学入门者而言，不断提升专业素养至关重要。而中国古代史研究者的专业素养，内涵似乎尤其宽泛，既有治史必备的地理、职官、年代、目录四把钥匙，也有文字、训诂、校勘、辨伪等历史文献的专门之学，还包括史学理论与研究方法。在史学理论方法上，听过程应镠先生讲的"中国古代史研究方法"研究生课程，但平日请谒侍谈，不经意间的收获似乎更多，我有《治史三昧》自道启悟。除此之外，我补了两方面的短板：一是以"拿来主义"的眼光选读当年风行的史学理论与社科新潮的海外译著，二是认真研习中国现代史学大师的著作。这里只说后者。

中国传统史学向现代史学的转型，一般以20世纪初梁启超刊发《新史学》为起点，但新史学范式的全面开创还要迟至五四运动前后。其后二三十年间，梁启超、章太炎、王国维、陈垣、吕思勉、胡适、顾颉刚、陈寅恪、钱穆与郭沫若，史学大师纷至沓来，他们自撰杰作，独创范式，分立门派，各领风骚。在史观与史法上，尽管各有主张，甚至互相立异，但对中国现代史学都有创辟之功。就史观与史法而言，他们一方面不同程度地受过外来学术与方法的冲击与洗礼，一方面相当坚实地承袭了传统学术与方法的熏陶与濡染；前一层面促成他们敢于挑战传统史学，创立史学新范式；后一层面有助他们善于改造传统史学，融入史学新范式。唯其如此，他们注重新旧范式之间的衔接与过渡，确保新创的史学范式能够契合中国史学的特定对象与既有资料，以期真正体现中国特色，实现范式的成功转型。就此而言，认真学习这些史学大师的典范之作，对初涉史学者就具有双重的意义。

其一，大师们那些见地独到的研究结论，对试图把握中国历史全局的后学而言，无疑竖起了一个不容或缺的参照系。即便他们具体而微的论题与观点，与你研究的专题或断代没有直接的交集，仍能成为你研究时的支持意识，有助你以更宏阔的视野与更敏锐的识见去思考、去探究有关问题。宋史学界广泛流传"只学宋史，学不好宋史"之说，没有必要考证究竟哪位前辈大家首倡其法，毋宁相信他们都有过类似的告诫，其意无非强调宋史必须置于整个中国史的大视野中去审察与研究。我也是怀着这种认知，企望从史学大师的典范研究中努力领会他们对中国历史的经典诠释。

其二，大师们在研究中独运机杼的理论与方法，更为后来的初学者提供了值得参考与借鉴的范本与样板。作为一门人文学科，历史学在史料处理、史实考据、史事分析与史著书写上，兼具科学与艺术的双重特性。或许考虑到这种双重性，年鉴学派大师马克·布洛赫讨论史学理论与方法的遗著取名《历史学家的技艺》，意在凸显历史研究中技艺性的那一面。既然如此，史学从业者倘欲有效而速成地掌握这门技艺，首先应从大师最成功的典范之作入手，细致入微地观摩、取经乃至仿效，以期在治史技艺上博采众长，自有会心。

出于以上认识，自20世纪80年代起，我有目的、分步骤地阅读中国现代史学大师的著作。我曾自述读书经历说：

> 研读中国20世纪"新史学"的代表作，从中揣摩体会大师们的治学方法，也曾是我的自修课。记得入手最早的是顾颉刚《古史辨自序》，他这篇长序一气呵成堪称兴会淋漓，而我一气读完也几乎手不释卷，不仅心悦诚服其"层累地造成的古史说"，在史料检讨与史实解释上也有感悟。其后，将梁启超、陈寅恪、陈垣与吕思勉等诸家名作陆续请上书架，无不开卷有益，欣然有得。（《私人阅读的两个三十年》）

我也设想，"把二十世纪的史学大师，从揭橥'新史学'的梁启超开始，一个一个地把大师们的史学著作学习一遍，领悟他们的史学三昧，同时把他们的史学在百年大变局的互动中给以历史的定位"（《学史帚稿·自序》）。这段自述表明，在阅读大师时，我的兴奋点集中在两个方面：一是研究每个史学大师自具特色的治史方法，二是在时世变局中关注大师及其史学的不同衍变。

其后十余年，在以宋史为主业的同时，我的大师阅读计划虽时断时续，但从未中辍，有的选读其代表作，有的通读其全集。

1997 年，在华东师范大学纪念吕思勉逝世四十周年研讨会上，我提交了《用新方法整理旧国故》的论文，梳理了吕思勉的学术背景、史学思想与方法论，进而在新史学序列中对吕氏史学作了历史的考察。这篇文章既是阅读吕思勉著作的读书报告，也是我涉略中国现代史家与史学的首次尝试。这篇论文与其后的《不为乾嘉作殿军——陈垣与新史学》与《陈寅恪史学方法论》，都是在通读三位大师著作的基础上，探讨了他们的历史观与方法论。刊于 20 世纪最后几年的《世间已无陈寅恪》与《史坛南北二陈论》则更多审视了时代变局与史家学术的互动与纠葛，在大背景上则与当时的陈寅恪热有某种关联。以上几篇论文收入 2009 年出版的《学史帚稿》，我在自序里表示，还想继续学习其他大师的史学，分别写成论文，以期"编一本关于二十世纪中国史学嬗变录的专题论文集"。

然而，因各种原因，这一计划至今终成虚愿。首先，从学界的史学史研究而言，从 20 世纪末到 21 世纪初，对现代史学大师的研究成果丰硕，佳著迭出，已少有余地让我这样的非主业研究者伸一伸脚。例如，史学大师顾颉刚关于古史辨说的主要著述，尽管早已读过，但从未搦笔为文，二十多年过去，面对论述顾颉刚及其古史辨派的众多史著，我曾有的体悟已不新鲜。直到古史辨说是否剿袭自日本学者的争论重启，才再次激发我的兴趣，以《古史辨"剿袭"案的再辩谳》发了点声音。

其次，从个人的研究旨趣来说，进入新世纪后，我更关切 1949 年以后的时代变局如何决定中国史家的命运，并怎样干预他们的学术。在体式上，也不再拘泥于论文，而往往出之以历史随笔，以期争取更多的读者。在吴晗逝世四十周年、诞生一百周年之际，我写了关于他的一组随笔。在《学习与批判》出世四十周年时，我让在此刊上登场亮相的海上三代文史学人再次浮出历史的海平面。丁则良是我业师的挚友，在编辑《程应镠先生编年事辑》时，我扼腕其英年早逝而几被遗忘的命运，把他的平生遭遇从历史深处打捞出来，对其史学的发轫与转轨也从时局大势与史家抉择的互动角度有所解释。

与此同时，我对中国现代史家的研究，也不宜过度疏离自己的学术传承与专业范围。就师承而言，我入门宋史先受程应镠先生的影响，其后关注供职大学已故学者张家驹的宋史研究，先后编过《程应镠史学文存》与《张家驹史学文存》，并分别写有专论作为代序。在宋史名家中，我由衷仰佩美籍学者刘子健的研究方法与学术创见，在其成名作《宋代中国的改革》引进中译本之际，受托撰写导读，借此机缘力所能及地通读了他的主要论著，既对其历史观与方法论有所探讨，也再现了他的学术生涯与故国情怀。类似的名著导读还有应命承乏的《严耕望与他的〈治史三书〉》，不揣浅陋地以过来人的感悟向后来者略说一得之见。

在简介诸篇成文背景后，再交代一下结集的思路。在新史学成立时期，吕思勉、陈垣、陈寅恪与顾颉刚都是卓有建树的大师，他们的学术活动虽延续到1949年以后，但学术体系都始创于1949年以前，将有关他们的文章辑为前编，应该是顺理成章的。论吕思勉文后附录了《写在〈吕思勉全集〉的边上》，以史学随笔的形式承续前文说了点新的感想，不妨视为对旧文的补充。辑为后编的论述对象有吴晗、丁则良、严耕望、刘子健，在学术地位上，诸家不能与前编的大师相提并论，除吴晗在1949年前已崭露头角，其他诸人的史学活动主要在1949年以后。缘于同一考量，《〈学习与批判〉里的海上学人》论及1949年以后非常时期的非常学术生态，故也一并辑入。《吴晗三调》原题《吴晗四章》，但出版有规定，其中第三章《那桩关于海瑞的公案》（原载《东方早报》2009

年 11 月 15 日《上海书评》），第四章《吴晗式悲剧：从控诉到被控诉》
（原载 2009 年 11 月 15 日《南方都市报》），因故芟落，不得已遂将原为
附录的关于吴晗自传系年的考证文章顶替上位，形成体式有失和谐的
《吴晗三调》。从大背景来说，最后两篇也可辑入后编，但所论对象涉及
笔者的师承，列为外编似更合理。

论吴晗与张家驹两篇中的"三调"与"三题"原是各自独立的历史
随笔或考证，现裒集编为专题之文；论丁则良生平遭际一文，原来也是
历史随笔，这次入集时增补新见史料，几乎近于重写。经过分辑编排，
统一体例，补齐注释，订正讹误，才将粗头乱服的诸文梳妆打扮成初具
模样的专著。付梓之际，难免敝帚自珍之心，却存画眉深浅之疑。

二

收入论集的各篇论文，撰作年代前后跨越二十五年，似乎很难说有
一以贯之的总体规划。但既经结集，略加审视，发现仍有一条主线贯彻
始终。这一主线正可用作书名：《学随世转：二十世纪中国的史家与史
学》。显而易见，书名所谓的"学"，专指作为人文学科之一的中国现代
史学，诚如副题所示，也把从事史学研究的史家囊括在内。而所谓
"世"，一般指时代，说得具体点，也就是"时势"；时势既指时代的大
势，也指特定时段的政局突变。至于"转"，涵义似更多义，诸如转变、
转化、转向、转轨、转型，这些不同的涵义也分别见诸本书所论的史家
及其史学。在现代中国，不仅史学的轨迹随时势之变而各呈其态，不同
史家在学术取向与命运浮沉上也都分别打上了世局盃变的时代印记，唯
其如此，以"学随世转"作为概括与定论，应该再恰当不过。

尽管在分论史家及其史学时，本书已多从时世变局着眼，但仍有必

要对现代史学中"学随世转"的大问题再略作总体性回顾。

新史学范式的创立，在中国现代史学中堪称头等大事。学术史上新旧范式的嬗代，自有学科发展的内在逻辑，但促成这种范式革命的时代大势同样至关重要。19世纪末，西方开启了新一轮的史学范式转型，1900年巴黎首次召开国际历史科学大会，或可视为西方史学现代化成功转型的坐标。（参见张广智《中国史学：在与世界史学互动中前行》，《近代以来中外史学交流史》下册，复旦大学出版社2020年版，第1228页）中国现代史学的发轫，一般将梁启超发表《新史学》作为起点，在年代上与西方史学似乎共时，但中国新史学在范式创立过程中，明显受惠于西方（包括日本）现代史学的沾溉与熏染。梁启超的新史学稗贩经日本中转的西方史学理论，胡适从杜威实验主义中抽取实证方法奉为其治学的不二法门，陈寅恪多年求学海外，海纳百川地汲取现代西方的理论与方法，都是学界耳熟能详的。即便没有留学经历，吕思勉凭借外文原著与中文译本借鉴西方社会科学的新理论与新方法，陈垣也以日译本略窥西方史学方法论。而顾颉刚古史辨说是否剿袭的公案，也从另一侧面说明，在现代史学转型的中日互动中，中国已从输出方转为受纳方的学术趋势。

在中国新史学范式确立过程中，诸多史学大师挣脱传统，放眼世界，走出国门，拥抱新知，不应忽视时代大势的推波助澜。其一，进入20世纪，不仅经济领域，即便文化与学术等领域，也都呈现全球化的大趋势。国际历史科学大会的成立标志着历史学领域里世界学术共同体的产生，中国史学从传统向现代的转型，总体上是接轨于这一学术共同体的。其二，20世纪初叶，中国知识精英走向世界，已从政治性的官方派遣下移为自发性的民间留学，学成归来的知识精英将世界最新的学科理论与方法带回中国，对中国现代学科体系与规范有筚路蓝缕的开辟之功，其中也包括新史学范式的开创。其三，这一时代大势中，新文化运动的思想启蒙居功至伟，经历启蒙的知识精英，无论是否留洋海外，都能以开放的心态反思传统，接纳新潮，有力推动了新史学范式的完型，他们也能秉持科学理性与民主宽容的认知兼容并包新史学的不同学派及其范式，从而在 20 世纪二三十年代，为中国史学迎来了大师迭出、流派纷呈的黄金时代。从世界大势看，这一时段正是两次大战间的相对安定期，不少史学大家多趁其时负笈海外；从国内政局看，这一时期也恰逢国家政权较少干涉文化学术的相对宽松期，新史学诸家便因时而起开宗立派。探究中国现代史学上这一因缘际会，灼然可见其背后内外时势的复合作用。

抗日战争的全面爆发，干扰了中国现代史学的既有走势，民族危亡的严酷局势同样影响乃至左右了中国史家及其史学研究。陈寅恪在抗战南迁途中藏书笔记损失殆尽，不得不将治学范围收缩至六朝隋唐史；其双目也因战乱而渐失明，家国剧变叠加个人不幸，反而开启其人格心态史研究的新蹊径。陈垣居留北平沦陷区，目睹外敌残暴，汉奸助逆，同胞受难，山河破碎，遂以书斋为战场，治史重心便从专重考证变为渐趋实用，进而以《通鉴胡注表微》为代表作，提倡"有意义之史学"，登顶了励耘史学的最高峰。即便吕思勉这样一贯主张史学研究不宜预设成见的史家，著于抗战中的《两晋南北朝史》在论五胡时也隐隐激扬民族主义。当大后方苦撑抗战危局之际，国民党却强化一党专政，政权腐败激起了民主运动的高涨，知识文化界颇有学者文人日渐左转。就在这种时势刺激下，吴晗在政治上幡然转向，学术上也自觉将史学论著作为反专制的投枪。丁则良将史学研究移至民族主义与国家主义的立场，与抗战胜利前后世界格局和国内时势同样有割不断的关系。

1949 年的政权鼎革是现代中国翻天覆地的大变局，对史家及其史学形成了前所未有的影响。

面对政局的巨变，在存身立命之处，史家首先面临着何去何从的明确抉择，这一选项将左右着史家的个人命运与学术走向。严耕望追随原历史语言研究所迁往台湾，其学术之路虽起步于四十年代，但主要著述都完成在彼岸，成为中古史地研究的大家。刘子健在 1948 年赴美攻读博士，随着政权鼎革的尘埃落定，他选择客居美国，历经异国的艰辛冷暖，凭借自身的材质与努力，终于成为驰名国际的宋史巨擘。与刘子健相反，留英的丁则良在 1950 年放弃唾手可得的博士学位，一腔热忱地毅然归国，企盼以一己的学识贡献于新诞生的政权。1949 年初，左翼史家吴晗作为军管会代表参与接管清华大学，先后出任清华历史系主任与文学院长，在其后十五年里成为活跃于大陆史学界的头面人物。在政权嬗代的沧桑剧变前，这四位史家或能代表去、走、归、留的四种类型，他们的命运与学术无形中构成结局各异的一组参照系，其是非得失发人深思。

在 1949 年以后的中国大陆，马克思列宁主义确立为指导思想，马克思主义史学也从新史学流派之一而上升为史学主流。在这一意识形态大趋势下，每个历史学家都必须在学术上自我定位，表态从违。陈寅恪以"何必去父母之邦"的取舍留在大陆，他在政治上声明"决不反对现在政权"，在学术上却坚持"不宗奉马列主义"，晚年以人格心态史学的范式撰述《论再生缘》与《柳如是别传》，弘扬其素来恪守的"自由之思想"与"独立之精神"。与陈寅恪这一史学界特例两相对照的是陈垣，他在鼎革不久即表示"宜先读马列之书"，主张治学"当法韶山"，然而，其史学却未呈现陈寅恪那样晚年的辉煌。但类似陈垣那样"终随革命崇今用"，才是史学界沛然莫之能御的主流。吴晗一方面讳言否认胡适史学对他的影响，一方面以研究海瑞与改写《朱元璋传》力图呈上"完全接受历史唯物主义作为观察历史"的合格答卷。海外归来的丁则良更是主动追随主流史学，以其转轨后的史学论著为新政权及其政治服务。尽管因人而异，意识形态的大形势不能不对史家及其史学打上鲜明的时代烙印。

在 20 世纪 50 年代频繁的政治运动中，反右派斗争对学术文化界的波及面最大，历史学界也不可能独善其身。在这种政治局势下，吴晗以批判者的姿态主动投入了这场斗争，羊城康乐园里的陈寅恪则冷眼审势，洞若观火。陈垣在运动高潮中"有事颇觉闷闷"（1957 年 9 月 9 日刘乃和致柴德赓函，见《柴德赓来往书信集》，商务印书馆 2018 年版，第 257 页），缄默了四个月，终于在 10 月 11 日京津史学界大会上表明立场，"专就有关向达先生的反党反社会主义的言行"进行批判（《历史科学工作者必须着重进行思想改造》，《陈垣全集》第 22 册，安徽大学出版社 2009 年版，第 684—693 页）。在这场运动中，我的业师程应镠先生终被打入另册，剥夺研究权利达二十年之久。最不幸的是其挚友丁则良，他或许是这场运动中最早罹难的知名史学家，他的自沉固然有其个性因素，但时势大背景无论如何也是不应忽略的。

以批判吴晗的新编历史剧《海瑞罢官》为序幕，开始了那段史无前例的岁月，吴晗的宿命在其时已经铸定。作为一个史学家，他也曾一再追随政局时势而学随世转，但最终仍被不曰自主的政治浪潮所吞没；在这一方面，吴晗并非绝无仅有的个例，却以典型的个案深刻地揭示，在当时中国，政局时势已达到决定一个史家兰死荣辱的严峻程度。政治大势既已如此，海上学人在短短数年间相继紧跟"批林批孔运动""批儒评法运动"与"评《水浒》运动"等政治形势，在《学习与批判》里以学术附会政治，在那个年代也就完全见怪不怪了。

　　总体说来，从 20 世纪 50 年代初叶到 70 年代中期，基于时局走势的不断推进，史学研究向"左"的改辙的倾向越演越烈，在非常十年间达到失常的状态。史学领域的这种趋势，进入改革开放时期才得以扭转。程应镠先生是本书论及的唯一进入新时期的大陆史家，其绝大多数的史学论著都完成在改革开放以后。相比与其挚交的丁则良，他还是幸运的，惟其如此，当他欣然有感"文章又见流传日"之际，同时发出了"得失久谙关世运"的慨叹。在我看来，他说的"得失"关乎"世运"，不仅仅指历史学家的个人得失，也应该包括历史学的学科盛衰，两者在冥冥中都由"世运"（也即时势）决定。

　　有鉴于此，我便以"学随世转"提炼主旨，命名本书。唯若干文章因故有所删节改动，故除文末缀语以为交代外，诸文俱列原刊出处以备覆案，亦见时移势异而学随世转云尔。

前　编

吕思勉：用新方法整理旧国故

在 20 世纪中国新史学的研究中，人们往往重视梁启超、胡适、郭沫若式的领袖人物，或者注目于王国维、陈寅恪建构的那种令人眩目的史学新范式。吕思勉史学虽然与上述效应无缘，但在新史学的创建进程中，自有其不可忽略的地位和价值。

一、吕思勉史学的构成背景

一位西方学者指出："从历史的角度来看，人文学是一个不断发展的传统，或者是一个不断发展的、围绕着不同然而相互联系的主题形成的传统谱系。"①这一见解启发研究者有必要首先把握吕思勉史学的传统谱系。

与同时代的史学大师相比，吕思勉不仅没有胡适、陈寅恪负笈海外

---

① ［美］E. 希尔斯（E. Shils）：《论传统》，上海人民出版社 1991 年版，第 168 页。

的幸运经历，甚至连顾颉刚、傅斯年那样接受现代高等教育的机遇都没有过。在他23岁立志治史时业已完成的教育，从内容到方法都是传统旧式的。

这种教育主要包括四个方面：其一，目录学的知识。从初能读书起，吕思勉系统阅读了《四库全书总目》中经、史、子三部与集部之半，做过六本札记。这种训练"实不啻于读书之前，使其泛览了一部学术史，于治学颇有裨益"；他自我总结道："我的学问，所以不至十分固陋，于此亦颇有关系。"①

其二，小学与经学的基础。吕思勉曾研读段注《说文解字》与《十三经注疏》一过。对史学研究者的小学、经学素养，他的见解是颇中肯綮的。关于小学，他以为："凡事致力于本原者，看似迂远，实则简易，于文字之学，尤为易见"；"治古史者自不必如治小学者之专精，只须通知门径，遇不应望文生义之处，能够知道，能够查检而已。"②关于经学，他指出："治古史而谋取材，群经实较诸子为尤要。经学专行二千余年，又自有其条理。治史虽与治经异业，然不通经学之条理，亦必不能取材于经。故经学之条理，亦为治古史者所宜知也。"③吕思勉认为，小学、经学功夫不仅解决了欲读古书必先识字的问题，而且为后来研治古史运用材料，导启了门径，培植了初基。

其三，文学的修养。吕思勉少时先后过录了《史记》《汉书》《后汉书》的评本，点读过《三国志》，阅览了正续《古文辞类纂》，深识其

---

① 吕思勉：《自述学习历史之经过》，见《蒿庐问学记》，三联书店1996年版，第230页。

② 吕思勉：《节注说文议》，《论学集林》，上海教育出版社1987年版，第152页；《中国史籍读法》，《史学四种》，上海人民出版社1987年版，第84页。

③ 吕思勉：《先秦史》，上海古籍出版社1982年版，第6页。

昧。他道："在古代，史学与文学关系较深，必能略知文学的风味，然后对于作史者的意志能够领略"，因而"治史学的人虽不是要做文学家，然对于文学，亦不可不有相当的了解，其中包涵训诂、文法、文章学等内容。"①他认定自己的古文根基即培壅于读此数书时。

其四，史学的训练。第一层面为史料的积累。吕思勉在 14 岁以前先后点读完《纲鉴易知录》和《御批通鉴辑览》；16 岁起以日课 14 卷的进度相继阅读了《通鉴》《续通鉴》与《明纪》；18 岁起将《三通考辑要》与原书对读，遂弃《辑要》而读原书，并将《通典》与《通考》对读，进而研读了《通志·二十略》；到 23 岁立志治史时，已将二十四史通读一过。通过对编年、政书、纪传三大系列史籍广泛系统的攻读，他对前代历史和史料已了然于胸了。第二层面为方法的领悟。少时，吕思勉从父课读《日知录》与《廿二史剳记》；日后，他体悟其父良苦用心道："前者贯串群书，并及于身所经验的事实；后者专就正史之中提要钩玄组织之，以发明湮晦的事实的真相：都为现在治史学的好模范。"②他正是在对清代史学名著的揣摩中，领会到前辈大师并没有"鸳鸯绣出凭君看，不把金针度与人"，而是"金针线迹分明在"的，从而谙熟了历史考据学的家法与路数。

立志治史以前的这些传统的国学训练，使吕思勉受益终生，影响了他一生治史的风格与路向。缕述这些，并不是说其他同时代的史学大师就缺乏类似的国学训练，而是意在指出：与其他大师相比，吕思勉由于缺少了某些经历，传统国学训练在其史学构成中所起的影响、所占的比

---

① 吕思勉：《历史研究法》，《史学四种》，第 37—38 页。
② 吕思勉：《怎样读中国历史》，《论学集林》，第 143 页。

重，要明显地大得多。也许正是在这一涵义上，有人强调指出："他的史学是建筑在国学基础上。"①

倘若吕思勉史学的构成背景仅仅是国学的话，那么，他至多不过是清代朴学中的又一传人。然而，20世纪最初二十年的中国思想学术界，随着时代的剧变，新思潮后浪推着前波，史界也不例外。正当吕思勉致力于专心治史前的国学训练时，梁启超发出了"史界革命"的最初的呐喊，其标志即是他发表于1901年的《中国史叙论》和次年的《新史学》。在新史学的狂飙行进中，梁启超无疑是第一位具有号召群伦的领袖气质的人物。他以敏锐的批判眼光抉发了旧史学传统的缺陷，登高一呼，向新一代史家指明了史学传统变革的必要性和可能性。不过，身兼政治活动家与学者双重身份的梁启超，一时上似乎尚无余暇和精力来真正从事他倡导的"史界革命"。在《新史学》刊布以后到五四新文化运动期间，他发表的史学论著不是学术上的急就章，就是政治上的鼓动书。他最具价值的史学论著，例如《清代学术概论》《中国历史研究法》《先秦政治思想史》《中国近三百年学术史》等，几乎都是进入20年代才完成的。但是，尽管梁启超并未立即着手创建自己的新史学的范式，他的"史界革命"的呐喊，就足以使当时的学术界振聋发聩，借用他在《新史学》中的话："史界革命不起，吾国遂不可救。悠悠万事，唯此焉大！"

年未及冠的吕思勉听此号召，绝不可能无动于衷。他自述感受道：少时从父母师友那里获得的，只是治史的知识准备与技术训练；"至于学问宗旨，则反以受莫不相识的康南海先生的影响为最深，而梁任公先生次之"；"确信世界大同之可致，这种见解，实植根于髫年读康先生的

① 严耕望：《通贯的断代史家——吕思勉》，见《严庐问学记》，第83页。

著作时，至今未变。至于论事，则极服膺梁先生"。也就是说，康有为给他的是世界观的熏陶，而在具体论事治学上则私淑于梁启超，其治史好讲考据亦受"梁任公在杂志中发表的论文影响最深"①。

这一影响的程度是不容低估的。即便在卓然成家后，吕思勉虽对梁启超的某些史学论点不尽赞同而有所商榷，仍始终抱着尊崇的态度。1923 年，他以西儒"吾爱吾师，尤爱真理"的精神与梁氏商榷阴阳五行之来历时，自述仰止之情道："予年十三，始读梁先生所著《时务报》。嗣后除《清议报》以当时禁递甚严，未得全读外，梁先生之著述殆无不寓目者。粗知问学，实由梁先生牖之，虽亲炙之师友不逮也。"②其后，在向后学论及现代史学和史学研究法著作时指出："其中强半是译本，自著的亦多系介绍外人之说。唯梁启超《中国历史研究法》及《补编》系自出心裁之作"，"论具体的方法则较为亲切"③。在梁启超逝世十余年后，吕思勉在一篇短文中怀念道："讲起新史学来，总有一个不能忘掉、而亦不该忘掉的人，那便是梁任公先生"；"他那种大刀阔斧，替史学界开辟新路径的精神，总是不容抹煞。"他还在自己的专著中推尊他为"近代大史学家"④，这种高度评价，他从未给过同时代的其他史学大师。

学术传统会因为与之发生关系的时代、环境起了激剧变化而被改变。梁启超呼唤新史学，就是史学传统对已经并继续发生剧变的社会政治和思想文化环境的一种回应。20 世纪史学是在梁启超"史界革命"的大旗下开始其最初行进步伐的。吕思勉痛切地认为："自西力东侵以来，新

① 吕思勉：《自述学习历史之经过》，见《蒿庐问学记》，第 230 页。
② 吕思勉：《辨梁任公阴阳五行说之来历》，《论学集林》，第 33 页。
③ 吕思勉：《怎样读中国历史》，《论学集林》，第 142 页。
④ 吕思勉：《吕著中国通史》，华东师范大学出版社 1992 年版，第 496 页。

旧相形，情见势绌，正是我国的文化，需要一个大变动的时期。中国却迟迟未能走入此路。"①从他对当时中国学术文化的总体认识，既不难发现梁启超"史界革命"思想的印记，也充分表明吕思勉史学是对梁氏号召的"新史学"的一种自觉尝试和探索。与同时代的史学大师相比，梁启超"新史学"的呐喊，更直接、更全面、更深刻地构成了吕思勉史学的背景底色。

时代越过了乾嘉，用吕思勉的话说，"近代世界大通，开出一个从古未有的新局面"。②他以一种欢迎礼赞的态度和兼收并蓄的气度接纳远西学术的输入。西方学术作为一种外来的知识传统，它的传入为中国传统学术提供了一种崭新的审视角度、思想方法和研究手段，具有一定的优越性和明显的互补性。在对待外来知识传统上，吕思勉的见解是积极自信的。他认为："现今所谓新学，则又受诸欧美者也"；"学术本天下公器，各国之民，因其处境之异，而所发明者各有不同，势也"；"瀛海大通，远西学术输入"，"自可借资于人以为用"。③这与鲁迅提倡的"拿来主义"十分契合。

正是基于这种认识，吕思勉批评史学研究者往往以为社会科学是紧要的，自然科学则不甚重要；他指出，生物学对于进化演变的历史观念，地质学对于先史时代的研究，都有相通的道理在；认为"治史学的人，对于现代的科学，都不能不略知大概。否则用力虽深，也和一二百年前的人无以异了，安足称为现代的学问家？"这种社会科学和自然科学相通的见解，由出自旧式教育的吕思勉来强调，固然是世界大通的时代际

---

① 吕思勉：《蔡孑民论》，见《蒿庐问学记》，第440—442页。
② 吕思勉：《历史研究法》，《史学四种》，第1页。
③ 吕思勉：《先秦学术概论》，中国大百科出版社1985年版，第3页。

会之赐，也表明了他自觉地随时代而前进、融西学入国学的可贵努力。而这正是他超越乾嘉成为新史学大师的原因之一。

至于与史学关系密切的各种西方社会科学，吕思勉更是虚怀若谷，海纳百川地学习、借鉴。他对西方考古学、政治学、经济学、社会学等理论方法的学习，完全是通过阅读有关的外文原著和中文译本而自学获得的，比起有留洋机遇以及大学经历的其他大师来，更显得来之不易。对考古学，他研读过吴理（C. L. Wolley）的《考古发掘方法论》，认为"历史的年代，是能追溯得愈远愈好，所以锄头考古学，和史学大有关系"。①他研究过亚里士多德的《政治学》，对黑格尔的历史哲学也有充分了解，称赞他透彻发挥了历史进化的见解。

令吕思勉最感兴趣的是西方经济学与社会学。关于经济学，他认为，"以物质为基础，以经济现象为社会最重要的条件，而把他种现象看作依附其上的上层建筑，对于史事的了解，实在是有很大帮助的"②。关于社会学，他对斯宾塞的《群学肄言》、马林诺夫斯基的《两性社会学》、甄克思的《社会通诠》、马尔萨斯的《人口论》等名著都有过深入研究。吕思勉认为："自欧洲学术输入中国之后，社会学的学说，要算最为风行。这也有个理由，社会是整个的，不论什么社会现象都是整个社会上的一种现象。离开了社会的全体，都无从解释的。"因此，他指出：能明乎社会学，"则研治史学，若探骊而得珠"；"引社会学以解释历史，同时即以历史证明社会学之公例，两者如辅车之相依也"。③在他看来，以

---

① 吕思勉：《历史研究法》，《史学四种》，第 12 页。
② 同上书，第 40 页。
③ 吕思勉：《大同释义》、《中学历史教学实际问题》，分别见华东师范大学出版社 1997 年版《吕思勉遗文集》下册，第 150 页；上册，第 478、482 页。

别种眼光释史，只能得其一方面，只有社会学才能揽其全；社会进化法则能使每一历史事件确定其在进化长途中所具的意义。也许正因为如此认识，吕思勉才强调："治史学第一要留意的，就是社会学。"①

学术传统在其发展进程的每一环节上，都呈现出一种混合状态，它是由长期延续的各种因素、新增成分和创新部分合成的。在吕思勉史学的背景分析中，国学教育是长期延续的旧传统史学的因素，时代巨变所期待的学术文化的变动，世界大通所造成的西学东渐的局面，则是新增成分。那么，吕思勉为 20 世纪中国新史学提供了哪些创新的东西呢？

二、吕思勉的史学思想

史学思想是一个历史学家构建其学术大厦的础石和蓝图。吕思勉不仅撰有《历史研究法》《中国史籍读法》《史籍与史学》《史通评》《文史通义评》等史学理论的专著，还写过不少自述治史的专文，在其他通史、专史和断代史著作中，也随时因事地阐述自己的史学思想。

"历史永远在重作之中"，这是吕思勉历史观中闪光的思想。历史本身是变迁进化的。吕思勉从这一时代共识出发，认识到人们对以往历史的理解也会随着时代的演进而修正、改变、深化、提高："人于事之关系，所感时有变迁，故于旧有之史，时时觉其不适于用；觉其不适于用，即须改作矣。"因而，他的结论是："史也者，终古在改作之中者也。"②对 1934 年《史通评》中的这一观点，他后来有所补充："因社会状况的

---

① 吕思勉：《历史研究法》，《史学四种》，第 36 页。
② 吕思勉：《史通评》，《史学四种》，第 133—134 页。

不同，人心的观念既随之而变，观念既变，看得事情的真相亦就不同了。史事的订正，又安有穷期呢？搜辑永无穷期，订正永无穷期，历史的当改作，即已永无穷期。何况历史不是搜辑、考订了便算了事的，还要编纂成功，给大家看，而看的人的需要，又是随时不同的，然则历史安得不永远在重作之中呢？"①吕思勉从历史的观念、史事的搜考、史书的编纂等层面，论述了这诸多层面的认识和需要都会随时代社会的变迁而不同，因而每一时代的历史学都是该时代特定的认识水平和认识需要的产物。吕思勉这种历史观念，令人联想到西方史学家克罗齐（B. Croce）那个著名的论题："一切历史都是当代史。"尽管吕思勉的表述不及克罗齐思辨明晰，但两者相通之处却是不难发现的。

正因为强调历史是当时代的历史学家对既往事实的搜集、解释，用以说明现在，推测未来，故而吕思勉认为："会通众事而得其公例者，可以谓之史学；而不然者，则只可谓之史籍。"②他受郑樵"会通之说"和章学诚"独断之学"的影响，提出"通贯之识"。他把学问分为三等："凡研究学术，不循他人之途辙，变更方向，自有发明，为上乘。此时势所造，非可强求。循时会之所趋，联接多数事实，发明精确定理者，为中乘。若仅以普通眼光，搜集普通材料，求得普通结论者，则下乘矣。"他所推崇的上乘学术是怎样的呢？曰："学问固贵证实，亦须重理想"；"此等处，心思要灵，眼光要远，方能辨别是非，开拓境界"③。

也是从"通贯之识"出发，吕思勉尤其强调普通史与专门史的区分："严格言之，专门的历史还当分属于各科学之中，唯普通的历史乃

---

① 吕思勉：《历史研究法》，《史学四种》，第 30—31 页。
② 吕思勉：《史籍与史学》，《论学集林》，第 369 页。
③ 吕思勉：《丛书与类书》，《论学集林》，第 163 页。

是称为真正的历史。"①首先，他是从科学研究的不同层面与不同目的强调这种区分的："史学所要明白的，是社会的总相，而这个总相，非各方面都明白，不会明白的。"后一任务即由专门史担当。由于各种专门史的日益发达，普通史也随之进步，两者不能偏废。但他认为，"社会是整个的，虽可分科研究，却不能说各科研究所得的结果之和，就是社会的总相。社会的总相是专研究一科的人所不能明白的，倘使强作说明，必至于卤莽灭裂"，而普通史家自无此弊。②其次，吕思勉是从研究者的才性秉赋的差异强调这种分工的。他以为，人的秉性有专门家和通才之分，在史学上，前者宜为专门史家，后者宜为普通史家；研究者可就性之所近而各有所择，但两者应该"贵知异己之美，不可偏于一端"③，专门史家自应有普通知识，普通史家亦宜有专精之学。这样，两者"看似分道扬镳，实则相资为用，此则今后史学演进必由之途"④。

史学研究"不宜豫设成见"⑤，这是吕思勉史学思想的基本原则。这一原则与马克斯·韦伯（Max Weber）提出的社会科学研究中价值中立性的主张颇有相似之处。吕思勉的这一思想，究竟是受到推崇"虚己"的清代朴学的启发，还是由于现代西方社会学的影响，我们无从推测，或许兼而有之。令人感兴趣的在于：他为这一原则注入了哪些具体的内涵。

从这一原则出发，吕思勉提倡纯粹治学的精神。什么是纯粹治学的

---

① 吕思勉：《怎样读中国历史》，《论学集林》，第 136 页。
② 吕思勉：《历史研究法》，《史学四种》，第 15—16 页。
③ 吕思勉：《文史通义评》，《史学四种》，第 224 页。
④ 同上书，第 201—202 页。
⑤ 吕思勉：《历史研究法》，《史学四种》，第 39 页。

精神？他认为就是"深嗜笃好，不能自已而为之"，清代考据之学倒颇与这种近代科学精神相契合。因此，他主张学术研究"宜置致用于度外，而专一求其精深"；反对不加分析地标举所谓有用之学。他承认"学术之终极目的，总不外乎有用"，但强调指出："其实学问只分真伪，真正的学术，哪有无用的呢？"吕思勉以为，中国学者倘以清代朴学纯粹治学的精神治近代新科学，必能有所发明；但嘉道以后，"尽瘁于旧学之人，因时局的紧张，反有舍弃其纯粹治学的精神，而趋于应用之势"。由于这一趋势，"中国近代需要纯科学甚亟，中国近代学者的精神，其去纯科学反愈远"。在他看来，这种急功近利的趋用救世，既无补时局的转机，反失落科学的传统，更是妨碍"整个民族趋向的一个大关键"①。

从"不宜豫设成见"的原则出发，吕思勉否定史为前鉴的陈说。《吕著中国通史》开卷讨论历史学的目的作用时，他即设为回答道："这个问题，在略知学问的人，都会毫不迟疑地作答道：历史是前车之鉴。什么叫做前车之鉴呢？他们又会毫不迟疑地回答道：昔人所为而得，我可以为模范；如其失策，便当设法避免；这就是所谓法戒。"他批判道："这话骤听似是，细想就知道不然。世界上那有真相同的事情？所谓相同，都是察之不精，误以不同之事为同罢了。""天下事既没有两件真正相同的，执应付此事的方法，以应付彼事，自然要失败。"②吕思勉认为，"历史是一种学术，凡学术都贵真实。只要忠实从事，他自然会告诉你所以然的道理，指示你当遵循的途径"，因而他断然声明："历史是历

---

① 吕思勉：《蔡孑民论》，见《菑庐问学记》，第 440—442 页。
② 吕思勉：《吕著中国通史》，第 1 页。

史，现局是现局。"①这一声明为历史学作了真正科学的定位，从而与影射现实、服务政治、借酒杯以浇块垒、扶陈方以医新病等伪科学、非科学倾向划清了此疆彼界。

从"不宜豫设成见"的原则出发，吕思勉力戒民族主义的误导。他认为，借历史以激励爱国家、爱民族之心，虽"是一个很好的办法，然天下事总有一个适当的限度，超过这限度，就不是真理"，或把本民族看得过高，把他民族看得太低，"偏重感情，抹杀理性"，导致民族主义的滥用。他指出：这种"由矫揉造作的历史所致之弊，唯有用真正的历史，可以做它对症的药"②。吕思勉也理性地要求自己在研究中把握这一适当的度。《吕著中国通史》完稿于九一八事变十周年，面对国难当头、外敌当前的时局，他身居上海孤岛，"诚忞沉闷"，但只在最末一章《革命途中的中国》结尾自信地指出："岂有数万万的大族，数千年的大国、古国，而没有前途之理？"引用梁启超译拜伦《哀希腊》结束全书："难道我为奴为隶，今生便了？不信我为奴为隶，今生便了！"③他的《两晋南北朝史》也作于抗日战争时期，后来他反思论史倾向，认为论五胡时因意在激扬民族主义，"稍失其平"，表示"异日有机会当改正"。④凡此种种，都表现出吕思勉对历史理性与民族感情的度的科学把握。

从"不宜豫设成见"的原则出发，吕思勉反对道德史观的流弊。重褒贬、寓惩劝的道德史观是中国旧史的传统之一。据吕思勉之见，其表现之一为借历史以维持社会的道德正义，如孔子修《春秋》，朱熹编

---

① 吕思勉：《吕著中国通史》，第 69 页。
② 吕思勉：《历史研究法》，《史学四种》，第 21—22 页。
③ 吕思勉：《吕著中国通史》，第 496—497 页。
④ 吕思勉：《三反及思想改造学习总结》，见《蒿庐问学记》，第 223—227 页。

《通鉴纲目》；其表现之二为借历史以激励读者的修养行为，如各种名臣言行录。他认为，把历史变为训诫之书的谬误，仍在于汲汲地将史学作为有用之学，而这时不过"以表言行、昭法式为史之用"而已。①他还指出："此等史事的批评家，往往仅据往史表面上的记录，其结果，多不免于迂腐或浮浅，就不徒无益于求真，而反足为求真之累。"②

"用新方法整理旧国故"③，这是吕思勉对新史学使命的高度概括，也是他史学生涯的自觉追求。他说："学问的进化，自有一个必然的趋势，而现在所谓新史学，即作为我们自己发展出来的一个阶段，亦无不可。"④不言而喻，他是自视为新史学建设者的。他指出：进入 20 世纪，就是"学术方向变换之时代"，"因前此学术，在性质上确可与现今划一时期"；因此，"为前此学术算一笔总帐，尤其切要"。⑤而既要算总帐，在他看来，中国历史"材料虽多，迄未用科学的眼光加以整理，其紊乱而缺乏系统的情形自较西欧诸国为尤甚"；因而"不用新方法，简直可以全无所得"；而"现代史学的意义，既和前代不同，研究的方法当然随之而异"。⑥实际上，"算总帐"的呼声也罢，"用新方法整理旧国故"的号召也罢，倒并不是吕思勉所独有的卓见特识；几乎同时代的史学大师，例如胡适、顾颉刚，都有过类似的提法。我们一方面自应充分认识这是那个学术文化转型期的一种共识，以便从总体上把握新史学的共性

---

① 吕思勉：《史通评》，《史学四种》，第 97 页。
② 吕思勉：《历史研究法》，《史学四种》，第 22 页。
③ 吕思勉：《白话本国史》第 1 册，《民国丛书》第 2 辑，商务印书馆 1923 年影印版，序例。
④ 吕思勉：《历史研究法》，《史学四种》，第 16—17 页。
⑤ 吕思勉：《丛书与类书》，《论学集林》，第 163 页。
⑥ 吕思勉：《怎样读中国历史》，《论学集林》，第 137—142 页。

的一面；另一方面则应准确区别在共同的话语系统遮掩下各位新史学大师的不同内涵，以免模糊了新史学发展序列中丰富的个性的那一面。对吕思勉史学的研究，关键也在于理清他是怎样为旧国故结算总帐的，在这一过程中，他又为新史学贡献了哪些新方法。

三、吕思勉史学及其方法论

吕思勉说过："以一种新文化，替代一种旧文化，此新文化必已兼摄旧文化之长，此为辩证法的真理。"①他心目中的新史学也理应如此：新史学的理论、方法和形式除了借鉴外来学术传统的长处外，尤应从自身学术传统中寻找出发点和生长点，包含从自身传统继承下来的合理因素，在此基础上汲取互相贯通的研究方法。他在 1928 年为上海光华大学拟定史学系课程时即表达了这一新旧贯通的见解："吾国史学夙称发达，唯今学问观点不同，一切旧籍均应用新方法整理，而非略知旧时史学门径，则整理工作，亦无从施。"②

以考据见长的吕思勉十分重视史学方法论，他曾指出："今之所谓科学者，与前此之学问，果何以异乎？一言蔽之曰：方法较密而已。方法之疏密，于何判之？曰方法愈密，则其使用材料愈善。"③在史学方法的创立上，吕思勉可谓喜新而不厌旧，重洋而不唯外。他主张借鉴西学新方法，却反对生吞活剥："研究可以借资于人，而硬拉了人家的问题，以为亦是我们的问题，甚至硬抄了解决的方法，以为亦就是我们解决的

---

① 吕思勉：《吕著中国通史》，第 285 页。
② 转引自李永圻：《吕思勉先生编年事辑》，《蒿庐问学记》，第 405—406 页。
③ 吕思勉：《先秦史》，第 4 页。

方法，则不免无病而呻，削足适履之病。"①然而，他认为在拿来西学新方法时，必须继承汉学家的考据方法。他强调："这一派学问，是我们中国最新而又最精密的学问。必须懂得这一种方法，一切书，才都可以读，一切材料才都可以使用。"他与梁启超、胡适几乎同时主张把清代朴学方法嫁接到新史学的主干上。②

史料是历史研究的基本素材，史料搜集是历史研究的第一步。在史料范围的拓展与史料部类的区分上，吕思勉颇受梁启超的影响，比较梁氏的《中国历史研究法·说史料》与吕氏的《史籍与史学·史料范围》，便可印证这点。他比梁氏进步之处在于将人类的遗骸与政俗也列入非文字记载类的史料。关于前者，认为"可以辨种族，识文化之由来"；关于后者，他在《白话本国史·绪论》中表述为典章制度、风俗习惯，后来定名为法俗。"有意创设，因为规范者为法，无意所成，率由不越者为俗。法俗非旦夕可变，故观于今则可以知古。"③吕思勉借助于西方传入的人类学、社会学的知识，把人类遗骸作为考察古今人种异同的实物史料，以现存法俗用来推想已往的情形，表现出他对史料更为开阔的视野。

由于历史研究的范围和对象因时代而变动，因而吕思勉认为，史料从来就不是一成不变的，史料"入于研究范围之内的，总是反映着其时代所需要"④。他指出了认识史料的两种情况。第一种情况："有许多事情，昔人视为重要，我们现在看起来，倒是无关重要，而可以删除的。

---

① 吕思勉：《大同释议》，见《吕思勉遗文集》下册，第 150 页。
② 吕思勉：《白话本国史》，第 9 页。吕著《白话本国史》，1923 年出版，但《序例》署为 1920 年 12 月；谈及这一问题的胡适《清代学者的治学方法》、梁启超《清代学术概论》分别刊于 1919 年 11 月和 1920 年 11 月。
③ 吕思勉：《先秦史》，第 4 页。
④ 吕思勉：《历史研究法》，《学史四种》，第 29 页。

有许多事情，昔人视为不重要，不加记载，不过因他事而附见，我们现在看起来，倒是极关重要的，要注意加以搜辑。"①第二种情况："向亦以为史料，而不知其有某种关系"，随着时代推移和认识进步，旧史料有了新解释。因而吕思勉强调指出，"史事所以时生新解，多缘同一事实，今昔观点之不同耳"②。

史料的比较、鉴别、考订，是历史研究的中间环节。只有这一环节的准确无误，才可能决定史事真伪与取舍，评断历史是非与功过，进而勒成著述，公诸当世。故而吕思勉认为："凡治史，固不必都讲考据，然考据之门径，是不能不知道的"；"否则所据的全系靠不住的材料，甚至连字句都解释错了，往往闹成笑柄"。③他的《史籍与史学》专列了《论考证》一节，指出了十一种原因造成史事记载的失实，而后列论了考证古事之法十，辨实物真伪之法三。关于辨书籍真伪之法，他肯定梁启超《中国历史研究法》所论颇详备，补充了两点：其一，"伪书仍有其用，唯视用之之法如何"；其二，"据文字以决书之真伪，似近主观，然其法实最可恃"。关于后者，吕思勉指出："此非可执形迹以求，故非于文学有相当程度者，决不足言此。"④例如，他对"世多以为伪书"的《尉缭子》和《六韬》，根据其书"多存古制"，"多存古义"，早在 1933 年即断言二书"必非后人所能伪为"。⑤1972 年银雀山汉墓出土了二书残简，验证了他在古书考证上炉火纯青的功夫。

至于史学研究的最后一步，料理经过考订的史料以成一书的阶段，

---

① 吕思勉：《历史研究法》，《学史四种》，第 28 页。
② 吕思勉：《史籍与史学》，《论学集林》，第 389 页。
③ 吕思勉：《中国史籍读法》，《史学四种》，第 78 页。
④ 吕思勉：《史籍与史学》，《论学集林》，第 392 页。
⑤ 吕思勉：《先秦学术概论》，第 134 页。

吕思勉认为可以借用章学诚的术语，以比次之业、考索之功、独断之学作为史书的各不相同的撰著方式。他认为，"学问之家，所以或事比次，或专考据，或则独断者，固由才性之殊，亦或以所值时势之不同，从事于其时之所当务也"①。也就是说，史学著述的不同模式，既与史家个人才性有关，也与时势的特定需要有关。这是通达之论。吕思勉追求甚高，治学甚勤，如细心部类其史学著述，我们可以发现：他有意在比次之业、考索之功和独断之学三方面都为新史学留下示范，启益后学。后人正不妨由此入手，把握吕思勉史学的方法论。

《燕石札记》《燕石续札》《蒿庐札记》和《吕思勉读史札记》，最能反映吕思勉在考索之功上的成就与方法。他对顾炎武和乾嘉诸老的学术札记甚为推崇，随意泛览，窥知其治学方法，深谙其考索路数。每读史书，他也都潜心排比史料，写成札记。他的《燕石札记·自序》说："余小时即有札记，迄于今未废，阅时既久，积稿颇多。"他对自己学术札记的态度也与顾炎武相仿，主张"随时改订，以求完密；苟为未定之说，不可轻出误人"。②故其生前仅发表《燕石札记》《燕石续札》两种百余条，现存札记的十之八九是以绝笔为定，身后刊布的。他晚年自论其学术札记道："今自检点，于顾先生（炎武）殊愧望尘，于余家差可随肩耳。"③这一自评是恰如其分的。他之所以谦逊地说"愧望"顾炎武，是自觉《日知录》取资范围、考索对象比自己更广泛。吕思勉以新方法去网罗史料，以新眼光将札记选题拓宽到社会经济、典章制度、少数民族历史和学术文化诸方面，既无让于重视政治兴衰、典制递变的赵翼，

① 吕思勉：《文史通义评》，《史学四种》，第230页。
② 吕思勉：《燕石札记·自序》，转引自《蒿庐问学记》，第432页。
③ 吕思勉：《三反及思想改造学习总结》，见《蒿庐问学记》，第223—227页。

而且从总体上突破了乾嘉诸老为考证而考证的局限。考索之功为吕思勉史学奠立了坚实可靠的基础。

吕思勉对章学诚鄙薄比次之业，深不以为然，这或与他读史是从《通考》入手有关。他竭力为比次之业争席位："盖弘识通裁，亦不能废钩稽纂辑；而学术愈精，分工愈细，钩稽纂辑亦不能谓非一业也。"[1]不仅如此，他甚至认为比次之业的地位与作用堪与考索之功、独断之学鼎足而三："唯比次之功，实亦卓然自立，初无惭于考据，而通则原理亦必自兹而出焉。"他举马端临《通考》为例说："考索之功颇深，立论亦多能综贯今古，岂得侪诸策括之流邪？"[2]吕思勉的意思很明确：卓然自立的比次之业，应该既以考索之功为基础，更以独断之学为鹄的，马氏《通考》，庶几当之。

正是基于这样的认识，吕思勉在为《白话本国史》作《序例》时，开篇即说："我很想做一部《新史抄》"，"把中国的历史，就个人眼光所及，认认真真的，将他紧要之处摘出来，而又用极谨严的法子，都把原文抄录——有删节而无改易——自己的意见，只注明于后"。这一设想及其蕴含的对比次之业、考索之功、独断之学的关系的理解，始终是吕思勉治史计划的指导思想。他多次通读二十四史，兼及其他史料，毕生积累学术札记，夯筑着考索之功的坚实地基，并以此作为比次之业的基础与起点。大约从30年代末期起，吕思勉从通史和断代史着手，正式实施他规模弘大、体系完整的著述计划。

我们知道，《吕著中国通史》上册是1939年完稿的，下册在1941年

---

① 吕思勉：《文史通义评》，《史学四种》，第226页。
② 同上书，第230页。

9月也已杀青。据此推断，初版于1941年的《先秦史》属稿也应在30年代末期。由《先秦史》为发端，吕思勉开始了断代史系列的撰述。《先秦史》和其后的《秦汉史》《两晋南北朝史》《隋唐五代史》等四部断代史显然是在实践他的《新史抄》的主张：将各断代的史料，以谨严的方法摘紧要之处，比次成书。其间虽然也有自己对通则原理的意见，但比次材料是这几部断代史的主要倾向。由于他的比次之业是建在新方法指导下的考索之功的基础上的，就绝无章学诚所指责的一般史抄所共有的"难以凭藉"之弊。不仅如此，由于吕思勉几乎对涉及的重要问题都下过钻研功夫，故有许多创见独识并不显豁地散布在这几大部书中。不知深浅者以为吕思勉只是抄书；识者深知：如把这几部书拆散，改写成论文，"恐怕要数以千计"，而且都有吕思勉自己的东西。①吕思勉的几部断代史确能"通贯各时代，周赡各领域"，给人以历史的全景与本相，有人评为"拆拼正史资料，建立新史规模"，诚是不刊之论。②

《吕著中国通史》当然代表着三四十年代之交时吕思勉关于中国历史的独断之学。然而，从吕思勉几乎在草拟《吕著通史》同时，就开始其断代史序列的宏大计划。又据钱穆说，这几部断代史本来是吕思勉拟议中的"国史长编"。我们有理由推断：吕思勉有意在断代史系列的"国史长编"全部竣工后，以此为据再著一部比《吕著通史》更能体现其独断之学的新通史来。这一推断，从他晚年欲删定旧作，"将普通材料删去，全留独见之处"③，也可得到印证。可惜天不假其年，他的断代史只完成到《隋唐五代史》，他的独断之学也只能以《吕著通史》为最

---

① 黄永年：《回忆我的老师吕诚之先生》，《蒿庐问学记》，第144页。
② 严耕望：《通贯的断代史家——吕思勉》，见《蒿庐问学记》，第87页。
③ 杨宽：《现代史学家吕思勉》，《中国史研究动态》1980年第2期。

终代表了。

在新史学著述如何继承和发展中国历史编纂学的传统上，吕思勉也有自己独特的探索和思考。新史学兴起后，现代西方历史编纂方法虽为中国史家所援用，但大多显得生硬稚拙，新史学的史书体裁还在不断探索中。吕思勉的《白话本国史》正是有鉴于此，乃以丰富的史识与流畅的笔调来写通史，在中国早期章节体白话通史中堪称白眉，以至被顾颉刚誉作"为通史写作开一个新的纪元"①。然而，吕思勉却执意在《白话本国史》的编纂方法上再作探索。他认为，历史编纂在内容和体裁上都应该有一种传统的延续性，而在这种延续中创新也是不言而喻的。

当代史书编纂，仍然应采用那些"昔人所认为重要而仍为我们今日所需要的材料"②。吕思勉以为它应该包含两方面的内容，而最能代表昔时史家意见的，应推马端临《文献通考序》所概括的两端：治乱兴亡和典章制度。前者实为政治史，后者则包括广义文化史的内容。吕思勉在《白话本国史·绪论》里首次论及这对概念，称前者为"动的史实"，后者为"静的史实"；并认为，不仅一切历史现象都包括在这两者中，历代史籍也都是以二者为记载中心的。

对两类史事的编纂方式，吕思勉从传统史学中获得了借鉴：以最便于通览一代大势的编年体和最便于钩稽一事始末的纪事本末体相糅合，用以记治乱兴衰；而典章制度类的史实就直接取镜于《文献通考》的编纂体例，将社会文化等静的史实分门立类，别为专编。这种编纂方法的采用，还受到日本明治史家林泰辅所述昔朝鲜修史法的间接启发。从30

---

① 顾颉刚：《当代中国史学》，转引自《蒿庐问学记》，第 393 页。
② 吕思勉：《怎样读中国历史》，《论学集林》，第 138 页。

年代末年起，他对自己的通史和断代史著作，在编纂内容与形式上都作了相同的处理。《吕著中国通史》上册为文化史，下册为政治史，也许考虑到不先识政治大势，对文化史的把握会不无困难，故而从《先秦史》起的四部断代史，均是上编叙述这一断代的王朝兴亡盛衰史，下编分章缕叙该断代的社会经济、政治制度、文化学术等情况。倘若将其四部断代史的政治史部分连缀起来，犹如一部章节体的新《通鉴纪事本末》，其文化史部分不啻是一部新叙述方式的《文献通考》。吕思勉这种将政治演变与典制沿革分别部类的通史和断代史的编纂方法，是针对当时流行的通史、断代史著作在叙述政治史时夹叙进被割裂的典章经制的内容，令读者难以条贯把握，而作出的推陈出新的探索。这一尝试对新史学编纂学的完善起了积极的作用。

从历史观、方法论到编纂学，吕思勉都为新史学贡献了他所独有的那份创造，他完全有资格宣称："所谓新史学，即作为我们自己发展出来的一个阶段，亦无不可！"

四、放在新史学的序列中

对吕思勉史学，自应放入新史学的序列中去评价。有趣的是，在为吕思勉史学定位时，学术界出现了一种左拉右拽的现象。这就有必要从吕思勉史学与 20 世纪中国有关学术派别的关系来把握其地位和特点。

有一种论点过分强调今文经学对吕思勉的影响，以至将其推崇为"今文学的大师"[1]。诚然，出生在清代今文经学的故乡常州，求学时代

---

① 童书业：《古史辨》第 7 册《自序》，上海古籍出版社 1982 年版。

的吕思勉受其影响是不必讳言的，他在思想上私淑康梁，甚至自认《白话本国史》的先秦古史部分也有今文学的印记，都与此有关。然而，受新思潮的冲决，吕思勉早在1922年就自觉与旧经学的脐带割断了联系，以历史学家的立场明确指出："欲考见古代之事实者，则今古文价值平等。"并进一步断然认为："窃谓以经学为一种学问，自此以后，必当就衰。且或并此之名目，而亦可不立。"①其后，他不仅在思想认识上与旧经学诀别，而且在具体问题的论述上也"倾向今古文之贯通运用"②。也就是不问今古文的门派，只取其中可取的经学旧说作为新史学中释史证史的有机组成部分。1926年，他在《经子解题》中开列经学入门书时，特在《新学伪经考》后声明道："吾举此书，或疑吾偏信今文，其实不然也。读前人之书，固可以观其事实，而勿泥其议论。此书于重要事实，考辨颇详。"③完全有理由认为，至迟此时，吕思勉已完成从旧经学向新史学的彻底转变。因而，尊其为今文经学的传人，无疑是厚诬这位新史学的大师。

另一种倾向则是把吕思勉史学马克思主义化，《蒿庐问学记》中不少评论或回忆文章有此倾向。其主要根据即是吕思勉在1952年"三反"与思想改造后所写的《学习总结》，内中自称"思想凡经三大变"："马列主义初入中国。予即略有接触，但未深究。年四十七，偶与苏州时之旧同学马精武君会晤，马君劝予读马列主义之书，予乃读之稍多。于此主义，深为服膺。"④倘以其1930年47岁为界，除去《白话本国史》《经

---

① 吕思勉：《答程鹭于书》，见《吕思勉遗文集》上册，第233、243页。

② 钱仲汉：《吕诚之先生的为人和治学》，《蒿庐问学记》，第186页。

③ 吕思勉：《经子解题》，《论学集林》，第214—215页。

④ 吕思勉：《三反及思想改造学习总结》，见《蒿庐问学记》，第223—227页。

子解题》外，他的代表性著作几乎多是完稿于其后，倘若"于此主义深为服膺"的自述可信，马列主义不仅成为他第三期思想的主流，而且成为其主要史学著述的南针。事实能否作如此观？

实际上，早在著述《白话本国史》时期，约五四以后不久，吕思勉对马克思学说已有相当了解。他认为，中国古代贵族阶级的崩坏，"其原因仍在贵族社会自身，这个很可以同马克思的历史观，互相发明"①。他还以为，司马迁《货殖列传》"把社会上的形形色色，一切都归到经济上的一个原因，马克思的唯物史观，也不过如此"②。1928 年，他眉批英人罗伯特·弗林特（Robert Flint）的《历史哲学概论》道："马克思之说，虽受人攻击，然以中国史事证之，可见其说之确者甚多。大抵抹杀别种原因则非是，然生计究为原因之最大者。"③

五四以后，马克思主义传入，接受者是从两个既有联系更有区分的层面去接纳的。一个是政治意识形态层面，20 年代开始的中国革命和 30 年代崛起的马克思主义史学分别从政治和意识形态两个侧面受其影响。另一个则是纯学理层面，即把马克思学说仅仅视为学派林立的西方经济学、社会学的一家之说而接受下来，并在自己的研究中适当援引其具体观点和方法。在二三十年代，尽管马克思主义在政治意识形态层面已遭攻击，受到禁止，但在学理上的引用还是相对宽松开放的，这从 1945 年吕思勉还在自己著作中公开主张"马克思以经济为社会的基础之说，不可以不知道"④，也可以证明。显而易见，吕思勉尽管颇有"以经济为社

---

① 吕思勉：《白话本国史》第 1 册，121 页。
② 同上书，155 页。
③ 转引自李永圻：《吕思勉先生编年事辑》，《蒿庐问学记》第 406 页。
④ 吕思勉：《历史研究法》，《史学四种》，第 39 页。

会的基础"的论述，也重视对社会作阶级阶层的分析，但无非将马克思的经济学说和阶级学说作为西方经济学和社会学的一种，借资为用，融入自己的史学方法而已。

诚然，无视马克思作为经济学家和社会学学者对吕思勉史学的影响是非历史主义的，但这种影响是融在那一时代传入的西学的整个背景色中的，并不构成其史学的主色调。至于他在那份《思想总结》中将其向来在学理层面表述的"马克思之说"改换为政治意识形态层面的"马列主义"，并自称"深为服膺"，似乎是 1952 年"三反"和思想改造那个"洗澡"年代所特有的"思想总结"之语。据此而将吕思勉左拉向马克思主义史学，与右拽向今文学大师一样，也都是非历史主义的。

吕思勉与古史辨派的关系也是引人注目、耐人寻味的。他曾领衔编过《古史辨》第七册，但他显然不属于这一学派。作为新史学的同盟军，吕思勉不仅十分肯定古史辨派批判旧史学的积极贡献，对它在古史研究方法论上的价值也有一定评价，认为古史辨派对中国远古神话的分析"于史学有相当的益处"①，并在《古史辨》第七册《自序》中热情襃扬道："疑古之说初出，世人大共非訾，然迄于今日，其理卒有不可诬者。"在自己的研究中，他也使用古史辨派的某些方法和结论，他论述史事考证的十一项必要性时，有一项即"史事传之愈久者，其变形亦必愈甚"②，显然受到古史辨派的古史层累造成说的影响。

实际上，于古史有着精深研究的吕思勉对秦汉以前史料考辨早有成熟合理的新设想。就在古史辨派登台亮相的 1923 年，吕思勉提议："若

① 吕思勉：《中国史籍读法》，《史学四种》，第 64 页。
② 吕思勉：《史籍与史学》，《论学集林》，第 390 页。

以史家之眼光，视古书为史料，则由此等而上之，别东汉人之所为于西汉人之外，别西汉人之所为于春秋战国时人以外，别春秋战国时人所为于西周以前之人之外，其劳正未有艾。"①令人注意的是，作为古史辨派的思想领袖，胡适这年在《国学季刊发刊宣言》里也提出，"整治国故，必须以汉还汉，以魏晋还魏晋，以唐还唐，以宋还宋，以明还明，以清还清"，尽管胡适"还是专为经学哲学说法"，吕思勉则是径直就古史考辨设想，但在眼光与方法上倒是所见略同的。顾颉刚后来也主张把层累造成的古史传说"以汉还汉"，似即受到两人的影响和启发。

然而，吕思勉对古史辨派的某些偏颇持有不同意见。古史辨派主张古史层累造成说，认为古史系统因此而拉长、放大、变形，对古史系统持全面怀疑态度。吕思勉并不完全否认古史传说有后人有意无意造伪的成分，但同时认为古史事实必然会随着年代久远的传承而剥蚀失落，以至只留下单辞只义。这些单辞只义是传述之人虽"已不能举其详，然犹能言其概"②，所保存下来的古史事实的雪泥鸿爪，不能概斥为伪，而应审慎料简，求出真古史来。为此，吕思勉在古史辨派崛起十余年后，序《古史辨》第七册时指出："古史为层累造成，抑又未尝无逐渐剥蚀，前人所能详，而后人不能举其事者，此所以益不易董理也。"其用意显然在补正古史辨派疑古太过的偏失。对古史辨派的思想方法论，吕思勉更是颇多保留，不以为然的，认为"疑古亦有条理，不能执空廓之论硬套"③。对古书辨伪，他指出："近二十年来，所谓疑古之风大盛，学者每訾古书之不可信。其实古书自有其读法，今之疑古者，每援后世书籍

---

① 吕思勉：《辨梁任公阴阳五行说之来历》，《论学集林》，第 34 页。
② 吕思勉：《先秦史》，上海古籍出版社 1982 年版，第 20 页。
③ 吕思勉：《中国史籍读法》，《史学四种》，第 93 页。

之体例，訾议古书，适见其卤莽灭裂。"①吕思勉的批语与补正，有其合理中肯处。他与古史辨派的分歧，是新史学营垒中不同派别之争，这种争论与分歧并不妨碍他与古史辨派共同为建设新史学作出贡献。

吕思勉对于当时新史学内的疑古、考古、释古各派，是主张共存互补的。他指出："故疑古考古释古三者不容偏废。然人之情不能无所偏嗜，而其才亦各有所长。于三者之中择其一而肆力焉可也。而要不可于余二者绝无所知，而尤不可以互相诋排，此理亦灼然。"②疑古、考古、释古诸派当时在对旧史学的批判与新史学的建立中，各在不同侧面上发挥了作用。可惜的是，20世纪上半叶的中国学术文化随着社会政治的急遽演进，其价值取向也不断激进化。吕思勉所主张的新史学诸派共存互补、不容偏废的局面，随着二三十年代学术思想战线上的几次论战而出现了互相诋排的局面，50年代后又升格为马克思主义与非马克思主义、反马克思主义的论战。正在形成的新史学还未能形成新传统，便改道折入马克思主义史学的一统主流。

话题扯远了，仍回到吕思勉史学上来。实际上，兼容并包，截长补短，可以说是吕思勉对待学术的基本而冷静的理性原则。不仅对新史学的不同流派，即便对中西学术、古今学说，他都坚决反对任何的一偏之见，而采取这种兼摄涵泳、恢宏平和的态度。他曾经指出：

> 旧时学者，于吾国古书，往往过于尊信；谓西方学术，精者不出吾书。又或曲加附会，谓今世学术，皆昔时所已有。今之人则适相反，喜新者固视国故如土苴；即笃旧者，亦谓此中未必真有可取，

---

① 吕思勉：《先秦史》，第6页。
② 吕思勉：《论疑古考古释古》，转引自《蒿庐问学记》，第474页。

不过以为旧有之物，不得不从事整治而已。此皆一偏之见。平心论之：社会科学之理，古人皆已引其端；其言之或不如后世之详明，而粗简则远过之。截长补短，二者适足相偿也。①

这段议论，对于我们理解吕思勉的学术思想，进而充分估价他在新旧史学嬗变中的那份独有贡献，都是极为重要的。

吕思勉对中国传统史学的长处有着深切的把握，但又决不是旧史学抱残护阙的守望者；对 20 世纪初以来传入的西方新学术有着广泛的了解，但又不是偏狭激进的全盘西方化的信奉者：在推进新史学与旧传统的结合上，吕思勉无疑是一个相当合适的人选。由于种种条件和经历的限制，他并没有像王国维、陈寅恪那样运用新史料，扩大新领域，在新史学的园地里灿然放出一段异样的光辉。他只是孜孜不倦地以历代正史为基本材料，以这些旧史的残砖断瓦，铺筑起一级级步入新史学广厦的朴实无华的石阶。他的才性也适合他对新史学与旧传统的结合作长期的坚韧不拔的探索和实践。吕思勉是顾炎武、章学诚、马端临创立的旧史学传统的继承者；然而，他又超越了被继承的内容。他从所继承的传统里，在理论、方法、命题、体裁等方面，寻找新史学的生长点，将传统史学的合理因素熔铸进他所锻造的新史学的范式中。在旧史学传统向新史学范式的过渡中，他有意识地进行着一种结构性转换的创新探索，以便在旧史学的彼岸与新史学的此岸之间架构起一座桥梁。他从彼岸架过桥来，但无疑是属于此岸的。在 20 世纪中国新史学的园地上，他也构建起了自己的学术体系。后人是不会忘记这位大师级的真正学者的。

---

① 吕思勉：《经子解题》，《论学集林》，第 287 页。

吕思勉学术体系与主要著述之关系表①

史学方法			《历史研究法》《中国史籍读法》《史籍与史学》《史通评》《文史通义评》	独断之学
学术论集			《论学丛稿》（含原《蒿庐论学丛稿》）	
普通史	通史		《白话本国史》《吕著中国通史》《中国通史提纲五种》	比次之业
	断代		《先秦史》《秦汉史》《两晋南北朝史》《隋唐五代史》《中国近代史讲义》《中国近世史前编》《中国近百年史概论》《近代史表解》	
专门史	通史		《中国民族史》《中国民族演进史》《中国社会史》（即《中国制度史》）《中国社会变迁史》《国学概论》《大同释义》《中国政治思想史十讲》《中国文化史》《中国文化史六讲》	
	断代		《先秦诸子概论》《理学纲要》《中国近世文化史补编》	考索之功
学术札记			《读史札记》（含原《燕石札记》《燕石续札》《蒿庐札记》）	
目录学			《群经概要》《经子解题》《医籍知津》	
文字学			《中国文字变迁考》《章句论》《字例略说》《说文解字文考》	辅翼之作
文学	创作	小说	《未来教育史》《中国女侦探》	
		诗文	《蒿庐诗词·联语》《蒿庐文稿·笔记》	
	研究		《论诗》《宋代文学》	

---

① 此表据2016年最新版《吕思勉全集》所收著述颇有订补，或有助于对吕思勉学术体系的把握；学术论集部分亦含比次之业与考索之功的内容；普通史之断代与专门史之通史部分的各种著述亦颇有独断之见，但终以缕述史实为主，姑归入比次之业。

选学	史学文选	《史籍选文评述》《古史家传记文选》《新唐书选注》	教育之书
	文学文选	《国文选文》《中国文学史选文》《〈古文观止〉评讲录》	
通俗读物		《苏秦张仪》《关岳合传》《日俄战争》《国耻小史》《三国史话》《中国地理大势》	
教科书	历史	《新学制高级中学教科书·本国史》《复兴高级中学教科书·本国史》《本国史（元至民国）》《本国史复习大略》《高中复习丛书·本国史》《初中标准教本·本国史》《初级中学适用·本国史补充读本》《更新初级中学教科书·本国史》《高等小学校用·新式历史教授书》《高等小学校用·新法历史参考书》	
	地理	《高等小学校用·新式地理教科书》《高等小学校用·新式地理教授书》	
	修身	《高等小学·新修身教授书》	
	国文	《高等小学校用·新式国文教科书》	

（原载日本《中国研究》1998 年第 1 期）

附：写在《吕思勉全集》的边上

一

吕思勉被严耕望推为中国史学四大家之一。在他身后20年间，已刊著作在台港时有翻印，大陆除印行其遗著《隋唐五代史》外，反而寂无消息。1965年顾颉刚重读吕思勉题赠《章句论》时，大发悲叹："吕氏一生写作甚多，而身后竟无人提议为编一全集者，并其著述目录亦不可见，悲已。"（《顾颉刚旧藏签名本图录》）这种状况当然与此20年间大陆政治与文化生态息息相关。

进入20世纪80年代，吕思勉的旧作再版与遗稿新刊才走上正轨。进入21世纪后，在其弟子李永圻先生的推动下，张耕华教授不懈搜求与艰苦校订吕氏全部已刊、未刊的旧著、遗稿，自2005年起历时7年，由上海古籍出版社相继推出18种吕著单行本或合编本，纳入总名《吕思勉文集》的丛书，为编纂《吕思勉全集》奠定了坚实的基础。与此同时，他们还合撰了《吕思勉先生年谱长编》，收入未能编入《文集》的吕氏日记与散札等资料。

15年间，耕华教授不务声华，埋首吕著，焚膏继晷，孜孜矻矻，不仅成为吕思勉研究的硕学专家，而且无愧弘扬吕思勉学术的第一功臣。经由其手总成的26卷《吕思勉全集》终于在2015年岁杪推出，与业已行世的台湾联经版《钱宾四先生全集》、大陆三联书店版《陈寅恪集》与安徽大学版《陈垣全集》一起，让四大史学家全集最终呈现"四美并具"的局面。

关于吕思勉史学，我写过《吕思勉：用新方法整理旧国故》的专论。近日披阅《吕思勉全集》，记下这些片断性随感，或可视为对旧文的补充。

二

严耕望是钱穆的学生，吕思勉是钱穆的老师，也是严耕望的太老师。他所推举的四大家即陈垣、陈寅恪、吕思勉与钱穆，入选条件是"及睹其风采，或读其书时，其人尚健在"。据他说，钱穆受吕思勉"影响最大"，吕思勉对钱穆也"深为奖掖"，师生同成大家后，仍切磋问难，互有补益，这有钱穆《师友杂忆》可以对证。抗战胜利不久，钱穆再访母校，吕思勉请他演讲，钱穆开讲便说："今日此一四十年前老学生之讲辞，乃求不啻如其四十年前老师长之口吐出。今日余之讲辞，深望在场四十年后之新学生记取，亦渴望在旁四十年之老师长校正。学校百年树人，其精神即在此。"民国师道如此，不禁令人动容。《吕思勉全集》有近8卷20种左右的教科书，科目涉及历史、地理、国文、修身、文选等，其受业弟子中有钱穆、唐长孺、杨宽、张芝联、黄永年、徐燕谋等大师名家，说他是史学大师，固然实归名至，却鲜有说他是教育家的，未免有点论之不公。

三

严耕望论定四大家立学术标准三：一是史学涉略面，二是史著述作量；三是史学识见度。

吕思勉的学术领域，尽管以史学为主，却兼及传统之学诸多领域，包括目录学（《经子解题》等）、文字学（《章句论》等）、文学（《宋代文学》《论诗》《小说丛话》等），他对传统医学（《医籍知津》）也有研究，还创作过新小说（《中国女侦探》等）。盘点20世纪中国学术大师，论涉足之广，少有其比者。而他的史学著述，也涵盖了史学方法论、中国通史、断代史（从先秦到隋唐五代以及近代史）、专门史（涉及社会、民族、文化、学术、经学、理学、政治思想诸分支学科）、史学札记、教科书、通俗读物等诸多领域，无论通贯古今，还是横跨诸界，在同时代史学大家中，也是名列前茅的。

吕思勉著作之富，同样少有其匹，《全集》达26卷，超过二陈，而与钱穆相颉颃（《钱宾四先生全集》54卷而为32开本，《吕思勉全集》26卷却为16开本，考虑到钱穆享寿比吕思勉长22年，他们师生著述之繁富应不相上下）。在史学识见上，吕思勉贯彻了"博赡仍是为学大道"的治史取向，故严耕望《治史三书》有《通贯的断代史家》专文平章，说吕氏史学"应属撰史，不是考史"。所谓"考史"，即章学诚所说的"考索之功"；而所谓"撰史"，应即章氏推许的"独断之学"，也即严氏表彰的"建立新史规模"。

近年报章时见评骘民国学术与当代学术的高下之论，且不究诘那些话语的潜台词，倘以吕思勉作为民国史学的大师代表，在史学涉略的广度上，在史学识见的深度上，在史学规模的创获上，当代史坛能否找出哪位大家足与其前后辉映呢？

四

在四大家中，吕思勉成就不在其他三家之下，声光却远逊于南北二陈与钱穆。严耕望认为，原因主要三条：一是近代史学崇尚仄而专的深入研究，提出新问题，发挥新意见，对吕思勉这样博通周赡式的学者未免低估；二是20世纪新史学以是否使用新史料作为衡量标尺，而吕思勉史学主要取资于习见的正史，因而受到轻忽；三是吕思勉身处远离民国学术中心的上海，长期任教的光华大学更非一流大学，他又不求闻达，从来"不扬露才学，不争取名位"，用当下行话说，就是不炒作、不推销自己，也没有占据要津的弟子为之揄扬。但相较于跻身学术中心而位居学术领袖的那些大师，吕思勉以非主流的身份，在难以获睹新史料的限围下，以人皆能见的二十四史作为资粮，"拆拼正史资料，建立新史规模，通贯各时代，周赡各领域"，这种魄力与坚毅力，让严耕望感叹，同时代成名史家"恐怕都难以做得到"。

但在民国时期，吕思勉仍获得学术共同圈的高度认同，他是当时教育部为数不多的部颁教授之一。即便50年代全国教授首次评级时，他依旧是为数寥寥的一级教授之一，上海史学界唯有他与周谷城同为一级（据屈宁《1950年代的教授分级与史学大家》，周谷城初定为二级，官方最终公布时升为一级。尽管不知他是否以丰沛故人而荣膺一级，却也凸显吕思勉史学成就乃众望所归），足见当时评级非学术因素干扰还算有限。

五

对吕思勉学术的认知，后人似乎存在着明显的代际差异。与吕思勉同辈或仅低一辈的学者，在求学与治学期间往往已读其书而深知其学，无不给予高度肯定。闻知吕思勉逝世，顾颉刚日记即下盖棺之论："全国中精熟全史者唯此一人。"其时，南北二陈尚活跃史坛，同为学术圈内人，这一评断应是经过拿捏掂量的。谭其骧指出："近世承学之士，或腹笥虽富而著书不多；或著书虽多而仅纂辑成编。能如先生之于书几无所不读，虽以史学名家而兼通经、子、集三部，述作累数百万言，淹博而多所创获者，吾未闻有第二人。"海外学者杨联陞表示，吕思勉是他"最敬仰前辈学人之一"。业师程应镠先生也说："执教光华大学常聆诚之先生讲论，淹博渊深，曾自叹寅恪先生外，并世无第二人。"

而鼎革以后成长起来的史界学人，对吕思勉认识却有曲折过程。1998 年，王家范先生坦诚承认："说起来实在不敬，因种种的缘故，我真正对先生有点认识，还是近几年的事。"这"种种的缘故"中，主要应是位居主流的马克思主义史学对所谓资产阶级史学的持续批判。反讽的是，吕思勉早在 1945 年《历史研究法》里就肯定了马克思以经济为社会基础的唯物史观，认为有助于对史事的了解，他治史也尤其注意社会经济层面。严耕望抉发了这点，认为"这在没有政治色彩的前辈史学家中是比较特别的"，却与新政权确立以后"一般趋附者大不相同"。然而，1949 年以后的无端批判，最终造成学界后进对吕氏史学的疏离与隔膜。作为率真坦诚的学者，家范先生曾痛切自责：

> 古哲说："金玉满堂，莫之能守"，至今思来真是愧悔交加。"大雁已经飞过，天空不留痕迹"，对个人固然是一种难得的生命超越；对后人，特别是像我这样，作为华东师大他的专业后辈，却是不可宽恕的过失。

吕氏史学再获推重，在 20 世纪 80 年代中期以后。吕思勉的学术活动与学术著作主要在沪上完成，洵为上海史学界的鲁殿灵光。他在 1952年全国高校院系调整时转入华东师大。当然，不入华东师大历史系，吕思勉还是吕思勉；而若无吕思勉，华东师大历史学就会大为逊色。现在，吕思勉不仅是华东师大史学的品牌，而且打造成华东师大整个人文学科的标志。为了不再"金玉满堂，莫之能守"，这座大学设立了以大师命名的"人文高等研究院"与"学术原创奖"。这是对学术的致敬，也是对大师的纪念。

六

然而，对吕思勉史学的含金量，史界前辈中也颇有不识和氏璞玉者。严耕望说："有一位朋友批评诚之先生的著作只是抄书。"他这位未点名"朋友"应即牟润孙。据《吕思勉先生年谱长编》引杨联陞函说："牟润孙评述近代中国史学，而未提吕先生，弟致函指出，牟君回信只说嫌吕先生书多堆砌。"牟润孙师从陈垣与顾颉刚，比吕思勉低一辈，曾与严耕望共事新亚书院，也算得上是名家，但于吕氏史学却有眼不识金镶玉。但持"抄书"之论者却远非牟氏一人。对此，杨联陞不以为然："试问有几人能堆砌如此广大而有意义？""广大"推其有规庑，"意义"赞其有史识。严耕望最识得吕氏史学精髓，对牟氏偏见大表不满："其实有几个人能像他那样抄书？"他进一步说："这位朋友极推重赵翼《廿二史劄记》。其实即把诚之先生四部断代史全作有系统的札记看亦无不可，内容博赡丰实，岂不过于赵书耶？"在严耕望看来，吕氏之书不仅仅是赵翼式札记，"何况他实有很多创见，只是融铸在大部头书中，反不显露耳。"

七

关于吕思勉史学主要取材正史而很少涉及新出史料的问题，仍有必要饶舌一辩。自陈寅恪首唱"取用新材料，研求新问题，得预新潮流"，新史学主流就以能否取资新史料作为最高评判标准，这实在是对"新材料"的肤浅误读。作为新材料的甲骨文、简牍帛书、敦煌文书、大内档案，的确引发了一系列新问题，取用这些新材料也着实让中国史研究取得了新进展，但这些新材料并不足以涵盖中国史的全时段与全领域，大部分时段与大多数领域仍须倚赖旧史料。而旧史料中的基本史料，毫无疑问仍是列代正史，更何况对旧史料以新眼光作出新解读，也就注入了新内涵，在这层意义上，旧材料与新材料完全是可以转化的。吕思勉当然清楚新材料的意义价值，但限于远离学术中心的非主流身份，不可能全部及时地获得那些新出的材料，兼之他立志写一部通史，以期说明"中国的社会总相"，由于从事的是全史研究，不少时段和诸多领域与新材料关系并不那么密切，在这双重因素下，他决定以二十四史为主创建自己的史学体系，虽属无奈却是理智的选择。打个比方，参赛者必须自带食材进行厨艺大赛，有的参赛者家境优渥，以山珍海味做出了满汉全席，固然抢人眼球；有的参赛者出身贫寒，却仍用家常食材做出了色味俱佳的特色菜肴，能说后者的厨艺水平与菜肴等级就不如前者吗？在20世纪史学大师赛中吕思勉正是后者，他以二十四史读过三遍半的功力，以最常见的正史材料构建起吕氏史学大厦，其规模在同时代却少有企及者，这恰是他了不起的地方。

八

对史学新人来说，尤有必要重新认识吕思勉史学的价值。我对吕思勉史著的阅读，说不上深入与全面，但有三点心得不妨献芹。其一，通观吕氏的《读史札记》与几部断代史，有不少篇章蕴含着他的问题意识与独到识见，是有待开掘的一座富矿，初入史海的新进学子倘能慧眼识货，自可从中获取欣然有得的提撕，觅得富有启迪的课题。其二，即便查阅吕氏通史论著，咀嚼回味他看似平实的论述，也往往折服于其论断的通贯性与史识的穿透力。我在撰写《论吕思勉的宋史观》时，对这点深有体悟。吕氏断代史专著里没有宋史，他对宋代的论述大多散见于通史性论著，但真知卓识却随处可见。其三，倘以治史方法而言，吕氏史学才是史学正宗，最宜后学效法。在史料运用上，吕思勉并不一味追求新奇稀见，而是取历代正史作基础材料，以传统札记法为基本手段，初入门者易于揣摩，不难学习，只要假以时日，提升史识，进境可期。在史法运用上，如果说陈寅恪往往借助曲折入微的辩证论析，获得出人意表而令人叫绝的新解，吕思勉却并不刻意讲究别解高论，而是主要通过史料的缜密比次与通贯条理，藉抉发曾经遮蔽的史实，以获取前所未见的新知。倘以用兵为喻，陈寅恪是出奇制胜存乎一心，无其天才而一意摹学，不是走火入魔，便是画虎成犬；吕思勉则规矩方圆有迹可循，中等材质而有心追摩，即便难期大家，也能治史有成。对初窥史学门墙的中国史研究者，吕思勉史学自应尊为首选。

（原载 2016 年 4 月 17 日《东方早报·上海书评》）

陈垣：不为乾嘉作殿军

严耕望曾把陈垣与吕思勉、陈寅恪、钱穆并列为他所亲仰风采的前辈史学四大家，"风格各异，而造诣均深"①。陈垣，字援庵，早在二三十年代，就为中国史学赢得了世界性的声誉：1925年，时人称他为中国的桑原骘藏；1933年，伯希和认为只有陈垣与王国维才称得上"近代中国之世界学者"②。关于援庵史学，其门人子弟颇有论述。据称，也是史家的邵循正悼念援庵的挽联云："稽古到高年，终随革命崇今用；校雠捐故技，不为乾嘉作殿军。"③援庵史学是否"终随革命崇今用"，这里暂不详论；但"不为乾嘉作殿军"一语却是深中肯綮的，为援庵史学在乾嘉朴学与新史学的此疆彼界间作了准确的定位。本文即就此略述己见。

---

① 严耕望：《治史三书》，辽宁教育出版社1998年版，第219页。
② 参见陈智超编：《陈垣来往书信集》，第169页，顾颉刚来函；第96页，尹炎武来函，上海古籍出版社1990年版。
③ 转引自白寿彝：《要继承这份遗产》，《励耘书屋问学记》，北京三联书店1982年版，第6页。

一、参用乾嘉清儒考证方法

陈垣自称"寒宗也是农家子"①，其上一代，仅伯父"始读书，然只习时文，不得云学"②，并没有陈寅恪那样的家学渊源。他也没有受过较为正规的学历教育，遑论现代意义上的高等教育了。③他对乡间的前辈学者陈澧十分钦佩，但后者去世时，他年仅三岁，无缘亲承謦咳。在后来治学过程中，他也从未受到过名家大师的指点，完全是偶然得读《书目答问》，遂由此入手，进而以《四库提要》为门径，勤奋自学而成为一代史学大师的。

陈垣曾自称其学出于钱大昕，并在自己的《史讳举例·序》写作日期后郑重地署上"钱竹汀先生诞生二百周年纪念日"，以志仰慕之情。他还自撰有"百年史学推瓯北"的联语，瓯北指赵翼，与钱大昕同为乾嘉史学的代表人物。这些夫子自道都表明援庵史学源于乾嘉朴学。治学讲究目录、版本、校勘、辑佚、避讳、辨伪等考据之学，是清代朴学的最大特点。陈垣治学也是恪守这些方法路数的。关于目录学的作用，他晚年总结道："从目录学入手，可以知道各书的大概情况"，"这是个门路"，可以学会按着目录找到自己需要的图书资料。④对于校勘，他在《通鉴胡注表微·校勘篇》中指出："校勘为读史先务，日读误书而不

---

① 转引自李瑚：《励耘书屋受业偶记》，《励耘书屋问学记》，第 131 页。
② 陈智超编：《陈垣来往书信集》，第 706 页，给陈约之函。
③ 对此，他在家信中说："最怕填履历至出身一项，竟直对此项不写，表示非学校出身也。"见《陈垣来往书信集》，第 693 页，给陈乐素函。
④ 陈垣：《谈谈我的一些读书经验》，《陈垣史学论著选》，上海人民出版社 1981 年版，第 641 页。

知，未为善学也。"关于避讳，《通鉴胡注表微·避讳篇》认为："史书上之记载，有待于以避讳解释者甚众，不讲避讳学，不足以读中国之史也。"陈垣的这些见解，都不难在清代朴学大家的文集札记中找到相似的议论。即便是他那句考史寻源的名言"毋信人之言，人实诳汝"，似乎也只是戴震所提倡的"志存闻道，必空所依傍"的口号换一种更激烈的说法。①

当然，除了清代朴学的影响，陈垣年轻时候学习西医的经历对日后的史学研究也产生了潜移默化的作用。生理学、人体解剖学等课程，无疑给了他方法论上的启示。他在弃医治史近二十年后一封家信中说："余今不业医，然极得医学之益，非只身体少病而已。近二十年学问，皆用医学方法也。有人谓我懂科学方法，其实我何尝懂科学方法，不过用这些医学方法参用乾嘉清儒考证方法而已。"②

在研究方法上，陈垣确实是最得清代朴学治史三昧的。我们不妨将两者治学方法的共同点作一比较。其一，清儒朴学"最喜罗列事项之同类者，为比较的研究，而求得其公则"③；陈垣的工具性专著《史讳举例》《校勘学释例》和研究性专著《旧五代史辑本发覆》《元秘史译音用字考》，也完全是从繁复的材料中归纳出原则通例的。其二，清儒朴学"喜专治一业，为窄而深的研究"；1933 年，陈垣曾告诫一青年学者："思想史、文化史等，颇空泛而弘廓，不成一专门学问。为足下自身计，

① 陈智超编：《陈垣来往书信集》，第 690 页，给陈乐素函；戴震：《与某书》，《戴震集》，上海古籍出版社 1980 年版，第 187 页。
② 陈智超：《陈垣早年著作初探》，见《陈垣教授百一十周年纪念文集》，暨南大学出版社 1994 年版，第 129 页。
③ 梁启超：《清代学术概论》，见《梁启超论清学史两种》，复旦大学出版社 1985 年版，第 39 页。以下关于朴学治学方法的引文同据《清代学术概论》。

欲成一专门学者，似尚须缩短战线，专精一二类或一二朝代。"①由此也可见陈垣的治学旨趣与清儒朴学颇为相近。其三，清儒朴学主张"孤证不为定说，其无反证者姑存之，得有续证则渐信之，遇有力之反证则弃之"；陈垣治学也强调在史证上"未有是一事，未见又是一事，不能以未见为未有"②。其四，清儒朴学"选择证据，以古为尚"；陈垣引用资料与考证史实，强调史源，他后来提出史源学的概念，其中也应有清儒朴学的启示在内。

不仅如此，在史学论著的外在形式上，陈垣在当代史学大师中也是与清代朴学最相形似的。他的《史讳举例》和《校勘学释例》从众多实例中提炼出通则，无疑是借用了清季朴学大师俞樾《古书疑义举例》的成例，然而比起俞樾将校勘、训诂等内容混杂于一书，援庵二书的类例显得更为精纯。他的《释氏疑年录》，无论在命名上，还是在体制上，都有钱大昕《疑年录》的明显影响。他的《通鉴胡注表微》尽管是一部深有创意的论著，但在著述方式上，却先载《通鉴》正文，次列胡三省注释，最后才是他表微的内容，完全恪守朴学家注疏的路数。

尽管陈垣史学研究涉略的领域相当广泛，但最能体现他在乾嘉史学与新史学两者之间承上启下、继往开来的关系的，还是那些包括目录学、年代学、史讳学、校勘学、史源学在内的历史文献学方面的研究。他这一方面的研究成果，不仅是清代朴学在这些历史文献学分枝学科上既有方法的成功运用，而且更是对这些史料学分枝学科上清代朴学既有业绩

---

① 陈智超编：《陈垣来往书信集》，第 355 页，给蔡尚思函。
② 陈垣：《萨都剌的疑年》，见《陈垣史学论著选》，上海人民出版社 1981 年版，第 600 页。

和方法的集大成的总结。

在目录学方面，陈垣的代表性论著有《敦煌劫余录》《中国佛教史籍概论》《道家金石录》。1930 年编成的《敦煌劫余录》是参照传统目录学著录方式最先完成的大规模有系统的敦煌汉文文献的专题目录。1942 年完稿的《中国佛教史籍概论》则改造了传统提要目录的体式，"将六朝以来史学必需参考之佛教史籍，分类述其大意，以为史学研究之助"；郭沫若推为"高级目录学"①，或即是因为该录不仅仅包涵了传统提要目录的一般内容，还揭明了所著录的各佛教史籍的得失、特色及其在史学上的利用价值。

陈垣在年代学上也有三部专著传世，即《二十史朔闰表》《中西回史日历》和《释氏疑年录》。对前两种历表，胡适有一个到位的评价：不但给杜预、刘羲叟、钱侗、汪曰桢诸人的"长历"研究作一个总结束，并且可以给世界治史学的人作一种极有用的工具。②《释氏疑年录》按年代顺序收入自晋至清有生卒年岁可考的僧人 2800 人，并附有僧传资料出处，集佛教研究的相关年代与目录于一部工具书中。

《史讳举例》是陈垣在史讳学方面总结性的著作。早在洪迈、王楙、王观国、周密等宋人学术札记中就颇有历朝避讳的记载；及至清代，顾炎武的《日知录》、钱大昕的《十驾斋养新录》与《廿二史考异》、赵翼的《陔余丛考》和王鸣盛的《十七史商榷》等对史讳有特别的著录或论释，但都未能作系统的董理。陈垣"意欲为避讳史作一总结束，而使考

---

① 陈垣：《中国佛教史籍概论》，第 1 页，中华书局 1982 年版；刘乃和：《励耘承学录》，北京师范大学出版社 1992 年版，第 135 页。

② 胡适：《介绍几部新出的史学书》，《古史辨》第 2 册，上海古籍出版社 1982 年版，第 333 页。

史者多一门路一钥匙"①，广搜历代避讳实例，参伍错综，期无余蕴，区分讳例为 82 类，著成这部不刊之作。

在校勘学领域里，陈垣有三部代表作。如果说《沈刻元典章校补》是以传统校勘方法整理史籍的具体实践，那么，《元典章校补释例》（后改称《校勘学释例》）便是对清代以前传统校勘方法完整系统的科学总结，而《旧五代史辑本发覆》则是将校勘学方法运用于史学研究的成功个例。其中尤其是《校勘学释例》一书，赢得学术界的高度评价：不仅认为"专攻版本校勘之学者，亦当谨守先生所用之法则"，是"中国校勘学的一部最重要的方法论"；而且称许这"是中国校勘学的第一伟大工作，也可以说是中国校勘学的第一次走上科学的路"②。

由于陈垣将清代朴学中关于目录、版本、校勘、辑佚、避讳、辨伪等考据之学融会贯通，灵活运用，熔铸成自己的史料考证学，因而无论在史料发掘，还是在史实考辨上，都无让其至超过乾嘉史学的卓越成就。例如，《魏书》自靖康南渡以来，《乐志》等即有缺页，清代校勘名家卢文弨仅从《通典》为《乐志》补得十六字，即断言"无从考补"；1942 年，陈垣据《册府元龟》一字无阙地辑补出《乐志》的缺文，令卢文弨的校勘业绩也黯然失色。至于他的古教四考、《元西域人华化考》和《大唐西域记撰人辩机》等论著，眼明心细，资料娴熟，思路缜密，洵为考据范例。

陈垣史学贡献给学界最有价值的成果，几乎都是运用这种考据方法

---

① 陈垣：《史讳举例·序》，见《陈垣史学论著选》，第 238 页。

② 陈智超编：《陈垣来往书信集》，第 610 页，刘文典来函；胡适：《校勘学方法论》，《胡适文存》第 4 集，黄山书社 1996 年版，第 96、101 页。

取得的，因而他留给学界最深刻的印象也是清代朴学的路数。早在 20 世纪 30 年代，就有人这样推崇他道："任公（指梁启超）之于新学，先生之于朴学，皆足领袖群伦，为时宗仰。"①陈垣的史学道路并不是一成不变的，有人曾概括其治史之变道："由钱大昕的精密考证学，而顾炎武的经世致用之学，到胡三省、全祖望的民族气节和爱国思想，终于成为马克思主义者。"②他本人是否马克思主义者，另当别论；但他的史著（即便是 1949 年以后的那些论文），并不属于中国现代的马克思主义史学系统，则是毫无疑问的。但这样的评断大体还是允当的："他生平在学术上的大成就，仍然属于清代以顾炎武、钱大昕等为首的考证学系统。"③

二、得预新史学的潮流

陈垣是在 1917 年以《元也里可温教考》而蜚声史坛的，一般论著都把这年作为他转向治史的界标。这时，清王朝已被辛亥革命推翻，五四新文化运动也正山雨欲来。陈垣所处的时代，毕竟是一个从社会制度到学术文化都发生着剧变而不断令人耳目一新的时代。倘若在这个大时代里，援庵只是墨守清代考据学的陈规，只是用这种方法默默从事自己的研究，那么，即便他取得再辉煌的成果，也只能尊之为朴学殿军。陈寅恪提出过一个衡估新旧学术的尺度："一时代之学术，必有其新材料与新问题。取用此材料，以研求其问题，则为此时代学术之新潮流。治

① 陈智超编：《陈垣来往书信集》，第 270 页，容肇祖来函。
②③ 蔡尚思：《陈垣先生的学术贡献》，《励耘书屋问学记》，第 24、25 页。

学之士，得预于此潮流者，谓之预流。其未得预者，谓之未入流。此古今学术之通义。"①我们不妨以此为标准，来考察一下陈垣究竟只是清学传人，还是已经得预了 20 世纪中国史学的拍岸新潮。

首先，陈垣致力于拓宽已有文献史料的网罗范围，方志和僧道碑版、语录都成了为其所用的绝佳资料。尽管章学诚在《文史通义·为张吉甫司马撰大名县志序》里早就指出，方志"可为一朝之史所取裁"；但其后百余年间，真正以自觉的意识利用方志材料来治史者依然寥若晨星。陈垣独具眼光，在方志里找到了元代基督教的大量记载，极口称赞《至顺镇江志》是考证元也里可温教的丰富宝藏。他的《明季滇黔佛教考》在史料运用上更有特色，其《重印后记》对此指出道："资料方面多采自僧家语录，以语录入史，尚是作者初次尝试，为前此所未有。"为了研究道教史，陈垣广搜金石碑版千余通，编为《道家金石录》，他后来撰著《南宋初河北新道教考》即取资于此。陈垣率先把僧道碑版语录囊括进史料的大网，体现了扩张史料的见识和努力。

不过，就中国史学新材料而言，还数 19 世纪末年至 20 世纪初叶那些震惊世人的重大发现，其中最著名的当推殷商甲骨文、汉晋简牍、敦煌文书、明清内阁大库档案。在这四大发现中，陈垣由于研究领域主要在隋唐以后，因而对殷商甲骨与汉晋简牍未见有利用和评论。然而，对于和自己研究领域息息相关的敦煌文书与内阁大库档案的发现，他是深感兴趣，极为关注的。对这两类新材料的利用和整理，陈垣投入了大量的时间和精力，充分体现了一个新史家卓尔不群的敏锐识见和对学术公

---

① 　陈寅恪：《陈垣敦煌劫余录序》，《金明馆丛稿二编》，上海古籍出版社 1980 年版，第 236 页。

器的高度责任感。

民国初年，被斯坦因、伯希和等窃余的敦煌经卷入藏京师图书馆，陈垣震撼之余，便清楚地意识到这批文书重现人世，将对中国历史研究产生不容低估的影响，不少以往的结论也许会因此修正或改写。这时，他正在从事古代宗教史的研究，估计敦煌经卷中会有佛教以外的宗教史料，便前去查阅，果然发现了宇字56号的摩尼教残经。他将这一稀见文献采入了自己的论文《摩尼教入中国考》，并作了校录，公之于世。其后，他还有《跋西凉户籍残卷》等敦煌学论文问世。然而当时入藏的八千六百余卷文书，经编目登录的仅二千余卷。这种状况长此以往，将严重影响敦煌文书在新时代史学研究中的有效利用。1922年春夏之际，陈垣趁兼长京师图书馆之便，日以百卷为程，历时三个月，尽阅馆藏的八千余卷敦煌文书。阅读之后，他更明白了这批稀世文献的连城之价："知其中遗文异义，足资考证者甚多，即卷头纸背之日常帐目、交易契约、鄙俚歌词之属，在昔视为无足轻重，在今矜为有关掌故者亦不少。特目未刊布，外间无由窥其蕴。"①陈垣痛感编制一部敦煌文书目录，是刻不容缓而又责无旁贷的。1924年，他被推为敦煌经籍辑存会采访部长，即登报征集公私所藏敦煌文书，拟编为总目。后因应者寥寥，遂仅就馆藏经卷，著录其每卷编号、起止、纸数、行数及内容，编为《敦煌劫余录》。尽管后来有更完备的总目出现，但《敦煌劫余录》作为最早问世的敦煌文书专题目录，成为中国敦煌学发轫的强大推动力，其在当时的重要意义和巨大作用是不言而喻的。正如陈寅恪为该录而作的序言所说："斯录既出，国人获兹凭藉，宜益能取用材料以研求问题，勉作敦

---

① 陈垣：《敦煌劫余录·序》，《陈垣史学论著选》，第289页。

煌学之预流。庶几内可以不负此历劫仅存之国宝，外有以襄进世界之学术于将来。"在新史学发展史上，陈垣以其卓见通识，不仅在自己的研究中较早应用了敦煌经卷，更为推动中国敦煌学的预流而竭尽全力，后人自应记取其不可磨灭的贡献。

在历史研究中，陈垣是较早对档案予以充分重视和积极利用的学者，同样表现出他作为新史家的预流的卓识。他把中国的文字史料分为两大类："一是已成书册的史籍，一是未成书册的档案。"①20 世纪 20 年代有关明清档案的八千麻袋事件发生以后，其大宗由历史语言研究所辗转购得，遂建立明清史料编刊会，由陈垣与陈寅恪、傅斯年等总其事，编选《明清史料》多集。其间，陈垣又以其素所奉行的"一人劳而万人逸，一时劳而多时逸"的无私忘我精神，对档案整理倾注了大量心血。他主持将康熙与罗马使节历次往来文书影印公布，并亲为作序，指出这批有康熙亲笔删改的汉文史料的珍贵价值，这也是最早影印公布的档案史料之一。陈垣不仅是明清档案整理出力最多者之一，而且堪称在史学研究中最早卓有成效地利用明清档案的第一人。1924 年，他从清档中发现康熙和罗马教皇关于礼仪之争的两份公文，正是借助中国传教史上这些极有关系的史料，陈垣作出了足以鸟瞰明清之际中西交通史全局的深刻结论："得此可见当时中西思想之不相容。"②类似这样利用第一手的档案资料，纠正史书记载的讹误，拨开某些史事的迷雾，揭明有些史实的真相，在其史学论著中是并不少见的，较著名的还有《从教外典籍见明末清初之天主教》《雍正间奉天主教之宗室》等。陈垣虽然高度重视档案的史

① 陈垣：《中国史料的整理》，《陈垣史学论著选》，第 245 页。
② 陈垣：《跋教王禁约及康熙谕西洋人》，《陈垣学术论文集》第 1 集，中华书局 1982 年版，第 124、125 页。

料价值，但又不是一味地迷信盲从档案记载。在《汤若望与木陈忞》《语录与顺治宫廷》和《顺治皇帝出家》等论文中，针对雍正谕旨驳斥木陈《北游集》关于顺治晚年要求出家的记述，他凭借大量其他中外史料，作了令人信服的考证分析，认为雍正谕旨纯属强辩矫饰，木陈之说倒是事出有因的。陈垣不仅重视以档证史，而且注意以史证档，为史档结合推进历史研究作出了探索和示范。

在新史学的成立过程中，比研究材料更新更为重要的，便是研究课题的推陈出新，这就是陈寅恪所说的新问题。在陈垣的研究课题中，固然多有与清儒朴学一脉相承的传统课题，例如年代、目录、校勘、史讳之学；然而，他以宗教史、蒙元史、中外关系史为主要方向的中古以来民族文化之史的研究，便颇有开一代风气的新课题。继成名作《元也里可温教考》后不久，他相继发表了《开封一赐乐业教考》（1919 年）、《火祆教入中国考》（1922 年）、《摩尼教入中国考》（1923 年），合称"古教四考"。这是我国第一次系统论述鲜为人知的四种古宗教的系列论著，开拓了中国宗教史研究的新领域。时人或疑其为耶稣教教友，或疑其为回教徒，他明确宣布："我实一宗教史研究者而已，不配称为某某教徒。"①在 20 世纪新史家中，陈垣是自觉以现代史学的眼光研究宗教史的先驱者之一。

历史观念的因时推移，所谓"时势不同，则对古史之认识有异也"②，也是陈垣在历史研究中追随新史学潮流的表征之一。蒙元史研究虽然早在鸦片战争前后就因边疆危机而渐成显学，但陈垣研究蒙元史的

---

① 陈智超编：《陈垣来往书信集》，第 288 页，给方豪函。
② 陈垣：《通鉴胡注表微》，《边事篇》，辽宁教育出版社 1997 年版，第 221 页。

着眼点显然有别于他的前辈学者。辛亥革命以后的"五族共和"口号与五四运动以后的民族平等思想，对他的研究观念也产生了影响。他认为，对蒙元史的研究决不能再"以种族之见，横亘胸中"①，而应该以全新的世界性眼光重新审视蒙元史，审视中国文化的强大生命力。他在 20 年代发表的蒙元史与中西交通史研究的扛鼎之作《元西域人华化考》中，贯彻了自己的这一观念。据其自称，该书"著于中国被人最看不起之时，又值有人主张全盘西化之日"②。针对西化，他提出了历史上华化的事实："盖自辽、金、宋偏安后，南北隔绝者三百年，至元而门户洞开，西北拓地数万里，色目人杂居汉地无禁，所有中国之声明文物，一旦尽发无遗，西域人羡慕之余，不觉事事为之仿效。"③这种观念已完全突破了一般治蒙元史与中西交通史学者的认识水平，远远不是那些只醉心于西风东渐和沉迷于饾饤考证的论著所能比拟的。其后，他在《通鉴胡注表微·民心篇》里指出："民心者，人民心理之向背也。人民心理之向背，大抵以政治之善恶为依归；夷夏之防，有时并不足恃，是可惕然者也。"抗日战争时期，陈垣在历史研究中把民众的力量放到举足轻重的地位上，也反映了他的历史观念是随时代而进步的。

新史学就是要运用新观念，借助新方法，处理新材料，解决新问题。然而，在论及新史学方法创建过程时，也许以为陈垣在这一方面乏善可陈，有关研究者几乎都对他不置一词。实际上，陈垣对此还是有自己的思考和探索的。他曾在《通鉴胡注表微·考证篇》中指出："考证为史

---

① 陈垣：《元西域人华化考》卷 8《结论》，重印《励耘书屋丛刻》本，北京师范大学出版社 1982 年版。

② 陈智超编：《陈垣来往书信集》，第 818 页，给欧阳祖经函。

③ 陈垣：《元西域人华化考》卷 8《结论》。

学方法之一，欲实事求是，非考证不可。"又强调说：倘以为考证"尽史学之能事固非；薄视考证以为不足道者，亦未必是也。"应该承认，对中国旧史料的甄别考辨，清代朴学的考据方法确是行之有效的手段。但清代学术大师缺乏方法论的自觉，没有系统明晰的考据方法论专著传之后世。他们凭藉个人的颖悟和长期的积累，掌握并推进了这一考据方法，却让后世学者仍代复一代重复自己皓首穷经的摸索过程。陈垣以现代眼光与科学方法对传统年代学、目录学、校勘学和史讳学的总结和推进，不仅仅试图让现代新史家多一门径，多一管钥，免去或缩短那种暗中摸索的过程；还旨在进一步确立考证学在整个新史学中应有的地位和功用。

在陈垣的史学思想和实践中，这种新史学的考证学显然是有别于乾嘉考据学的。其重要的区别就在于：其一，乾嘉考据学"徒为精密之考证而已"，将考证视为史学的本身和目的；而新史学只是将考证学作为一种史学方法，正因为"不专恃考证，所以能成一家之言"①。其二，乾嘉考据学由于为考证而考证，便难免流于繁琐支离一途；而新史学的考证学则"务立大义，明不专为破碎之考证也。"②正如一位西方学者正确指出：人文学的学术研究也是在一个传统中进行的，在这个传统中，每一代人都以其前辈的成就作为出发点，并在此基础上提出问题，汲取互相贯通的研究方法。③20 世纪中国新史学除了应该引进和借鉴现代西方史学方法外，更有必要在传统旧史学中汲取能够互相贯通的研究方法。无疑，陈垣认为，只要纠正清代朴学为考证而考证和繁琐考证等弊端，朴

---

① 陈智超编：《陈垣来往书信集》，第 302 页，给方豪函；陈垣：《通鉴胡注表微》，《解释篇》，第 51 页。
② 陈垣：《通鉴胡注表微》，《解释篇》，第 48 页。
③ E. 希尔斯：《论传统》，上海人民出版社 1991 年版，第 168 页。

学考据方法的合理部分是完全可以从旧史学系统中转换出来，而为新史学体系所借用的。他对传统考证学方法的集大成式的总结与示范性的运用，其用意也在于此。对陈垣的这种努力和用心，有人指出："其重要在于确定考证在文史学研究上之地位，其为术也绝精绝细，以极科学之方法，统御博富之学问，其貌为旧，其质实新。西谚云以旧瓶盛新酒，意差近之。"①这才是全面公允之论。

与考证学在新史学中地位和功用密切相关的，还有一个新史学能否培养出继往开来的合格传人的问题。由于五四前后白话文运动的兴起和新式教育的普及，那种旧式的国学训练传统也基本上随之中断了。而随着时代的推移，如何使接受现代教育的学子在不太长的在学期间内，通过有效训练初步掌握传统史学的研究方法，进入新史学的研究领域，也是新史学直接面临的迫切问题。对这一问题，在众多史学大师中，陈垣和吕思勉因与所处的大学教授的地位有关，思考最深，实践最多。在陈垣看来，目录学、版本学、校勘学等史料学分枝学科的学习，固然有助于旧学知识的积累和国学技能的培养，但由于各学科是各自独立的，对国史研究来说，仍缺乏一种综合融通的训练。正是基于这种考虑，他创立了史源学这门新学科，在大学历史教学中设立了史源学研究（后称史源学实习）的课程。正如他在《通鉴胡注表微·考证篇》中所说的那样："读史者当观其语之所自出"，"非逐一根寻其出处，不易知其用功之密，亦无由知其致误之原"。史源学研究的方法是择史学名著一二种，"一一追寻其史源，考证其讹误，以练习读史之能力，警惕著论之轻

---

① 陈智超编：《陈垣来往书信集》，第 773 页，张遵俭来函。来函者虽是陈垣之婿，但这些评价倒不是私谀，尤其是旧瓶新酒、貌旧质新之说，最中肯綮。

心"①。而欲沿流溯源，考其本末，辨其真伪，就必须综合而灵活地运用年代、目录、版本、校勘、史讳等学科的基本知识，这样一来，传统的史料考据方法就能在阅读名著、寻考史源的过程中潜移默化而心领神会。陈垣倡导的史源学，实际上就是实践的史料考证学或史料鉴定学。其用意，一方面固然在于新史学后继者的培养，另一方面也欲为新史学的史料处理指点一条便径。

当然，陈垣由于没有留学海外的经历，虽然"通过日本人的翻译，他读了西洋人的史学方法论"②，但自知终有隔膜。因而当年曾全力支持弟子姚从吾留学德国，希望他学会西洋史学方法与中国史学方法相结合。由此也可见他对新史学方法的重视。总的说来，比起同时代其他史学大师来，在陈垣的史学方法中，西方史学方法的影响相对较为薄弱，而相形之下，中国传统史学方法所占的比重则较为显著。从未出洋留学，完全借助传统方法，通过自学才得以跨入史学殿堂的陈垣，常常自谦其研究方法为"土法"。而其内心深处则潜藏着一种情结，那就是：土法足以与洋法媲美或抗衡；而中国本土的旧汉学也决不次于外来的新汉学。他以自己的《史讳举例》和西方纹章学相比匹，又以《校勘学释例》与胡适推崇的西洋校勘学较高下，都是这一情结的外在流露。不过，正如向达所称赞的那样，援庵史学倒确实是凭借传统史学方法而终成"正果"的。③正因如此，我们更应该充分肯定陈垣将传统史学方法嫁接到新史学主干上的可贵尝试和杰出贡献。

① 　陈垣：《陈垣史源学杂文》，《前言》，人民出版社 1980 年版。
② 　牟润孙：《从通鉴胡注表微论援庵先师的史学》，《励耘书屋问学记》，第 67 页。
③ 　同上书，第 76 页。

三、"有意义之史学"的新探索

实际上，开清学传统的顾炎武是将注重考证与趋于实用结合在一己的学术之中的。但正如陈垣所说，其后"文字狱迭兴，学者避之，始群趋于考据，以空言为大戒"①。乾嘉学者专重考证，继承的只是清学传统的一个侧面而已。对乾嘉学风为考据而考据，以经世致用为空言大戒，陈垣很不以为然："不知言为心声，觇古人者莫善乎此"，而史学论著的有关论断"皆足代表一时言议，岂得概以空言视之"。在另一场合，陈垣明确表示："古人通经以致用，读史亦何莫非以致用。"②由此可见，他是十分注重史学的致用目的和经世意义的。早在辛亥革命前，陈垣撰写《释汉》《释奴才》诸文，寄寓自己的"反满"思想，就已经表现出这种经世致用的倾向。

新史学思潮蔚为大观以后，历史研究与社会现实的关系问题，历史研究中求真与致用的矛盾与统一问题，历史研究中研究者主体与历史事实客体之间的沟通与定位问题，始终是困扰史家而未获圆满解决的重要课题。面对这些问题，陈垣也有过自己的思考和实践，他的《元西域人华化考》即可视为对这些问题的早期探索。陈垣通过史料实证，表明蒙元历史上的华化，是无可置疑的；而论文揭示了中华文化的强大生命力，其最终的着眼点却是以华化论反对当时风靡一时的西化论，意在纠正妄自菲薄的民族自卑感，试图解答的还是社会现实问题。当然，在陈垣的

① 陈垣：《通鉴胡注表微》，《评论篇》，第106页。
② 陈垣：《通鉴胡注表微》，《书法篇》，第24页。

史学研究中，并非所有课题都涉及这些问题的，例如那些史料考证学的论著就是与社会现实了无关系的。因而在 20 世纪 20 年代，他对这些问题并没有投入太多的精力。

然而，九一八事变的炮声宣告中华民族已经到了最危急的时候。面对民族生死存亡的局面，当时新史学的各家各派，几乎都无例外地改变或转换了一贯坚持的治史旨趣或研究方向。①1937 年七七事变以后，北平沦陷，陈垣未能南下避敌。他后来这样回忆日军刺刀下的八年岁月："敌人统治着北京，人民在极端黑暗中过活，汉奸更依阿苟容，助纣为虐。同人同学屡次遭受迫害，我自己更是时时受到威胁，精神异常痛苦。"②在这种山河破碎、家国飘摇的剧变面前，身为史家的陈垣治史重心也因之发生了重大的变化。1943 年，他自述其史学三变道："从前专重考证，服膺嘉定钱氏；事变后颇趋重实用，推尊昆山顾氏；近又进一步，颇提倡有意义之史学。故前两年讲《日知录》，今年讲《鲒埼亭集》，亦欲正人心，端士习，不徒为精密之考证而已。此盖时势为之，若药不瞑眩，厥疾弗瘳也。"③陈垣从专重考证到颇趋实用，再向"有意义之史学"的转变，是回应时局动荡而对治学侧重面的调整。陈垣所主张的"有意义之史学"，就是认为历史研究应该也可以为时所用。这与他稍前推尊顾氏、趋重实用，完全是一脉相承的。说到底，也就是由顾炎武开创的清学传统中经世致用的那一侧面，在国难变局下的强调和实践。陈垣提倡的有意义史学，其具体做法之一，是讲授全祖望学术，连史源

---

① 参见张书学：《论抗战时期中国史学思潮的转变》，《山东大学学报》1995 年第 5 期。
② 陈垣：《通鉴胡注表微·重印后记》，转引自《陈垣史学论著选》，第 542 页。
③ 陈智超编：《陈垣来往书信集》，第 302 页，给方豪函。

学研究也改用他的《鲒埼亭集》，因为全氏之学能够激发故国思想，振起北方士气。当然，史家主要还是通过史著来体现其史学主张的。陈垣在抗日战争期间的史著，主要有宗教三书（即《明季滇黔佛教考》《清初僧诤记》和《南宋初河北新道教考》）与《通鉴胡注表微》，用他自己的话说"已刊者数十万言，言道，言僧，言史，言考据，皆托词，其实斥汉奸、斥日寇、责当政耳"。①在这些论著中，陈垣对"有意义之史学"进行了极富价值的探索，为新史学作出了值得重视的实践。

援庵"有意义之史学"的代表作应首推《通鉴胡注表微》，他自己也视为最满意的著作，称其为"学识的记里碑"。实际上，正如有人指出：这部名作是陈垣"所有著作中最有代表性的作品，其中有不少值得我们好好挖掘的东西"②。这部著作前十篇论史法，后十篇论史事。所谓史法，实际上就是史学方法和史学理论。十篇之中，既各有专篇论校勘、避讳、考证、辨误等历史考据学问题；又有《解释》《评论》《感慨》《劝戒》等篇分别探讨史家对历史事实的理解、诠释和评价，史家作为研究主体对历史作为研究客体之间的感悟、观照和同情，历史研究的道德功能等史学理论问题。但是，该书采用了传统朴学的注疏形式，而史学理论问题显然不是注疏式的寥寥数语所能说清楚的。由于形式限制了内容的表达，因而这部著作对新史学有关理论问题的见解，并没有引起应有的注意。本文不拟对《通鉴胡注表微》所涉及的新史学有关理论问题探赜索隐，全面展开论述；只想以该书为个例，对陈垣所倡导的"有意义之史学"的实践作一探讨。

---

① 陈智超编：《陈垣来往书信集》，第216页，给席启駉函。
② 白寿彝：《要继承这份遗产》，《励耘书屋问学记》，第7页。

陈垣之所以对通鉴胡注起表微之念，并不是主题先行的产物，完全是读史有所感和有所见的结果。毫无疑问，在此以前，他对《通鉴》和胡三省注是熟稔的。在日军占领北京的日子里，陈垣以痛苦的心情再次阅读《通鉴》和胡注，当读到胡注"亡国之耻，言之者痛心"，顿时生出历史与现实之间的通感，深切体验到胡三省在宋亡以后元军统治下的悲愤心情，"慨叹彼此的遭遇，忍不住流泪，甚至痛哭。因此决心对胡三省的生平、处境，以及他为什么注《通鉴》和用什么方法来表达他自己的意志等，作了全面的研究"①。这种读史的通感往往能够成为治史的契机，是十分正常的。但在其后的研究中，这种通感将是一个同时存在正面作用和负面效应的因素。其正面作用是促使治史者为全面印证这一通感而搜集资料，进行研究；其负面效应则是造成治史者的先入之见，使其研究偏离价值中立的原则立场。

陈垣重新认真研究了《通鉴》和胡三省的全部注文，虚己、求真、贵疑等朴学训练对克服上述读史通感的负面倾向，应该是最行之有效的处方。陈垣通读全部胡注以后认为：不但后世视胡氏之学仅为音训之学，完全是未读懂胡注；即便是清代考据学兴起以后推崇胡氏擅长地理，擅长考据，依旧是不理解胡三省。通过对胡注研究，陈垣发现：胡三省在注文里不仅流露了生平抱负，体现了治学精神，更重要的是表达了民族气节，寄寓了爱国热情；而胡三省作为宋元易代之际身受故国覆亡惨痛、抗议异族横暴统治的爱国史学家，却"是在长时期里被埋没着"。因而陈垣决定通过对胡注的发微，来揭示这位爱国史家的处境、抱负和心情，表彰其学术、思想和气节。至此，他完成了"有意义之史学"的

---

① 陈垣：《通鉴胡注表微·重印后记》，转引自《陈垣史学论著选》，第 542 页。

第一层面的研究，即从客观全面的史料阅读中，发掘出其中那些有意义的因素。

"有意义之史学"的第二层面的研究就是表出胡注的微旨。胡注大体上可以分为两类：一为音训、地理、典故、史实等并无微言大义的注释；二为别有寄托、深寓感慨的注文，需要表微的正是这类胡注。陈垣在《考证篇》里道出了自己的研究原则和思路："清儒多谓身之（胡三省字）长于考据，身之亦岂独长于考据已哉！今之表微，固将于考据之外求之也。"他在该书《重印后记》中自称，对胡三省"隐藏在文字里的思想的探索，我是用了相当力量的"。陈垣所谓用力求于考据之外，并不是先入为主的穿凿附会，而是指在互相关联的若干环节上的研究都不能稍有失真。第一，必须对胡三省本人的身世及其所经历的宋末元初历史事变有充分的了解，这样才能参透胡注的身世之感；第二，必须对两宋历史有了如指掌般的熟悉，因为胡注许多微言大义是针对故宋的是非得失而发的；第三，还必须对胡注所涉及的《资治通鉴》中的史实与胡注微旨所相关的史实比较对照，以便正确诠解胡三省的古典与今典问题。这里，第一环节是决定性的前提，正如陈垣在《校勘篇》中指出："不谙身之身世，不能读身之书也。"因为只有这样，表微才能够若合符节地印证胡注。例如，胡三省对《通鉴》"且屠大梁"一语详注道："屠，杀也。自古以来，以攻下城而尽杀城中人为屠城，亦曰洗城。"陈垣在《解释篇》中征引史料，令人信服地说明，胡三省不顾"屠城之义甚浅，而重言以释之者，有痛于宋末常州之屠也。"就这样，陈垣完成了"有意义之史学"的第二层面的研究，即将胡三省隐藏在注释里的思想如实地揭示出来。一般的还历史真实的研究，到此也就为止了；但这与陈垣主张的"有意义"的堂奥，显然还间隔着一道门墙。

　　陈垣提倡的"有意义之史学"的第三层面的工作，就是在表出胡三省微旨的同时，还须在表微的行文之间寄寓自己的思想感情和是非好恶，以便最终体现出史著的意义来。这一层面的工作与第二层面的研究，是既有联系，又有区别的。说其有联系，是因为史家的所有寄寓，都必须以对胡注完全客观真实而绝非歪曲影射的表微为基础和前提，且不能游离其外而另作发挥。说其有区别，就是这种寄寓毕竟有别于胡三省微旨，它是指向现实的，应该让读者领会感悟。如何把握好这种联系和区别，使为胡注表微与寄托现实意义，在史著里完美无缺地融为一体，是能否出色地完成"有意义之史学"第三层面工作的关键所在。这里，陈寅恪在《冯友兰中国哲学史上册审查报告》中指出的历史研究中对研究对象的"了解之同情"，是十分重要的。正是怀抱这种了解的同情，陈垣认为："我们理解胡三省的注要比前人理解的更清楚、更深刻。因为我们和胡三省的思想、生活更接近，大家都处在异族的残酷统治下。"[1]正如一位日本学者所指出：这种把握问题的思路，"不仅仅表明陈垣在胡三省当时的生存方式中，发见了与自己生存方式共通的内容，而且意味着：在根据这样的生存方式对胡三省的历史理解中，可以发掘出与陈垣本人历史理解相通的究竟是些什么内容。"[2]也就是说，陈垣在第三层面的处理过程中，已经将自己与胡三省的生存方式和对历史的理解彻底打通，合二为一了。例如，胡三省在《通鉴》契丹灭后晋的记事下注道："亡国之耻，言之者痛心，矧见之者乎！此程正叔所谓真知者也，天乎人乎！"陈垣在《感慨篇》里引胡三省身历的南宋灭亡史事以表其微后，

① 柴德赓：《陈垣先生的学识》，《励耘书屋问学记》，第50页。
② 增渊龙夫：《历史家の同时代の考察について》，岩波书店1983年版，第93页。

进一步指出："人非甚无良，何至不爱其国，特未经亡国之惨，不知国之可爱耳！身之身亲见之，故其言感伤如此。"这段文字，显然既可视作身之的感慨表微，又无疑寄托进陈垣自己的感慨，二者浑然一体，难分彼此。由于前两个层面的研究是在严格的虚己求真原则下进行的，因而第三层面上研究者主体与研究对象客体之间的融合打通便不会有牵强附会、比附影射之虞。这样，不少为胡注表微之语，便既是胡三省的隐衷，又是陈垣的心曲。陈垣在《通鉴胡注表微》里所表现出来的研究者主体对研究对象客体的"了解之同情"，所达到的两者融通的境界，足与后来陈寅恪在《柳如是别传》中所臻的化境相媲美，是其他新史家不能望其项背的。

随着"有意义之史学"的第三层面处理的圆满完成，历史研究与社会现实的关系问题也能因之迎刃而解了。"不言而喻，13世纪的宋末元初与20世纪日中战争时期的中国之间，有着纷繁的历史变化。陈垣以自觉的方式从历史中体验感受到的，并不是变化的表象，而是与现在相关的持续的共相，而其间就有基于对历史深刻内在理解的问题的提出。"①这里，问题提出的契机当然是史家对现实社会问题思考，但是这种思考也仅仅是契机而已。一旦进入前两层面的研究，就必须凭借着虚己贵疑求真原则，过滤全部史料，抽绎出问题，归纳出结论。倘若在这些问题与结论里，仍有与史家对社会现实的思考有契合之处，那么，这些问题及其结论，就是基于对历史的正确理解而提出的，历史与现实在此构成了一种持续相关的共相。这样的问题和结论就绝不会有削历史之足就现实之履的讥诮，也不会有将历史问题与现实问题勉强类比、简单影射的

---

① 增渊龍夫：《歴史家の同時代の考察について》，岩波书店1983年版，第94页。

弊端。例如，对《通鉴》所载南朝梁边防将官"皆无防寇之心，唯有聚敛之意。其勇力之兵，驱令抄掠，若遇强敌，即为奴虏；如有执获，夺为己富"，胡注曰："自古至今，守边之兵，皆病于此。"陈垣的《感慨篇》对此表微道："今者谓身之当时。呜呼！岂特当时哉！凡守边之兵，日久则懈，懈则一击而溃，每至不可收拾，身之盖有所指也。"陈垣这段议论一方面固然揭明了胡三省对宋末抗蒙边备的感慨，而另一方面他也是"盖有所指"的，那就是指责中国当政对日军的不抵抗主义。类似这种考古证今、有为而发的论断，在以《通鉴胡注表微》为代表的同时期论著中所在多有，然而，却不能不承认其既是针对历史的，又是指向现实的。历史研究与社会现实的关系，在陈垣所提倡的"有意义之史学"的实践中得到了卓有成效的尝试。

与历史研究和社会现实的关系问题相联系的，便是史学的道德劝戒功能问题，这个问题并未脱出通史致用的范畴。陈垣的"有意义之史学"以为这是中国史学的优良传统之一，是史学题中应有的意义。正如《通鉴胡注表微·劝戒篇》指出："劝戒为史家之大作用，古所贵乎史，即取其能劝戒也。"对史学的道德功能，新史家的见解并不一致。但史学除了认识理解既往历史的主体功能以外，并不排除其激浊扬清、儆恶劝善的作用。问题的症结仍在于：这种道德劝戒也必须是从史实求真中得出，应该既符合历史真实，又有益于现世人心；而决不是仅仅为了道德劝戒的预设目的，牵强地以历史上的若干表象或例证，来作生硬浮浅的道德说教。在这个问题上，同样由于前两个层面的研究完美无憾，也有效避免了急于说教而疏于求真的弊病。《劝戒篇》在五代汉晋之际卖国引敌的杜重威被市人争啖其肉的胡注下表微道："史言人之恨之，不比于人类，而以为禽兽耳。千夫所指，不疾而死，引敌人残害宗国者，可为寒心矣！"在这段道德评判里，钉在耻辱柱上的当然是杜重威，但在抗日战争时期，其贬斥汉奸、激励气节的用心与作用也是显而易见的。类似这样爱祖国、表节概、尊遗民、斥降臣的议论在《通鉴胡注表微》是并不少见的。由于有关道德的议论皆从史而出，因而而发，不作发挥而读者惕然自励，不作比附而知者欣然会意，针对的虽是古人，教育的却是今人。这样，陈垣在《通鉴胡注表微》里对史学研究中道德功能与认识功能的关系问题也作出了富有启示的新探索。

抗日战争时期，新史学的各派各家几乎都怀着报国赴难的民族大义和社会良心，试图为伟大的抗战从史学角度贡献一己之力。通史以致用，成了新史家普遍的学术倾向。文化形态史观派的史学家雷海宗曾提出所谓中国文化两周论为抗战服务，认为：其他文化仅一度兴亡，唯有中国文化在走完第一周以后还能创造第二周；抗日战争的成败将决定中国文化能否顺利开创出第三周；而确保抗战胜利的关键就是国家至上，措施之一就是建立一种由前任指定的非世袭的元首继承制。雷海宗的史学主张于史既未通，倘用更荒谬，以至时论斥之为"法西斯买办文人"。部分马克思主义史学派的史家则为了革命和抗战，绉合历史以强就现实，"简单地借古人古事来类比今人今事"[①]，遂使影射史学开始在中国史坛盛行。例如，40年代延安版《中国通史简编》就借吴蜀联合抗魏类比抗日民族统一战线，以孙权影射国民党，故对其独无好语。比起这些新史家在通史致用实践中的失误来，陈垣对"有意义之史学"的提倡与实践，在处理历史研究与社会现实的关系上，在解决史学求真与致用的矛盾与统一的问题上，虽不能说尽善尽美，但毕

---

① 范文澜：《中国通史简编》第1册"绪言"人民出版社1964年版，第7页。

竟没有若许多的遗憾。①更重要的是，陈垣对"有意义之史学"的探索是留给新史学的一份值得认真思考和深刻总结的遗产。

总之，对敦煌文书、明清档案等新材料的整理和研究，将传统史学方法嫁接到新史学主干上的可贵尝试，对"有意义之史学"的有益探索，可以说是陈垣对20世纪新史学的最值得称道的贡献。正是这些业绩，表明陈垣不是乾嘉殿军，而是新史学的重镇。

（原载日本《百年》1999年3月号）

---

① 陈垣在《通鉴胡注表微·边事篇》里说："史贵求真，然有时不必过泥。凡足以伤民族之感情，失国家之体统者，不载不失为真也。"史学研究的本质是求真，研究的过程也就是求真的过程；致用不是预设的标的（即使事关民族感情和国家体统），而是求真以后才能附丽其上的价值。陈垣这种认识，说到底，仍是为了致用目的而牺牲求真原则。不必讳言陈垣在理论认识上的混乱，因为为了民族、国家的利益，回避（即其所说的"不载"）某些历史真实，与为了革命、主义的需要有意识地选择、改铸某些历史事实，两者之间并没有不可逾越的鸿沟。但在《通鉴胡注表微》中，这种为致用目的而牺牲求真原则的例子毕竟很难找到，这一结果或许应该归功于陈垣长期以来身体力行的虚己、求真、贵疑等朴学精神及其训练所发挥的排毒功能。

补记：杨讷在《不可尽信的〈通鉴胡注表微〉》（《中华文史论丛》2016年第3期）里对《通鉴胡注表微》涉及的部分史事作了再考证，对陈垣的评论也有新评断，其所考均言之有据，所评亦言之有理；他认为陈垣此书"不可尽信"，这一提醒自应引起重视。但杨讷列举的陈垣表微中那些"殊近附会者有之，张冠李戴者有之，时间颠倒者有之，自相矛盾者有之，随意虚构者亦有之"的个例，应该只是陈垣在史学上的疏失，而不是违背史德的有意为之。杨讷的质疑与商榷，恰恰印证了"有意义之史学"中第一层面与第二层面的研究具有压倒一切的重要性，这两个层面若有疏误，"有意义之史学"也失去了意义。陈垣尽管仍留下了遗憾，但总体上对其"有意义之史学"的实践仍应给以肯定的评价。

世间已无陈寅恪

　　大陆学人开始重新认识陈寅恪的价值时，上距这位大师辞世已经整整十年了。始初，这种再认识还局限在史学界，即便是最著名的史学家，一旦走出同行的圈子，其业绩与声誉的回响向来是落寞的。然而，进入20世纪最后的十年，纯史学的窄迫天地已容纳不下陈寅恪的深广内涵。两部陈寅恪传记——汪荣祖的《陈寅恪评传》和陆键东的《陈寅恪的最后20年》——走俏大陆书坛，令此间学术和读书界大有"开谈不说陈寅恪，读尽诗书亦枉然"的味道。这一现象包蕴着丰富复杂的内容：陆《传》的风靡，是由于人们试图凭借这位大师最后廿年的身世，作为对1949年以后历史深入反思的一个参照系；学人的奢谈，或出于"最是文人不自由"的境况下①，以陈寅恪的学问和人格当作自己的特点，用以掩饰己短，是即心理学上的自居作用。这些，本文不拟深论。

　　一个伟大的思想文化巨擘的身后，对他的解读，从来是一个众说纷

---

① 陈寅恪：《陈寅恪诗集》，清华大学出版社1993年版，第18页。

绐的难题。何况陈寅恪没有留下正面阐述其历史文化观的论著，更何况他的人生遭际和心路历程本身就构成了一种独特典型的文化意象。因而对其著述的诠释倘若离开了对其生命价值的体认，便既无可能，也无意义，但尤其不应忽略他作为文化巨人的那一侧面。任何释读都无可避免地会带上释读者的主观因素，但通过不同释读的比较，毕竟有助于人们对文本的正确理解。笔者的释读旨在说明：后人将怀抱着"世间已无陈寅恪"的永久的遗憾！

一、史学范式："传人难遇又如何"

1. 陈寅恪学术范式的建构

如果把 1926 年陈寅恪成为清华国学研究院四大教授之一作为其进入创造性学术研究的标志，在年龄上，陈寅恪似乎比梁启超、王国维、胡适、顾颉刚、郭沫若等同辈大师进入角色都要晚些。而实际上，他第三次留学欧美长达七年，完全是进入角色前的蓄势。①据称，他能运用包括死文字在内的二十余种外语，作为治史利器，更凭借天才的记忆力，掌握了大量的外文史料，在同辈大师中是冠绝群伦的，即有赖于这七年蓄势的惠赐。非凡的记忆天资，得心应手的外国语工具，长期留学所耳濡目染的近现代西方史学方法，因家学渊源而自幼习得的深厚扎实的旧学根基，都是陈寅恪成为国学大师、文化巨擘的前提条件。

---

① 据蒋天枢《陈寅恪先生编年事辑》（上海古籍出版社 1981 年版），陈寅恪留学共三次：第一次为 1902 年至 1905 年，留学日本；第二次为 1910 年至 1914 年，留学德、法；第三次为 1919 年至 1925 年，留学美、德。

然而，仅此还不够。陈寅恪在《陈垣敦煌劫余录序》中指出："一时代之学术，必有其新材料与新问题，取用此材料，以研求问题，则为此时代学术之新潮流。治学之士，得预于此潮流者，谓之预流。其未得预者，谓之未入流。此古今学术之通义。"他又在《王静安先生遗书序》中认为："自昔大师巨子，其关系于民族盛衰兴废者，不仅能承续先哲将坠之业，为其托命之人，而尤在能开拓学术之区宇，补前修所未逮。故其著作可以转移一时之风气，而示来者以轨则也。"①对陈垣、王国维著述的评价，也就是陈寅恪自己追求的学术高度和学问境界。

20 世纪上半叶是中国旧史学向新史学转型的时期。借用库恩（T. Kuhn）的理论，中国传统史学的发展在 19 世纪末 20 世纪初产生了全面危机，由常态情形进入了革命时期，而中国史学结构完成革命性突破，就在 20 世纪上半叶。包括陈寅恪在内的史学大师们都以各自独特的创新为新史学贡献了不同的范式（Paradigm）。无论是梁启超的新史学研究法、王国维的二重证据法，还是胡适的实证方法、顾颉刚的古史辨派，包括郭沫若为代表的马克思主义史学，都能在前人已知的材料中发现迄今无人发现的特征，通过构建迄今无人能及的范式来为中国史学的发展创造新转机。

陈寅恪史学范式的完型比其他史学大师晚得多，当他在 1940 年完成《隋唐制度渊源略论稿》时，其他大师的史学范式早已是各领风骚了，而他则要到《元白诗笺证稿》（1950 年出版）、《柳如是别传》（1964 年完稿），才算真正建立了自己全套的学科范式。

---

① 陈寅恪：《金明馆丛稿二编》，上海古籍出版社 1980 年版，第 236、219 页。

陈寅恪史学的研究对象和课题是"中古以降民族文化之史"①，他的史学可以概括地称之为民族文化史学。这里的民族概念，自然指中华民族。陈寅恪民族文化史学范式的价值信仰是中国文化本位论，这点留待下文探讨。这里不妨先来研求陈寅恪史学范式中的样本问题，在库恩的理论中称之为范例（examplar），它能为后来者起一种方法示范的作用。在陈寅恪史学范式中，这种范例的形成，既有先后发展的阶段性，又有相互贯通的统一性。

其一，事证法，其范本为唐史研究双璧——《隋唐制度渊源略论稿》和《唐代政治史述论稿》。这一范例，比起传统的考据学派来更上一层，不偏重于字句比勘和史料归纳，而着重从社会变迁、风俗流衍、制度渊源、地理环境、种族文化、人文背景等事物的相互关系中判断某一事物的真伪，考订史实的发生、变化和发展，需要包括外语工具和域外史料在内的博学通识为凭依。陈寅恪以这一方法治魏晋南北朝史、隋唐史、佛教史、蒙古史，在人所习见的史料中得出人所难见的结论，新见卓识纷至沓来，每每令人拍案称绝，完全达到了游刃有余、炉火纯青的境界，其关中本位政策论、河朔胡化说等，都是运用这一范例得出的代表性结论。

其二，诗文证史法，其范本为《元白诗笺证稿》。这一研究范例以诗文或小说来证史，又以史来论诗文或小说，或相互抉发，或增补阙漏，或纠正讹误，或别备异说，以期更全面准确地说明史事真相或演进，使历史研究拥有更丰富形象的文学史料作为印证，同时又使文学研究具有更广阔深刻的历史社会背景，将文史研究有机地结合、彻底地打通，在

---

① 陈寅恪：《陈垣元西域人华化考序》，《金明馆丛稿二编》，第 239 页。

研究视野、方法和材料上都开出了新天地。显而易见，在运用诗文证史法时，必须具备事证法的识见和手段；而以诗文证史也可视为事证法对特殊治史材料的运用。

其三，人格心态史，其范本为《论再生缘》和《柳如是别传》。这一研究范例的主导思想，陈寅恪早在 1930 年就初具雏形："古人著书立说，皆有所为而发。故其所处之环境，非完全明了，则其学说不易评论。""吾人今日可依据之材料，仅为当时所遗存最小之一部，欲藉此残余断片，以窥测其全部结构，必须具备艺术家欣赏古代绘画雕刻之眼光及精神，然后古人立说之用意与对象始可以真了解。所谓真了解者，必神游冥想，与立说之古人，处于同一境界，而对其持论所以不得不如是之苦心孤诣，表一种之同情，始能批评其学说之是非得失，而无隔阂肤廓之论。"①然而，由于这一范例完型的过程和背景颇为曲折复杂，对其认识与评价也更为困难，较易误解，有必要深入分析。

2. 人格心态史：叹为观止的颓龄变法

初入清华以后的十年间，陈寅恪的创造力是汪洋恣肆，无与伦比的。他在好几条学术战线上纵横驰骋，迭获佳绩，在学界赢得了一流的声誉。他自许"平生治学，不甘逐队随人，而为牛后"②，显然志在全方位地宏观地揭示中古以降民族文化史不同阶段的特殊形态和贯通始终的一般规律。垂范后世的事证法和诗文证史法范本的推出虽然还要晚些时候，但

---

① 陈寅恪：《冯友兰中国哲学史上册审查报告》，《金明馆丛稿二编》，第 247 页。着重点为引者所加。

② 陈寅恪：《朱延丰突厥通考序》，《寒柳堂集》，上海古籍出版社 1980 年版，第 144 页。

这一时期两者的方法已经圆熟。

然而，抗战爆发，间关播迁，陈寅恪的藏书与笔记毁失殆尽，兼之后来又双目失明。在这种环境、条件下，图书史料既不易觅得，找寻谙熟诸国外文与三藏内典的助手也不现实。于是陈寅恪只得调整战略，损之又损，撤出了佛教史与西北民族史的研究阵地，把战线收缩到六朝隋唐史上。国难剧变，流寓西南，又为陈寅恪人格心态史的研究方法提供了新启迪。1939 年发表的《读哀江南赋》前言可以视为陈寅恪人格心态史的大纲和宣言：

> 古今读《哀江南赋》者众矣，莫不为其所感，而所感之情，则有浅深之异焉。其所感较深者，其所通解亦必较多。兰成作赋，用古典以述今事。古事今情，虽不同物，若于异中求同，同中见异，融会异同，混合古今，别造一同异俱冥、今古合流之幻觉，斯实文章之绝诣，而作者之能事也。①

不过，《读哀江南赋》对陈寅恪说来，仅是其人格心态史方法的牛刀初试，范本的推出，还有待于 1949 年那场"天翻地覆慨而慷"的革命以后。

1949 年的变局对于陈寅恪的学术生命而言也是至关重要的。次年，他笔削旧稿，增补新作，出版了《元白诗笺证稿》。在陈寅恪史学范式创建过程中，这是一部承先启后的作品。首先，它是对诗文证史法样本式的总结，而其中有些篇次则是对人格心态史方法的探索和发展（例如

---

① 陈寅恪：《金明馆丛稿初编》，上海古籍出版社 1980 年版，第 209—210 页。

《艳诗及悼亡诗》一节对元稹人格心态的抉微）。其次，自此书以后，陈寅恪民族文化史研究的切入点有了明显的转移，从魏晋南北朝、隋唐的制度、种族、文化转向了明清之际的社会风习、时代情感和历史巨变中价值的变迁和信守。在学术范式上，他也决心"捐弃故技，用新方法，新材料，为一游戏试验"①，毅然进行衰年变法。

毋庸讳言，陈寅恪的衰年变法与大陆 1949 年以后政治文化大环境息息相关。他"决不反对现在政权"②，然而对中国文化传统及其价值所在，却有着并不认同的独立思想，并坚信自己"著作可以转移一时之风气，而示来者以轨则"。在涉及传统文化的价值观上，他是以"托命之人"自许，怀着强烈的参与感的。而参预的方式，旧诗容量太小，影响有限；历史则内涵丰富，更是他的专业擅长。

在选择哪一段历史作为研究对象上，深思熟虑以后，他毫不迟疑地逐步退出了轻车熟路的魏晋南北史与隋唐史的领域。这或是这两段史事，对他建构了人格心态史的范例，还有所欠缺而不甚相宜。晚清史是他稔熟的，但陈寅恪自觉作了职业回避，以免"动感情"、"不客观"③，因为这段历史与他家世浮沉有着剪不断理还乱的纠葛。最后他把切入点移到了明末清初，选择了两位红妆女子。

人格心态史的研究范例在陈寅恪民族文化史学范式中堪称极致，它实际上已将事证法与诗文证史法两个范例涵摄其中。如果说事证法与诗

---

① 陈寅恪 1957 年致刘铭恕信，转引自陆键东：《陈寅恪的最后 20 年》，三联书店 1995 年版，第 213 页。

② 陈寅恪 1953 年《对科学院的答覆》，转引自《陈寅恪的最后 20 年》，第 111—112 页。

③ 陈寅恪语。转引自汪荣祖：《陈寅恪评传》，百花洲文艺出版社 1992 年版，第 82 页。

文证史法属于同一层面的两个范例，那么人格心态史的范例则明显地更高一层了。这一范例的创建，已是陈寅恪六十四岁以后。颓龄瞽目的陈寅恪所表现出来的无与伦比的学术胆魄与活力，是令人叹为观止的。

人格心态史的范例要求研究者将理性的研析和想象感受力完美地结合起来，对研究对象有一种处于同一境界的同情，从而得出契合史实的深刻真切的通解。在这一研究过程中，史家须以通识和感受力走近研究对象，但又不能以自己的感情好恶去改铸历史，使研究对象走向自己。因而这一范例的价值是中立的，结论是科学的。它避免了郭沫若式的"蔡文姬就是我"的偏颇。①郭沫若的方法用于历史剧尚可，若用于历史研究，则必为影射史学留下绿色通道，使史学研究非历史化，非科学化。

诚然，在这一范例中，研究者为要与研究对象处同一境界，表一种同情，须运用移情方法，但这种移情既须入乎其内，又须出乎其外。其间，通识对感受力的统摄和主导是关键所在，研究结论能否称得上通解，是否具有纯粹意义上的学术价值，也有赖于此。因而，有人过分强调陈寅恪晚年的红妆二颂的移情自慰那一侧面，认为"纯粹意义上的学术已退居其次"②，是出于对其晚年构建的范例的学术价值缺乏充分认识，将其降至影射宣泄的低级层面。

3. 开宗立派，传人难遇

汪荣祖先生高度推崇陈寅恪的史学，但同时却认为"史学新宗派的

---

① 郭沫若：《蔡文姬·序》，《郭沫若全集·文学编》第 8 卷，人民文学出版社 1987年版，第 3 页。
② 参见汪荣祖：《陈寅恪评传》，第 192—195、201 页；陆键东：《陈寅恪的最后贰拾年》，第 138 页。

建立，不仅需可资实践的方法，尚须可资引导的理论"，故"欲称之谓开宗立派的宗师，则犹有未逮"①。他说的开宗立派，似乎既指门弟子的传承，又指新范式的创立。关于前者，由于清华国学研究院的停办，抗战内战等时局动荡，陈寅恪颠沛困顿而中年目盲，1949 年以后他又声明："要带的徒弟都要有自由思想，独立精神，不是这样，即不是我的学生。"②这种与时风相左的要求更使他不可能带上嫡传弟子，因而其门下甚为寥落，确是事实。然而汪先生更强调的是理论、方法对史学新宗派建立的决定性作用。这种强调是正确的：只要有构筑史学新范式的理论方法在，宗外别传，幽而复显，在中外学术史上是不乏其例的。于是，问题在于：陈寅恪是否在理论、方法上建构了他的史学范式？

中国史学传统与西方史学有明显不同，纯史学理论的论著，除刘知幾《史通》和章学诚《文史通义》外，鲜有作者。中国史学信守的是寓微言大义、发凡起例于范本中的传统。即便进入 20 世纪，在为中国新史学提供各自范式的史学大师中，也没有出现西方汤因比、斯宾格勒式的纯史学理论著作（也许梁启超的《中国历史研究法》约略近之），但决不能因此否认王国维、顾颉刚、郭沫若都是开宗立派的史学宗师。无疑，陈寅恪亦当作如是观。

诚然，陈寅恪没有阐述其民族文化史学的理论著作，甚至连其史学方法都是通过相关的范本提示给后学的，以至晚年的陈寅恪要求助手为他的史学研究写一篇阐幽抉微的文章。但是，按照库恩的理论，

---

① 汪荣祖：《陈寅恪评传》，第 221—223 页。

② 在这点上，周一良的魏晋南北朝史研究颇得其师事证法的余韵。而诗文证史法或许较易习得，故文史学界已见运用，以至陈垣门下的柴德赓亦有《从白居易诗文中论证唐代苏州的繁荣》（柴氏《史学丛考》收入其诗文证史的习作）。

一切科学革命都必然牵涉到学科范式的改变，而范式有广狭两义，广义指一门科学研究中的全套信仰、价值和技术，也可称为"学科模型"（disciplinary matrix）；狭义则指一门科学在常态情形下共同遵守的样本，也可称为"范例"（esamplar），这是科学模型中最重要、最核心的组成部分，也是范式建立的基点。依此而论，陈寅恪民族文化史学的全套信仰、价值和方法论，以及相关的范例，都已全备。只要认真研究他包括范例样本在内的全部论著，将有关论述拼缀完形，无论是他的民族文化史学的理论架构，还是研究方法论，都能构筑起炫人眼目的七宝楼台。

陈寅恪为中国新史学贡献了一个美轮美奂的范式。按理，一流智力的大师完成了创立学科新范式革命后，二流智力的同行就能在其理论、方法的示范作用下，进行常规状态下的研究，扫荡开宗立派的大师尚未来得及解决的余留课题，形成新的学术传统。然而，陈寅恪民族文化史学确乎未形成一种学术传统。无论在其生前，还是身后，真正能将其史学范式提供的事证法、诗文证史法、人格心态史方法熔于一炉，自铸杰构的史家确未之见。

造成这一现象的原因，除去上文指出的陈寅恪没有能够悉心培养自己的后继者外，主要在于掌握和运用陈寅恪的史学范式极具难度。比起梁启超的新史学、顾颉刚的古史辨派、胡适的实证史学，甚至比起王国维的古史新证法来，陈寅恪学术范式更有羚羊挂角无迹可求、运用之妙存乎一心的味道。它要求研究者具有博学基础上的通识，探求通识研究后的通解，讲究历史资料与历史事实间的豁然贯通，研究主体与研究间的物我观照。

然而，无论是通解，还是通识，甚至连博学，都很难以一种量化的尺度来衡量。比如，通数国外语、乙部要籍者是博学，而像陈寅恪那样通二十余种外语、内外典和中西学者亦是博学，但在两者博学基础上获致的通识、通解，都难以同日而语。因此，史学界之所以未见有融会贯通、得心应手地运用陈寅恪史学范式的大家出现，原因就在于：不仅陈寅恪式的博学通识的一流大师是并不世出的，即便能以自己的博学通识娴熟自如地运用陈寅恪史学范式的后继史家，也是可遇而不可求的。

1965 年，陈寅恪七十六岁，代表他史学范式的集大成的范本《柳如是别传》已完稿一年，他感慨地写下了两句诗："纵有名山藏史稿，传人难遇又如何！"①诗可从两方面去理解：其一，《柳如是别传》蕴含的文化托命将后继无人；其二，他创建的民族文化史学新范式也将传人难遇，薪火中断。而今，陈寅恪已离我们远去，也许真该浩叹"哲人其萎，广陵散绝"了！

二、文化托命："续命河汾梦亦休"

陈寅恪在近现代中国文化史上的独特意义已日益为人们所认识。然而，他不是以纯粹意义上的思想文化论著，而是以学术范式所包含的信仰价值观以及以生命对这种信仰价值观的信守履践来确立自己在近现代文化史上独特形象的。

1. 陈寅恪的文化观与反传统思潮的激荡

由于家学渊源，陈寅恪自幼年即奠立了旧学的根基，传统文化已融

---

① 陈寅恪：《陈寅恪诗集》，第 140 页。

入其生命，欧风美雨的侵袭，时局世风的剧变，都不能摇撼他对文化传统的信仰。由于自少年时代起就多次负笈东瀛与西洋，他对外来文化既不排斥，也不崇拜，始终抱着一种取人之长补己之短的宽宏胸怀。由于家风的影响，在传统与变革、中西体用、新旧因果等时代课题面前，陈寅恪继承的是稳健而开明的基调，对他一再强调的"思想囿于咸丰、同治之世，议论近乎曾湘乡、张南皮之间"①，即应作如是活参。然而，他所处的毕竟已非咸丰、同治之世，因而他的思想比起曾国藩、张之洞来，明显有了"独立之精神、自由之思想"的现代成分②。所有这些都构成了陈寅恪文化观的基石和出发点。

陈寅恪的文化观经他的知己吴宓概括为中国文化本位论，用陈寅恪自己的话来表述，即"避其名而居其实，取其珠而还其椟"，"必须一方面吸收输入外来之学说，一方面不忘本来民族之地位"③。这是一种多元的文化观，认为每一种文化都有其本位，不必互斥而应共存，中国本位文化可以也应该接受外来文化，但外来文化不能取代中国本位文化。在陈寅恪的文化观里，近现代中国文化史上中西、新旧、体用、因果等两难课题都是可以迎刃而解的。列文森（J. Levenson）在一个著名论题里认为：中国近代知识分子大体在理智方面选择了西方的价值，在感情方面却依恋中国的旧传统，于是就有了理性价值和情感传统的冲突撞击和两难选择。但陈寅恪却是例外，在他的文化观里决不存在着这类冲突。

---

① 陈寅恪：《冯友兰中国哲学史下册审查报告》，《金明馆丛稿二编》，第 252 页。
② 陈寅恪：《清华大学王观堂先生纪念碑铭》，《金明馆丛稿二编》，第 218 页。
③ 陈寅恪：《冯友兰中国哲学史下册审查报告》，《金明馆丛稿二编》，第 252 页；吴学昭：《吴宓与陈寅恪》，清华大学出版社 1992 年版，第 11 页。

然而，陈寅恪及其文化观毕竟不是自外于他身处的时代与经历的动荡。倘若把陈寅恪及其信守的文化观比作一棵咬定青山不放松的伟岸之树，那么，20 世纪的反传统思潮与历史大变局仿佛是飞沙走石的肆虐之风，于是便出现了大树向狂风抗争的悲壮场景。

近现代中国的历史，在思想文化的分野里是科学主义、外来价值、进步主义、物本文化对中国固有文化传统和人文精神势如破竹、凯歌行进的历史。科学是五四新文化运动揭出的口号之一，它对中国的思想解放和物质文明的进步厥功甚伟。然而，对科学的推崇很快衍化为唯科学主义思潮，席卷了中国思想文化界的不同派翼，也影响了中国社会的各色人等。"科学主义与传统是敌对的"[1]。它把古老的伦理道德和传统的价值观念不分青红皂白地统统作为批判的对象，导致"传统中国的埋葬"[2]。

几乎所有科学主义的拥护者都是以外来文化的价值设定来重新估价审视中国传统文化和社会问题的，尽管在这种审视中自由主义派的胡适和马克思主义派的陈独秀似乎显得冰炭不能同炉。科学主义的盛行在社会政治领域伴随着进步主义，在社会生活领域则怂恿着物本文化。所有这些在思想文化层面汇成了一股反传统的洪流，冲刷着中国传统的文化价值与人文精神的最后堤防，也导致旧传统拥护者的转向和流失。

1923 年那场科学和玄学的大论战，实际上是科学主义和传统文化、外来价值与本位文化激烈冲撞的必然结果。对这场论战，陈寅恪没有正

---

[1] 希尔斯（E. Shils）：《论传统》，上海人民出版社 1991 年版，第 317 页。

[2] 郭颖颐：《中国现代思想中的唯科学主义》，江苏人民出版社 1995 年版，第 143 页。

面评述，但通过戏赠《科学与玄学》主编罗家伦的对联表达了自己的见解："不通家法科学玄学，语无伦次中文西文。"①中西文化之争与科学玄学之争的论题，在陈寅恪的文化观里是早就解决的问题，他对全盘西化论和唯科学主义微有嘲讽，以为是"不通家法"，"语无伦次"。

2. 陈寅恪文化悲剧的象征意义

倘若对陈寅恪信守的中国文化传统的冲击仅仅停留在思想文化的层面，陈寅恪也许会像对待科玄论战那样坚执自己的信念而心如古井。然而，中国文化传统的失落是与动荡的时代变局以及他坎坷苍凉的人生历程纠葛同步的，这就造成了两个互有联系的论题：其一，陈寅恪个人的文化悲剧；其二，这一悲剧所具有的文化象征意义。

陈寅恪在世的八十年间，中国历史经历了从社会形态到政治制度的空前未有的大变局：甲午战败、戊戌维新、百日政变、八国联军侵华、辛亥革命、五四运动、国共内战、抗日战争、国共政权更迭、反右斗争、文化大革命。作为一个有诗人气质的、挚爱自己祖国、民族及其文化的史家，一波未平、一波又起的内乱外侮和时局变动，不能不唤起他刻骨铭心的历史沧桑感。连祖、父辈的戊戌旧事都令他"便忆贞元满泪痕"②，遑论他亲历的那些劫难了。

陈寅恪是以自己的生命去感受体认这一连串包括文化传统在内的巨劫奇变的："近数十年来，自道光之季，迄乎今日，社会经济之制度，以外族之侵迫，致剧疾之变迁；纲纪之说，无所凭依，不待外来学说之掊

① 转引自蒋天枢：《陈寅恪先生编年事辑》，第63页。
② 陈寅恪：《陈寅恪诗集》，第125页。

击，而已销沉沦丧于不知觉之间"；"劫尽变穷，则此文化精神所凝聚之人，安得不与之共命而同尽？"①

陈寅恪中年盲目，晚年膑足：个人身世极为不幸。他在抗战期间，脱险香港，流亡昆明；反"右"以后，屡受批判，诬及学术；"文革"之中，备受折磨，侮及人格：人生遭际也历经劫难。所有这些都强化了作为文化巨人陈寅恪的悲观主义色彩，然而却不应过分强调这种悲观主义的个人因素。"千秋心事废残身"，"百年世局不须论"②。陈寅恪正是以自己一生的苦难的历程去体认百年世局和千秋心事的。他关怀的不仅仅是个体生命的悲辛和一己家世的盛衰，而是把这些融汇进了历史大变局中去把握的。他亲身感受到百年变局下他信守的文化传统的销蚀沦丧，这才是他的千秋心事和痛苦根源！

在哀挽王国维时，陈寅恪指出："凡一种文化值衰落之时，为此文化所化之人，必感苦痛，其表现此文化程度之程量愈宏，则其所受之苦痛亦愈甚。"这也是陈寅恪的内心独白。他是王国维唯一的真知己，无论在学术上，还是在文化价值上。他不止一次地为王国维之死辩诬，认为"不关与罗振玉之恩怨，不关满清之灭亡"，"所殉之道，与所成之仁，均为抽象理想之通性"③，即一种文化价值。在中国近现代文化史上，以自己的生命去体认、拥抱和凸显这一文化苦难的文化巨人并不多见，在这一点上，陈寅恪与王国维的气质、命运最为相似。

但陈寅恪经历的文化变局更漫长而剧烈，而且他拒绝选择以一死

---

① 陈寅恪：《王观堂先生挽词并序》，《陈寅恪诗集》，第 10、11 页。
② 陈寅恪：《陈寅恪诗集》，第 107 页。
③ 陈寅恪：《王观堂先生挽词并序》，《陈寅恪诗集》，第 10、11 页。陈寅恪 1953 年《对科学院的答覆》，转引自《陈寅恪的最后 20 年》，第 111—112 页。

"求一己之心安而义尽"的王国维式的道路，而是履践"著作可以转移一时之风气，而示来者以轨则"的素志，自觉地以学术担当文化托命，呵护业已花果飘零的传统文化的根枝。因而陈寅恪承受的文化苦难比起王国维来更为深痛，他犹如护卫中国传统文化的耶稣，无惧无悔地背上了向来者昭示希望的十字架，而把自身行将经历的苦难置之度外。正因如此，陈寅恪那里，个人的人格、生命、学术、文章，与民族、文化、历史、现实，都已彻底打通，血肉相连了。于是，陈寅恪连同他的文化悲剧，在中国近现代文化史上，本身就构成了一种独特典型的文化意象，具有深刻的象征意义。

3. 超越政治与时代的文化关怀

陈寅恪 1949 年以后的所谓晚年心境，成为众说纷纭的论题。由于两岸对立，研究者多从政治立场着眼，索解陈寅恪对国共的政治态度。余英时先生虽也认为寅恪是"广义的文化遗民"，却又强调他"追悔当年没有及时浮海远行"①，将他诠证为台湾国民党的拥护者。与此相反，大陆的反对者认为："在对新政权接触日多、了解日深之后，他就更会在政治上认同"②，把陈寅恪说成大陆政权的拥护者。两者都错读了陈寅恪。

在 1949 年以后的诗文中，陈寅恪确以古典新义的方式，隐晦地传达了自己的犹疑与不满，例如"吃菜共归新教主"，"宗朱颂圣有成规"，

① 余英时：《陈寅恪的学术精神和晚年心境》《弦箭文章那日休》，见冯衣北：《陈寅恪晚年诗文及其他》附录，花城出版社 1986 年版，第 55、209 页。

② 冯衣北：《陈寅恪晚年诗文及其他》，第 5 页。

"改男造女态全新"，"文章唯是颂陶唐"，等等①。但是，更激烈的抨击也出现在 1949 年以前针对国民党政权的旧诗里："党家专政二十载，大厦一旦梁栋摧。乱源虽多主因一，民怨所致非兵灾。"②令人注目的是，他对自己先后生活的国、共治下，都发出过"吾徒今日处身于不夷不惠之间，托命于非驴非马之国"的唏嘘感慨。③这倒表明了陈寅恪对国、共政权都是持不同见解者，都不认同和靠拢。这种不同见解，虽也关系时局与政见，但着眼点与落脚点却关乎他所呵护的文化价值。陈寅恪不是政治中人，他自称"从来不谈政治，与政治决无连涉，和任何党派没有关系"④。因而他对国、共治下的针砭，从根本上说是文化价值上的拒绝认同。

1949 年以后，他留居大陆，也并不存在着他对国共政权个人的向背好恶，其最深刻的原因也由其自己淡淡一语道出："何必去父母之邦?"⑤父母之邦，是中国本位文化植根所在的土壤，这是真正意义上的、没有任何政治或政权色彩限定词的祖国，这是陈寅恪留居大陆的唯一真实的理由。比起"晚年心境"论战双方都没能彻底摆脱政治意识形态的限囿来，陈寅恪对中国传统文化价值与命运的终极关怀，早已逸出了政治的范畴与政权的局限。这才是这一文化巨人最博大的胸怀。

正是出于这一博大胸怀，陈寅恪肩负起文化托命，以自己的学术、

---

① 陈寅恪：《陈寅恪诗集》，第 63、67、75、79 页。
② 陈寅恪：《陈寅恪诗集》，第 59—60 页。
③ 参见陈寅恪：《俞曲园先生病中呓语跋》（1932 年），《寒柳堂集》第 146 页；《无题》（1954 年）自注，《陈寅恪诗集》，第 89 页。
④ 陈寅恪 1953 年《对科学院的答覆》，转引自《陈寅恪的最后贰拾年》，第 111—112 页。
⑤ 转引自《陈寅恪的最后贰拾年》第 502 页。

理念和生命去照拂、呵护被时代变局日渐摧残的文化传统和民族精神的孑遗。他照护的文化价值是传统的，然而采取的思想方法却是现代的，是即他在《王观堂先生纪念碑铭》中揭出的"独立之精神，自由之思想"。这点既是他精神、人格的构成基石，也体现出他的文化价值所蕴涵的现代理性精神。为此，他在 1953 年《对科学院的答覆》中一再重申："没有自由思想，没有独立精神，即不能发扬真理，即不能研究学术"；"一切都是小事，唯此是大事"，"是必须争的，且须以生死力争"。他甚至"不知有汉无论魏晋"地向最高当局提出："不宗奉马列主义，并不学习政治。其意就在不要有桎梏，不要先有马列主义的见解，再研究学术"，"不止我一人要如此，我要全部的人都如此"。不论后人如何评说这一不合"时宜"之举，在陈寅恪看来，此举本身就体现了他倡导的自由思想和独立精神。

他正是以这种思想和精神，"始终未尝一藉时会毫末之助"，既不"侮食自矜"，也不"曲学阿世"，①执着无悔地从事民族文化史的学术研究，以弘扬中国本位文化。他对现实政治没有参与欲，但在文化传统、民族精神的存亡继绝上却怀着强烈的参与感。论陈端生，传柳如是，其深意正如他的挚友吴宓所指出的："盖藉以察出当时政治（夷夏）道德（气节）之真实情况"；而陈寅恪也自揭晚年红妆二颂的微言大义在于"表彰我民族独立之精神，自由之思想"，"自由及自尊即独立之思想"。②

对于史学大师和文化巨人的陈寅恪说来，"生活在过去之中"，可以

---

① 陈寅恪：《杨树达积微居小学金石论丛续稿序》，《金明馆丛稿二编》，第 230 页；《赠蒋秉南序》，《寒柳堂集》，第 162 页。

② 转引自蒋天枢《陈寅恪先生编年事辑》，第 165 页；陈寅恪：《柳如是别传》，上海古籍出版社 1980 年版，第 4 页；陈寅恪：《论再生缘》，《寒柳堂集》，第 59 页。

说是他那种参与感的最擅长和最强烈的形式，因为"一个遥远的历史时代能够成为人们憧憬和崇敬的对象，并能够示范和评断当前将会流行的行为范型、艺术品范型和信仰范型"①。"失明膑足，尚未聋哑"的陈寅恪，在文化传统式微失落的大转折时期，"痛哭古人，留赠来者"②，为后世留下了一份沉重的文化遗产。他对中国文化传统的关怀，不仅超越了政治的限囿，也超越了时间的限制。

陈寅恪指出："当其新旧蜕嬗之间际，常呈一纷纭综错之情态，即新道德标准与旧道德标准，新社会风习与旧社会风习并存杂用，各是其是，而互非其非。"③他所身处的时代亦复如此，而更甚焉。五四以来，包括 1949 年以后，由于现代政治制度的强制整合作用，可以通过"政府政策，规模庞大而有意识地来改变历史所给的东西"④。陈寅恪不能也不愿自外于这一深刻的新旧文化的激烈冲突，他不会在外部有形无形的压力下抛弃自己安身立命的文化传统和价值观念。他一方面以文化托命人的自觉去开拓学术区宇，冀转移一时风气；一方面以文化殉道者的精神去迎受新旧文化在百年变局中风驰电掣般的撞击。于是，陈寅恪的文化悲剧本身就成为中国近现代史上传统文化遭际命运的一种象征。

陈寅恪在评论王国维时指出："世之人大抵能称道其学，独于其平生之志事，颇多不能解，因而有是非之论。寅恪以谓古今中外志士仁人，往往憔悴忧伤，继之以死。其所伤之事，所死之故，不止局于一时间一地域而已。盖别有超越时间地域之理性存焉。而此超越时间地域之理性，

---

① 希尔斯：《论传统》，第 276 页。
② 陈寅恪：《柳如是别传》下册，上海古籍出版社 1980 年版，第 1224 页。
③ 陈寅恪：《元白诗笺证稿》，上海古籍出版社 1980 年版，第 82 页。
④ 希尔斯：《论传统》，第 264 页。

必非其同时间地域之众人所能共喻。"①这几乎也可以视为陈寅恪的文化遗嘱：千万不要只称道其学，而不解其平生志事。陈寅恪生前，与其同时间地域的人未能晓喻其平生志事，但岂能永没而不彰？

陈寅恪晚年诗曰："招魂楚泽心虽在，续命河汾梦亦休！"②他这里说的所招之魂和欲续之命，显然指他终生依恋信守的文化传统。陈寅恪自喻其存亡继绝之心犹如楚国大夫屈原，但他深知像他这样以九死未悔之心去挚爱传统、延续其命脉的人，在他的身后毕竟不会有了。历史业已证明：在中国大陆，陈寅恪是固守传统文化使其价值不致堕落的最后重镇。

三、余论：中国只有一个陈寅恪

无论作为一代学术大师，还是一代文化巨人，陈寅恪都是一座仰之弥高的奇峰。能否超越这座高峰，成为后人感兴趣的话题。

就其学术而言，生前已有定评。学界领袖胡适在 1937 年就指出："寅恪治史学，当然是今日最渊博、最有识见、最能用材料的人。"③1949年以后，陈寅恪在大陆被有意无意地遗忘在角落里，但他依然被外国学者推许为"仍生在世最伟大的中国学者"④。1958 年，在那个"人有多大胆，地有多高产"的年代里，郭沫若就曾号召北京大学历史系学生：

---

① 陈寅恪：《王静安先生遗书序》，《金明馆丛稿二编》，第 219—220 页。
② 陈寅恪：《陈寅恪诗集》，第 61 页。
③ 胡适：《胡适的日记》下册，中华书局 1985 年版，第 539 页。
④ 法国汉学家戴密微（P. Demierill）语，转引自罗香林：《回忆陈寅恪师》，台湾《传记文学》第 17 卷第 4 期。

"不能把他作为不可企及的高峰"，"我们在不太长的时期内，就在资料占有上也要超过陈寅恪"①。然而，三年后的郭、陈相见，却以也称得上史学大师的郭沫若"深受感动而结束"②。

20世纪五六十年代，中国大陆的史学研究群趋农民战争等所谓五朵金花时，陈寅恪却以其学术独立性，在其三四十年代已达到的世界级学术水平的基础上，衰年变法，创立人格心态史的新范例，与当代世界史学中的"心态史学""心解史学""心智史学"各领风骚，使中国史学无愧怍地立于世界史林。③由于个人的不幸（中年失明等）和时代的动荡，正如传记作家所指出的，陈寅恪贡献给学界，"只是浮出水面上的冰山一角，而拥有的却是庞大的冰山主体"④。

汪荣祖先生认为："陈先生可以超越，又不可能超越。可以超越，因为陈先生之后必定还会有伟大的中国史家出现。但陈先生不可能超越，因陈先生的特殊成就不可能超越。"⑤此诚达人之论。但陈寅恪以后出现的伟大史家是否一定具有与陈寅恪的可比性？这就好比说伟大诗人屈原以后还出现了杜甫，但杜甫是否就比屈原更伟大，两者缺乏可比性。因此毋宁说，陈寅恪以后将不会有陈寅恪，这将是一座不可能超越的高峰。

陈寅恪的特殊成就，一个重要原因是来自他所处的特定条件和他所独有的天才因素。陈寅恪及其同辈的国学大师恰处于新旧文化的嬗变转折期，这是他们成为国学大师的幸运条件之一。陈寅恪有着得天独厚的

① 郭沫若：《关于厚今薄古问题》，《文史论集》，人民出版社1961年版，第15页。
② 参见陆键东：《陈寅恪的最后贰拾年》，第319页。
③ 姜伯勤：《陈寅恪先生与心史研究》，收入《柳如是别传与国学研究》，浙江人民出版社1995年版。
④ 陆键东：《陈寅恪的最后贰拾年》，第524页。
⑤ 汪荣祖：《陈寅恪评传》附录，第251页。

家学渊源，他的旧学根基从童蒙时代就打下了。他在家学渊源上比同辈学术大师更优越。这种自幼奠立的国学基础有两大好处：其一，由于当时旧文化氛围尚未消尽，有利于对传统文化的直截体认；其二，可以较早地进入角色，开始创造性的研究。

五四以后，白话取代文言，诚是时代进步的必然，但同时也意味着：作为国学的语言载体已不再可能自幼习得。其后，文言技能的退化与旧学根底的衰薄，在现当代中国学者群中成同步发展的趋势，这一趋势随时代演进而有增无减。1949 年以后，文言和旧学的训练，只有在接受文史专业高等教育后，才有点缀性的、常识性的课程设置；即使古典文史专业的研究生教育，也只是造就些专业窄狭的学人，而决不能成为新一代国学大师的摇篮。仅就国学基础这点而言，五四前后新旧文化替代之际育成的陈寅恪式的国学大师群将是最后的辉煌。

而陈寅恪还有个人的天才因素在。他能借助二十余门外国语与非凡的记忆力谙熟与占有中西史料，连同辈大师都心折不已。他的记忆力超群绝伦，令人疑叹为人类这一能力罕能达到的奇迹之一。正是有赖于这一天分，他能在失明的情况下，指示助手在浩瀚的明清之际史料中参阅千种以上的典籍，告诉助手在哪本书哪一页便可找到他所需要的材料，进行"惊天地泣鬼神"的学术上的衰年变法①，写出了煌煌近百万字的人格心态史的两大杰构。历史不知要经过多少年代才能出这样一位学术上的旷世奇才。

因此，在学术上超越陈寅恪，首先就意味着在国学根基和个人天资

---

① 参见《柳如是别传与国学研究》，第 27 页；陆键东：《陈寅恪的最后贰拾年》，第 70—71 页。

上超越他。前者因时代原因已无可能，后者乃偶然原因终难必期。

问题还在于：作为文化巨擘陈寅恪的学术范式是以他所独有的价值信仰为基石的。这一基石就是他在新旧文化的百年变局下对传统文化价值的矢志不渝的信仰和一往情深的恋守。20 世纪中国和世界的巨变，工具理性的发达，学科分野的细密，使得包括史学在内的人文科学也日渐沦为自外于生命价值、人生信仰的工具与技能。当代学人动辄曰"搞"学问，一个"搞"字正揭示了人文科学工具化的走向。而陈寅恪则向来主张"决不可倚学问以谋生"①，在他那里，学术、信仰、生命、人格是水乳交融，浑然一体的。将来即使再出现一个在博学与天资上与陈寅恪相埒的奇才，然而，由于陈寅恪经历过的新旧文化空前未有的冲突已一去不再，由于学术研究中个人价值信仰的剥离与淡化，他对传统文化的价值能有陈寅恪那样的体认和呵护吗？纵然他是后陈寅恪时代的学术翘楚，但缺少了陈寅恪学术范式中那种特有的价值信仰，既无比较的基础，便谈不上超越。

最后，有必要讨论陈寅恪及其文化悲剧所构成的文化意象有无再现的可能。陈寅恪的文化悲剧，简言之，即在中国本位文化的价值经历百年变局而衰落式微的文化大转折时期，他自期为文化传统的托命之人，以独立精神和自由思想，以生命和学术去体认、容受这一新旧文化的嬗变与冲突，为这一文化传统的存亡继承踽踽独行，痛苦求索。于是，陈寅恪的人生遭际和心路历程，构成了真正意义上的文化苦旅和文化苦恋，从而使陈寅恪的文化悲剧成为中国传统文化的命运在这一空前大变局中的一个缩影。这就是陈寅恪文化悲剧的象征意义。

---

① 转引自陈学昭：《吴宓与陈寅恪》，清华大学出版社 1992 年版，第 8 页。

历史无有尽期，变局仍会发生。但类似 20 世纪中国那种从社会形态到政治制度，从语言文字到礼俗习惯，从物质到文化的全方位断层式的剧变，也许要经过相当漫长的历史时期才会发生。在未来的时代演进中，也仍会有文化苦痛，但这种文化痛感的内涵与性质必然有别于陈寅恪，就像陈寅恪的文化哀痛不同于屈原、杜甫一样。因为历史已经永远翻过了这一页。于是，作为百年巨变下中国文化传统的命运象征，陈寅恪悲剧构成的文化意象犹如夕阳残照中历经兵燹的圆明园的断柱，就具有了一种永恒苍凉的审美价值。

诚然，在经历十年"文革"以后，中国大陆也颇有学人响应弘扬中华民族传统文化的号召，但这只是对已经失落的传统的一种意识形态性的重构。传统的恢复远比传统的失落来得困难与复杂。这种重构起来的文化已不可能是原来意义上的传统文化。那些连中国文化史学识尚须补课的人在纵论文化苦旅，那些对传统纲纪伦常缺乏定力的人在侈谈文化苦恋，那些鲜有传统德性的人在高倡文化道统。对照陈寅恪的真正意义上的文化苦旅、文化苦恋和殉道精神，人们宁可选择这样的劫后残柱，而不愿一瞥重建圆明园式的仿古建筑。从这一意义上说，文化巨人陈寅恪构建的文化意象也将是永远绝后的。

（原载日本《中国研究》1996 年 9 月号）

陈寅恪史学方法论

陈寅恪的治史方法向为当时与后来的学界名家所倾倒，胡适的评价也许最能表明这种仰慕之情："寅恪治史学，当然是今日最博学、最有识见、最能用材料的人。"[1]陈寅恪自视甚高，声称"平生治学，不甘逐队随人，而为牛后"[2]，这种立意不仅反映在他的历史观上，还表现在治史方法上。直到晚年，他还毅然宣布"捐弃故技，用新方法，新材料"[3]，著成80万字的《柳如是别传》，并声明这一方法既不同于乾嘉考据的旧规，亦更非马列主义的新说。但他只是把史学方法作为研究工具，从未撰有自述史学方法的专论，直到去世前一年，才意识到自己的方法有可能失传于身后，对助手黄萱说："我的研究方法，是你最熟识的。我

① 胡适：《胡适的日记》下册，中华书局1985年版，第539页。
② 陈寅恪：《朱延丰突厥通考序》，《寒柳堂集》，上海古籍出版社1980年版，第144页。
③ 陈寅恪：《致刘铭恕》，转引自陆键东《陈寅恪的最后贰拾年》，三联书店1995年版，第213页。此信原文说："固不同于乾嘉考据之旧规，亦更非太史公冲虚真人之新说"，太史公指司马迁，冲虚真人乃列子，各取一字，射覆马列。

死之后，你可为我写篇谈谈我是如何做科学研究的文章。"但黄萱敬谢不敏，其史学方法遂令人有广陵散绝的浩叹。①

近年以来，探索陈寅恪史学方法的论著时有所见，有些还出自其受业弟子之手。但即便王永兴这样的亲炙弟子，重读自己阐述乃师治史方法的文章，也会生出不满之感。②这正表明：对陈寅恪史学方法的认识，与对陈寅恪这一历史人物的认识一样，决不是短时期，甚至一代人所能完成的。既然陈寅恪没有关于治史方法论的系统而明确的夫子自道流传后世，后人的探讨便只能是一种阐释，这种阐释也决不可能是唯一的。但借助于众多的阐释，人们或许能比较、鉴别和选择哪些阐释更接近这位史学大师的方法论文本。笔者之所以尝试对陈寅恪史学方法论作出自己的理解，理由即在于此。

一、历史观对史学方法的决定性影响

1929 年，陈寅恪借《清华大学王观堂先生纪念碑铭》揭出了自己读书治学的最基本的价值观："士之读书治学，盖将以脱心志于俗谛之桎梏，真理因得以发扬。思想不自由，毋宁死耳。"因而"独立之精神，自由之思想"，不仅是他安身立命的原则，也是其史学方法的根本础石。③正基

---

① 蒋天枢：《陈寅恪先生编年事辑》，上海古籍出版社 1981 年版，第 170 页。

② 王永兴：《略谈陈寅恪先生的治史方法》，见《解析陈寅恪》，社会科学文献出版社 1999 年版，第 460 页。他所著的《陈寅恪先生史学述略稿》，第一章探讨陈寅恪的史学渊源、史学思想和史学方法，尤有价值；唯作者以其专业所长，立论主要根据陈寅恪的隋唐史论著。

③ 陈寅恪：《清华大学王观堂先生纪念碑铭》，《金明馆丛稿二编》，上海古籍出版社 1980 年版，第 218 页。

于此，陈寅恪在其史学生涯中最注意防范外部影响与内在因素对独立精神和自由思想的侵蚀或玷污。

就外部影响言，他竭力使历史学独立于现实政治，即便在抗日战争的激荡年代里，他的中古以降民族文化之史的研究，也与现实保持着相当的距离。1936 年，教育部规定：中学历史教育要证明民族同源，不能讲民族战争。他对此明确反对："为证明民族同源，必须将上古史向上推，如拓跋魏谓为黄帝之后，欲证明其同源，必须上推至黄帝方可。这就将近年来历史学上之一点进步完全抛弃，至为可惜。持毫无证据之玄想假设，遂于古代民族间的战争，讳而不言，殊为不当。古代史上之民族战争，无避讳之必要。"①对学术和政治的关系，陈寅恪最鄙视的就是曲学阿世，他认为："古今中外，哪里有作学问能完全脱离政治之事？但两者之间，自然有区别，不能混为一谈。如果作学问是为了去迎合政治，那不是真正在作学问。因为作学问与政治不同，毕竟有它自己的独立性的。"②

就内在因素言，他尽量使历史研究不掺杂进个人的感情成分。他谙熟晚清历史，但因先世与这段历史有割不断的恩怨，故而向学生表示："我自己不能做这方面的研究。认真做，就要动感情。那样，看问题就不客观了，所以我不能做。"③1945 年，梁启超弟子吴其昌撰成《梁启超传》，材料多取自乃师的《戊戌政变记》，陈寅恪批评梁记"作于情感愤激之时，所言不尽实录"，吴著"亦为一时之情感所动荡。故此传中关

① 汪荣祖《陈寅恪评传》，百花洲文艺出版社 1992 年版，第 64 页。陈也曾要求学生："一定要养成独立精神、自由思想、批评态度。"蒋天枢：《陈寅恪先生编年事辑》（增订本），上海古籍出版社 1997 年版，第 98—99 页。
② 王锺翰：《陈寅恪先生杂忆》，《陈寅恪印象》，学林出版社 1997 年版，第 139 页。
③ 石泉、李涵：《追忆先师寅恪先生》，《陈寅恪印象》，第 145 页。

于戊戌政变之记述，犹有待于他日之考订增改者也"，正是出自同一原因。①

据学生回忆，陈寅恪常在第一次上课时专讲他的历史观和治学方法：

> 他首先强调历史是一门科学，是可以通过科学方法和历史事实加以印证的。他不同意黑格尔把历史说成是人类理性或精神的自由发展；也不赞成把人类历史发展过程刻板分为五种社会形态。他认为人类历史从整体看，是统一的，存在因果关系，有其轨迹可寻；从部分看，它又是多样性的，世界上决无完全相同的历史现象重演。因其有轨迹可寻，故研究历史可以垂教于后世；又因其是多样性的，故不存在放之四海而皆准的必然规律。他强调研究历史，首先要全面掌握历史资料，证明历史事实，然后可以作出正确的判断；在研究方法上，切忌拘泥于一派一家之见，而主张博取众长，融汇百家。他称自己的史学方法既非一元论，也非二元论，不属于唯心论也非唯物论，可说是多元的史学方法。他不同意阿克顿关于写历史要使各国人都满意的说法。他认为：人们都有私心杂念，都希望别人写出来的历史符合自己的利益，因此，要求写出来的历史使人人都满意是办不到的。不过应该要求写出来的历史，使人人都感到无愧可击。这就要史学工作者超然物外，不存偏私，用全部精力去掌握历史材料，再现历史真实，然后才能正确作出是非和道德的判断。

这段议论虽是弟子追忆，但以其史学生涯与成果参证，还是比较准确地

---

① 陈寅恪：《读吴其昌撰梁启超传书后》，《寒柳堂集》148页。

传达了他的历史观和方法论的要旨，因而值得重视。①

尽管道德判断在其史学体系中亦占一定的地位，但陈寅恪认为：史家首先应该客观全面地掌握历史材料，再现历史真实，"若专就道德观点立言，而不涉及史事，似犹不免未达一间"，因而他批评欧阳修在《新五代史》里特立《义儿传》，"然所论者仅限于天性、人伦、情谊、礼法之范围，而未知五代义儿之制，如后唐义儿军之类，实出于胡人部落之俗，盖与唐代之蕃将同一渊源"②。他明确反对历史决定论，在讲课中"绝不轻易讲因果关系，而更着重条件"③。他认为，历史并非事事处处呈现必然性，有时也有偶然性，"天下事前后因果，往往有出于意料之外者"，《柳如是别传》即举出这一方面的不少例证。④

陈寅恪自称治史旨在"考兴亡之陈迹，求学术之新知"；也常说"在史中求史识"，还有志撰写类似《中国历史的教训》这样的著作。"在历史中寻求历史的教训"，显然是其治史目的之一。⑤他向学生说过对历史学的见解，"谓整理史料，随人观玩，史之能事已毕"。这里所谓观玩，不是将史学作为案头清供，也应理解为领悟新知，寻求教训。⑥

陈寅恪虽未写过通论性的著作，但他平生曾立愿写一部《中国通史》，只不过把这一工作推迟到个案性的研究基本完成以后。指出这点

---

① 李坚：《陈寅恪二三事》，《追忆陈寅恪》，社会科学文献出版社 1999 年版，第247—248 页。

② 陈寅恪：《论唐代之蕃将与府兵》，《金明馆丛稿初编》，上海古籍出版社 1980 年版，第 276 页。

③ 蒋天枢：《陈寅恪先生编年事辑》（增订本），第 80 页。

④ 陈寅恪：《柳如是别传》下册，上海古籍出版社 1980 年版，第 1011 页。

⑤ 陈寅恪：《论唐高祖称臣于突厥事》，《寒柳堂集》，第 97 页；俞大维：《怀念陈寅恪先生》，《陈寅恪印象》，第 9、15 页。

⑥ 陈守实：《记梁启超陈寅恪诸师事》，《追忆陈寅恪》，第 42 页。

是重要的，否则便不能深刻理解他所强调的通识。他曾批评"国人治学，罕具通识"，称赞冯友兰"取用材料，亦具通识"；在论及唐玄宗一朝为唐史分界线时，又感慨指出："至其所以然之故，则非好学深思通识古今之君子，不能详切言之。"通识显然是陈寅恪史学活生生的灵魂。①

　　这种通识的主要表现有三：其一，研究中国史也必须具备世界史的眼光。例如，隋炀帝、唐太宗以有为之主，倾中国之力，屡攻高句丽而终归退败；唐高宗时期却克成其功，但最终也暂得而旋失。陈寅恪认为，历来史家对前者"既鲜卓识之议论"，对后者"复无一贯可通之解释"，只有把视野放宽到唐朝以外的整个东亚世界，才能得出正确的识断："高宗获胜之重要原因在乘高丽之内乱及据新罗、百济之形势。然既得其国，而终不能有，则以吐蕃炽盛，西北危急，更无余力经营东北。"②

　　其二，准确把握住自己所研究领域的切入点。实际上，大体以 1949 年为界，中古以降民族文化之史是陈寅恪此前的研究重点，这一研究虽然涉及魏晋南北朝史、隋唐史、蒙元史、佛教史、敦煌学、唐代文学和比较文学等众多的领域，但他以为，"必于民族及文化二端注意，方能得其真相"③。不言而喻，他是把民族和文化作为影响研究全局的统贯性问题来对待的。

　　其三，对具体研究对象的假说决不就事论事，而是使其具有较广的推证性。例如，在论李唐氏族时，陈寅恪提出一假说："李唐一族之所以

① 　陈寅恪：《陈垣敦煌劫余录序》《冯友兰中国哲学史上册审查报告》，《金明馆丛稿二编》，第 236、248 页；《唐代政治史述论稿》，上海古籍出版社 1982 年版，第 49 页。他推许陈垣的《明季滇黔佛教考》"识断之精"，也是此意。
② 　陈寅恪：《唐代政治史述论稿》，第 140、150 页。
③ 　陈寅恪：《批校〈昌黎先生集〉眉识》，转引自《陈寅恪先生编年事辑》，第 101 页。

崛兴，盖取塞外野蛮精悍之血，注入中原文化颓废之躯，旧染既除，新机重启，扩大恢张，遂能别创空前之世局"；数年以后，他自述其用意："设此假说，意不在解决李唐氏族问题，凡北朝隋唐史事与此有关者，俱欲依之以为推证，以其所系至广且巨，故时历数载，文成万言，有误必改，无证不从，庶几因此得以渐近事理之真相。"①至于陈寅恪所谓"今世治学以世界为范围，重在知彼，绝非闭户造车之比"，亦即研究历史应该借鉴国外的方法问题，下文另有论述。②

在研究方法上，陈寅恪指出清代考据学的致命弱点："其谨愿者，既止于解释文句，而不能讨论问题；其夸诞者，又流于奇诡悠谬，而不可究诘。"同时，他对陈垣史学"材料丰实，条理明辨，分析与综合二者俱极其功力"，誉其"渐能脱除清代经师之旧染，有以合于今日史学之真谛"③。可见他心目中新史学的真谛，就是治史应该既能解释文句，又能讨论问题，即注重实证与议论的统一、分析与综合的结合。正如有人指出，陈寅恪将唐代政治史研究成果著为《述论》，"显然有异于述而不论或述多论少之传统史学，此乃寅恪史学之'先进'处，'突破'处；亦可见寅恪已掌握近代史学'释史'一道之要旨"。④

陈寅恪专攻的民族文化之史，实际上是广义的文化史研究。他认为："哲学史、文化史绝非与社会无关者，此一观念必先具备。"⑤因此他在开设"晋至唐文化史"课程概述讲授要旨时强调："本课程讲晋至唐这一

① 陈寅恪：《李唐氏族之推测后记》《李唐武周先世事迹杂考》，《金明馆丛稿二编》，第303、275页。
② 陈寅恪：《吾国学术之现状及清华之职责》，《金明馆丛稿二编》，第318页。
③ 陈寅恪：《陈垣元西域人华化考序》，《金明馆丛稿二编》，第238—239页。
④ 汪荣祖：《陈寅恪评传》，第108页。
⑤ 石泉、李涵：《听寅恪师唐史课笔记一则》，《追忆陈寅恪》，第269—270页。

历史时期的精神生活与物质生活之关系。精神生活包括思想、哲学、宗教、艺术、文学等；物质环境包括政治、经济、社会组织。"①对以往的文化史研究方法，他指出有二失："旧派失之滞。旧派所作中国文化史，其材料采自廿二史中儒林文苑等传及诸志，以及《文献通考》《玉海》等类书。类书乃供科举对策之用，作史没有必要全行采入。这类文化史不过抄抄而已。其缺点是只有死材料而没有解释，读后不能使人了解人民精神生活与社会制度的关系。新派失之诬。新派是留学生，所谓'以科学方法整理国故'者。新派有解释，然其危险。他们以外国的社会科学理论解释中国的材料。此种理论，不过是假设的理论。其所以成立之原因，是由研究西洋历史、政治、社会的材料，归纳而得的结论。结论如果正确，对于我们的材料也有适用之处。不过也有时不适用，因为中国的材料有时在其范围之外。所以讲'大概似乎对'，讲到精细处则不够准确。而讲历史重在准确，不嫌琐细。"②

陈寅恪指点学生学习方法说："就是要看原书，要从原书中的具体史实，经过认真细致、实事求是地研究，得出自己的结论。"③他自道研究原则时也一再强调："真的资料，正确的解释，才有自然的结论。不是先有结论，才做研究；而是先研究，才得出结论。"④他所谓"不是先有结论，才做研究"，自然也包括这一推论："不能先存马列主义的见解，再研究学术。"⑤在陈寅恪的史学方法论里，强烈贯穿着他所特有的价值

---

① 蒋天枢：《陈寅恪先生编年事辑》（增订本），第 80 页。
② 蒋天枢：《陈寅恪先生传》，《中国当代社会科学家传略》第 11 辑，书目文献出版社 1990 年版，第 84—85 页。
③ 同上书，第 85 页。
④ 黄萱：《怀念陈寅恪教授》，《陈寅恪印象》，第 177 页。
⑤ 陈寅恪：《对科学院的答复》，转引自陆键东：《陈寅恪的最后贰拾年》，第 112 页。

观和历史观。

二、治学方法的继承和借鉴

家学渊源给予陈寅恪的，首先是传统国学的良好训练，有关回忆和传记对此多有介绍。其父祖的维新思想也体现在教育方针上，四书五经以外，还为子弟开设了数学、英文等课程。直到后来留德期间，他对数学仍保持着浓厚的兴趣。这种现代科学与人文的教育对其治学方法的现代化，无疑产生了一定的影响。

在陈寅恪所继承的中国传统学术方法上，学术界有两种不同的见解。汪荣祖认为陈寅恪继承的主要是清代乾嘉学派的方法，因而他那部《陈寅恪评传》有一章标题即为"较乾嘉诸老更上一层"。王永兴则以为乃师史学不可能出自清代经学或清代考据之学，他那部《陈寅恪先生史学述略稿》有一节标题即为"陈寅恪先生史学主要渊源于司马光欧阳修为代表的宋贤史学"。这一问题因关系到陈寅恪史学方法的来源，有必要略加辨析。

总体而言，陈寅恪确实对清代学术评价不高，对宋代学术则推崇备至。如果全面准确地把握他对清学的总批判，其要旨有四：其一，"清代之经学与史学，俱为考据之学，故治其学者，亦并号为朴学之徒"；但清代史学地位卑下，"此清代经学发展过甚，所以转致史学之不振也"。其二，清代经学因其材料残缺寡少而解释难以确定，"以谨愿之人，而治经学，则但能依据文句各别解释，而不能综合贯通，成一有系统之论述。以夸诞之人，而治经学，转可利用一二细微疑似之单证，以附会其广泛难征之结论"。其三，但清代朴学的考据辨伪方法用之史学仍可以多有发明，这是因为"史学之材料大都完整而较备具，其解释亦有所限制，非可人执一说，无从判决其当否也"，因而"阎百诗在清初以辨伪观念，陈兰甫在清季以考据观念，而治朱子之学，皆有所创获"，陈寅恪极其推重钱大昕，原因也在于此。其四，清代朴学方法仅能用作治史工具，而不能视为著述规模，还应融合其他外来方法，则成效庶几"当较乾嘉诸老，更上一层。"①由此看来，完全割断陈寅恪史学方法与清代考据学的渊源关系，似乎言之过分。

陈寅恪对宋代史学评价极高："中国史学，莫盛于宋"；"宋贤史学，今古罕匹"；"有清一代经学号称极盛，而史学则远不逮宋人"；"元明及清，治史者之学识更不逮宋"②。他还指出："材料丰富，条理明辨，分析与综合二者俱极其功力，庶几宋贤著述之规模。"③他对宋代史学高度肯定，出于两点考虑。首先是史识。对此，正如其入室弟子所指出的，他肯定并继承的是"宋贤史学的求真实、供鉴戒的史学思想"。他曾指出："《资治通鉴》是为宋朝的治乱兴衰而作的，一定要用真的材料，存真理以为政治服务"；正基于此，他推许"《资治通鉴》一书，尤为空前杰作"④。其次是史法。他曾称赞杨树达治经之法，"殆与宋贤治史之法冥会"。他所谓的宋贤治史之法，即司马光、李焘创立和运用的长编考异之法，其要点是汇集群籍中与研究对象有关的史料，"间下己意，考

---

① 陈寅恪：《陈垣元西域人华化考序》《冯友兰中国哲学史下册审查报告》《与妹书》，《金明馆丛稿二编》，第 238、250、251、311 页。
② 陈寅恪：《陈垣明季滇黔佛教考序》《陈垣元西域人华化考》，《金明馆丛稿二编》，第 240、238 页；《隋唐制度渊源略论稿》，上海古籍出版社 1982 年版，第 134 页。
③ 陈寅恪：《陈垣元西域人华化考》，《金明馆丛稿二编》，第 239 页。
④ 黄萱：《怀念陈寅恪教授》，《陈寅恪印象》，第 177 页；陈寅恪：《唐代政治史述略稿·自序》。

订是非，解释疑滞"①。他在另一处认为：《续资治通鉴长编》《三朝北盟会编》《建炎以来系年要录》等赵宋史家著述"喜聚异同，取材详备"，"最能得昔人合本子注之遗意，诚乙部之杰作"②。他不仅在自己研究中（例如李唐世系问题）借鉴了长编考异法的广搜群籍、参证研究、考订解释、折衷一是等具体方法；并在取材上推广到小说诗文、佛经道藏、医籍历算、考古资料和域外资料等，使长编考异法推陈出新，具备了20世纪新史学方法的时代光彩。③总之，陈寅恪所服膺的"宋贤著述之规模"，也就是独具史识、通解史料。

当然，陈寅恪所处的已是中国开始走向世界的时代，因而其史学方法决不仅仅是宋学与清学的简单复合，还有待于西方人文科学方法的滋润和融汇。在20世纪史学大师中留学海外时间之长，他是首屈一指的。④借用余英时的说法，这是陈寅恪学习世界史的自觉阶段，他后来研究隋唐史所运用的民族集团、宗教势力、社会阶段、地域背景、经济制度、皇位继承、语言变迁、武力消长、通婚状况等基本概念，都折射出西方史学的深刻影响。⑤陈寅恪称赞冯友兰"取西方哲学观念，以阐明紫阳之学，宜其成系统而多新解"，也正是他自己在史学方法上"实汇中西治学方法而一之"的自道门径。⑥

---

① 陈寅恪：《杨树达论语疏证序》，《金明馆丛稿二编》，第232页。
② 陈寅恪：《陈述辽史补注序》，《金明馆丛稿二编》，第234页。
③ 参见王永兴：《陈寅恪先生史学述略稿》，北京大学出版社1998年版，第21、115—116、121—125页。
④ 蒋天枢：《陈寅恪先生编年事辑》，第86页；另据其统计，陈寅恪留学共三次，约十四五年。
⑤ 余英时：《试述陈寅恪的史学三变》，《陈寅恪晚年诗文释证》（增订新版），东大图书公司1998年版，第333页。
⑥ 陈寅恪：《冯友兰中国哲学史下册审查报告》，《金明馆丛稿二编》，第250页。

留学经历使陈寅恪不仅精通了二十余种外国或异族的语言文字作为治史工具，而且深切体悟了西方历史文化的内在精髓。学术界一般认为，陈寅恪留学期间，主要接受的是以兰克为代表的德国历史语文考证学派的熏陶和洗礼。兰克学派在 20 世纪初叶以前执西方史学之牛耳，它对陈寅恪的重大影响，是毋庸置疑的。他自己也承认"既吸收中国乾嘉学派的考据方法，又结合 19 世纪德国历史学派等西方的语言文字考据方法"。但这并不是说他对西方史学的借鉴仅仅局限于兰克史学的史料考据方法，西方史学中强调综合和会通的那一侧面，对他史学方法的影响更值得重视。在借鉴西方治学方法上，他是深信并服膺"转益多师是汝师"的。他对弟子说，自己研究过黑格尔的辩证法和历史哲学、马克思的经济史观，也研究过孔德的实证主义、詹姆士及杜威的实用主义和罗素的数理逻辑。他在瑞士听过列宁讲演，也许还是最早研读过德文本《资本论》而了解马克思的经济学和社会学的少数中国学者之一。[1]唯其如此，他在后来的研究中虽然从不认为社会经济是唯一决定性的因素，却也相当重视其作用。例如，在论及明清之际盛泽"声伎风流之盛"几可比拟金陵时，指出"其故盖非因政治，而实由经济之关系有以致之"[2]。

在西方治学方法如何融入中国学术研究的问题上，陈寅恪明确反对那种因食洋不化而牵强附会、生搬硬套的做法。他曾表示：在科研方面"不能硬抄苏联，要知道苏联科学来自西欧及美国，一切不能盲从"[3]。无论在思想文化，还是在学术方法的中西借鉴融会上，他奉行的都是"二千年吾民族与他民族思想接触史所昭示"的"相反而适相成之态

---

① 李坚：《陈寅恪二三事》，《追忆陈寅恪》，第 247—248 页。
② 陈寅恪：《柳如是别传》上册，上海古籍出版社 1980 年版，第 329 页。
③ 蒋天枢：《陈寅恪先生编年事辑》（增订本），第 20 页。

度"，即"真能于思想上自成系统，有所创获者，必须一方面吸收输入外来之学说，一方面不忘本来民族之地位"。①落实在史学方法上，就是他对学生所说的："做学问的工具愈多愈好，但一定要掌握一个原则，这工具和主要研究工作要有联系的，不能联系的不要做。"②

在具体研究中，他不拘一格，择善而从，借鉴了西方人文科学中的民族学、人种学和语言学的方法；在语言学方法中，他又根据研究，区别对象，灵活娴熟地运用比较语言学和历史语言学等不同方法。他的后期著作《元白诗笺证稿》《论再生缘》《柳如是别传》虽然形似传统朴学的笺证方式，但根本方法却是凭借构成作品的更大的单位作为理解的向导，更神似晚近西方的阐释学。总之，陈寅恪将西方学术方法如盐入水不着痕迹地与中国传统史学方法融为一体，在方法的自觉上，名副其实达到了洋为中用、推陈出新的化境。

对陈寅恪史学产生重大影响的同时代学者一为沈曾植，一为王国维。沈曾植被陈寅恪推为近世通儒，但他对陈寅恪的熏染似乎主要还是在治学方向上，陈寅恪后来对包括蒙元史在内的西北史地寄予特别关注，似即与其有关；当然，沈曾植博学会通的治学精神对陈寅恪的史学方法也有明显的影响。陈寅恪与王国维有着"风义平生师友间"的关系，两人在为人与治学上都称得上灵犀相通、志趣契合，以至有学者以为"在二十年代中国东方学的领域内，王国维的旨趣与陈寅恪最多重叠之处"，因而王国维对陈寅恪史学方法的影响最为直接。③陈寅恪在《王静安先生遗书序》对观堂的学术内容和治学方法作了经典性的概括：一曰取地下

---

① 陈寅恪：《冯友兰中国哲学史下册审查报告》，《金明馆丛稿二编》，第252页。
② 姜亮夫：《忆清华国学研究院》，《追忆陈寅恪》，第70页。
③ 余英时：《试述陈寅恪的史学三变》，《陈寅恪晚年诗文释证》（增订新版），第345页。

之实物与纸上之遗文互相释证；二曰取异族之故书与吾国之旧籍互相补证；三曰取外来之观念与固有之材料互相参证。他接着断言："吾国他日文史考据之学，范围纵广，途径纵多，恐亦无以远出三类之外。"在其后来的研究里，既不难发现他对王国维以上方法的继承，也能够指认他以诗文证史法对王国维的双重证据法作出的重大推进。

总之，在继承中国传统治学方法和借鉴西方现代学术方法的基础上，陈寅恪融会贯通形成了他所独有的史学方法论体系。

三、史料处理的全新方法

有人把陈寅恪与傅斯年同视为中国现代史料学派的代表人物，也有论著把陈寅恪与陈垣同归入新考据学或实证主义史学。这种未必尽当的归类和定性仅能说明，陈寅恪史学是相当重视史料处理的；而令人更感兴味的则是他处理史料的具体方法。

陈寅恪对中国史料的断代分布有一总体看法，这一看法不仅左右了他的研究的范围和方向，而且透露出他对史料之关系于历史研究的基本见解。他指出："上古去今太远，无文字记载，有之亦仅三言两语，语焉不详，无从印证。加之地下考古发掘不多，遽难据以定案。画人画鬼，见仁见智，曰朱曰墨，言人人殊，证据不足，孰能定之？中古以降则反是，文献足征，地面地下实物见证时有发现，足资考订，易于着笔，不难有所发明前进。至于近现代史，文献档册，汗牛充栋，虽皓首穷经，迄无终了之一日，加以地面地下历史遗物，日有新发见，史料过于繁多，几无所措手足。"①基

---

① 王锺翰：《陈寅恪先生杂忆》，《陈寅恪印象》，第140页。

于这一判断，他认为："研上古史，证据少，只要能猜出可能，实甚容易。因正面证据少，反证亦少。近代史不难在搜辑材料，事之确定者多，但难在得其全。中古史之难，在材料之多不足以确证，但有时足以反证，往往不能确断。"①显然，他之所以一再声明："寅恪不敢观三代两汉之书，而喜谈中古以降民族文化之史"，"上古史之范围，非寅恪所敢置词"，非唯谦虚之论，而有深意在焉。②在他看来，近代史料太多，上古史料太少，都会影响研究：前者令研究难以全面；后者使研究难以定案；而中古以降近代以前，史料既非多到无从下手，也非少到无从印证，治史者最有用武之地，成果也足以征信。正是出于同一思路，他自谓"不敢治经"，并尖锐批评清代学者"群舍史学而趋于经学"的学术原因是避难就易：经学研究"因其材料残阙寡少及解释无定之故，转可利用一二细微疑似之单证，以附会其广泛难征之结论。其论既出之后，固不能犁然有当于人心，而人亦不易举反证以相诘难。譬诸图画鬼物，苟形态略具，则能事已毕，其真状之果肖似与否，画者与观者两皆不知也。"③关于历史研究对史料在量和质上的需求，陈寅恪的基本见解似也可以由此体味：史料未得其全，不能进行研究；史料虽得其全，但语焉不详且无从印证，也不能进行可信的研究。也许正因如此，他曾对学生说："有

① 杨联陞：《陈寅恪先生隋唐史第一讲笔记》，《追忆陈寅恪》，第 187 页。
② 陈寅恪：《杨树达论语疏证序》、《陈垣元西域人华化考》，其"不敢观三代两汉之书"的一再声明，参见《武曌与佛教》《刘叔雅庄子补正序》《杨树达积微居小学金石论丛续稿序》，各见《金明馆丛稿二编》，第 232、238—239、150、229、230 页；并参见《魏书司马睿传江东民族条释证及推论》，《金明馆丛稿初编》，第 73 页。
③ 陈寅恪：《杨树达论语疏证序》《陈垣元西域人华化考》，《金明馆丛稿二编》，第 232、238—239 页。

些问题确是值得讲，但一时材料缺乏，也不能讲。"①

陈寅恪强调史料在历史研究中的关键作用，他曾指出："一时代之学术，必有其新材料与新问题。取用此材料，以研求问题，则为此时代之新潮流。治学之士，得预于此潮流者，谓之预流。其未得预者谓之未预流。此古今学术之通义。"②自19、20世纪之交以来，甲骨文、汉晋简牍、敦煌文献和内阁大库档案等新材料的相继发现，为20世纪历史学提供了令人惊羡的新材料。对此，他认为："近年中国古代及近代史料发见虽多，而具有统系与不涉傅会之整理，犹待今后之努力。"③陈寅恪治史耻为牛后，自然重视新材料的运用。他曾告诫学生：除了旧材料，研究还要利用新材料。"历史的新材料：在上古史部分如甲骨、铜器等；中古史部分如石刻、敦煌文书、日本藏器之类。所谓新材料，并非从天空中掉下来，乃指新发现，或原藏于他处，或本为旧材料而加以新注意、新解释。"④他亲自草拟的两晋南北朝隋唐史课程说明，有云："旁采外国古籍及近年新发见之材料，与中国所已知者互相比证，以期补充旧史之未备及订正其讹误。"⑤

对档案在历史研究中难以替代的作用，陈寅恪指出："清乾隆以前实录，皆不可信，而内阁档案之存者，亦无人过问。清人未入关前史料，今清史馆中人几无一人知之，其于清初开国史，必多附会。"因此，他不仅无论寒暑经常从清华园赴大高殿查阅军机处满文档案，边摘录，边汉

---

① 蒋天枢：《陈寅恪先生编年事辑》（增订本），第94页。

② 陈寅恪：《陈垣敦煌劫余录序》，《金明馆丛稿二编》，第236页。

③ 陈寅恪：《吾国学术之现状及清华之职责》，《金明馆丛稿二编》，第317页。

④ 蒋天枢：《陈寅恪先生编年事辑》（增订本），第96页。

⑤ 王永兴：《怀念陈寅恪先生》，《追忆陈寅恪》，第203—204页。

译，凡有疑难词句，就随手记录以备查考问疑；而且与陈垣、傅斯年等发起成立明清史料编刊会，从内阁档案整理编辑出《明清史料》三编三十巨册。①陈寅恪50年代撰著《论再生缘》，利用《清高宗实录》论述了顺天乡试案，忆起整理清档时，"见乾隆朝三法司档案甚多。当时未能详检，不知其中是否有与此案有关之文件。今此项档案卢沟桥事变后已不在原处，暂不能查阅。又故宫博物院清军机处奏钞上谕档中复有关于此案之文件，据司其事者云：此项材料南运未返。则其与《清高宗实录》详略异同如何，亦无从比较也"。②从其遗憾之语，不难体会他对档案证史的高度重视。

陈寅恪十分注意利用新出文物以为考史之用，曾对学生说："墓志铭很重要，即使是妇女或非名人的，亦可作为史料参考。"1930年，他已提醒史学界应该充分重视和及时董理新出文物："近日营州旧壤，辽陵玉册，已出人间。葬地陶瓶，犹摹革囊。不有释教信徒迦叶阿难之总持结集，何以免契丹一族之往事及其与华夏关系之痛史，不随劫波之火以灰烬。"③他研读《旧唐书·李德裕传》，针对"唐自武宗后史料缺略，故此传末所言多误"，利用洛阳新出土的与李德裕有关的数通墓志，论证自己的独特之见，并自述方法道："旧传史料之疑为伪造，及新出石刻之可资旁证者，皆讨论及之"，"千年承讹之事，一旦发明，诚可快也。"④他研究李唐氏族世系的办法也是"据与此问题有关之史籍及石刻，

---

①　陈守实：《记梁启超陈寅恪诸师事》，《追忆陈寅恪》，第42页。
②　陈寅恪：《论再生缘》，《寒柳堂集》，第38页。
③　石泉、李涵：《听寅恪师唐史课笔记一则》，《追忆陈寅恪》，第269—270页。
④　陈寅恪：《李德裕贬死年月及归葬传说辨证》，《金明馆丛稿二编》，第8、25页；蒋天枢：《陈寅恪先生编年事辑》，第113页。

约略推论其伪造世系先后演变之历程"。①

关于敦煌文献对中古以降民族文化之史研究的价值，陈寅恪更是大声呼吁。他阅读了北京图书馆所藏敦煌文献八千余卷中的百分之一，即发现内有举世未见的奇书佚籍十余种，皆为研究唐史、佛教史和文学史等重要新材料，便批评国人以为伯希和等劫掠之余"未必实有系于学术之轻重者在"的偏见："倘综合并世所存敦煌写本，取质量二者相与互较，而平均通计之，则吾国有之八千余卷，比之异国及私家之所藏，又何多让焉"，希望中国学者"益能取用材料以研求问题，勉作敦煌学之预流"。②在隋唐史研究中，陈寅恪对敦煌文献的运用作出了令人叹为观止的示范。他利用法国所藏的敦煌写本李义府撰《常何墓志铭》，考证出戍守玄武门的勇将常何原为太子李建成的部属，却为李世民所利诱罗致，才使原处劣势的世民在玄武门之变中稳操胜券，指出："唐代则守卫宫城北门之禁军，以其屯驻地关系之故，在政变之际，其向背最足为重轻。"然而，对此事关李唐一代中央政治革命成败的关键问题，"旧史记载殊多隐讳"。难怪他在发覆以后欣然指出："此亦新史料之发见，足资补释旧史所不能解之一端也。"③

对海外史料的重视和利用，陈寅恪在同时代史家中最为自觉与成功。在他早期留学笔记本中即有意识地记有大量外文书目，仅中亚书目就有170种，西藏书目200种，当时堪称完备。他认为："边疆史料，不详于中国载籍，而外人著述却多精到之记载，非征译海外著述不可"；并结

① 陈寅恪：《李唐氏族之推测后记》，《金明馆丛稿二编》，第303页。
② 陈寅恪：《陈垣敦煌劫余录序》，《金明馆丛稿二编》，第236—237页。
③ 陈寅恪：《隋唐制度渊源略论稿》，第63页；《唐代政治史述论稿》，第55页。

合自己研究指出："李唐一代为吾国与外族接触繁多"，而近数十年来"异国文籍之发见迻译能补证唐代有关诸外族之史事者颇多"。他引据斯坦因《西域考古记》载其在中亚发现武则天光宅元年（684）婺州租布实物，再烛幽探微地参证唐代与南朝的其他若明若暗的史料记载，揭示了"唐代制度之江南化，易言之即南朝化"的那一侧面。①

就史料的扩张而言，不仅指博采域外史料和本国新出史料，还包括把眼光转向素为史家忽略的佛典道藏。在这一方面，陈寅恪与陈垣在当时是首开风气的。陈寅恪所从事的并不是佛道的纯教义研究，而是将佛典道藏作为研究中古以降民族文化之史的前人未及开发的史料库。他谦称："昔年略治佛道二家之学，然于道教仅取以供史事之补证，于佛教亦止比较原文与诸译本字句之异同"，正是此意。与此同时，他也批评"今日中外学人考证佛典虽极精密，然其搜寻资料之范围，尚多不能轶出释教法藏以外"，认为研究佛典，所持证据应该"不限于贝多真实语及其流派文籍之中"②。

陈寅恪对史料处理也有一个基本见解："我们看材料，需了解材料存在多少问题，已解决的有多少，未解决的有多少，新发现的有多少，由此一步一步地往前研究，便可以不走或少走弯路。"③他曾说明自己处理新旧材料的方法："综合旧籍所载及新出遗文之有关隋唐两朝制度者，分析其因子，推论其源流。"④对新旧材料在研究中的相互关系，他以为：

① 陈守实：《记梁启超陈寅恪诸师事》，《追忆陈寅恪》，第 42 页；陈寅恪：《隋唐制度渊源略论稿》，第 155—157 页。
② 陈寅恪：《论许地山先生宗教史之学》《梁译大乘起信论伪智恺序中之真史料》，《金明馆丛稿二编》，第 316、132 页。
③ 黄萱：《怀念陈寅恪教授》，《追忆陈寅恪》，第 177 页。
④ 陈寅恪：《隋唐制度渊源略论稿》，第 1 页。

"旧材料而予以新解释，很危险。如作史论的专门翻案，往往牵强附会，要戒惕。必须对旧材料很熟悉，才能利用新材料。因为新材料是零星发现的，是片断的。旧材料熟，才能把新材料安置于适宜的地位。正像一幅已残破的古画，必须知道这幅画的大概轮廓，才能将其一山一树置于适当地位，以复旧观。在今日能利用新材料的，上古史部分必对经（经史子集的经，也即上古史的旧材料）书很熟，中古以下必须史熟。"①在他看来，只有这样新旧材料结合运用，才能以故释新，以新证故，用补阙疑，而正谬误。对于旧史料，他也善于从新视角去开发前人所未用的潜在价值。他曾指出："史论者，治史者皆认为无关史学，而且有害者也。然史论之作者，或有意，或无意，其发为言论之时，即已印入作者及其时代之环境背景，实无异于今日新闻纸之社论时评。若善用之，皆有助于考史。故苏子瞻之史论，北宋之政论也。胡致堂之史论，南宋之政论也。王船山之史论，明末之政论也。今日取诸人论史之文，与旧史互证，当日政治社会情势，益可藉此增加了解，此所谓废物利用。"②

陈寅恪对搜集史料的基本要求"在求其全"，在这点上，他直接继承了宋代史家司马光创立的长编考异法中的修丛目之法，即广采群籍，将与某一史事有关的直接或间接史料搜集齐全。此即他称赞杨树达"汇集古籍中事实语言之与《论语》有关者并间下己意"的治经之法，"殆与宋贤治史之法冥会"③。陈寅恪研治《旧唐书》即"时用圈点以识脉络所在；书眉行间，迻录各方面材料以资参证，并于所录材料后，申述

① 蒋天枢：《陈寅恪先生编年事辑》（增订本），第96—97页。
② 陈寅恪：《冯友兰中国哲学史上册审查报告》，《金明馆丛稿二编》，第248页。
③ 陈寅恪：《杨树达论语疏证序》，《金明馆丛稿二编》，第232页。

己见"。①例如他读《韩滉传》，即围绕唐代欲复河湟而不能的问题，汇集了与此有关文献史料达 14 种，在移录元白二家《西凉伎》后间下己意："边镇诸将终无经略旧疆之志意。"②

在史料搜求和利用上，陈寅恪不仅继承了目录版本校勘学的传统方法，并将其推广到域外文献上。他校读竹简斋本《旧唐书》时有眉识云："石印书之讹误有如此者！可叹可叹！此版本之学所以不可不讲也。"③他慨叹当时学术现状："况中西目录版本之学问，既不易讲求，购置搜罗之经费精神复多所制限。"④在中译佛经的具体研究中，他所用基本方法之一，即以不同的版本或文本比勘参校，求见真相。他说："此区区检阅之机械工作，虽绝难与昔贤翻译诵读之勤苦精诚相比并，然此中甘苦，如人饮水，冷暖自知，亦有未易为外人道者也。"⑤不过在史料问题上，他首先重视常见的基本史料，并不一味以多取胜，以僻见长。不论他为选修隋唐史的学生开列的参考书，还是他在名著《隋唐制度渊源略论稿》中征引的文献，都是常见书。他研究李唐氏族的系列论文，也自称"其所征引，不出习见之书"。⑥他的令人不可企及处在于对习见史料非凡的辨析、透视和理解上。

在史料处理上，陈寅恪既反对掺杂一己的私意，又反对缺乏同情的

---

① 蒋天枢：《陈寅恪先生编年事辑》，第 91 页。
② 陈寅恪：《元白诗笺证稿》，第 223—231 页；参见王永兴《陈寅恪先生史学述略稿》，第 383—386 页。
③ 蒋天枢：《陈寅恪先生编年事辑》，第 93 页。
④ 陈寅恪：《吾国学术之现状及清华之职责》，《金明馆丛稿二编》，第 318 页。
⑤ 陈寅恪：《斯坦因 Khara-Khoto 所获西夏文大般若经考》，《金明馆丛稿二编》，第 189 页。
⑥ 陈寅恪：《李唐氏族之推测》，《金明馆丛稿二编》，第 281 页。

了解。他在谈到哲学史料的搜集整理时曾指出当时的偏向："著者有意无意之间，往往依其自身所遭际之时代，所居处之环境，所熏染之学说，以推测解释古人之意志。由此之故，今日之谈中国古代哲学者，大抵即谈其今日自身之哲学者也。所著之中国哲学史者，即其今日自身之哲学史者也。其言论愈有条理统系，则去古人学说之真相愈远。"即认为在史料处理上不应以今人之见改铸古人和往事。关于同情的了解，他认为："吾人今日可依据之材料，仅为当时所遗存最小之一部，欲藉此残余断片，以窥测其全部结构，必须备艺术家欣赏古代绘画雕刻之眼光及精神，然后古人立说之用意与对象，始可以真了解"；却又特别提醒："但此种同情之态度，最易流于穿凿傅会之恶习"，把握好两者之间的张力无疑是关键所在。①

在基本史料齐集以后，下一步工作就是对同一史事的众说纷纭的史料"考订是非，解释疑滞"，此即陈寅恪在《杨树达论语疏证序》里指出的："既广搜群籍，以参证圣言，其言之矛盾疑滞者，若不考订解释，折衷一是，则圣人之言行，终不可明"，"故儒家经典，必用史学考据，即实事求是之法治之"（因杨树达以《论语》和孔子为研究对象，故陈寅恪所说的圣言、圣人、儒家经典，都可理解为历史研究的具体对象）。他非常重视史料考证，总是告诫说："你不把基本的材料弄清楚了，就急着要论微言大义，所得的结论还是不可靠的"；"作文章所用的材料，必须先甄别是真是假。有时候假中有真，真中有假，要注意筛选。"②他在论述民族史研究时指出："吾国史乘，不止胡姓须考，胡名亦急待研

① 陈寅恪：《冯友兰中国哲学史上册审查报告》，《金明馆丛稿二编》，第 247 页。
② 赵元任：《忆寅恪》，黄萱：《怀念陈寅恪教授》，《陈寅恪印象》，第 19、177 页。

讨是也"，因少数民族"名字之考证，殊与推求事实有关，治史者不得置而不究"；他在言及中国哲学史研究时认为："今日所得见之古代材料，或散佚而仅存，或晦涩而难解，非经过解释及排比之程序，绝无哲学史之可言"，都是强调史料考证的必要性。①

陈寅恪对史料考证有一基本看法："读史者不可尽信旧记之文"；主张把官私史料放在一起考较："通论吾国史料，大抵私家纂述易流于诬妄，而官修之书，其病有在多所讳饰，考史事之本末者，苟能于官书及私著等量齐观，详辨而慎取之，则庶几得其真相，而无诬讳之失矣。"例如，唐代永贞内禅与宪宗被弑乃宦官擅政的结果，却为穆宗以后阉党所讳言，故官方记载凡涉及二事者，悉与芟夷改易以灭绝迹象，而陈寅恪取李复言的《续玄怪录》与韩愈的《顺宗实录》等量齐观，发现前书"辛平公上仙"条却因小说笔法成为宪宗被弑的"幸存之史料"，因而感慨："岂得以其为小说家言，而忽视之耶？"②

在史料考证的基本态度上，陈寅恪流露出清代考据学风的深刻影响。他自道崇奉的原则："考证之业，譬诸积薪，后来者居上，自无胶守所见，一成不变之理。但必发见确实之证据，然后始能改易其主张，不敢固执，亦不敢轻改，惟偏蔽之务去，真理之是从"，与清儒一脉相承。③他在考证一敦煌本佛典时指出："考据之学，本为材料所制限。敦煌本

① 陈寅恪：《姚薇元北朝胡姓考序》《冯友兰中国哲学史上册审查报告》，见《金明馆丛稿二编》242、247 页。

② 陈寅恪：《论李怀光之叛》《顺宗实录与续玄怪录》，《金明馆丛稿二编》，第 280、74—81 页。

③ 陈寅恪：《三论李唐氏族问题》，《金明馆丛稿二编》，第 304 页。梁启超在《清代学术概论》里归纳清学考据学风曰："凡立一义，必凭证据；无证据而以臆度者，在所必摈"；"孤证不为定说，其无反证者姑存之，得有续证者渐信之，遇有力之反证则弃之"（《梁启超论清学史二种》，复旦大学出版社 1985 年版，第 39 页）。

是否为鸠摩罗什所译，尚待他日新材料之证明。今日固不能为绝对否定之论，亦不敢为绝对肯定之论，似为学说上应持之审慎态度也。"①

关于史料考证方法，陈寅恪指出："自来所谓正史者，皆不能无所阙误，若欲补其阙遗，正其讹误，必先精研本书，然后始有增订工事之可言。"②在考据问题上，他推崇清代以来的考据方法，认为"以中国今日之考据学，已足辨别古书之真伪。"③他经常称引清代朴学的治学纲领"读书须先识字"，并把这一方法推广到域外和异族的文献史料上，"以此之故，音韵训诂上，大有发明"。④在敦煌学和西夏学研究中，他也一再指明这点："若能搜集敦煌写本中六朝唐代之异文俗字，编为一书，于吾国古籍之校订，必有裨益"；"西夏语为支那语同系语言之一，吾国人治其学者绝少，即有之，亦不过以往日读金石刻辞之例，推测其文字而已，尚未有用今日比较语言学之方法，于同系语言中，考辨其音韵同异，探讨其源流变迁，与吾国语言互相印证发明者。"⑤

然而，在史料考证上，更值得重视的是陈寅恪在传统考据学里注入了全新的通识观念。其一，将社会文化状况作为考据史实真伪的背景因素。对解释古书，考据史料，他以为"并须旁采史实人情，以为参证。不可仅于文句之间，反复研求，遂谓已尽其涵义也"⑥。例如，他为考定《南岳大师立誓愿文》真伪，对文中所立的与普通佛教宗旨相矛盾的求

---

① 　陈寅恪：《敦煌本十诵比丘尼波罗提木叉跋》，《金明馆丛稿二编》，第260页。
② 　陈寅恪：《邓广铭宋史职官志考证序》，《金明馆丛稿二编》，第245页。
③ 　陈寅恪：《冯友兰中国哲学史上册审查报告》，《金明馆丛稿二编》，第248页。
④ 　陈寅恪：《与妹书》，《金明馆丛稿二编》，第311页。
⑤ 　陈寅恪：《敦煌本十诵比丘尼波罗提木叉跋》《西夏文佛母大孔雀明王经夏梵藏汉合璧校释序》，见《金明馆丛稿二编》，第260、198页。
⑥ 　陈寅恪：《蓟丘之植植于汶篁之最简易解释》，《金明馆丛稿二编》，第262页。

长生治丹药的誓愿，用一般的考据方法是无济于事的，便"略考当日社会文化状况及天台宗学说之根据"，"以为此类思想确为当时产物，而非后来所可伪托"。①其二，以发展变化的眼光来审视史料。他指出："一时代之名词，有一时代之界说。其涵义之广狭，随政治社会之变迁而不同，往往巨大之纠纷讹谬，即因兹细故而起，此尤为治史者所宜审慎也。"②例如研究历时二百年的府兵制，陈寅恪深知"其间变易增损者颇亦多矣"，他批评后世史家："于时代之先后往往忽略，遂依据此制度后期即唐代之材料，以推说其前期即隋以前之事实，是执一贯不变之观念，以说此前后大异之制度也，故于此中古史最要关键不独迄无发明，复更多所误会。"③其三，以辩证的观点处理史料的真伪问题。例如智恺所序的《大乘起信论》，其序和论的真伪问题历来聚讼纷纭，对此，陈寅恪辩证地认为："真论本文可以有后加伪序，而真序亦可附于伪论，二者为不同之问题，不可合并论之也。复次，真序之中可以有伪造之部分，而伪造之序中亦可以有真实之资料。"在这种辩证的史料观的指导下，他通过研究确认："序为伪撰，而伪撰之序中实含有一部分真史料。"④其四，把握史料的通性真实与个性真实的辩证关系。例如，对晋代王、阮有关周孔名教和老庄自然的异同之问，王究竟是王衍还是王戎，阮到底是阮修还是阮瞻，各书记载颇有歧异，陈寅恪不拘泥于具体答问者的考证，而是从通性的真实入手，指出："其实此问若乃代表当时通性之真实，其个性之真实虽难确定，然不足致疑也。"⑤他评价唐代笔记《剧谈录》

---

① 陈寅恪：《南岳大师立誓愿文跋》，《金明馆丛稿二编》，第214页。
② 陈寅恪：《元代汉人译名考》，《金明馆丛稿二编》，第95页。
③ 陈寅恪：《隋唐制度渊源略论稿》，第124页。
④ 陈寅恪：《梁译大乘起信论伪智恺序中之真史料》，《金明馆丛稿二编》，第132页。
⑤ 陈寅恪：《隋唐制度渊源略论稿》，第39页。

也说："所纪多所疏误，自不待论。但据此故事之造成，可推见当时社会重进士轻明经之情状，故以通性之真实言之，仍不失为珍贵之社会史料也。"①另一方面，陈寅恪也绝不因为重视通性真实而忽视对个性真实的考证。为考证《再生缘》作者陈端生之夫范某究竟是谁，他"搜索研讨，终知是非"，自谓"以是耗去日力不少，甚可叹，亦可笑也"。②他有一番议论虽对文法研究而发，却也反映了他对个性真实的见解："所谓某种语言之文法者，其中一小部分，符于世界语言之公律，除此之外，其大部分皆由研究此种语言之特殊现相，归纳为若干通则，成立一有独立个性之统系学说，定为此特种语言之规律。"③总之，陈寅恪的考据方法确实较乾嘉诸老更上一层，达到了前所未有的境界。

四、治史特点与方法举隅

每一个人文科学研究者，因专业领域和研究对象不同，所要求的研究方法和治学手段，便会有明显差异。即便面对同一专业领域和研究对象，由于各自拥有的知识结构和思想资源并不相同，也会各具个性，诸态纷呈。陈寅恪研究历史讲究方法，他所呈现的治学风格和他所习用的治史路径，往往是他所独有的，是他留给后人最具特色的学术遗产。

陈寅恪治史特点之一，就是敏锐的观察力和缜密的思考力。他早年求学时期高等数学的严格训练有助于他的思维更加敏锐与缜密；而留学期间那种追求逻辑和思维上严谨和明晰的西方人文科学的熏染，也是不

---

① 陈寅恪：《唐代政治史略论稿》，第 84 页。
② 陈寅恪：《论再生缘》，《寒柳堂集》，第 45 页。
③ 陈寅恪：《与刘叔雅论国文试题书》，《金明馆丛稿二编》，第 221 页。

可忽略的。对这一特点，其弟子评述道：他"把敏锐的观察力和缜密的思考力相结合，利用习见的史料，在政治、社会、民族、宗教、思想、文学等许多方面，发现别人从未注意到的联系与问题，从现象深入本质，作出新鲜而令人折服，出乎意料之外而入乎意料之中的解释"。①对此，后人往往较多地归诸其天分，而忽视了他在别人不留意处留意的艰苦求索的过程。他曾自述研治《元史》用力之勤道："读过好几遍，每有一点心得，就批于书眉，蝇头细楷，丹铅殆遍。"②这里，陈寅恪道出其超出侪辈的观察力来自深思苦索的另一侧面。据其入室弟子追忆，这正是陈寅恪治史的基本方法之一：凡读书有见，即眉批书上，积累到足够的数量，才移到纸上，撰为文章。③例如，陈寅恪考证出李唐氏族乃李初拔古后裔，就是根据李唐自述世系的旧文，汇集史料，"赖其与他种传记符合及矛盾，留一罅隙，千载而后遂得以发其覆也"。④

陈寅恪治史特点之二，就是以问题为中心，抓住关键，揭示本质。关于问题意识，他早说过："一时代之学术，必有其新材料与新问题"；批评清代考据学最大缺陷即"止于解释文句，而不能讨论问题"。⑤他曾以问题意识批评今人每好看《通鉴纪事本末》而不看《通鉴》："《纪事本末》是袁枢读《通鉴》时，心中所产生的问题，用以标题，分辑而成。不是人人阅读《通鉴》时所可能发现的问题尽在于此。所以如果只

---

① 周一良：《纪念陈寅恪先生》，《陈寅恪印象》，第127—128页。
② 王锺翰：《陈寅恪先生杂忆》，《陈寅恪印象》141页。
③ 季羡林：《从学习笔记本看陈寅恪先生的治学范围和途径》，《陈寅恪印象》第35页。
④ 陈寅恪：《唐代政治史述论稿》，第5—6页。
⑤ 陈寅恪：《陈垣敦煌劫余录序》《陈垣元西域人华化考》，《金明馆丛稿二编》，第236—239页。

读《纪事本末》，就要受到它的限制，以为除袁枢所标题之外，再无问题了。"①他研究中古以降的历史，就宏观而言，慧眼独具地以民族和文化作为自己研究的中心问题，确实抓住了解读这段历史的根本路径。例如，他认为："北朝汉人与胡人之分别在文化，而不在种族"；"论南朝民族问题，犹斯旨也。"②这一立论还可以推广至隋唐民族文化问题上，一下子打通了诸多疑窦，令人有豁然开朗之感。在具体研究中，他注意寻找史事的关钥，《唐代政治史述论稿》开卷即说：种族与文化"此二问题实李唐一代史事关键之所在，治唐史者不可忽视者也"。他这部名著所探讨的李唐统治阶级的氏族、政治革命、党派集团、外族盛衰及其与内政的关系，无一不是唐代政治史关键所在。即便在微观考据上，他也如老吏断狱，最善于击中要害。例如，他指出：唐代政治革命成败，"关键实系于守卫宫城北门禁军之手"；因而着力考证玄武门之变中宫门守将常何在李世民与李建成之间的从违向背，遂使微观考据也为讨论问题作证。至于什么问题才能视为关键问题，他曾论及武则天以山东寒族而攫取政权；久居洛阳，将全国重心转移至山东；加强进士词科选举人材的力度，破坏南北朝以来的贵族阶级；运输东南财赋以充实国防力量。他认为以上诸端"皆吾国社会经济史上重大之措施，而开启后数百年以至千年之世局者"，即开启百年乃至千年世局的事件或措施，才是历史关键所在。③因此，他尤其重视中古以降若干重要交替期的历史递变，对汉魏晋之际、南北朝隋唐之际、开元天宝之际、明清之际的民族文化之

① 蒋天枢：《陈寅恪先生编年事辑》（增订本），第95页。
② 陈寅恪：《魏书司马睿传江东民族条释证及推论》，《金明馆丛稿初编》，第106页。
③ 陈寅恪：《记唐代之李武韦杨婚姻集团》，《金明馆丛稿初编》，第249页。

史给予了特别的关注。

陈寅恪治史特点之三，就是以小见大。他在考索柳如是别名时，表达过这一旨趣："故治史者，即于名字别号一端，亦可窥见社会风习与时代地域人事之关系，不可以其琐屑而忽之也。"①也就是说，研究的尽管是小问题，却总是以民族文化之史的大问题为其发轫和归结的。例如，他尽管考证腋气这样的小问题，结论却落在中华民族的融合上："疑此腋气本由西胡种人得名，迨西胡人种与华夏民族血统混淆既久之后，即在华人之中亦间有此臭者，倘仍以胡为名，自宜有人疑为不合。因其复似野狐之气，遂改'胡'为'狐'矣。"②又如，他在笺注白居易《琵琶行》时，对历来无人注意的"移船相近邀相见"一句，引证南宋洪迈非议白居易夜入商妇之船的说法，在解释洪氏误解后进而指出："考吾国社会风习，如关于男女礼法等问题，唐宋两代实有不同"③，由论证男女相见礼节，归结到唐宋社会变革。正如他的学生所说："其对文史上的小题目，往往以狮子搏兔之力，旁征博引，深入腠理，遂使新意立见，令人拍案叫绝。"④但有学者认为：此种方法"要有天分与极深的功力，不是一般人都能运用"的。⑤即如考证腋气，据陈寅恪自述：十岁以后，"见有旧刻医药诸书，皆略加披阅，但一知半解，不以此等书中所言者为人处方治病，唯藉作考证古史之资料，如论《胡臭与狐臭》一文，即是其例也"。⑥由此可见，看似不经意的小问题的捕捉，自有绝深厚的功

---

① 陈寅恪：《柳如是别传》上册，第100页。

② 陈寅恪：《狐臭与胡臭》，《寒柳堂集》，第142页。

③ 陈寅恪：《元白诗笺证稿》，上海古籍出版社1978年版，第52页。

④ 杨联陞：《陈寅恪先生隋唐史第一讲笔记》，《追忆陈寅恪》，第186页。

⑤ 严耕望：《治史三书》，辽宁教育出版社1998年版，第63页。

⑥ 陈寅恪：《寒柳堂记梦未定稿》，《寒柳堂集》，第170页。

力为其后援。

在史学研究中，陈寅恪除了形成独具风格的治学特色外，还有其最擅长使用的治史方法。其中，对陈寅恪来说，得心应手和炉火纯青的就有比较研究法、集团研究法、时间空间坐标法、联系的方法等。

其一，比较研究法。

陈寅恪对比较研究法有一总体看法。他曾向学生指出这一方法的作用："在治史中能开阔思路的一个比较好的方法就是作比较研究，尤其是对历史人物的判断。"①他对唐代诗人白居易和元稹的比较研究，堪称是历史人物比较研究的杰出范例。他还认为："今世之治文学史者，必就同一性质题目之作品，考定其作成之年代，于同中求异，异中见同，为一比较分析之研究，而后文学演化之迹象，与夫文人才学之高下，始得明了。否则模糊影响，任意批评，恐终不能有真知灼见也。"②说的虽是文学史研究，却可推广到整个历史研究。然而，他还强调比较研究应有一定的规范，不能随心所欲："比较研究方法，必须具有历史演变及系统异同之观念。否则，古今中外人天龙鬼，无一不可取以相与比较。荷马可比屈原，孔子可比歌德，穿凿附会，怪诞百出，莫可追诘，更无所谓研究之可言矣。"③在具体研究中，他善于根据不同对象得心应手地切换相应的比较方法。

由于陈寅恪掌握十余种外国和异族语言，又受过西方比较语言学的训练，因而比较语言学的方法是其最谙熟的方法之一。早在 1923 年留学西方时期，他就意识到："如以西洋语言科学之法，为中藏文比较之学，

① 陆键东：《陈寅恪的最后 20 年》，第 186 页。
② 陈寅恪：《元白诗笺证稿》，第 45 页。
③ 陈寅恪：《与刘叔雅论国文试题书》，《金明馆丛稿二编》，第 223—224 页。

则成效当较乾嘉诸老，更上一层。"①1932 年，他更明确指出："治吾国语言之学，必研究与吾国语言同系之他种语言，以资比较解释，此不易之道也。"②次年再次强调："迄于近世，比较语言之学兴，旧日谬误之观点得以革除。故欲详知确证一种语言之特殊现相及其性质如何，非综合分析，互相比较，以研究之，不能为功。"③研究《蒙古源流》时，他将王国维校本、施密德校译本、那珂通世日译本、蒙文原本、满文译本进行比较研究，发现《蒙古源流》中灵州等三城"因其距离不远，事实相关，复经数种民族之语言辗转迻译，以致名称淆混，虽治史学之专家，亦不能不为其所误"，他因"获读昔人所未见之本，故得藉以释其疑而正其误"，却谦言："此盖机会使然，非寅恪之慵鄙不学，转能胜于前贤也。"④实际上，他的机会正是来自比较语言学的研究方法。他还比较过各种文字的《金刚经》，论定"玄奘所译之本，源出自于阗文"，在课上能用十几种语言以比较法来讲汉译《金刚经》的正误。⑤

陈寅恪也经常运用比较文学的研究方法。他把《西游记》里孙悟空、猪八戒、沙和尚的人物故事与通过佛经传入中土的印度神话故事原型相比较，不仅分析了两者的渊源关系，还推出文学故事演变的公例，即沙和尚型的简单纵贯式、猪八戒型的复杂纵贯式和孙悟空型的混合横通式。⑥然

---

① 陈寅恪：《与妹书》，《金明馆丛稿二编》，第 311 页。
② 陈寅恪：《西夏文佛母大孔雀明王经夏梵藏汉合璧校释序》，《金明馆丛稿二编》，第 198 页。
③ 陈寅恪：《与刘叔雅论国文试题书》，《金明馆丛稿二编》，第 223 页。
④ 陈寅恪：《灵州宁夏榆林三城译名考》，《金明馆丛稿二编》，第 108 页。
⑤ 陈寅恪：《武曌与佛教》，《金明馆丛稿二编》，第 154 页；姜亮夫：《忆清华国学研究院》，《追忆陈寅恪》，第 70 页。
⑥ 陈寅恪：《西游记玄奘弟子故事之演变》，《金明馆丛稿二编》，第 196 页。

而，陈寅恪的比较文学研究所最终关注的往往不局限于文学作品本身，而是归结到中古以降民族文化之史的大问题。因而，他的这一方法不仅给中国文学史研究注入了全新理念和方法，而且是对中国史学，尤其对中国文化史研究方法的重大贡献。例如，《三国志》本文往往有佛教故事杂糅附益其间，因"迹象隐晦，不易发觉其为外国输入者"，陈寅恪便将《三国志》有关传记与佛教经籍所载故事相比较，发现"外来之故事名词，比附于本国人物事实，有似通天老狐，醉则见尾"，但其结论则突破文学的藩篱，着眼于中外文化交融的大问题："《三国志》之成书，上距佛教入中土之时，犹不甚久，而印度神话传播已若是之广，社会所受之影响已若是之深，遂致以承祚之精识，犹不能别择真伪，而并笔之于书。则又治史者所当注意之事。"①

由于别具只眼，陈寅恪往往能捕捉住不同文化统系的症结进行比较研究，得出令人叹服的结论。例如，他通过莲花色尼出家因缘的敦煌写本与巴利文本的异同比较，发现敦煌本失载巴利文本中所载的出家因缘第七恶报，即莲花色尼因屡屡改嫁而与亲生子女不复相识，以致最后母女共嫁其亲生之子。但他没有停留在简单的文本比较上，而是从中印文化的异质入手，认为敦煌写本失载第七恶报，是中国文化吸纳佛教过程中，对不合民族传统的伦理观念进行排异性删削。这一比较结论就所见甚大。正如有研究者指出：陈寅恪不仅是具备精深专门知识的专家，更是贯通不同文化体系的通儒，因而他的"立体的"比较观和比较方法不仅可以取得某些专家在其专业领域进行"平面的"比较所产生的特殊的、局部的成就，而且能使这些成就具有更广

---

① 陈寅恪：《三国志曹冲华佗传与佛教故事》，《寒柳堂集》，第 157、161 页。

泛的文化意义。①

其二，集团研究法。

陈寅恪使用的集团概念，并不仅仅指狭义的政治集团，颇有点近似社会学上的社会群体的概念，包括更广的文化意义上的涵义。他在论及宇文泰融合成"一不可分离之集团"时，对集团作过明确表述："匪独物质上应处同一利害之环境，即精神上亦必具同出一渊源之信仰，同受一文化之熏习。"②因而根据研究对象的不同，集团、社会集体、阶级、氏族、家世等等，都是他经常变换使用的具体概念。他十分重视中古历史上不同集团产生的各不相同的重大作用，认为：历来史家"颇忽视社会集体之关系，则与当时史实不能通解"③。他在研究李武韦杨婚姻集团时指出：唐代"文治武功极盛之世，即此集团居最高统治地位之时，故研究唐之盛世者不可不研究此集团"④。在集团研究中，他非常关注不同集团之间的相互影响和复杂关系。他在研究南朝史时指出："谓江左世族无功臣，与言南朝帝室止出于善战之社会阶级无异。此善战之阶级，在江左数百年间之变迁，与南朝境内他种民族之关系，治史之人，固应致意研求者也。"⑤而其名著《唐代政治史述论稿》，即通过对安史之乱前关陇集团、山东豪杰集团、李武韦杨婚姻集团和安史之乱后长安天子集团、河北镇将集团之间的消长嬗代的分析，完成了对政治演变史中典范性的个案研究。

---

① 陈寅恪：《莲花色尼出家因缘跋》，《寒柳堂集》，第 151—155 页；钱文忠：《瓦釜集》，文汇出版社 1999 年版，第 143—144 页。

② 陈寅恪：《唐代政治史述论稿》，第 15 页。

③ 陈寅恪：《论隋末唐初所谓"山东豪杰"》，《金明馆丛稿初编》，第 228 页。

④ 陈寅恪：《记唐代之李武韦杨婚姻集团》，《金明馆丛稿初编》，第 263 页。

⑤ 陈寅恪：《魏书司马睿传江东民族条释证及推论》，《金明馆丛稿初编》，第 94 页。

从陈寅恪对集团内涵的界定，反映出他的集团研究法注重集团的物质利害、信仰渊源和文化熏习诸方面的研究。因此，在研究关陇集团时，他把该集团维系其物质利害的根本政策概括为关中本位政策，作为重点研究的课题之一。与此同时，他在研究中古时期的集团问题时，尤其重视对有关集团成员的氏族、家世的研究。他认为：这一时期，"家世信仰至深且固，不易湔除；明乎此义，始可与言吾国中古文化史"①；又说："盖研究当时士大夫之言行出处者，必以详知其家世之姻族连系及宗教信仰二事为先决条件，此为治史者之常识。"②他还特别提醒："女系母统对后代的影响，无论在遗传因素上或政治上均极重要。即使无直接之关系，间接之影响亦不小，应加注意。"③在魏晋南北朝史研究中，他以为："治魏晋南北朝思想史，而不究家世信仰问题，则其所言恐不免皮相。"对唐史研究，他也指出："故欲通解李唐一代三百年之全史，其氏族问题实为最要之关键，吾国昔时学者固未尝留意于此。"④他不仅把集团研究法运用于政治史，还渗透到思想史、宗教史和人物研究等领域，使有关研究别开生面。例如，唐高宗欲立武则天为后，因代表关陇集团的长孙无忌以元舅和佐命大臣的身份竭力反对而不敢遽行，另一佐命大臣李世勣却赞成其事，以往论史者往往以此作为世勣个人道德的污点。陈寅恪借助集团研究法指出：李世勣实为山东豪杰集团的领袖，唐太宗生前之所以选他与长孙无忌同辅高宗，正是为了平衡两大集团的力量以固皇祚，因而世勣以武氏乃山东人而赞其为后，正是"其社会集团之关系有

① 陈寅恪：《天师道与滨海地域之关系》，《金明馆丛稿初编》，第 33 页。
② 陈寅恪：《陶渊明之思想与清谈之关系》，《金明馆丛稿初编》，第 200—205 页。
③ 石泉、李涵：《听寅恪师唐史课笔记一则》，《追忆陈寅恪》，第 269—270 页。
④ 陈寅恪：《李唐氏族之推测后记》，《金明馆丛稿二编》，第 303 页。

以致之也"①。这种分析，与简单的道德评判相比，其深刻程度就不可以道里计了。

其三，时空坐标法。

陈寅恪曾向学生提出"以时间、空间、人事之法治史，或曰时间、空间之法"。他自述所用的考证方法："先确定'时'与'地'之交叉点，犹如解析几何之直角坐标。"学生说他："凡要建立自己的论点，必先从时间、地域、人物和有关社会历史的各个方面，尽量搜集有关资料，以为依据。"②他笺证《长恨歌》"七月七日长生殿，夜半无人私语时"即运用了这一方法，指出："此节有二问题，一时间，二空间。"他首先以时间治史之法，从唐玄宗临幸温泉必在冬季春初寒冷时节，否证其不可能在七月七日；其次以空间治史之法，从华清宫长生殿乃祀神的斋宫，断不可能阑入儿女猥琐。既然时间空间皆不容明皇与贵妃有夏日同在华清宫长生殿的事实，则七夕长生殿夜半私语之人事尽管被后人称引，却"不可据为典要"。③

在研究重大历史事变与重要历史现象时，陈寅恪注意把审视的时段拉长，把考察的空间放大，从而使研究的结论更具穿透力和涵盖性。在探究唐代有大量中亚胡人迁居河朔的原因时，他以为，"就旧史所载者考之，似有三因：远因为隋季丧乱，中因为东突厥之败亡，近因或主因为东突厥之复兴"。其远因与近因之间相隔至少达 80 年。而在论及唐代

① 陈寅恪：《论隋末唐初所谓"山东豪杰"》，《金明馆丛稿初编》，第 226—227 页。
② 王永兴：《陈寅恪先生史学述略稿》，第 189—193 页；蒋天枢：《陈寅恪先生传》，周连宽：《回忆陈寅恪先生二三事》，《追忆陈寅恪》，第 461、345 页。
③ 陈寅恪：《元白诗笺证稿》，第 40—42 页。

山东氏族之所以兴起时，他又指出："帝王之大权不及社会之潜力，此类之事即其一例，然非求之数百年往日背景，不易解释也。"①在研究天师道与社会政治关系时，他拓展时间空间，把汉末黄巾起义直到两晋南北朝士人奉道，"悉用滨海地域一贯之观念以为解释"，得出结论"凡信仰天师道者，其人家世或本身十分之九与滨海地域有关"，从而"补前人之所未逮，而为读国史者别进一新解"。②

其四，联系的方法。

一般治史者虽然也都注意史实的联系，但陈寅恪所用的联系方法因其通识而在视野的广阔和识见的敏锐上都超出侪辈，每每能牵一发而动全身，达到了纵贯横通、此呼彼应的化境。正如其学生所说："他能在错综复杂的史料中，抓住似乎毫无联系但实际上互相联系的现象，辩证地分析，并得出正确的结论。"③他曾以联系的观点指出《通鉴纪事本末》的不足："《纪事本末》于一事与两个问题都有关系的，就在第二个问题下注明。不过也有忘了注的，或不知其关系而不注的，如果只看《纪事本末》，就不易发现其关系了。"④他在就外族盛衰的连环性及其与唐代外患内政的关系问题，对联系的方法有过精彩的论述："观察唐代中国与某甲外族之关系，其范围不可限于某甲外族，必通览诸外族相互之关系，然后三百年间中国与四夷更迭盛衰之故始得明了，时当唐室对外之措施亦可略知其意。盖中国与其所接触外族之盛衰兴废，常为多数外族间之连环性，而非中国与某甲外族之单独性也。"⑤由这种纵贯横通的联系方

---

① 陈寅恪：《唐代政治史述论稿》，第 44—45、79 页。
② 陈寅恪：《天师道与滨海地域之关系》，《金明馆丛稿初编》，第 1、12 页。
③ 王永兴：《怀念陈寅恪先生》，《追忆陈寅恪》，第 203—204 页。
④ 蒋天枢：《陈寅恪先生编年事辑》（增订本），第 95 页。
⑤ 陈寅恪：《唐代政治史述论稿》，第 128 页。

法推出的结论就是令人叹服的通解，而不再是就事论事的皮相之论。例如，针对唐代武功堪称民族空前盛业，他指出："详究其所以与某甲外族竞争，卒致胜利之原因，实不仅由于吾民族自具之精神及物力，亦某甲外族本身之腐朽衰弱有以招致中国武力攻取之道，而为之先导者也。国人治史者于发扬赞美先民之功业时，往往忽视此点，是既有违学术探求真实之旨，且非史家陈述覆辙，以供鉴戒之意。"①

陈寅恪常用的联系方法之一，是纵贯地追溯渊源分析系统。例如，关于隋唐制度，后世史家据其统系由来误认为仅仅继承了西魏北周的遗制，他却从史实联系中别具只眼地指出："隋唐之制度虽极广博纷复，然究析其因素，不出三源：一曰（北）魏、（北）齐，二曰梁、陈，三曰（西）魏、周"；而且"在三源之中，此（西）魏、周之源远不如其他二源之重要"；"治李唐一代文物制度者，于上所列举之三源，究其所出，穷其所变，而后其嬗蜕演化之迹象，始有系统可寻矣。"其中，他从蛛丝马迹的史实联系中勾隐索微，考证出永嘉之乱以后中原文化转移保存于河西，随着北魏攻取凉州，河西文化便被采入北魏的典章制度，因而隋唐制度的北魏北齐一源中还包涵有河西文化支派。这一发覆确是"前人所未深措意，而今日不可不详论者也"。②

陈寅恪常用的联系方法之二，是横向地审察史实，确证关系。他曾指出："研究历史，要特别注意古人的言论和行事。言，如诗文等，研究其为什么发此言，与当时社会生活、社会制度有什么关系。事，即行，行动，研究其行动与当时制度的关系。《通典》《大唐六典》《唐律疏义》

① 陈寅恪：《唐代政治史述论稿》，第 129 页。
② 陈寅恪：《隋唐制度渊源略论稿》，第 1—2、19—20、61 页。

皆讲制度（system）、组织（structure）方面，现在要研究其制度的施行（function），研究制度对当时行动的影响，和当时人对于制度的影响。"①他在笺证元白诗时强调"须知当时文人之关系"，这种关系不仅指元白的关系，还包括同时代文人在文学上相互往还、议论、观摩、仿效、改进、超越等关系。他说："苟今世之编著文学史者，能尽取当时诸文人之作品，考定时间先后，空间离合，而总汇于一书，如史家长编之所为，则其间必有启发，而得以知当时诸文士之各竭其才智，竞造胜境，为不可及也。"②所论虽是文学史，显然也适用于整个历史研究。

陈寅恪常用的联系方法之三，曲折地勾考隐晦，推绎关连。陈寅恪研究天师道时，首先从道家画符书经必须擅长书法，把天师道与书法艺术联系起来；其次从道家服食丹药而鹅有消解五脏丹毒的功效，把道家与鹅联系起来；然后把王羲之写经换鹅的故事，与其因信仰道教常服丹药而亟需烹鹅解毒联系起来。以这种联系的方法考史论事，真有曲径通幽峰回路转而胜义纷披应接不暇之感。

五、从诗文证史到人格心态史学

前人虽也提过以诗证史的说法，但真正付诸大量独创性实践并形成系统方法的，却推陈寅恪。诚如当代史家严耕望所说："近代研究唐史，以诗史互证，自推陈寅恪先生为最著。陈先生才思高敏，学养深厚，能就诗史曲折互证，成其新解。"③诗文证史法，或曰诗史互证法，即一方

---

① 蒋天枢：《陈寅恪先生编年事辑》（增订本），第97页。
② 陈寅恪：《元白诗笺证稿》，第2、9页。
③ 严耕望：《治史三书》，第141页。

面以诗文或小说来证史，或补正史乘的阙误，或别备史事的异说；另一方面，以史来证诗文或小说，或考证作品的今典，或寻绎诗文的通解。这种方法使历史研究拥有更丰富形象的文学史料作为印证，其着重点和着眼点虽不在诗文而在历史，却使文学研究也因此具有更广阔深刻的历史社会背景，将文史研究有机地结合起来，在研究视野、材料和方法上，都开拓出新途径。

陈寅恪曾说明这一方法的必要性和可能性："中国诗与外国诗不同之处，是它多具备时、地、人等特点，有很大的史料价值，可以用来研究历史并补历史书籍之缺。"①他说："我之所以要搞唐诗证唐史，是因为唐代自武宗之后的历史记录存在很多错误。但唐代的诗歌则保留了大量的历史实录，唐史的复杂性与接触面广这些特点，都在唐诗中有反映，成为最原始的实录。文章合为时而作，所以唐诗中也反映了当时社会的现实。"②他在释证柳如是尺牍时也指出："其中所言，足以间接证知当日社会情状者，亦复不少"；"倘有好事者，取其全文，精校而详释之，则非独可以赏奇文，资谈助，更或于一代史事之研治，不无稗益"。③

根据陈寅恪自己的论述，诗文证史法可从以下几方面予以把握：

其一，诗文必须与"现存之史籍参证并读，始能得其真解"。例如，白居易《阴山道》涉及唐室与回鹘的马匹交易，"史籍所载，只言回鹘之贪，不及唐家之诈，乐天此篇则并言之。是此篇在新乐府五十首中，虽非文学上乘，然可补旧史之阙，实为极佳之史料"。故而陈寅恪一方面以为白诗"诚足当诗史"，另一方面认为"今之读白诗，而不读唐史

① 黄萱：《怀念陈寅恪教授》，《陈寅恪印象》，第 178 页。
② 陆键东：《陈寅恪的最后贰拾年》引高守贞笔记，第 186 页。
③ 陈寅恪：《柳如是别传》中册，第 372 页。

者，其了解之程度，殊不能无疑"。他对《新乐府》的笺注，实为唐代社会历史风俗长卷的系统考证。①

其二，因是文学作品，故"要在分别寓意与纪实二者，使之不相混淆。然后勾索旧籍，取当日时事及年月地理之记载，逐一证实之"②。据其助手回忆，"他在进行以诗证史之前，必先研究诗的资料的真实性、时间性、地方性，再根据当时发生的情况、人与人之间的交往和每个人的社会背景及思想感情，来断定该资料是否可用"③。例如，他笺注韦庄《秦妇吟》，针对"明朝晓至三峰路，百万人家无一户"指出："其实三峰之下，岂有百万户乎，词人之数字，仅代表数量众多而已，不必过于拘泥"；而认为"岁种良田二百廛，年输户税三千万"一联，前人校曰"易千为十"，"正指唐代地户两税"。④

其三，"解释词句，征引故实，必有时代限断。然时代划分，于古典甚易，于'今典'则难。盖所谓'今典'者，即作者当日之时事也。故须考知此事发生必在作此文之前，始可引之，以为解释。否则，虽似相合，而实不可能。此一难也。此事发生虽在作此文以前，又须推得作者有闻见之可能。否则其时即已有此事，而作者无从取之以入其文。此二难也。"例如，他为了解释《哀江南赋》的今典，便先考定其写作年月，再考证当时南北通好往来之际，南朝文章和北使言语，作者庾信确有闻见的可能。⑤

其四，"须知当时文人之关系"。他在笺证元稹的艳诗和悼亡诗时指

---

① 陈寅恪：《元白诗笺证稿》，第141、259、229、250页。
② 陈寅恪：《桃花源记旁证》，《金明馆丛稿初编》，第177页。
③ 黄萱：《怀念陈寅恪教授》，《陈寅恪印象》，第178页。
④ 陈寅恪：《韦庄秦妇吟校笺》，《寒柳堂集》，第138页。
⑤ 陈寅恪：《读哀江南赋》，《金明馆丛稿初编》，第209—216页。

出：这种时代限制和人际关系有三点"必先明其梗概，然后始可了解"，即"当日社会风习道德观念"，作者"本身及其家族在当日社会中所处之地位"，"当日风习道德二事"对作者行为的影响。①据其助手回忆，他在以诗证史时，总是"搜集大量当时文人的来往应酬之作，不但诗，其他各体的记载如文、史、词、赋以及尺牍、杂志等等都在搜集之列，从中找出线索，来证明政治上、战争上的来龙去脉"②。

其五，"须知当时文体之关系"。"凡诠释诗句，要在确能举出作者所依据以构思之古书，并须说明其所以依据此书，而不依据他书之故。若仅泛泛标举，则纵能指出最初之出处，或同时之史事，其实无当于第一义谛也。"③

诗文证史法并不是将诗文材料与史籍记载在同一层面作简单排比，而是在两者之间作出通解，诗文难解处以史籍解之，史籍难解处以诗文解之，不仅仅是归纳式的比勘，还包括演绎式的推论。运用者除了通识，还须具备广博精深的知识结构。例如，陈寅恪笺证白氏《城盐州》运用了藏文，笺证《阴山道》利用了突厥方言的对音，笺证《长恨歌》"惊破霓裳羽衣曲"应用了音乐知识，笺证元稹《连昌宫词》写作年月则借用了物候学知识。

诗文证史是有相当难度的研究方法。陈寅恪自称："习诵《圆圆曲》，已历六十余载之久，犹未敢自信能通解其旨趣。"他少读钱谦益《有美诗》，对"黦水欲难平"今典所指未晓其意，蓄疑颇久，晚年得读

---

① 陈寅恪：《元白诗笺证稿》，第 2、81 页。
② 黄萱：《怀念陈寅恪教授》，《陈寅恪印象》，第 178 页。
③ 陈寅恪：《元白诗笺证稿》，第 2、131 页。

柳如是尺牍等书，才恍然大悟黔水即指新安汪汝谦（然明）。①类似这样一个疑问居然跨越大半生才获解决的例证，在博学通识如陈寅恪那里也并不少见，以至有"惭老学之无成，忆宿疑之犹在"的感慨，则其难度可以想见。②

以1950年《元白诗笺证稿》问世为界限，陈寅恪的诗文证史法开始向人格心态史转变，二者之间有着明显的演进发展的轨迹。首先，二者都属于民族文化之史的范畴，但此前是以社会制度史为重点，其后以人格心态史为中心。其次，诗文证史的基本方法构成了人格心态史研究方法的础石。他在研究柳如是时指出："至于作者思想词句之构成，与材料先后次序之关系，可参拙著《元白诗笺证稿》新乐府章《七德舞》篇所论。"③第三，人格心态史主要研究社会风习、时代感情和特定历史人物的心路历程，亦即陈寅恪所谓的心史，较之前者更注重运用心理分析和历史想象的方法。

人格心态史学的最初发轫在1939年。因经历国难而流寓西南的陈寅恪，在重读《哀江南赋》时，对庾信的命运遭际生出一种历史的通感，对这一名篇蓦然有了一种前所未有的感悟，于是写了《读哀江南赋》，是为人格心态研究的首次尝试。该文前言可视为人格心态史研究方法的初步提纲：

　　古今读《哀江南赋》者众矣，莫不为其所感，而所感之情，则

---

① 陈寅恪：《柳如是别传》中册，第384、751页。
② 陈寅恪：《读东城父老传》，《金明馆丛稿初编》，第303页。
③ 陈寅恪：《柳如是别传》中册，第604页。

有浅深之异焉。其所感较深者，其所通解亦必较多。兰成作赋，用古典以述今事。古事今情，虽不同物，若于异中求同，同中见异，融会异同，混合古今，别造一同异俱冥，今古合流之幻觉，斯实文章之绝诣，而作者之能事也。自来解释《哀江南赋》者，虽于古典极多诠说，时事亦有所征引。然关于子山作赋之直接动机及篇中结语特所致意之点，止限于诠说古典，举其词语之所从出，而于当日之实事，即子山所用之今典，似犹有未能引证者。①

　　这段论述表达了三层意思。其一，历史人物以古典述今事，在这一古事今情之间，别造一同异俱冥今古合流的幻觉。其二，研究者只有对历史人物及其作品感悟较深，才能通解较多。其三，所感较深的关键在于解读历史人物使用的今典。除此之外，《读哀江南赋》还展示了人格心态史研究的根本目的和手段，即在研究者与被研究对象之间形成一种历史的通感，这是因为历史有时会在某一点上确有惊人的相似之处。唯其如此，在一般的研究者那里是以庾信来诠解杜甫，而在陈寅恪的研究里却"以杜解庾"，进行一种逆向的观照。因此，后人对陈寅恪《读哀江南赋》的文本，既可以以庾解陈，也应该以陈解庾，找出二者通感的那一点，才能读懂陈寅恪的今典。②

　　除了这一初步提纲，陈寅恪一贯主张的"了解之同情"，对于人格心态史研究方法也是至关重要的。他说："凡著中国哲学史者，其对于古人之学说，应具了解之同情，方可下笔。盖古人著书立说，皆有所为

① 陈寅恪：《读哀江南赋》，《金明馆丛稿初编》，第209页。
② 陈寅恪：《庾信哀江南赋与杜甫咏怀古迹诗》，《金明馆丛稿二编》，第264页。

而发。故其所处之环境，所受之背景，非完全明了，则其学说不易评论，而古代哲学家去今数千年，其时代之真相，极难推知。吾人今日可依据之材料，仅为当时所遗存最小之一部，欲藉此残余断片，以窥测其全部结构，必须备艺术家欣赏古代绘画雕刻之眼光及精神，然后古人立说之用意与对象，始可以真了解。所谓真了解者，必神游冥想，与立说之古人，处于同一境界，而对于其持论所以不得不如是之苦心孤诣，表一种之同情，始能批评其学说之是非得失，而无隔阂肤廓之论。否则数千年前之陈言旧说，与今日之情势迥殊，何一不可以可笑可怪目之乎？"①所说虽然是中国哲学史的研究，但对人格心态史研究，乃至整个历史研究都是完全适用的。

　　毫无疑问，在人格心态史的研究中，史家首先必须以中立旁观者的理性态度来处理史料。陈寅恪认为，这一环节的主要工作是诂释作品、考索史料，大体"可别为二：一为考证本事，一为解释辞句。质言之，前者乃考今典，即当时之事实；后者乃释古典，即旧籍之出处"②。在他看来，考释古典尚较简单："解释古典故实，自当引用最初出处。然最初出处，实不足以尽之，更须引其他非最初而有关者，以补足之，始能通解作者遣词用意之妙。"③而释证今典最具难度："并须旁采史实人情，以为参证。不可仅于文句之间，反复研求，遂谓已尽其涵义也。"④例如笺证钱柳因缘诗，"不仅有远近出处之古典故实，更有两人前后诗章之出处。若不能探河穷源，剥蕉至心，层次不紊，脉络贯注，则两人酬和诸

① 　陈寅恪：《冯友兰中国哲学史上册审查报告》，《金明馆丛稿二编》，第 247 页。

② 　陈寅恪：《柳如是别传》上册，第 7 页。

③ 　同上书，第 11 页。

④ 　陈寅恪：《蓟丘之植植于汶篁之最简易解释》，《金明馆丛稿二编》，第 262 页。

作，其辞锋针对，思旨印证之妙，绝难通解也"①。诠释今典求索通解是一项艰巨的史料考证工作，后人能在其著作中体味到他的自信和困惑。他在诠释陈子龙与柳如是关系后欣然自称："虽不敢谓有同于汉廷老吏之断狱，然亦可谓发三百年未发之覆。"②为释证钱谦益的《有美诗》，他对钱柳二人当日行踪所至和用意所在，"搜取材料，反复推寻，勾沉索隐，发见真相。然究竟能否达到释证此诗目的十分之一二，则殊不敢自信"③。其自道甘苦，正反映出今典考索的艰苦卓绝。

在诂释作品、考索史料的过程中，史家应始终具有"了解之同情"，移情于研究对象所处的内心世界和生活场景中去，体会其所思所感所言所为之所以然。这种了解的同情，与史家对其研究对象的爱憎无关。陈寅恪在《柳如是别传》中，不但是这样去了解柳如是、陈子龙和钱谦益的，也是这样去了解他所嘲讽的徐三公子、所怜悯的程嘉燧和所鄙薄的谢三宾的。但他深知：史家考释今典时，"此种同情之态度，最易流于穿凿傅会之恶习"，即"有意无意之间，往往依其自身所遭际之时代，所居之环境，所熏染之学说，以推测解释古人之意志"④。陈寅恪曾批评梁启超研究陶渊明是"取己身之思想经历，以释古人之志尚行动"⑤，因而对史家主观的个人因素怀着一种高度自觉的警惕。

这种了解的同情，还须运用心理分析法和历史想象力。他在笺释《有美诗》时指出："所最难通者，即此诗作者本人及为此诗而作之人

---

① 陈寅恪：《柳如是别传》上册，第12页。
② 同上书，第283页。
③ 陈寅恪：《柳如是别传》中册，第582页。
④ 陈寅恪：《冯友兰中国哲学史上册审查报告》，《金明馆丛稿二编》，第247页。
⑤ 陈寅恪：《陶渊明之思想与清谈之关系》，《金明馆丛稿初编》，第204页。

（指柳如是），两方复杂针对之心理"；而"推寻冥想于三百年史籍残毁之后，谓可悉得其真相，不少差误"。①在人格心态史研究中引入心理分析方法，虽说顺理成章，但因是历史人物，只有借助可资信赖的史料和正确无误的考证才能作出，否则便可能变成自由心证。例如，他在笺证钱柳因缘诗时发现：钱柳结褵前后两人多有唱和，唯独柳如是对钱谦益在结褵之时所作的《合欢诗》和《催妆词》眇无回应。他批评"柳氏藏拙"说"未能完全窥见河东君当时之心境"，根据柳如是舍去陈子龙转与钱谦益结褵之前反映其思想情感痛苦嬗蜕的篇什，指出她不赋和作的原因："若作欢娱之语，则有负于故友。若作悲苦之音，又无礼于新知。以前后一人之身，而和此啼笑两难之什，吮毫濡墨，实有不知从何说起之感。"②这一心理分析显然更合情合理。

至于人格心态史研究所需的历史想象力，当然不是史家的自由联想，它必须受到两方面的制约：一方面是以史家对研究对象的思想、情感、性格、习惯等人性内在层面的深刻把握为先决条件的，另一方面是以史料所规定的每一特定历史时代的礼俗、制度、道德观念和意识形态为必要基础的。只有这样，史家才能做到他所说的"神游冥想，与立说之古人，处于同一境界"③，深入异代人物的内心世界，来到历史递变的社会场景，与研究对象发生一种共鸣，产生某种通感。至此，史家已经客观而理性地完成了对研究对象的生动逼真的叙述。而在以上史料处理和史实复原的过程中，史家始终处于中立旁观者的地位。因此，到此为止的研究便完全杜绝了历史成果的主观化和现代化。但陈寅恪的人格心态史

---

① 陈寅恪：《柳如是别传》中册，第581页。
② 同上书，第649—650页。
③ 陈寅恪：《冯友兰中国哲学史上册审查报告》，《金明馆丛稿二编》，第247页。

研究并未到此为止。

有位西方历史哲学家指出："只有现在生活中的兴趣方能使人去研究过去的事实。因此，这种过去的事实只要和现在生活的一种兴趣打成一片，它就不是针对一种过去的兴趣，而是针对一种现在的兴趣的。"① 陈寅恪一向主张"在历史中寻求历史的教训"，他的人格心态史研究的兴趣和关怀当然是指向现在的，即其诗所说"欲将心事寄闲言"②。他在《论再生缘》里所要抒发的，是与陈端生一样感同身受的人生感慨；而在《柳如是别传》里所要寄寓的，更是一种历尽人生沧桑与时代变迁后深刻感受到的兴亡遗恨之感。由于此前的研究完全是客观中立的，没有曲解史料以迁就私意，也没有改铸历史以影射现实，通过研究，史家与其研究对象之际在某些方面自然会产生一种历史的通感。于是，在陈寅恪所指出的历史人物诗文中常见的"古典今事融会为一"之外③，又生成出一种史家与研究对象之间的古典今事融会为一的现象：历史成为古典，史家的感慨寄寓成为今事。这种感慨寄寓来自历史的通感，既是符合历史客观真实的，又是传达史家主观心声的。陈寅恪论《再生缘》作者陈端生道："故孟丽君之性格，即端生平日理想所寄托，遂于不知不觉中极力描绘，遂成为己身之对镜写真也"；"此等自由及自尊即独立之思想，在当日及其后百余年间，俱足惊世骇俗"；"抱如是之理想，生若彼之时代，其遭逢困厄，声名湮没，又何足异哉？又何足异哉？"④所论既契合历史上陈端生的理想与命运，但又何尝不是现实中陈寅恪的遭际

① 克罗齐：《历史学的理论和实际》，傅任敢译，商务印书馆1982年版，第2页。
② 陈寅恪：《柳如是别传》上册，第6页。
③ 同上书，第64页。
④ 陈寅恪：《论再生缘》，《寒柳堂集》，第58—60页。

和感慨呢！在人格心态史研究范本《论再生缘》和《柳如是别传》里，历史的真实复原和史家的现实关怀这一困惑史学的悖论被处理得前所未有的完美圆满，而在方法上陈寅恪把心态史严格维持在其所属的范畴之内，避免了西方一度以心态解释一切历史的偏颇。①所有这一切，不能不视为是陈寅恪对 20 世纪中国史学的巨大贡献。

六、结语：把人文学术从传统带进了现代

陈寅恪是为中国史学赢得世界声誉的极少数史学大师之一。他是一位天才式的学者，他的史学方法是一个系统而完美的整体，堪称是一座美轮美奂的七宝楼台；在具体研究中，对陈寅恪来说，相关的史学方法又完全是运用之妙存乎一心的。然而，对其史学方法的任何叙述，却只能分为若干层面进行，由于整体大于局部之和，遗憾总是不可避免的。这里的评述虽有笔者的体认，但笔者有意识地不说或少说自己的话语，而主要引据陈寅恪论著里的夫子自道及其亲炙弟子的师说回忆，目的即在于尽可能地接近陈寅恪的本意。

陈寅恪自称"平生为不古不今之学"，实际上他的学术精神是非常现代的。关于陈寅恪学术的总评价，近二十年来中外学界说了不少，还推余英时最解三昧。这里且引其语来评价陈寅恪史学及其方法在中国人文学术由传统向现代转化历程中的地位：

---

① 姜伯勤：《陈寅恪先生与心史研究》，《柳如是别传与国学研究》，浙江人民出版社 1995 年版，第 100—101 页。

在他自己的研究领域内，陈先生也曾相当有效地把中国的人文学术从传统带进了现代。一般地说，他的文史论著是中国的传统学人和现代专家所都能相悦以解的。传统学人能接受他，因为他的概念结构（conceptualization）是从中国文献的内在脉络中自然呈露出来的。这是他"旧学邃密"的一面。现代专家能欣赏他，则因为他所处理的问题完全是现代的。这又是他"新知深沉"的一面。更重要的是，在他所处的早期过渡的阶段，这种"旧学"和"新知"的结合无论在精神上或形式上都顺理成章，不见勉强牵凑的痕迹。陈先生确是企图自觉地在人文学术方面创辟一条化传统为现代的道路。由此可见，陈先生循着中国文献的内在结构而开拓的新考证和新诠释正为我们指出了一个明确的方向，使我们有可能更进一步把中国的人文学术从传统转化为现代。①

（原载日本《百年》2000 年 3 月号）

---

① 余英时：《明明直照吾家路》，《陈寅恪晚年诗文释证》（增订新版），第 5—9 页。

史坛南北二陈论

　　学界二陈之说由来已久。若就籍贯而论，陈寅恪是江西修水，在北；陈垣是广东新会，在南。之所以反而称陈寅恪为南陈，陈垣为北陈，是因为抗日战争以后，陈寅恪除去 1946 年 10 月至 1948 年 12 月间一度重返清华园外，长期避地南方；陈垣则始终居留北方。

　　三年前作完《世间已无陈寅恪》，就向《中国研究》许诺写这一题目，但杂事丛脞，久未动笔。其间，得读辽宁教育出版社出版的已故台湾学者严耕望的《治史三书》，见内有《史学二陈》，个别想法已先我而发，深感两岸阻隔令人孤陋寡闻。但正如严耕望所说："两位陈先生，治学方法，蹊径大同，差异也很大，但成就都很高。立身处世，各走极端，绝不相侔，盖棺论定，在乎读者。"二陈同为中国新史学的巨擘，对他们作比较性研究和评价，见仁见智，也会因人而异，故而还是值得深长论之的。

一、史界双星：从初晤到深契

二陈是 1926 年定交的。这年，陈寅恪出任清华国学研究院教授，标志着他正式步入史坛。此前，他虽仅在 1923 年发表过一篇短短的《与妹书》，但对其奇才博学已好评如潮，在学术圈子里不胫而走。当时的学术界还是识货的，不像后来那样，仅以已刊论著的多少来衡估一个学者的真水平。而年长十岁的陈垣则早在 1917 年就以成名作《元也里可温教考》而蜚声史界，到 1926 年，他已发表了古教四考（《元也里可温教考》《开封一赐乐业教考》《火祆教入中国考》和《摩尼教入中国考》）、年代学二书（《二十史朔闰表》和《中西回史日历》）和《元西域人华化考》等名著，并历任教育部次长、京师图书馆馆长、辅仁大学校长等要职，完全确立了他的学术地位。这年 7 月 13 日，由吴宓牵线，二陈在中山公园来今雨轩晤面。据《吴宓日记》载："六时许，陈垣来。七时，陈寅恪来。（吴）宓请二君用西餐，为使寅恪得与陈垣谈其所学，且入清宫参观也。晚十时半始散。"①初晤长达三个半小时，应该说是两心相契的。

自初晤以后，二陈保持了二十余年极其密切的学术交往和私人友谊。到抗日战争全面爆发前的十年间，陈寅恪向陈垣介绍过钢和泰、伯希和等西方著名的汉学家；推荐过吴世昌、汤涤等弟子、友人或同事；借阅过《宋史新编》《元书》《名理探》《天学初函》等书籍；函请陈垣利用其自编索引从《全唐文》《全唐诗》《新元史》中代查过有关人物史事；

---

① 吴宓：《吴宓日记》第 3 册，三联书店 1998 年版，第 191 页。

也向陈垣专函荐介过《土耳其斯坦史（蒙古侵略时代）》《贵霜时代》等有参考价值的著作。陈垣对陈寅恪推介过隋唐史学者岑仲勉其人其文；向陈寅恪转赠过《超性学要》和二种古籍索引等图书资料；先后请陈寅恪为自己新编的《敦煌劫余录》和旧著《元西域人华化考》作序；还代陈寅恪向书法家简经纶求治过私印。二陈往还是颇为密切的，这有陈寅恪致陈垣的多通函简为证："久不承教，渴念无已"；"昨日快聆教论，欣慰钦佩之至"；"家人多患病未愈，杂务颇多，俟得暇再诣尊寓承教"；"寅病愈当入城趋谒，面领教言，不敢烦公远出郊外"。①从陈寅恪径请陈垣代查史料，陈垣一再向陈寅恪索序，可以推断二陈私交之亲近融洽。

二陈在学术上的切磋砥砺，更是史坛的一段佳话。1930 年，陈寅恪著成《吐蕃彝泰赞普名号年代考》，先送陈垣阅正，陈垣指出首段因"误检年表，致有讹舛"，陈寅恪驰书报谢，自承"疏忽至是，真当痛改；乞勿以示人，以免贻笑为幸"。1935 年，陈垣特请陈寅恪为其重印旧著《元西域人华化考》作序，陈寅恪以其所长对书中涉及的中亚史上的暾欲谷问题以及洒贤与托尔斯泰比较评价的问题，提出己见，陈垣酌改后报书，"尚乞不吝赐教为幸"。陈垣认为，每一学术论文作成后刊布前，"必须有不客气之诤友指摘之"，他将陈寅恪与胡适共同视为极少数可以请教而"不客气之诤友"。虽然陈寅恪在抗日战争以前尚无专著问世，但陈垣即便对他的单篇论文也关注甚殷，此有陈寅恪遗札可以印证："承询及拙撰短文，无聊之作，谨奉上，实不堪供大师一览也。"②

陈寅恪对陈垣的学问是充分推重的。1929 年，清华国学研究院因王

---

① 陈智超编注：《陈垣来往书信集》，上海古籍出版社 1990 年版，第 373—379、721 页。

② 同上书，第 373—379、643、650 页。

国维、梁启超相继逝世，导师乏人，陈寅恪为发展研究院考虑，敦请校方聘请章太炎、罗振玉、陈垣为导师，马衡为特别讲师，校方一一礼聘。虽最终唯马衡就聘，陈垣自以"不足继梁、王二先生之后"为词，再三恳辞。①但陈寅恪显然是将陈垣视为与章、罗并列的一流学者向院方推荐的。陈寅恪高度评价陈垣在敦煌学、宗教史和民族史方面的研究成果。他认为陈垣所编的《敦煌劫余录》"诚治敦煌学者不可缺之工具"，推崇陈垣"取敦煌所出摩尼教经，以考证宗教史"的方法，将他列为"撰述得列于世界敦煌学著作之林"的三数中国学者之一。他甚至认为"中国乙部之中，几无完善之宗教史，然其有之，实自近岁新会陈援庵先生之著述始"，绝口称赞陈垣的《摩尼教入中国考》"其书精博，世皆读而知之矣"；他极推崇陈垣宗教史著作"能取材于教外之典籍"，以为"诚所谓金针度与人者"，"实一般研究学问之标准作品也"②。1943 年，有关方面约请陈寅恪撰写耶律楚材的纪念论文，陈寅恪因双目失明，资料散失，自称"于蒙古史学今不敢妄谈"，而郑重地推荐了陈垣。③他对陈垣史学有一个总评价："近二十年来，国人内感民族文化之衰颓，外受世界思潮之激荡，其论史之作，渐能脱清代经师之旧染，有以合今日史学之真谛，而新会陈援庵先生之书，尤为中外学人所推服。盖先生之精思博识，吾国学者，自钱晓征以来，未之有也。"④把陈垣的精思博识评为

① 蒋天枢：《陈寅恪先生编年事辑》，上海古籍出版社 1981 年版，第 72 页。陈智超编注：《陈垣来往书信集》，第 377 页。

② 陈寅恪：《陈垣敦煌劫余录序》《陈垣明季滇黔佛教考序》，《金明馆丛稿二编》，上海古籍出版社 1980 年版，第 236、240 页。陈智超编注：《陈垣来往书信集》，第 377 页。

③ 方豪：《陈寅恪先生给我的两封信》，《传记文学》第 17 卷第 4 期。

④ 陈寅恪：《陈垣元西域人华化考序》，《金明馆丛稿二编》，第 238 页。

乾嘉史学大师钱大昕以来第一人，并推许援庵史学是契合于新史学的，评价可以说是相当高的。

如果说陈寅恪对陈垣学问更多的是尊重，陈垣对陈寅恪学术则更多的是折服。据陈垣的弟子牟润孙回忆说："我的老师励耘先生对他恭维备至，谆谆嘱我应当读陈先生的著作，学他的治学方法。"①抗日战争时期，陈寅恪一度任教香港大学，陈垣给儿子陈乐素去信时，再三告嘱："寅丈在近，如果人不讨厌，不妨多请教，但不宜久坐，此机会不易得，幸勿交臂失之为要。"在私人书信和谈话里，可以发现陈垣十分看重陈寅恪对自己学术论著的评价。1940 年，陈垣著成《明季滇黔佛教考》，认为"此书舍陈公外，无合适作序之人"，便将油印稿寄给滞留香港的陈寅恪。当时，陈寅恪正欲由港赴英医治眼疾，陈垣深知求序之举实属不情之请，就去信命陈乐素"先探陈公意，愿作序否"。听说陈寅恪应允作序，他即函告陈乐素："寅丈序不必急急，在此时节，复经劳顿，请其作序，殊觉不情，慢慢等等可也。"尽管全书早已发稿付排，为使序言能够排入，陈垣甚至决定让排印工作"多候数日"。当陈寅恪序及时寄到时，陈垣"喜出望外"，又立即函询陈乐素："寅丈看过后，口头有何批评，至紧告我。"1941 年，陈垣在《清初僧诤记》脱稿后给陈乐素的家信中说："惜重抄一回不易，不然，则寄寅丈请教也。晤时便可告之，如有所提示，幸告我"；"迟日或寄请寅公一阅，未知公嫌烦否耳？"同年，他续撰《南宋初河北新道教考》，书中引用了陈寅恪天师道与书法关系之说来支持自己的论述，还函示陈乐素说："极欲寅丈一读，惜无

---

① 牟润孙：《敬悼陈寅恪先生》，转引自《陈寅恪先生编年事辑》，第 89 页。

书手，写一部不易。"①《通鉴胡注表微》成书以后，陈垣在与人谈起这部著作时，经常引用陈寅恪序《元西域人华化考》中语自评道："挚仲洽谓杜元凯《春秋释例》本为《左传》设，而所发明，何但《左传》?"由此可见他对陈寅恪推许的重视。②

到抗日战争全面爆发以前，二陈已各以自己不同凡响的史学成就驰誉史坛，而且声名远播东瀛西洋，继王国维之后为中国史学赢得了世界性的声誉。

二、抗日战争时期："未树新义，以负如来"

1937年7月，卢沟桥的炮声也给二陈的人生和学术以无可回避的深刻影响。陈寅恪在料理完父亲陈三立的丧事，满"六七"后，即挈妇将雏逃离北平，从天津乘船至青岛，再经济南、郑州、长沙、桂林，由香港取道海路转经海防，从越南到达迁至云南的西南联大，一路上间关流离，艰辛备尝。但不幸却接踵而来：寄存托运的大批图书资料和学术笔记因战事而损失殆尽，首先给了陈寅恪一次巨大的打击，"有一个时期几乎得精神病"③。原已羸弱的体质因长期避难奔走和营养匮乏而急剧下降，终于导致了盲目之疾。中年双目失明使陈寅恪深切感受到人生的痛苦，为他其后的个人情绪涂抹上一层悲观主义的色调。他不仅一度对学术研究的可能表示怀疑，而且对抗日战争的未来也缺乏信心，在给友人

---

① 陈智超编注：《陈垣来往书信集》，第657—673页。
② 牟润孙：《从〈通鉴胡注表微〉论援庵先师的史学》，《励耘书屋问学记》，三联书店1982年版，第66页。
③ 汪荣祖：《陈寅恪评传》，百花州文艺出版社1992年版，第70页。

的信中，他说：今日"可谓国亡有期而汗青无日矣。大局如斯，悲愤之至。"①

抗日战争全面爆发以后，陈垣作为辅仁大学校长，为了维护这座沦陷区唯一被当时中国政府承认的大学而不得不居留北平，在日本侵略军的铁蹄下度过了一生中最值得称道的八年。他后来回忆这段岁月："人民在极端黑暗中过活，汉奸更依阿苟容，助纣为虐。同人同学屡次遭受迫害，我自己更是时时受到威胁，精神异常痛苦"，每读亡国旧史，就"忍不住流泪，甚至痛哭"②。尽管如此，他对抗战前途的估计远比陈寅恪来得乐观和坚定，始终"相信中国是个大国，历史如此悠久，决不会亡，一定会恢复"③。

国难迫使二陈南北睽违，但两人的私谊却历劫弥深。由于陈寅恪的不幸遭遇，陈垣对他的起居行止十分关切。只要一读以下引录的陈垣给其子陈乐素的家信，便不能不为这种殷殷的关注之情所感动。

1940 年 4 月 6 日函："寅丈失眠，有赴评会（指中央研究院评议会）否？"

1941 年 1 月 19 日函："寅丈港大演讲继续否，近有何新著，讲何题？"

1941 年 9 月 6 日函："寅丈事（似指应邀赴英讲学和治眼事）极佳，人同此心，真猜到也。"④

① 蒋天枢：《师门往事杂录》，转引自《陈寅恪印象》，学林出版社 1997 年版，第 85 页。
② 陈垣：《〈通鉴胡注表微〉重印后记》，《陈垣史学论著选》，上海人民出版社 1981 年，第 542 页。
③ 柴德赓：《陈垣先生的学识》，《励耘书屋问学记》，第 41 页。
④ 陈智超编注：《陈垣来往书信集》，第 653、667、673 页。

陈寅恪为能及时赴英医病，在抗战期间一再奔波于云南与香港之间，曾有信自述其心境："九月间仍须返西南联大授课，而云南地高，于心脏病者不适宜；港居又以物价汇价之故不能支持；欧战正剧，亦难浮海西行，真所谓进退维谷者矣。"①他一度产生过北上倚靠挚友陈垣的念头。陈垣接到陈乐素的函告，大喜过望，1942 年 3 月 31 日复函其子："寅丈愿在辅仁授课，此梦想而不得者也。昨接信后，即告同人，皆大欢喜。闻寅丈前所住屋未退，则住不成问题。如能北来，真如天之福。"②陈寅恪后来虽未成行，但陈垣对他休戚与共的一腔真情却灼然可感。

同样，陈寅恪尽管自己播迁不定，也关心着陈垣的生活和著述，望念故人之子的安危。他在致陈垣函中关切地推想："拙著承代为分送，感谢之至。北方秋季气候最佳，著述想益宏富。"即便给友人去信，也对陈垣之子陈乐素的行踪垂注殷殷："乐素先生已到遵义否？甚念，甚念！""又陈乐素先生来函云：俟浙大寄到旅费即启程。现想在途中矣。"③从陈寅恪对陈乐素的关照来看，抗日战争时期，二陈已从个人之谊发展为通家之好了。

在关系到中华民族生死存亡的大变局前，二陈史学也明显地为之一变，而这种变化又有着各人不同的特点。陈垣自述其史学之变道："九一八以前，为同学讲嘉定钱氏之学；九一八以后，世变日亟，乃改顾氏《日知录》，注意事功，以为经世之学在是矣。北京沦陷后，北方士气萎靡，乃讲全谢山之学以振之。谢山排斥降人，激发故国思想。所有《辑

---

① 杨伯峻编：《积微居友朋书札》，湖南教育出版社 1986 年版，第 93 页。
② 陈智超编注：《陈垣来往书信集》，第 678 页。
③ 陈智超编注：《陈垣来往书信集》，第 379 页；方豪：《陈寅恪先生给我的两封信》，《传记文学》第 17 卷第 4 期。

覆》《佛考》《诤记》《道考》《表微》等，皆此时作品，以为报国之道
止此矣。所著已刊者数十万言，言道、言僧、言史、言考据，皆托词，
其实斥汉奸、斥日寇、责当政耳。"①全面抗战八年，是陈垣学术生涯的
巅峰时期。上文提到的《旧五代史辑本发覆》《明季滇黔佛教考》《清初
僧诤记》《南宋初河北新道教考》《通鉴胡注表微》，都是在这一阶段中
完成的。这些学术著作是陈垣对"有意义之史学"的有益探索，不仅标
志着他最终完成了由传统史学向新史学的转变，也给新史学留下了一份
值得认真总结的珍贵遗产。②

在陈垣的史学转变中，经世致用的倾向明显加强：《明季滇黔佛教
考》"其实所欲表彰者乃明末遗民之爱国精神、民族气节，不徒佛教史
迹而已"；《清初僧诤记》的撰著背景是："1941 年，日军既占据平津，
汉奸们得意洋洋，有结队渡海朝拜、归以为荣、夸耀于乡党邻里者。时
余方阅诸家语录，有感而为是编，非专为木陈诸僧发也"；《南宋初河北
新道教考》也因为"有感于宋金及宋元时事，觉此所谓道家者类皆抗节
不仕之遗民，岂可以其为道教而忽之也"。③也就是说，陈垣通过宋金、
宋元、明清之际史事的发覆抉微、叙述议论，弘扬民族大义，表彰爱国
正气，揭露变节行为，抨击投降主义。略有爱国心的人们，只要读到陈
垣在《南宋初河北新道教考》卷首语：

　　　　呜呼！自永嘉以来，河北沦于左衽者屡矣，然卒能用夏变夷，

---

① 　陈智超编注：《陈垣来往书信集》，第 216 页，给席启駧函。
② 　参见本书《陈垣：不为乾嘉作殿军》。
③ 　陈垣：《〈明季滇黔佛教考〉重印后记》《〈清初僧诤记〉后记》《〈南宋初河北新
　　道教考〉重印后记》，《陈垣史学论著选》，第 481、496、502 页。

> 远而必复，中国疆土乃愈拓而愈广，人民愈生而愈众，何哉？此固先民千百年之心力艰苦培植而成，非幸致也。

就一定会懦者立，勇者奋，坚定沉毅地投身到伟大的抗日战争中去。陈垣史学确实无愧于这一可歌可泣的时代。

陈寅恪的史学在七七事变以后也有明显的变化。这种转变主要表现有二：其一，由于双目失明和资料散失，他逐步退出了佛教史和西北民族史研究的领域，而将研究范围收缩到六朝隋唐史上；其二，个人遭厄，家国有难，颠沛流离，进退维谷，这种际遇为陈寅恪人格心态史的研究方法提供了新启迪，他在这一时期发表的《读哀江南赋》的前言实可视为人格心态史研究方法的大纲和宣言。①

在做出第一个调整时，陈寅恪并没有像陈垣那样较直接地以史学研究方式高扬爱国精神、民族气节。隋唐史双璧《隋唐制度渊源略论稿》和《唐代政治史述论稿》完稿于这一时期，《元白诗笺证稿》中的不少篇什也已在这一阶段发表。从这些论著，后人并不能像读陈垣的《明季滇黔佛教考》《南宋初河北新道教考》和《通鉴胡注表微》那样，读出隐藏其后的与抗日战争有关的微言大义来。陈寅恪似乎依旧冷静理性地在从事着价值中立的隋唐史研究，就像德国数学家高斯在法国拿破仑率军围城时一如既往地继续其数学研究一样。陈寅恪这样做，也许与他不做晚清史研究是出于同一考虑，即避免在研究中"动感情"而"不客观"②。

---

① 参见本书《世间已无陈寅恪》。
② 汪荣祖：《陈寅恪评传》，第82页。抗日战争结束的当年，陈寅恪在《读吴其昌撰梁启超传书后》中批评梁启超撰《戊戌政变记》和吴其昌撰《梁启超传》，"作于情感愤激之时，所言不尽实录"，"犹有待于他日之考订增改者"，似乎正可为其避免在历史研究中宣传与抗战有关的民族大义作一注脚。

　　然而，对于国难与时局，陈寅恪也有感慨，甚至会在学术文章中偶一发抒，例如，他在《读吴其昌撰梁启超传书后》中喟叹道："自新会殁，又十余年，中日战起。验以人心之厚薄，民生之荣悴，则知五十年来，如车轮之逆转，似有合于所谓退化论之说者"①；在《杨树达积微居小学金石论丛续稿序》中议论道："呜呼！自剖判以来，生民之祸乱，至今日而极矣。物极必反，自然之理也。"②但是，陈寅恪的这种发抒似乎把握着一种界限，即仅仅见之于序跋书后之文，而且显然是游离于研究对象之外的。由于陈寅恪有意识的处理，读者绝对不会将这种感慨发抒与陈寅恪对研究对象的分析评价混淆缠夹起来。

　　在陈寅恪这一阶段的史学论文中，《读哀江南赋》是值得重视的唯一例外。在特定条件下，旧史与今事之间会令阅读者或研究者起一种历史的通感。流寓西南不久，对抗战能否在有生之年取得胜利，陈寅恪是持怀疑态度的，有其 1938 年诗句为证："南渡自应思往事，北归端恐待来生"；"南朝一段兴亡影，江汉流哀永不磨"。③陈寅恪就是在这种心境下重读庾信《哀江南赋》并有感而作这篇论文的。他指出："古今读《哀江南赋》众矣，莫不为其所感，而所感之情，则有浅深之异焉。其所感较深者，其通解亦必较多"，最后两句话当然是夫子自道。正是在这篇论文里，陈寅恪提出了古典今事的命题，为人格心态史的研究方法奠下了初基。而后，陈寅恪即用这一方法，抉发了庾信作赋的直接动机以及赋末结语特所致意的确切史实。后人也完全可以运用古典今事的方

---

① 陈寅恪：《读吴其昌撰梁启超传书后》，《寒柳堂集》，上海古籍出版社 1980 年版，第 150 页。
② 陈寅恪：《杨树达积微居小学金石论丛续稿序》，《金明馆丛稿二编》，第 230 页。
③ 陈寅恪：《陈寅恪诗集》，清华大学出版社 1993 年版，第 22、23 页。

法，以庾信作赋的直接动机来推断陈寅恪作《读哀江南赋》的心态："思归失望，哀怨因以益甚。"①陈寅恪的人格心态史学的杰出范本虽然要推 60 年代完成的《柳如是别传》，但其最初尝试却应追溯到《读哀江南赋》。

在抗日战争时期，民族苦难对二陈来说是等量的，但就个人而言，陈寅恪所承受的苦难远比陈垣来得沉重。也许正是这一差异，使得陈垣能在一己的苦闷之外，更多地通过史学著述来关注祖国的前途和民族的命运；而陈寅恪则在唯一例外的人格心态史论文中对国难和一己的不幸宣泄自己的失望和哀怨。②后人会对陈寅恪抱有足够的理解，会对陈垣表示充分的敬意。

当然，在指出抗日战争时期个人不幸对陈寅恪的深层影响时，决不能"陷入化约论的谬误而低估他的生命境界"③。个人的苦难并没有冷却他的爱国心，他自称"近死肝肠犹沸热"，战事、时局、国计、民生经常在他与友人同事的谈论关心中："此日中原真一发"，"淮南米价惊心问"；1942 年 5 月，他从日占香港乘船取道广州湾返回内地，赋诗明志道："万国兵戈一叶舟，故丘归死不夷犹"，即使山河破碎，死也要死在祖国；他在另一诗中自叙家国观道："携家未识家何置，归国尚欣国尚存"，只要祖国在，一切就有希望。④

---

① 陈寅恪：《读哀江南赋》，《金明馆丛稿初编》，上海古籍出版社 1980 年版，第209、212 页。

② 实际上，陈寅恪在旧体诗里将这种失望哀怨表达得更为淋漓尽致，《陈寅恪诗集》第 21—45 页所载其抗日战争期间诗作中颇多这类诗句："人事已穷天更远，只余未死一悲歌"；"谁挽建炎新世局，昏灯掩卷不胜悲"。

③ 余英时：《文史互证显隐交融》，《陈寅恪晚年诗文释证》，东大图书公司 1998 年版，第 182 页。

④ 陈寅恪：《陈寅恪诗集》，第 23、26、29、35 页。

在抗日战争中，二陈都大义凛然地拒绝了日伪的种种威逼利诱，保持了民族气节。陈寅恪在香港滞留期间，或许是日本学者的函简，日军曾"送去多袋面粉，但宪兵往屋里搬，陈先生陈师母往外拖，就是不吃敌人的面粉"；其后，日人又以40万元强邀他创办东方文化学院，上海、广州的敌伪大学也请他去任教，他坚决拒绝为敌伪服务，便仓促逃离香港。①

陈垣在抗战期间面对这类考验更为频繁和严峻。日本宪兵派"学者"来游说，以生死相威胁，陈垣答以《孟子》所说的"生亦我所欲也，义亦我所欲也，二者不可得兼，舍生而取义也"，时人以"傲骨撑天地"来传颂他的节概。②二陈对对方在民族大义上的所作所为，即便远在千里之外也都是有所闻知的，他们的私谊在学术之外有了更深沉的内涵。正是基于这一进退出处的共识，陈寅恪在序陈垣的《明季滇黔佛教考》时意味深长地说："忆丁丑之秋，寅恪别先生于燕京，及抵长沙，而金陵瓦解。乃南驰苍梧瘴海，转徙滇池洱海之区，亦将三岁矣。此三岁中，天下之变无穷。先生讲学著书于东北风尘之际，寅恪入城乞食于西南天地之间，南北相望，幸俱未树新义，以负如来。今先生是书刊印将毕，寅恪不获躬执校雠之役于景山北海之旁，仅远自万里之外，寄以序言，藉告并世之喜读是书者。"③陈寅恪这段声情并茂的序文，高扬了民族大义，既旨在相互砥砺，又用以诫勉世人，堪称抗日战争时期二陈友谊丰碑的不朽铭文。

① 陈哲三：《陈寅恪先生轶事及其著作》，《传记文学》第16卷第3期；汪荣祖：《陈寅恪评传》，第74、75页。
② 刘乃和：《励耘承学录》，北京师范大学出版社1992年版，第65页。
③ 陈寅恪：《陈垣明季滇黔佛教考序》，《金明馆丛稿二编》，第240、241页。

三、在沧桑剧变前："感受痛苦"和"恍然觉悟"

抗日战争胜利以后，国民党政权的所作所为有其失去人心的一面，故使人们对摇摇欲坠的旧政权不抱同情，对行将到来的新政权寄以希望。相对八年全面抗战而言，1949 年的剧变来得太快了。知识分子，尤其是人文知识分子，必须在这一剧变前作出何去何从的选择。在这次选择中，二陈立身处世的价值观发生了不可调和的分歧。

陈寅恪对国民党政权并无好感。复员回清华后，他甚至被迫全数出卖其东方学的藏书，用以买煤取暖。①他支持过清华学生反饥饿反内战反迫害的罢课活动，认为"既经决定，即须遵守"；还在保障人权的抗议宣言上签过名。②他不满国民党政权，是因为一党专政导致腐败，腐败促成民怨沸腾，"党家专政二十载，大厦一旦梁栋摧；乱源虽多主因一，民怨所致非兵灾"。国共淮海决战以后不久，他就预言"避居何地陆将沉"；次年，他有诗感慨政权鼎革，"兴亡古今寻常事，如此兴亡得几回"，批评国民党咎由自取的言外之意是不言而喻的。对时局的走向，陈寅恪似乎始终是持批判态度的悲观主义者。他对国共政权都不看好，在《旧史》诗里借古喻今："厌读前人旧史编，岛夷索虏总纷然，魏收沈约休相诮，同是生民在倒悬。"陈寅恪对新政权显然持不信任的态度，他在《经史》诗里甚至以"虚经腐史意何如，谿刻阴森惨不舒"来表达自己的心境。因此，尽管"买山巢许宁能隐，浮海宣尼未易师"，他还

---

① 蒋天枢：《陈寅恪先生编年事辑》，第 130 页。

② 谢泳：《逝去的年代》，文化艺术出版社 1999 年版，第 374、377 页。

是决定远离新政权的漩涡中心，南下陈序经所主持的岭南大学，"避秦心苦谁同喻，走越装轻任更贫"，宁可清贫，也要避居。①

陈寅恪在历史巨变前，既不赴台，又不留京，完全是以自己的价值观作出的选择。1950 年修订出版的《元白诗笺证稿》有一段议论，正可视为这一价值观的概括表述：

> 当其新旧蜕嬗之间际，常呈一纷纭综错之情态，即新道德标准与旧道德标准，新社会风习与旧社会风习并存杂用。各是其是，而互非其非也。斯诚亦事实之无可如何者。虽然，值此道德标准社会风习纷乱变易之时，此转移升降之士大夫阶级之人，有贤不肖拙巧之分别，而其贤者拙者，常感受苦痛，终于消灭而后已。其不肖者巧者，则多享欢乐，往往富贵荣显，身泰名遂。其故何也？由于善利用或不善利用此两种以上不同之标准及习俗，以应付此环境而已。②

就在陈寅恪选择痛苦的前者的同时，陈垣作出了顺应潮流的选择。正如钱穆所说，"当时一辈知识分子对共党新政权都抱与人为善之心"③，作这种选择的自由主义知识分子倒是不在少数。但与多数知识分子被动观望的态度不同，陈垣一开始就是自觉投入的。北平围城中，他婉谢国民党飞机的接运，认定"无走之必要"。1949 年 1 月 31 日，解放军举行

---

① 陈寅恪：《陈寅恪诗集》，第 55—73 页。
② 陈寅恪：《艳诗及悼亡诗》，《元白诗笺证稿》，上海古籍出版社 1978 年版，第 82 页。
③ 钱穆：《八十忆双亲·师友杂忆》，岳麓书社 1986 年版，第 240 页。

入城式，陈垣以 70 高龄步行十余里，在西直门大街上欢迎解放军入城。3 月 14 日，他给儿子去信说："近日思想剧变，颇觉从前枉用心力。直至新局面来临，得阅各种书报，始恍然觉悟前者之被蒙蔽。"①且不说在未经共产党的思想改造运动之前，类似陈垣一类的旧知识分子有无可能"恍然觉悟"；即便可能，半个多世纪以来被蒙蔽的思想，在短短一个半月里就幡然醒悟，也未免过于迅速。

这年 4 月 29 日，陈垣给逃离大陆的胡适写了那封著名的公开信，5 月 11 日刊载在《人民日报》上。信里说："虽然你和寅恪先生已经走了，但是青年的学生们却用行动告诉了我，他们在等待着光明"，将胡适、陈寅恪的离平说成是背弃光明。接着，他不仅现身说法地批判了胡适"共产党来了，决无自由"的说法，指斥他"加入反人民的集团"，而且以被蒙蔽者的身份批判了胡适的治学方法。②陈垣对胡适向来尊崇，将其与陈寅恪同视为学术上的诤友，曾引胡适为其《校勘学释例》作序而荣耀。其 1946 年的家信还说："自《胡注表微》完后，尚未有第二题目，闻胡先生今日到平，晤后当有所触发也"③，钦仰之情出自肺腑。也许正因陈、胡这种旧交，公开信引起胡适强烈的反弹。他先是认定"此决非伪作的，全函多下流的幼稚话，读了使我不快"；继而以为陈垣"不至于'学习'的那么快"，更"不可能写出那样欧化句法的流利白话文"，推断公开信是伪作。④胡适后来的推测纯出自常情常理，却未料到：在非常之时，非常之人往往会有非常之举。陈垣的嫡孙陈智超证实：公

① 　陈智超编注：《陈垣来往书信集》，第 709、710 页，给陈约之函。
② 　同上书，第 191—195 页。
③ 　同上书，第 698 页，给陈乐素函。
④ 　余英时：《陈寅恪与儒学实践》，《陈寅恪晚年诗文释证》，第 306—308 页。

开信的文字确是青年人起草的，但内容得到了陈垣的认可。①

　　揆以情理，其时陈寅恪在广州不可能不知道陈垣的这封公开信，他对陈垣信里涉及自己持何看法，已不得而知。但陈垣在给其子陈乐素的信里却折射出他对陈寅恪的看法："寅恪夫人对时局认识不清，尚疑为大乱将至，亦新闻也。"②寅恪夫人的认识当然来自陈寅恪，这可以陈寅恪同期诗草为证："垂老未闻兵甲洗，偷生争为稻粱谋。"③在沧桑剧变前，二陈几近对立的见解似乎预示着他们今后的分道扬镳。

四、在历史大变局后："立身处世，各走极端"

　　当天翻地覆的历史变局尘埃落定以后，对作为指导思想的马列主义，对新政权的缔造者毛泽东，对知识分子的思想改造，对1957年的反右运动，对作为执政党的共产党，等等，二陈都绝无例外地表达了自己的态度，两人的取向真可以用"君向潇湘我向秦"那句唐诗来设譬形容。

　　对马列主义，陈垣一再慨叹："闻道太晚了。但，虽是晚了，只要自己努力，还来得及！"他的励耘书屋增添了大量马列和毛泽东著作，因视力不好，他还让助手把重要著作抄成大字本供他阅读。据那封公开信，他闻道似乎很快，解放军入城以后的三个月间，他读了《中国革命与中国共产党》和《新民主主义论》，"认清了现在中国革命的性质"；

---

① 此为笔者面询陈智超先生所知。补记：据刘乃和撰《陈垣年谱》（北京师范大学出版社，2002年）说："这封信是陈垣及其弟子刘乃和、柴德赓、刘乃崇一起讨论写成的"（第174页）。

② 陈智超编注：《陈垣来往书信集》，第705页。

③ 陈寅恪：《陈寅恪诗集》，第61页。

读了《论联合政府》，"才晓得共产党八年抗日战争的功劳"；读了《毛泽东选集》，"更深切的了解了毛泽东思想的正确"①。一年以后，他为人题词："语曰：正朝夕者视北辰，正嫌疑者视圣人。孔孟，古圣；马列，今圣也。生今之世，宜先读马列主义之书。"②他在给子弟的家信中也有类似告诫，后人没有必要怀疑陈垣的真诚程度。

陈寅恪却截然不同。他虽在德国留学时就阅读过《资本论》，接触马克思主义比陈垣早了近40年。但是，他出于对自由思想和独立精神的一贯追求，对新政权把马列主义定于一尊，他是毫不犹豫地明确反对的。1951年，其《文章》应即有感于此："八股文章试帖诗，宗朱颂圣有成规。白头宫女哈哈笑，眉样如今又入时。"③陈寅恪嘲笑"颂圣"之举，虽然未必就是针对陈垣颂马列为今圣，但却标示出二陈在这一问题上的原则区别。

两年以后，在中国科学院礼请他北上出长历史二所时，陈寅恪不合时宜地提出了先决条件：允许研究所不宗奉马列主义，并不学习政治。他的用意"就在不要有桎梏，不要先有马列主义的见解，再研究学术"④。陈寅恪自南来以后，其魂梦始终萦绕着京华，而仅视广州为寄寓之地，这有诗为证："催归北客心终怯，久味南烹意可嗟"；"惊心节物到端阳，作客犹嗟滞五羊"⑤。他愿意重返北京，甚至要求助手黄萱也作好随同北上的准备。但政府既然不可能容忍他的先决条件，他便断然拒

① 陈智超编注：《陈垣来往书信集》，第192页。
② 何广棪：《从陈垣先生之一通函牍谈起》，《传记文学》第48卷第3期，1986年。
③ 陈寅恪：《陈寅恪诗集》，第67页。
④ 陆键东：《陈寅恪的最后贰拾年》，三联书店1995年版，第102、112页。
⑤ 陈寅恪：《陈寅恪诗集》，第62、79页。

绝北上，并以诗明志："柳家既负元和脚，不采萍花即自由"①，不就你的所长之职，就能保持我思想的自由。他决不会拿思想和精神做交易，来圆他的北归之梦。②他托言多病畏寒，向主事者推荐陈垣自代。陈寅恪对陈垣近年来的言行也许不以为然，但对他的学术还是肯定的。不过，这是 1949 年以后陈寅恪对陈垣学术仅见的一次肯定。

随着新政权的建立，民众对领袖毛泽东自发形成了崇拜之情。1951年，陈垣在全国政协会议上作了《教师们要努力实行自我教育和自我改造》的发言后，毛泽东特意走到陈垣席位前称赞他的发言"认识深刻"，他则谦逊地表示"闻道太晚了，要努力赶上"。在结束宴会上，毛泽东再次与陈垣同席，礼贤下士地向人介绍他"读书很多，是我们国家的国宝"③。也许出于知遇之恩，在民众热情讴歌领袖的同时，陈垣也将毛泽东视为圣人。1952 年，文字学家杨树达致函陈垣，表示要师法高邮王念孙、王引之父子。陈垣即复函道："高邮岂足为君学？况我公居近韶山，法高邮何如法韶山？"④杨树达所说的法高邮，显然仅指自己的专业研究，陈垣却郑重地建议他师法毛泽东，或许希望他以毛泽东思想指导文字学研究。杨树达虽说也以毛泽东为伟人，但对陈垣的建议却缄口不答，而将陈垣来函内容转告给陈寅恪。陈垣对建议的提出仍是真诚而慎重的。就在致函杨树达以后不久，他给另一友人去信也述及此事："遇夫（杨

---

① 陈寅恪：《陈寅恪诗集》，第 82 页。
② 其后，陈寅恪把北归之梦深埋进心底，只是在诗里时有表露而已。例如《甲午岭南春暮忆燕京崇孝寺牡丹及青松红杏卷子有作》曰："天涯不是无归意，争奈归期抵死赊"；《咏燕郊旧园》曰："园柳愈青头愈白，此生无分更重游"。参见《陈寅恪诗集》，第 85、89 页。
③ 刘乃和：《励耘承学录》，第 92、94 页。
④ 陈智超编注：《陈垣来往书信集》，第 366 页。

树达字）生当今之世，近圣人之居，当法韶山，不应以高邮自限。遇夫未复我也。足下也生近圣人之居，不当仍守曩昔旧习。"①由此可见陈垣以圣人仰视领袖，一有机会就力劝友朋学习毛泽东，确是由衷之举、肺腑之言。

相比之下，陈寅恪对大人物素持平视的自由心态。他也曾受到过蒋介石的礼遇，因"深觉其人不足有为"，就写下了"看花愁近最高楼"的诗句。虽然不能说其诗"吃菜共归新教主"就是影射，但陈寅恪对毛泽东肯定不会将其视为圣人，闻知此事便大以为然，致函杨树达说："援老所言，殆以丰沛耆老、南阳近亲目公，其意甚厚。弟生于长沙通泰街周达武故宅，其地风水亦不恶，惜艺耘主人未之知耳，一笑。"②陈寅恪显然认为陈垣迹近阿谀，终于忍不住向杨遇夫幽上一默：他把你当作了汉高祖的老乡、光武帝的近邻，盛情可感啊！但我出生的旧居也地近圣人之居，可惜他不知道。但典雅的调侃掩盖不住陈寅恪对老友的深深失望。姑且不论二陈见解的是与非，他们在心态上对领袖人物的自由独立度还是区别明显的。

知识分子的思想改造，对共产党政权和自由知识分子来说，都是至关重要的。新政权必须借助于思想改造运动，使自由知识分子脱胎换骨投身于新政权。在思想改造运动大潮的冲击下，几乎所有的自由知识分子不得不在三岔口前依着自己的性格和经历作出了无可回避的选择：衷心投身、洗心认同或违心顺从。陈垣自觉地选择了脱胎换骨之路。早在致胡适的公开信里，他就表态："我认清了我们小资产阶级知识分子容

---

① 陈智超编注：《陈垣来往书信集》，第796页。
② 蒋天枢：《陈寅恪先生编年事辑》，第116页；陈寅恪：《陈寅恪诗集》，第63页；杨伯峻编：《积微居友朋书札》，湖南教育出版社1986年版，第97页。

易犯的毛病，而且在不断的研究，不断的改正。"此时，全国范围内的知识分子的思想改造运动还没有开始。1950 年，他在给友人的信中说："解放以后，得学毛泽东思想，始幡然悟前者之非，一切须从头学起。"①

陈垣在实际行动上也表现出这种幡然醒悟的真诚感。1951 年夏季，他以 71 高龄自愿远赴西南参加土地改革运动，自称其动机"是要从实践中改造思想"。土改归来不久，京津高校教师开始了有组织的学习改造运动，陈垣在《人民日报》上撰文，把刚解放时自己的学习说成一年级，而把这次学习改造比为三年级，自谦道："实际也只能上三年级，因为我们受旧社会旧思想的影响很深，条件上受了限制；虽然有些进步，还不能达到应有的标准。"②他又在全国政协会议上发言说："如果这次学习，我们还不重视，还不主动要求进步，还不彻底地改造自己，怎么对得起毛主席！"③正是这次发言赢得了"认识深刻"的肯定。次年，他的《我在三反运动中的思想体会和检讨》作为知识分子思想改造的范文在《大公报》上发表，也赢来了一片"颇深刻"的赞许声。陈垣以其彻底抛弃旧我、自觉追悔原罪的出色表现，在知识分子思想改造运动中成为名闻一时的带头羊。④

面对知识分子思想改造运动，陈寅恪显然不属于三叉路口的任何一类知识分子，他依旧傲然保持着自己所崇尚的独立精神和自由思想。对迫使知识分子放弃自我的思想改造运动，他从一开始就是反感和抵制的。他在 1952 年写成的好几首诗都明确传达了他对知识分子思想改造运动的

① 陈智超编注：《陈垣来往书信集》，第 216 页，给席启駉函。
② 陈垣：《祝教师学习成功》，见《人民日报》1951 年 10 月 27 日。
③ 陈垣：《教师们要努力实行自我教育和自我改造》，见《人民日报》1951 年 11 月 2 日。
④ 杨树达：《积微翁回忆录》，上海古籍出版社 1986 年版，第 343 页。

批判态度。《男旦》讽刺整个思想改造运动犹如改男造女，喟叹最先丧失自我取悦当政的，竟是知识分子："改男造女态全新，鞠部精华旧绝伦。太息风流衰歇后，传薪翻是读书人。"《吕步舒》对思想改造运动中弟子为了自售而不惜背逆师说攻讦师长的行为进行了辛辣的抨击："证羊见惯借粗奇，生父犹然况本师。不识董文因痛诋，时贤应笑步舒痴。"至于《偶观十三妹新剧戏作》，即便并非针对陈垣而作，也显然是将其归入同一类型而嘲讽在内的："涂脂抹粉厚几许，欲改衰翁成姹女。满堂观众笑且怜，黄花一枝秋带雨。"陈寅恪在深为他们感到可笑复可怜的同时，也在《咏黄藤手杖》中借物明志道："摩挲劲节间，烦忧为一扫。摘埴便冥行，幸免一面倒。支撑衰病躯，不作蒜头捣。独倚一枝藤，茫茫任苍昊。"他决心保持独立的人格，既不一面倒，更不蒜头捣，志节不改，特立独行。最后两句诗表明他已为自己的这种抉择作好了充分的思想准备。①

1949 年以后，政治运动连年不断，其中反右派运动的扩大化最使知识分子心惊胆战。陈寅恪尽管双目失明，却早在反右运动之前，就洞若观火地在《丁酉五日客广州作》中看出整风运动不过是一场所谓引蛇出洞的阳谋："好扮艾人牵傀儡，苦教蒲剑断银铛。"事态的发展果然不出他的所料，两个月后，政府宣布粉碎了"右派"的进攻，数以百万计的知识分子纷纷坠落在陷马坑中。中国自由知识分子还是过分执着于以天下为己任的理想，还是过于轻信所谓言者无罪的约言。在陈寅恪的眼里，自由知识分子这次用血泪谱成了一曲新《长恨歌》，他在《丁酉七夕》里把杨贵妃与唐明皇的旧事翻新，对自由知识分子的历史命运表达了复

①　陈寅恪：《陈寅恪诗集》，第 75、76、83 页。

杂的感喟："低垂粉颈言难尽，右袒香肩梦未成。原与汉皇聊戏约，那堪唐殿便要盟。"①自由知识分子所坚持的信念虽然还星散地秘藏在个别幸存者的心坟中，但作为一个特定的知识阶层，却已被 1957 年的这场劫难最终地彻底地埋葬了。

那么，陈垣对这场运动持什么态度呢？1957 年 4 月，在整风开始不久，他在《北京日报》上发表了《知识分子要有反求诸己的精神》，依旧强调知识分子的自我改造，而不主张知识分子群起向执政党和新政权上言进谏。后人已无法推断陈垣为自己确定这一基本态度的内在动机，在运动中他也确实没有忘乎所以地向党进言。然而，他毕竟来自自由知识分子这一群体，其他人的进言在其内心深处还是发生了共鸣。正如他后来承认的那样："开始时，在大风大浪的面前，我一时看不出某些右派分子的阴险面貌，对反右派斗争的性质和严重性也估计不足，对某些右派分子有温情主义。"在向所谓"右派"开展全面反击以后，陈垣一反常态地缄口沉默了四个月，没有像以往那样在报刊上发表过配合运动的时文。这场摧毁自由知识分子灵与肉的运动，不能不引起他内心的震颤和思考。②然而，在长考以后，他终于割断了温情主义，公开批评右派分子们："他们不甘心自己所附依的阶级的死亡，他们否定新社会的成绩，反对党的领导，反对学习苏联，妄图扭转历史的车轮。"陈垣是在纪念十月革命的应景之作中作此表态的，表明他仍然回到了与执政党一致的立场上。究竟是陈垣再次放弃自我，还是当政有意利用国宝，或者两者兼而有之，才导致这一表态的，已经不得而知了。但倘若把他与陈寅

---

① 　陈寅恪：《陈寅恪诗集》，第 104、106 页。
② 　参见本书《自序》第 10 页笔者对其内心纠结的补述。

恪稍作比较，即可发现：在经历了反右大关节后，陈垣还是未能达到陈
寅恪"不采萍花即自由"的境界，究竟是什么东西诱迫他出来表态的，
是勘不破的名位，还是耐不住的寂寞？①

陈垣在 1957 年的门槛前渐灭了仅有的一丝温情主义，与他在不久将
来加入中国共产党，两者之间有着某种统一性。这种人生逻辑的统一性
在陈垣身上自 1949 年后倒是一以贯之的。听到刘仙洲入党的消息，他就
兴奋地认定："这是我们知识分子共同努力的方向"；并自陈心曲道：
"有些人并不是和党见外，只是和党没有机会接触。"1959 年，他终于如
愿以偿。据称，他热泪盈眶地说："我年近八十才找到政治上的归宿。蘧
伯玉知非之年是五十，我却是年八十而知七十九年之非。"他旋即在党
报刊文，庆幸党使他"在垂暮之年，获得新的政治生命。"在新政权建
立十周年前夕，陈垣高龄入党，借用当年流行语来说，共产党和陈援庵
都放了一颗卫星，大陆史坛誉之为"八十争先树赤帜"②。

对陈垣争取入党与终于入党，南陈在诗里表达了自己的关注和态度。
其一见之于《南海世丈百岁生日》："元祐党家犹有种，平泉树石已无
根。"前句下注："指新会某世交也"，显指陈垣；后句下注："借用李文
饶《平泉山居戒子孙记》中'非吾子孙'之意"，讥贬不稍假借，指责

---

① 陈垣：《党使我获得新的生命》，见 1959 年 3 月 12 日《人民日报》；《坚决走十月
革命道路，忠诚为社会主义服务》，见 1957 年 10 月 31 日《光明日报》。据知陈
垣嫡传弟子刘乃和向纪念陈垣诞生 110 周年国际研讨会提交过题为《陈垣先生政
治上的三次困惑》的论文，却未见收入研讨会论文集，也未收入刘氏的《励耘承
学录》，故不知究竟指哪三次政治困惑。而今刘氏也已去世，笔者希望有保存刘
氏那篇论文者能促成其发表，同时也希望陈垣后裔能提供直接的文字或口传资
料，以利于陈垣与现代史学史的研究。

② 陈垣：《我对知识分子问题的意见》，见《人民日报》1956 年 1 月 20 日；《党使
我获得新的生命》，见《人民日报》1959 年 3 月 12 日。刘乃和：《励耘承学录》，
第 71、95 页。

陈垣已失立身根本。其二见之于《春尽病起宴广州京剧团》，句云"天上素娥原有党"，有史家诠释今典道："以志老友陈垣入党之感。原有党者，乃隐指陈垣曾是曹锟时代的议员。"倘若此说不误，陈寅恪对陈垣入党的鄙夷之感已无以复加了。①

1949 年以后，二陈未见有直接的往还，音问也明显疏远，《陈垣来往书信集》中 19 通来往书信竟没有一通是剧变以后的。有迹象表明两人的学术交往也从此中断，迄今未发现二陈在 1949 年以后互赠论著的史料记载。1954 年，陈寅恪完成了《论再生缘》，自费油印若干册分送弟子和友好，陈垣竟未获赠。陈垣获得此书已迟在 1959 年，乃是汪宗衍在香港购得据油印本翻制的盗版本寄赠的。陈垣即复函道："忽奉到《论再生缘》一册，在远不遗，至为感谢。惟书前缺去三、四页，美中不足。倘能再赐一部，更感谢不尽。"可见陈垣从未得到陈寅恪的赠书，但倘按学术水平和二陈旧交而言，陈寅恪的油印本即便再少，也应寄送一册的。陈寅恪之所以断绝与陈垣的学术往来，并非着眼于学术，显然关涉到人品。既然陈寅恪一旦认定得意弟子周一良"曲学阿世"，在编定文集时断然删除有关回忆昔日与周氏讨论之文，那么，他不向陈垣寄赠自己的著作，也是不难得到解释的。②

二陈的私谊彻底终结了。所幸岭南女学者冼玉清既与陈寅恪时有往还，又与陈垣有着较密切的通信联系。她有一信对陈垣说："陈寅恪先生身体日健，常有晤言。前句因登漱珠冈探梅，往返步行约十里。陈夫人谓渠数年无此豪兴，附唱和诗可知也。"也许在 1949 年以后，冼玉清

---

① 陈寅恪：《陈寅恪诗集》，第 107、108 页；汪荣祖：《陈寅恪评传》，第 276 页。
② 陈智超编注：《陈垣来往书信集》，第 511 页。

成为二陈偶尔闻知对方消息的唯一直接的通道。二陈虽然仍在关注着对方，但已绝不可能改变相互之间的看法。中国古语说"友者，所以相有也；道不同，何以相有也"。在 1949 年的大变局以后，对立身处世的许多大问题，二陈见解明显悖离对立，道既不同，友情也就失去了赖以延续的基础。①

五、学术异同："蹊径大同，差异也很大"

严耕望认为：二陈学术"蹊径大同，差异也很大，但成就都很高"，允为定论。对二陈学术成就之高，毋须词费；对二陈学术同异，各人所见未必尽同，仍有必要一议。

二陈学术之同，主要表现在学术旨趣和学术方法上。先说学术旨趣。陈寅恪在序陈垣《元西域人华化考》时指出："寅恪不敢观三代两汉之书，而喜谈中古以降民族文化之史"，正是二陈学术旨趣和学术重点所在。在这一方面，陈寅恪表现得更为自觉和专一，他的所有论著都是围绕中古以降民族文化之史展开的。陈垣虽将部分兴趣和一定精力投到目录、校勘、史讳、年代等历史文献学的分支学科上，但一则他是将此作为中古以降民族文化史研究工具的，二则确立他在新史学中地位的最具代表性成果毕竟还是《元西域人华化考》和《通鉴胡注表微》等中古民族文化史方面的研究论著。综观二陈的全部学术论著，所论问题几乎都不出魏晋以降至明清之际民族文化的范围。

① 陈智超编注：《陈垣来往书信集》，第 760 页。值得指出的是，陈垣在鼎革以后两次再版《明季滇黔佛教考》时都依然保存陈寅恪之序，亦见他仍珍惜昔日的学谊与友情。

二陈不仅有着中古以降民族文化史的共同学术旨趣，而且在具体研究方向上也颇有相契之处。在敦煌学领域，二陈都是较早取用此新材料研究其新问题的开一代风气的学者，参与了当时世界学术的新潮流。在宗教史方面，陈垣最早以现代史学观点撰成完善的宗教史著作，有古教四考和宗教三书（《明季滇黔佛教考》《清初僧诤记》《南宋初河北新道教考》）等名著传世，陈寅恪则以其《天师道与滨海地域之关系》和《武曌与佛教》等大量论文驰誉史林，二陈堪称这一领域的双峰。在民族史研究中，二陈的切入点似都集中在中华民族的融合问题上，陈寅恪除了《隋唐制度渊源略论稿》，还有《李唐氏族之推测》等一系列论文，用力甚勤，创获最多；陈垣的《元西域人华化考》也是这一论题的传世力作。二陈在中古以降民族文化史研究中都对中外文化融会交冲表现出热切的关注，陈垣有《元也里可温教考》和《雍乾间奉天主教之宗室》等论著，陈寅恪则有《三国志曹冲华佗传与印度故事》和《莲花色尼出家因缘跋》等论文，各从不同角度揭示了中国文化对外来文化的冲突和摄取。

次说学术方法。有些现代史学史的论著将二陈共同归入新考据学或实证主义史学，虽然归类未必尽当，却也表明二陈在学术方法上确有其共同面。大体而言，二陈学术方法之同可从三个层次去把握。

其一，对传统史学方法的运用得心应手。陈垣自称其治学"参用乾嘉清儒考证方法"。关于陈寅恪的传统史学渊源，汪荣祖说其源自乾嘉诸老，王永兴说其继承宋贤史学方法，但从陈寅恪推崇钱大昕的学识为清代史学家第一人，乾嘉清儒考证方法的影响自不容否认。以蒙元史研究为例，足见二陈都无愧为传统史学方法的杰出传人。在这一领域，陈垣既有从大处入手的《元西域人华化考》，也有从考证入手的《元秘史译音用字考》；陈寅恪虽仅有《元代汉人译名考》和《蒙古源流研究》系列考证，但揣度其计划，当是先作具体考据，再作通贯发明的（后来或因资料散失而这一研究被迫中辍）。

其二，以新眼光利用一切新发现的考古文物、档案文献以及佛经道藏和域外资料。在19世纪末至20世纪初叶的史料新发现中，二陈共同参加了明清内阁大库档案的整理编选工作，陈垣对敦煌文书的整理编目更有发轫之功。他们对这些史料新发现在中古以降民族文化史研究中的巨大价值，都表现出新史家的浓厚兴趣和敏锐识见。二陈是我国最早将佛经道藏作为史料运用于历史学科的现代史家。陈垣率先尝试将僧家语录和道家碑版采入其宗教三书；陈寅恪以佛典为史料时，更不限于通行本，还博采了敦煌本、西夏文本、梵文本等进行比较研究。

其三，重视研究方法的推陈出新。陈寅恪在其史学中不着痕迹地融入了现代西方史学方法，其中包括他在留学期间接触到的近代西方社会经济史学、德国历史语文考证学派和欧洲现代东方学派的影响。归国以后，他依旧十分关注西方史学的发展状况，有人认为其晚年对《再生缘》和柳如是的研究，不乏有着与西方当代心解史学、心态史学、心智史学相通的思想。陈垣虽未留学海外，但借助日译本，他还是及时了解了西洋的史学方法论。他后来通过《通鉴胡注表微》和宗教三书，探索"有意义之史学"，突破了自己以往旧方法的局限。

二陈学术之异，也主要表现在学术旨趣、学术方法上。先说学术旨趣。二陈在这一问题上有一个重要差别：陈垣对于传统的历史文献学的相关分支学科的发展颇为热心，做了许多沾溉士林的集大成的工作，而陈寅恪在这一方面则明显缺乏陈垣那样的强烈兴趣，而将全部精力投入了中古以降民族文化史的研究。但即便在中古以降民族文化史研究上, 二陈仍有所不同。余英时有一个评价: "在二十年代中国东方学的领域内, 王国维的旨趣与陈寅恪最多重叠之处, 陈垣尚不免稍隔一间。"①也就是说, 虽然二陈共同的学术旨趣都在中古以降民族文化之史, 但是陈寅恪在把握问题的高度、涉略问题的广度和解决问题的难度上都超过陈垣。就把握问题的高度而言, 陈寅恪对中古以降民族文化之史的研究显然有一个总体设计, 后来虽然因图书资料的毁失和研究范围的紧缩, 所完成的隋唐史三书仅仅是这一设计中的若干部件, 但其高屋建瓴的总体观还是不难揣摩的。陈垣虽然也有从大处入手的《元西域人华化考》, 但相比之下, 他对中古以降民族文化史的总体把握就不及陈寅恪。就涉略问题的广度而言, 如果说在宗教史、民族史、蒙元史领域, 二陈还旗鼓相当的话, 那么对魏晋南北朝隋唐时期民族文化史的研究, 陈垣就显得薄弱。就解决问题的难度而言, 二陈的差异更为明显。以敦煌学为例, 陈垣的主要功绩在于文献整理, 他将敦煌本摩尼教残经采入《摩尼教入中国考》, 也只是史料层面的量的扩张; 而陈寅恪的杰出贡献则在于解决问题, 他不仅仅将敦煌文书作为史料层面的量的扩张, 更将其与其他相关史料比较分析, 所解决的都是有关中古以降民族文化史上高难度的硬问题。

次说学术方法。这一问题也可从三方面认识。

其一, 二陈在史料的搜集处理上, 风格手段迥然不同。陈垣以竭泽而渔式的史料功夫见长, 每作一种研究必网罗所知的全部资料。据统计, 他的《元西域人华化考》约8万字, 用史料220种;《史讳举例》8万

① 余英时:《试述陈寅恪的史学三变》,《陈寅恪晚年诗文释证》, 东大图书公司 1998 年版, 第 345 页。

字，用史料 117 种；《明季滇黔佛教考》15 万字，用史料 170 种；《通鉴胡注表微》20 万字，用史料 256 种。①在史料的运用上，陈垣主要使用分类比次的归纳方法。他在成名作《元也里可温教考》里自叙方法道："先认定《元史》之也里可温为基督教，然后搜集关于也里可温之史料，分类说明之。"对也里可温的解诂堪称全书最精彩的部分，但基本还是从中日两国前代学者的众说纷纭里比勘归纳作出定谳的；而后再将元代也里可温的情况，分东来、戒律、人数推想、人物大概等十余专题逐一说明。其《旧五代史辑本发覆》也是将四库馆臣讳改《旧五代史》文字按房、戎、胡、狄、蕃、夷、贼、伪等字分门别类，以揭出清朝统治者阴暗的民族心理。因而杨树达收到《旧五代史辑本发覆》赠书后颇不以为然，认为"举例罗列，事颇寻常，而名为'发覆'，似不免于张皇"②。这是因为在归纳方法中，作为论据的史料与作为推论的论旨之间往往只有一层之隔，容易给人以卑之无甚高论的感觉。但归纳方法"最重史料搜集之详赡，与史料比次之缜密，再加以精心组织，能于纷繁中见其条理，得出前所未知的新结论"。相比之下，陈寅恪在史料搜寻上并不一味以多取胜，他更善于以常见史料得出新奇却合理的见解，令人有"我们怎么想不到"的感叹。他的《隋唐制度渊源略论稿》所用史料虽不出《三国志》至两《唐书》的正史以及《资治通鉴》《通典》《唐会要》和《唐六典》等常见史书的范围，但他认为，尽管如此"亦可表见新知之创获"。陈寅恪重视史料的运用，善于对史料"作曲折委蛇的辨析，以达成自己所透视所理解的新结论"，由于"分析入微，证成新

---

① 　许冠三：《新史学九十年》，香港中文大学出版社 1986 年版，第 121 页。
② 　杨树达：《积微翁回忆录》，第 140 页。

解，故其文胜处往往光辉灿烂，令人叹不可及"。①质言之，陈垣善于扩张与比次史料，据未见书，道人所未曾道；陈寅恪善于辨证与透视史料，据已见书，道人所不能道。

其二，二陈在与治史相关的语言工具上，存在着明显的差异。陈垣能阅读日译本的西方史著，但不懂英文，也不会其他外国和外族语言。相比之下，陈寅恪掌握的外国和外族语言之多，并世中国史学家中无出其右。因而与陈垣相比，陈寅恪在历史语文的考证上更能够广参博征，左右逢源，在中古以降民族文化史的研究上更显得新见迭出，叹为观止。

其三，外语工具的多寡和留学经历的有无，也直接影响到二陈对西方史学方法的借鉴和运用。陈垣常自谦自己是土法，希望弟子学会西洋史学方法来与中国史学方法相结合，可见他自知对西方史学方法终存隔膜。而陈寅恪对西方史学方法的深切了解和娴熟运用，已达到了融会贯通、得心应手和出神入化的境界，这也是导致陈寅恪史学令人耳目一新的原因之一。

最后，试将二陈的学术生命作一比较。倘若以抗日战争全面爆发和中华人民共和国成立作为两块界石，二陈的学术生涯都可以分为三个时期。

1937 年以前为前期。在这一时期，陈垣在中古以降民族文化史和历史文献学各分支学科的两大领域里，分别完成了一系列传世力作，形成了陈垣史学的第一高峰期。而陈寅恪虽尚无专著问世，却在中古以降民族文化之史的各个方面都推出了享誉史界的重要论文，事证法和诗文证史法作为治史方法业已圆熟，向学术界显示了陈寅恪史学的实力和魅力。

---

① 严耕望：《治史三书》，第 178 页。

1937 年到 1949 年为中期。在这一时期，陈垣的学术重点明显集中在中古以降民族文化史研究上，撰述了宗教三书和《通鉴胡注表微》等名作，即便该期完稿的《释氏疑年录》和《中国佛教史籍概论》等历史文献学的著作，也似是直接为宗教三书服务的。他对"有意义之史学"的探索，更是对自己原有方法的突破。无论在史学成果与史学方法上，这一时期都堪称陈垣史学的巅峰。这一时期是陈寅恪史学的第一高峰期，他出版了隋唐史双璧《隋唐制度渊源略论稿》和《唐代政治史述论稿》，《元白诗笺证稿》已大体完成而有待杀青，人格心态史的研究方法也雏形初具而牛刀小试。综观二陈学术的前期和中期，可谓是双峰并秀，各擅胜场的。

但在二陈学术生命的晚期，却形成了发人深省的鲜明对照。1949 年以后，陈寅恪坚决认为："研究学术，最主要的是要具有自由的意志和独立的精神"[1]，毅然捐弃故技，进行衰年变法，用新方法和新材料，以一失明衰翁撰著了《论再生缘》和《柳如是别传》等论著上百万字，以惊天地泣鬼神的精神和毅力最终完成了人格心态史研究方法的杰出范本，使其史学跃登上了巅峰。

1949 年以后，陈垣对过去的学术思想和学术方法的自我批判可谓不遗余力："学术思想，应从新生的路上走，余其悔往日之懵然妄觉也"；"旧的'科学的'治学方法，在立场上是有着它基本错误的"。与此同时，他对马克思主义的历史观和方法论的服膺也堪称虔诚执著："研究了辩证法唯物论和历史唯物论，使我对历史有了新的见解，确定了今后治学的方法"；"史学工作者的最大幸福，就是有了马克思主义的思想指

---

[1] 陆键东：《陈寅恪的最后贰拾年》，第 111 页。

导，这是我这几年来切身的体会。"①1949 年以后，以其长校的地位而言，陈垣的治学条件显然要远比陈寅恪优越。再据其 1963 年发表的《钱竹汀手简十五函考释》和《跋西凉户籍残卷》，虽年逾八旬，却行文严简，考辨精审，思路明晰，足证他完全有继续从事史学研究的能力。更重要的是，陈垣本人也十分渴望以自己的马克思主义史学研究来为现实政治服务。但遗憾的是，在晚期的二十余年中，他信奉的主义和思想并未使他的史学飞跃到一个新水平。相反，他竟没有完成过一种堪与前期、中期相媲美的学术新著，倒有五十余篇类似《遵循着斯大林同志的遗志继续前进》的应景时文，其数量超过其同期学术短文的一倍以上。

二陈晚期学术成就的显著差异，引起了后人深沉的思考。其原因无非可从社会与个人两方面去探寻。社会原因不是这里所要讨论的。就个人因素而言，性格即命运，二陈晚期学术的那些差异，实为其个人性格所决定。先说陈寅恪，诚如严耕望所论，为"纯净学术人的风格，而强毅独立，不为名利诱，不为威武屈"，"所以衰暮之年仍能奋笔写成平生所未有且可视为奇迹的大著作"。再说陈垣，早年即热心世务，后来虽移心学术，但累任教育文化界要职。据《陈垣来往书信集》，1935 年，他曾将《元西域人华化考》等著作分赠给政界闻人（时任行政院长的汪精卫和考试院长戴季陶），表明他并未完全忘情于政治与声名。这种经历和个性，与他晚年的转向，是不无关系的。尤其时代需要这样一个知

---

① 陈智超编注：《陈垣来往书信集》，第 774、193 页；陈垣：《史学工作者的今昔》，见《光明日报》1959 年 10 月 22 日。有必要指出，他在《北京师范大学学报》的《发刊词》中主张："在科学研究中，如果有人有不同于马克思列宁主义的见解，或者不采取辩证唯物主义的方法，他还是可以发表自己的意见"，还是值得肯定的。

名学者做带头羊的时候，尤其是新政权的领袖赞誉他为"国宝"以后，他便抛弃了旧有的自我，成为自由知识分子自觉脱胎换骨的典型。这不仅仅是陈垣个人的取向，也是那个时期许多知识分子的自觉选择。于是，严耕望论陈垣道："亦唯其与世浮沉的性格，所以晚年不免为政治洪流所覆没，在学术上不能再有所作为。"①

严耕望说二陈"立身处世，各走极端，绝不相侔"。二陈所信仰的那两个极端的是与非，这里姑不深论；但他们却通过自己的出处大节，把沉重的思考留给后来的知识分子。1964 年，陈寅恪在《赠蒋秉南序》里自信地宣称："平生固未尝侮食自矜，曲学阿世，似可告慰友朋"，这是陈寅恪一生立身处世坚持气节操守的写照。无独有偶，陈垣在《通鉴胡注表微·出处篇》里也发过类似的议论："出处之于人大矣，迫于饥寒，怵于威力，炫于荣利，皆足以失其所守也。"陈垣是认识到坚守出处大节的重要性和艰难度的，唯其如此，他才能在抗日战争时期面对日本占领者的威逼利诱，凛然正气，大节不亏。

然而，自古以来，中国知识分子的气节操守从来就有着多层面的丰富内涵。作为研究历史的史学大师，二陈在不同时期与各个层面的进退出处已经成为了历史研究的对象。而当今学术名家们的言行，日后也将必然构成研究素材。

（原载日本《百年》1999 年 9 月号，此次入集因故有所删改）

---

① 严耕望：《治史三书》，第 179 页。参见谢泳：《逝去的年代》，第 65 页。

顾颉刚：古史辨"剿袭"案的再辩谳

一、公 案 的 缘 起

以顾颉刚为主将的古史辨运动，在中国现代史学主潮中堪称波澜壮阔的一幕，也标志着梁启超登高首倡的新史学大战告捷，旧史学自此彻底失去了市场。

然而，自上世纪后半叶起，有学者认为，顾颉刚的古史辨文章有剿窃日本学者白鸟库吉"尧舜禹抹杀论"的嫌疑，持此说者先后有胡秋原、廖名春、章培恒等。2012 年，陈学然再提"古史辨"的日本因素，意在坐实"剿袭"的公案。①次年，李孝迁发表商榷之文，认为古史辨派对白鸟库吉的"尧舜禹抹杀论"等虽有所了解，却不存在学缘关系，陈文也"根本不能证实顾颉刚存在'剿窃'"。②

---

① 陈学然：《中日学术交流与古史辨运动：从章太炎的批判说起》，《中华文史论丛》2012 年第 3 期。
② 李孝迁：《域外汉学与古史辨运动——兼与陈学然先生商榷》，《中华文史论丛》2013 年第 3 期。

顾颉刚的学术生涯相当绵长，其间人事恩怨轇轕纠结，政治时势风云多变。他也不是完人，在自述古史辨的学术师承时，随风摇摆，屡有变易，1949 年后迫于形势为求自保，更竭力撇清与胡适的师承关系；在学术取向上也有学随世转的诟病，例如抗战前夜向蒋介石献《九鼎铭》，自毁对尧舜禹辨伪的学术清誉。陈学然对其学人品格的诛心之论，即便顾颉刚再世，恐怕也是百口莫辩的。但他在决谳这一公案时，却有据其后来行事而推定其前不德的默证倾向。在具体讨论顾颉刚"剿袭"说时，陈文的不足既在于一切以太炎是非为指归，只"在章太炎视角下重新审视这场运动的来龙去脉"①，也没能从更广阔的视野上洞烛各家学说背后的历史语境与史家立场。

确实，先是在 1910 年以白鸟库吉为代表的日本学者对"尧舜禹抹杀论"甚嚣尘上之际，继而在 1924 年以顾颉刚为代表的古史辨思潮方兴未艾之时，章太炎都深致不满。他抨击白鸟是"浅薄幼稚，不值一噱"；讥讽古史辨派"此种疑古，余以为极不学可笑者"②。然而，白鸟库吉、章太炎与顾颉刚，在上古史研究领域虽有共同的交集，但三家却各有不同的取旨与立场。

二、白鸟古史批判的双重标准

对白鸟库吉的"尧舜禹抹杀论"，应该从两个层面给予考察。一是

---

① 陈学然：《中日学术交流与古史辨运动：从章太炎的批判说起》，《中华文史论丛》2012 年第 3 期，第 293 页。
② 章太炎：《论经史实录不应无故怀疑》，马勇编：《章太炎讲演集》，河北人民出版社 2004 年版，第 226—227 页。

史学方法论的层面。石田干之助论及师说时指出："先生则立于严格的科学立场一洗其弊，为古史研究开出一崭新的天地，这是他人所难能的。"①同为白鸟学生的津田左右吉说得更具体："在作为其（研究）主题所标举的范围里，对传说的批判，对明确其传说抑或史实的史籍记载的批判，以及语言的研究，是比其他都引人瞩目的。这是当时诸多史家都未曾涉足的领域。遗憾的是，以往虽然处理传说，但这种处理方法不是学问；尽管也反省上古史，却不进行充分的史料批判。至于语言的研究，几乎没有引起学者的注意。然而，古传说的批判，其本身就具有思想史意义，作为其方法也应为思想史的考察所应用，从语言角度的考察也是题中应有之义。语言的研究自然而然归结为民族的研究，因而也能成为其方法。回顾当时，除了博士，这些几乎是无人顾及之处。而博士的研究，无论主题，还是方法，在其自身研究的推进中自然而然地被发掘出来，而在博士的脑海里独创地成型了。今日看来，如所周知，博士其后的研究方向也在其间逐渐确定下来。"②由此可见，在引进西方实证史学的观念与方法，建立古史批判法上，白鸟确为日本史学作出了开创性的贡献。

然而，即便在古史批判法上，白鸟史学却秉持着双重标准。他在东洋史领域（日本的东洋史主要指日本以外的东亚史）坚持古史批判，对中国古史高唱"尧舜禹抹杀论"，对朝鲜古史摧毁"箕子开国说"。在日本史领域，同一个白鸟却完全放弃了疑古史观。他在《迎接纪元二千六

---

① 石田干之助：《白鸟库吉先生小传》，《白鸟库吉全集》第 10 卷《杂纂》，岩波书店 1971 年版，第 533 页。本文征引日本学者论述皆由笔者译自日文论著。

② 津田左右吉：《白鸟博士小传》，《津田左右吉全集》第 24 卷《自传及其他》，岩波书店 1965 年版，第 124 页。

百年感言》里，认定传说中的神武天皇为天皇纪元的开始，生生把可征信的天皇史前推了千年之多。①成为对照的是，早在明治时代，那珂通世就断言，神武纪年是不可凭信的伪说。②20 世纪二三十年代，其弟子津田左右吉更以实证史学证明，自神武天皇以下 14 代天皇，"与其说是对历史事实的记录，毋宁将其视为一种思想上的建构来得更为恰当"③。与那珂和津田的实证结论相比，白鸟的古史批判在对象选择上执行双重标准，在史学方法论层面也有违史家的良知与史德。

二是史学目的论的层面。自明治维新以来，日本开始了"脱亚入欧"的转型，亟须在文化史观上"去中国化"，而白鸟的"尧舜禹抹杀论"正是为抬高日本、矮化中国所作的政治背书。1931 年，他在《支那古代史批判》里说："倘若采取盲信传说的古代史来思考的话，关于'支那文明的起源'问题，当然立刻造成相当的错误。之所以如此说，则在这种场合，支那文明在公元前四五千年，就已进入高度发展的阶段。若以古代文明发祥地的一般法则（良好的地理条件，与其他优秀文明的不断接触）而论，远古支那几乎没有创造自身文明的能力。不得不认为，那种文明应该是从外国输入的。"④表面看来，白鸟似乎在论证他一贯倡导的古史批判说，但目的指向一目了然，即远古中国没有自创文明的能力与可能。

倘若这段话还欠显豁，1940 年，他对比中日文化时说得相当明确：

① 白鸟库吉：《迎接纪元二千六百年感言》，《白鸟库吉全集》第 10 卷《杂纂》，第 437—441 页。

② 刘萍：《津田左右吉研究》，中华书局 2004 年版，第 174 页。

③ 津田左右吉：《古事记与日本书纪的研究》，岩波书店 1924 年版，第 475 页。

④ 《支那古代史批判》，《白鸟库吉全集》第 8 卷《亚细亚史论·上》，岩波书店 1970 年版，第 589 页。

"支那执政者或统治者虽然更迭，而文化却依然不变；反之，日本文化与时代相更替，而统治者天皇则是不变的。" 也就是说，中国文化是停滞不前的，而日本文化才是与时俱进的。白鸟直言不讳地道出了他在中日古史上双重标准的真实用意："日本曾以支那文化为模版，因而必须根除所谓中国是老师日本是学生之类侮辱性的观念。"① 白鸟史学的时代背景，正如日本学者所揭示："帝国大学的学术，首先将目标锁定国际水准，同时认为学术乃发扬国威的手段之一。"②

20 世纪上半叶，在"皇国史观"的笼罩下，日本史学界有"纯粹史学"与"应用史学"的诡辩，所谓"纯粹史学"是信守于科学理性立场的实证史学，而所谓"应用史学"则是服务于日本帝国立场的政治史学。在中日古史批判上，白鸟奉行的就是这种双重标准。

三、章太炎古史观及其对古史辨派的误判

章太炎数度客居东瀛，十分谙熟日本，也能阅读日文著述，且与彼地学界广有交往，故而对包括白鸟史学在内的学术表象与潜藏其后的政治取向了然于胸。作为曾经的革命家，章太炎思想里有着十分浓烈的民族主义成分。他的这种民族主义，在辛亥革命前既有对内层面汉族反抗满洲统治的因素，也有对外层面维护中华民族自尊而抗衡日本的成分，而后者一直延续到去世。他对日本觊觎中国的侵略野心始终保持高度的

① 《迎接纪元二千六百年感言》，《白鸟库吉全集》第 10 卷《杂纂》，第 440—441 页。
② 松村润：《白鸟库吉》，江上波夫主编：《东洋学的系谱》，大修馆书店 1993 年版，第 39 页。

警觉，因而对白鸟为首的日本汉学抹杀中国古史的政治机心也洞若观火而深恶痛绝。早在 1910 年，他就痛斥白鸟："自言知历史，说尧、舜、禹三号，以为法天、地、人，尤纰缪不中程度"；同时对罗振玉等"取东鄙拟似之言"，"延缘远人以为声誉"的言行就嗤之以鼻。①

对章太炎的古史观，也应从两个层面去把握。其一，在史学方法论上，他与当时中日疑古思潮大相异趣，认为"疑古未尝不可"，但"各国开化之有迟早"，而"今之疑古者，无所根据，遽尔相疑，斯真疑而成疾矣"。②其二，更重要的区别是在史学目的论上，基于民族国家的立场，他认定日本学者怀疑中华古史居心叵测，"觊以尉荐外交，不求其实"③，即出于其国家立场而罔顾史实。

正是基于民族文化与国家命运的考量，1924 年，正当古史辨运动风起云涌之际，他在金陵教育改进社演讲中颇不以为然："疑古太甚，为一部分学者所独有"，含蓄提醒顾颉刚为首的疑古派："古事致疑，本为学者态度，然若以一二疏漏而遽认为伪造，欲学者群束书不观，则未免太过耳。"④1933 年，当日本侵华步伐日益逼近时，章太炎强调："昔人读史，注意一代之兴亡，今日情势有异，目光亦须变换，当注意全国之兴亡，此读史之要义也。"有鉴于此，他虽仍不点名地把顾颉刚的古史辨与白鸟库吉的"尧舜禹抹杀论"挂起钩来批判，言辞却已不假宽贷：

　　疑所不当疑，则所谓有"疑疾者"尔。日本人谓尧、舜、禹皆

① 章太炎：《与罗振玉》，马勇编：《章太炎书信集》，河北人民出版社 2003 年版，第 285 页。
② 章太炎：《关于国学的演讲》，马勇编：《章太炎讲演集》，第 174 页。
③ 章太炎：《与罗振玉》，马勇编：《章太炎书信集》，第 285 页。
④ 章太炎：《劝治史学并论史学利弊》，马勇编：《章太炎讲演集》，第 88 页。

儒家理想中人物，优自以开化之迟，而疑中国三千年前已有文化如此。不知开化有迟早，譬如草木之华，先后本不一时，但见秋菊之晚开，即不信江梅之早发，天下宁有此理。……昔之讲阴阳五行，今乃有空谈之哲学，疑古之史学，皆魔道也。必须扫除此魔道，而后可与言学。①

明白了章太炎的立场与语境，也就不难理解他为何对古史辨派的批判随着抗战迫近而不断升温。1935 年，他声色俱厉地抨击古史辨派，先是说："今人有不加思索，随他人之妄见，推波助澜，沿流而不知返者，其愚更可哂也。"继而说："吾国妄人，不加深思，震于异说，贸然从之。呜呼！国家未亡，而历史先亡，可哀也已。"再则说："日人不愿居中国人后，不信尧舜，尚无足怪。独怪神明之后，史籍昭彰，反弃置不信，自甘与开化落后之异族同侪，迷其本来，数典忘祖，信可哀已。"②

应该承认，以 20 世纪 10 年代至 30 年代的中日关系而言，章太炎对白鸟的"尧舜禹抹杀论"的警觉与抨击，从民族与国家的层面自有可取之处。然而，他由彼及此，认定 20 年代兴起的古史辨派"在中国学术场域追随日本学风而自我扬弃民族历史文化"③，也无异于内引外力以亡国灭史，则对古史辨派的疑古动机显然存在着误读。下文讨论顾颉刚疑古思想的价值取向，应该有助于我们认识章太炎这一误判。

①　章太炎：《历史之重要》，马勇编：《章太炎讲演集》，第 162—153 页。此处引文据《章太炎全集·书信集》下第 490、493 页补正，上海人民出版社 2015 年版。
②　章太炎：《论经史实录不应无故怀疑》，马勇编：《章太炎讲演集》，第 225—227 页。此处引文据《章太炎全集·讲演集》下第 575—577 页补正。
③　陈学然：《中日学术交流与古史辨运动：从章太炎的批判说起》，《中华文史论丛》2012 年第 3 期，第 292 页。

四、插一个参照系：梁启超"新史学"的日本媒介

古史辨派是在五四启蒙思潮的推动下，对梁启超首倡"新史学"主潮的主动回应。倘若将梁启超"新史学"的日本媒介作为一个参照系，也许有助于客观公允地审视古史辨公案。

自 19 世纪末叶起，中外学术交流频繁，尤其甲午战争以后，日本成为近代中国接受欧西新思想与新学术的中转站，早是学界无人置疑的共识。包括由胡适催生而由顾颉刚发轫的古史辨派当事人在内，对这种来自域外的学术影响都并不隐讳，近年学界也颇有相关论著问世（例如李孝迁的《西方史学在中国的传播》、鲍绍霖等《西方史学的中国回响》）。

对中国近代思想文化产生巨大影响的梁启超，他的许多思想、观点乃至名词、概念，也都转输自日本学术界。然而，以文化传播学而论，对外来文化，输入方根据其自身国情的需要有一个选择、改造与型塑的再创造过程。据邬国义与李孝迁的研究，梁启超在 20 世纪初叶高扬"新史学"的大纛，其思想渊源与实例取材颇多来自其戊戌东渡后的日本学界。也就是说，梁启超的新史学思想"主要就是通过日本的平台接受西方的史学资源实现的，并迅速地把一些新的认识、新的概念纳入自己思想的框架之中"；"而这些新的学理、话语的产生，在学术思想史上显然有着重要的转折意义，因而使其能从一种全新的视角，高屋建瓴地反观中国的传统史学"。[1]这种"纳入"过程，就是梁启超消化、吸收、整合

---

① 邬国义：《梁启超新史学思想探源》，浮田和民：《史学通论四种合刊》中文版代序言，华东师范大学出版社 2007 年版，第 38 页。

外来理论与方法，创造其新史学思想的过程，而经其开辟的新史学则完全是独具本土特色、肩负时代使命的中国近现代史学理论。

自变法失败东渡日本后，梁启超开始向"新思想界之陈涉"转型，致力于"对于我国旧思想之总批判，及其所认为今后新思想发展应遵之途径"①，新史学不过是其新思想的一环。在其新思想启蒙的论著中，颇多取资于日本中介者，也已由当今中国学界研究成为定谳。但梁启超在清末民初掀起的思想狂飙，包括"实开史学界无数法门"的新史学②，不仅完全归属于中国近现代思想启蒙的大潮，而且其巨大的反响与其取资的日本论著在东瀛的回声，也是无法同日而语的。职此之故，没有必要否认包括新史学在内的梁启超启蒙思想是以日本为媒介向西方取资的；但肆意夸大日本资源的中介作用，甚至指斥其蹈袭乃至剽窃，而抹杀其创造性的转换，也是完全不可取的。对顾颉刚的"古史辨"公案，显然也应作如斯观。

五、顾颉刚古史辨的价值取向

对顾颉刚的古史辨，也可以从两个层面去把握。其一，上古史研究的个案结论层面。古史辨派初起之际，急于奏功而"疑古太过"，在个案研究上不乏过度使用"默证"的瑕疵。③故而在具体论题上，引来了诸多史家的诘难与反驳。而随着考古的新发现与古史研究的深入，包括尧

---

① 梁启超：《清代学术概论》，朱维铮校注《梁启超论清学史二种》，第 72、73 页。
② 缪凤林：《悼梁卓如先生》，《学衡》1929 年第 67 期。
③ 参见张荫麟：《评近人对于中国古史之讨论》，《张荫麟全集》中卷，清华大学出版社 2013 年版，第 801—813 页。

舜禹真伪在内的某些论点确有必要重加衡估。对此，顾颉刚当时就表态：
"这书的性质是讨论的而不是论定的，里面尽多错误的议论。希望出版
之后，大家切切实实地给以批判，不要轻易见信。"①因此，在这一层面，
后人既应该以实证求真的态度纠正或廓清古史辨派的具体失误，也不应
该就此全盘否定古史辨运动的历史作用。纵观顾颉刚治学历程，也并非
始终固执疑古主张。据钱穆说，40 年代起，顾颉刚"对其早负盛誉之
《古史辨》书中所提问题，则绝未闻其再一提及。余窥其晨夕劬勤，实
有另辟蹊径，重起炉灶之用心"②。顾氏晚年孜孜从事《尚书》研究，就
是旨在重建上古信史的努力。

其二，史学观与史学方法论层面。这一层面才是古史辨运动的价值
所在。实际上，顾颉刚的古史辨运动，其苦心孤诣的是为传统史学向现
代史学的转型建构起从史学观到方法论的全新体系。他在新史学上的这
种努力，与五四以来的科学启蒙思潮显然一脉相承，后人自应从新文化
运动的场域中去把握古史辨运动的历史地位与思想价值。对此，顾颉刚
有过虽略自诩但不失平允的自我评价："予若不处五四运动时代，决不
敢辨古史；即敢辨矣，亦决无人信，生不出影响也。适宜之环境，与少
年之勇气，如此其可宝贵也。"③古史辨运动实质上是新文化运动中科学
启蒙思潮在史学领域的狂飙突进，不仅在 20 世纪上半叶的中国史学中有
不容抹杀的巨大意义，即便在中国现代思想领域也自有其一席之地。

---

① 顾颉刚：《古史辨自序》，《古史辨》第 1 册，上海古籍出版社 1982 年版，第
103 页。

② 钱穆：《成都齐鲁大学国学研究所》，《八十忆双亲·师友杂忆》，岳麓书社 1986
年版，第 209 页。

③ 顾颉刚：《任大椿之疑古》（戴震之反疑古），《顾颉刚读书笔记》第 9 卷上《愚
修录》（一），联经出版事业公司 1990 年版，第 6617 页。

对古史辨运动的这一属性与用心，章太炎似乎缺乏理解的同情与充分的肯定，他主要着眼于古史辨派"疑古太过"的结论层面，并把这种疑古取向误判为附和白鸟的"尧舜禹抹杀论"，是"随日人之后，妄谈尧禹之伪"①，故而不假辞色地一律给予抨击。诚如研究者指出，当时王国维与吕思勉也质疑与批评古史辨派，但都出于纯学术的求是层面，既不涉及民族感情与政治批判，也就不认为抹杀尧舜禹就是否定中国古代文化。②与他们不同，章太炎批判古史辨派，固然仍有纯学术层面的是非之争，但显然更基于警惕日本在军事上窥视中国与在文化上矮化中国的政治立场。

古史辨派在初露锋芒与狂飙突进的十年间，其关注焦点集中在新史观与新方法的层面，从未像章太炎那样，警觉与顾忌相关疑古结论在中日关系上可能产生的负面影响。但顾颉刚的学术观念与历史意识，也并非任何时期都自外于时代剧变与民族危亡的。抗日战争期间，他拒绝认同白鸟库吉对中国古代边裔民族的族源考证，批评"我国编教科书者袭其绪余，作确定之记载，于是彼辈之想象乃成为古代之事实"③，也正是基于民族统一的政治考量，而与国家命运休戚相关。陈学然据此质疑顾颉刚"十数年间思想转变之急速与彻底"，"不无回避、不无小心权衡取舍之意味"④，似乎未能屈折体谅史家思想因时势转移而调整转圜的苦衷

---

① 章太炎：《论经史实录不应无故怀疑》，马勇编：《章太炎讲演集》，第 227 页。

② 陈学然：《中日学术交流与古史辨运动：从章太炎的批判说起》，《中华文史论丛》2012 年第 3 期，第 341、363—364 页。

③ 《匈奴属突厥族或蒙古族问题》，《顾颉刚读书笔记》第 4 卷《浪口村笔记》，第 2121 页。

④ 陈学然：《中日学术交流与古史辨运动：从章太炎的批判说起》，《中华文史论丛》2012 年第 3 期，第 326 页。

（这种学随世转的史学取向是否正确可以商榷，却绝对不应该忽视。说到底，史学研究也绝不可能完全自外于时世转移的）。

六、顾颉刚古史辨的学术渊源

倘若不怀偏见，在考察顾颉刚疑古思潮的学术渊源时，就能发现其来源是多方面的。其中既有来自宋代郑樵、朱熹，清代阎若璩、崔述、姚际恒，乃至近代康有为、崔适、夏曾佑等一脉相承的本土资源（这是主要的），也受到了同时代胡适、钱玄同的启发与推毂。不可否认，古史辨思潮的兴起也有来自域外的影响，包括日本学界的影响。唯其如此，陈学然才能对勘出白鸟库吉与顾颉刚在疑古辨伪上多有所见略同之处。但倘若由此认定顾颉刚完全剿袭日本学界之唾余，既在证据链上有失完整，在逻辑推理上也未能自洽。实际上，无论是白鸟库吉的"抹杀论"还是内藤湖南的"加上说"，在顾颉刚以前的中国考据学中都不乏其例，只不过缺乏一种聚焦性，更没有那么理论化。

陈学然认为，存在着"一个在文化层面步迹日本，但在政治层面反抗日本的分裂的五四"。[①]那么，在文化层面，"五四"究竟是否"步迹日本"？仍以古史研究为例，纵观五四前后的中国学界，一方面固然呈现出以日本为中介引进西方与日本史学新方法与史学新观念的取向，在具体成果上中日双方也颇有殊途同归的交集（例如古史辨派的疑古辨伪与白鸟库吉的"尧舜禹抹杀论"）；另一方面察诸中国史学界，其根本

① 陈学然：《中日学术交流与古史辨运动：从章太炎的批判说起》，《中华文史论丛》2012 年第 3 期，第 357 页。

用意还是将域外传来的这些观念与方法作为中国史学从传统向现代转型时可供利用的学术资源与概念工具。进而言之，日本学界并不拥有这些史学新方法与新观念的原创权，他们也是明治维新后从欧美稗贩过来的。中国学者不过因为地理便利、语言相近，更易于从彼处获取而已。如果要说所谓"步迹"的话，中国史学界步迹的应是整个近代世界的学术新潮（李孝迁的论文对此有充分的论述），而不是简单"步迹日本"所能涵盖论定的。

另一方面，白鸟库吉在创建其古史批判说时，也受到中国近世疑古思潮的启示。石田干之助论及师说时坦承："在这点上，彼地在昔日 18 世纪时，已有崔述这样的有识之士，极大地给世人以启蒙"，揭示出白鸟古史批判说与崔述辨伪学的师承渊源，而其师不过审察到崔述"史料批判缺乏彻底性，仍有儒者固有的难以冲破的习癖"，进而引进近代西方古史批判理论，弥补了崔述辨伪学的"遗憾之处"①。

所以，论及古史辨派的学术渊源，其本土前驱应该是宋、清以迄近代的疑古辨伪诸大家，其域外师承应该追溯到近代欧美的疑古史学。据李孝迁说，这些史家主要有法国沙畹（其 1895 年的《史记·序论》已倡"尧舜禹伪造说"）、美国迈尔（其 1890 年的《迈尔通史》有 1905 年汉译节本，力主中国信史始自公元前 7、8 世纪）、德国夏德（其 1908 年的《中国古代史》认为尧舜传说"非实有其事"），这些欧美史家怀疑中国古史的论著都早于白鸟的"抹杀论"与内藤的"加上说"。而夏德史学是胡适古史观的来源之一，顾颉刚又受到胡适的启

---

① 石田干之助：《白鸟库吉先生小传》，《白鸟库吉全集》第 10 卷《杂纂》，第 532—533 页。

迪，终于凭借"适宜之环境"与"少年之勇气"，成为古史辨运动的弄潮健将。①

应该如此勾划中日两国古史批判的学术谱系与传播路径：崔述代表的中国疑古思潮直接构成了顾颉刚代表的古史辨派的学术渊源，此前也启发了白鸟代表的古史批判说；在思想方法论上，欧美近代疑古史学同样构成白鸟古史批判说与顾颉刚古史辨的西学资源；在古史辨的西学取资上，既有直接来自欧美近代史学的一手渠道，也有间接取便日本著译的中介渠道。但对白鸟库吉"尧舜禹抹杀论"为代表的中介渠道不宜无限夸大，从而否定顾颉刚为首的"古史辨"派的创见。对此，黄永年曾为顾颉刚与"疑古"学派辩护道：

> 只要看过《古史辨》第一册里顾先生的论证，就会知道这和白鸟库吉的"天地人"三才说毫无共同之处。总不能说日本人怀疑尧舜禹之后，中国人就不许再怀疑，只要怀疑就一定来自日本人，一定是抄袭。这在逻辑上也是说不通的。②

准此而论，顾颉刚的古史辨派与白鸟的古史批判说都是中国传统疑古思潮与西方近代史学方法论交汇互动而催生的产儿，尽管呱呱堕地有年代先后，倘若仿效黄宗羲的学案体例，相互间充其量不过是学侣关系而已。

---

① 李孝迁：《域外汉学与古史辨运动——兼与陈学然先生商榷》，《中华文史论丛》2013 年第 3 期，第 270—282、290—292 页。
② 黄永年：《评〈走出疑古时代〉》，《学苑与书林》，上海书店出版社 2006 年版，第 205 页。

学术界与其一味纠结在查无实据而难作定谳的"剿袭"说上，倒不妨换一种思考方式，来重新平章这段公案。自 20 世纪初叶以来，随着世界一体化趋势，即便具体到史学思潮，也已经不再可能是一国内部或两国之间的线性单向传播，而是居于一个多元网络的交错互动中，你中有我，我中有你，就像白鸟古史批判说有中国疑古传统的基因，顾颉刚古史辨派也有日本著译中介的因素。当然，古史辨派既然作为近代中国的史学思潮，其沛然初动上距五四新文化运动只有四年。究其原因，马克思的论断还是适用的："理论在一个国家的实现程度，决定于理论满足这个国家的需要的程度。"①顾颉刚正是以其"层累地造成古史观"让古史辨理论在史学观与史学方法论层面满足了 20 世纪中国新史学的理论需要。

（原载 2014 年 11 月 28 日《文汇报·文汇学人》）

---

① 马克思：《〈黑格尔法哲学批判〉导言》，《马克思恩格斯选集》第 1 卷，人民出版社 1966 年版，第 9 页。

后 编

吴 晗 三 调

这篇话题有点沉重。然而，吴晗作为一个历史学家，如果真有在天之灵，也应该理解笔者的用心，也会让自己用命运书写的历史，为后人留下一份值得深思的沉重档案。历史决不仅仅属于过去，而是为了将来，历史的解剖刀有时不得不冷静甚至冷酷！

一、吴晗逸札的本事钩沉

我在编《程应镠先生编年事辑》时，先师程应镠先生（下称其笔名流金）家人提供了一通吴晗佚札，书于国立清华大学函笺上，为 10 卷本《吴晗全集》（中国人民大学出版社 2009 年版）失收。为考述本事，先迻录如下：

应镠弟：

不但山城快叙，已同隔世也，就是我现在提笔和你通信，也是隔世了，所幸大家都还挺得住，还有这一点热，一点感情，一点力量。不但今天，就是几十年后也还可以见面，不会有生疏之感，以此自慰，并慰亡者而已。

你的文章我见到了，挽词怕要到能纪念时才用。

一多的书已和开明订了合同，最近抄写完毕即寄沪请郭老编定付印。

闻太太在平，前两天还在我处，她也开了刀，身体好多了，孩子们也都好。

内人从去年在沪开刀后，现已恢复健康。

很想暑假能到上海，有太多的事要做，只是，能不能来权不在我，这一点你是明白的。

不过，还是存这么一个希望，暑假见面，假使我还能同你见面的话。

崇候，即颂

近安。

晗上　五月十二日

（一）

在本事考释前，先有必要追溯吴晗与流金的交往前事。抗战全面爆发的当年9月，吴晗即抵云南，却迟至1940年夏初才入西南联大任教。[①]而流金在1938年9月入西南联大复学，1940年夏天一毕业即赶赴河南正

---

① 苏双碧、王宏志：《吴晗学术活动编年简谱》，《吴晗的学术生涯》，浙江人民出版社1984年版，第158、164页。

面战场。两人同在昆明虽近两年，却未见有交集记载。1944 年 9 月，流金重回昆明，应同窗故友王逊与丁则良之邀，与吴晗始有交往。据其回忆：

> 我的朋友王逊、丁则良当时是"十一学会"的负责人。我到昆明两、三天，"十一学会"有一次集会，讨论吴宓的一个学术报告，王逊和丁则良邀我去参加，我去了。我当时的印象是：这是一个互相标榜的地方。我也毫不隐讳的对王逊和丁则良说了。这次集会还有我过去的熟人翁同文，还有以后认识而成为朋友的陆钦墀参加。此外，我记得西南联大教授闻一多、吴晗、潘光旦、沈有鼎，讲师王乃樑、王佐良，沈自敏（研究生）都是这个学会的成员。①

抵昆以后，流金入云南大学执教，一方面在文学上继续追随沈从文，一方面在政治上开始与闻一多、吴晗往来密切。据其交代：

> 这两年当中，在政治上和我有关的人为闻一多、吴晗、丁则良、陆钦墀。一九四四年秋，由于丁则良的介绍，我和闻一多、吴晗认识，因此和民盟发生了关系。由于吴晗的介绍，丁则良和我曾在唐家花园整理过图书。唐家花园是民盟一个集会的地方。②

他还自承："平生有限的几位师友，吴晗同志是其中的一个。在昆

---

① 程应镠：《我和"十一学会"的关系的交代》，拙编：《程应镠先生编年事辑》，上海人民出版社 2016 年版，第 114—115 页。
② 程应镠：《"文革"交代材料》，《程应镠先生编年事辑》，第 115 页。

明时，我常去看望他。"①友人尚丁也印证了这点：

　　程应镠在西南联大，是闻一多和吴晗的得意门生，又是往来亲密的挚友。就在昆明西仓坡程应镠常去的吴晗的那间小屋里，在挂着闻一多篆书条幅前，1945 年，吴晗和闻一多介绍程应镠加入了中国民主同盟。②

　　说流金是他俩的得意门生，似有夸张，但闻一多与吴晗都是联大教授，流金毕业于该校，执学生礼应是不错的。至于流金在 1946 年加入民盟，主要受闻一多影响，与吴晗关系不大。这有其自述为证：

　　加入民盟，还是由于闻一多的影响，当我初回昆明时，闻一多还不是盟员，但他表示一定要过问政治。后来，他加入民盟了，特意告诉我他对民盟的看法，希望我也能和他一样。③

　　但抗战结束前后的两年间，对流金而言，在政治影响上，吴晗是仅次于闻一多的重要人物。

　　1946 年 5 月 7 日，吴晗因妻子袁震患子宫瘤出血，须往大城市手术，便挈妇离滇，与流金就此分袂。当年 7 月，闻一多遭暗杀，流金也上了

---

① 程应镠：《南北朝史话·后记》，《程应镠史学文存》，上海人民出版社 2010 年版，第 103 页。

② 尚丁：《遗札三复待春归》，《芳草斜阳忆行踪》，上海文艺出版社 1997 年版，第 322 页。

③ 程应镠：《"文革"交代材料》，《程应镠先生编年事辑》，第 126 页。

黑名单，只身匆促逃离昆明。

（二）

吴晗逸札主要告知纪念闻一多与出版其遗著等事宜。可以推断应是流金首先驰翰，谈及昆明别后的时局变故与出自肺腑的幽愤感慨，告知自己发表的纪念闻一多近作，抄录所作闻一多挽词，关注其遗著出版与闻太太近况，当然也问及吴晗夫人的健康。尽管来函只署月日，不书年份，但诸多旁证足以考定其作年。

首先，吴晗信中说"你的文章我见到了，挽词怕要到能纪念时才用"。流金所作纪念闻一多的文章有两篇，分别是《人之子——怀念闻一多先生》与《追念闻一多先生》。前文载于 1947 年 3 月 24 日《文汇报》，吴晗此信若作于 1947 年 5 月 12 日，在北平应能获读。后文刊在 1947 年第 5 期《人世间》上，该刊封面与版权页所列出版日期均为"中华民国三十六年七月二十日"，如果读到这篇文章，来函则只能作于1948 年。

其次，吴晗信中又说"内人从去年在沪开刀后，现已恢复健康"，即其来函不可能作于 1948 年的有力旁证。据有关谱传，吴晗夫妇 6 月辗转来沪，因梅贻琦之介，袁震在上海"顺利进行了了手术"；7 月，他在给学生信里说及"我妻子多年的病已经治好了，现在正在休养"[1]。既然说"去年在沪开刀"，足证此信必写于 1947 年。

再次，吴晗信中还说"一多的书已和开明订了合同，最近抄写完毕

---

[1]　苏双碧、王宏志：《吴晗学术活动编年简谱》，《吴晗的学术生涯》，第 187 页；苏双碧、王宏志：《吴晗传》，上海人民出版社 1998 年版，第 164 页。

即寄沪请郭老编定付印"。1982年北京三联书店版4卷本《闻一多全集》系据1948年8月上海开明书店版纸型重印，保存有开明版序跋与后记。据朱自清的《编后记》，他作为召集人与吴晗同被梅贻琦校长聘为"整理闻一多遗著委员会"七委员之一。据朱自清说："《全集》拟目请吴晗先生交给天津《大公报》、上海《文汇报》发表"，"拟目里有郭沫若先生序，是吴晗和郭先生约定的"①，可知吴晗为编印亡友遗著出力颇多。开明版郭序首句即说："最近吴辰伯先生把《闻一多全集》的稿子从北平给我寄了来，我费了两个礼拜的工夫细细地校读了两遍"②，而吴晗的跋两次引用郭沫若校读期间来信，表明郭序之作吴晗确实与有力焉。凡此，不仅坐实吴晗此函作于1947年，还提供了编印闻一多遗著的若干细节。

吴晗信中所说"最近抄写完毕即寄沪请郭老编定付印"，只是将计划安排告诉流金，其时实未抄毕，这有朱自清作于7月的《编后记》为证："我们大家都很忙，所以工作不能够太快；我们只能做到在闻先生被难的周年祭以前，将全集抄好交家属去印。"据其自记说，1947年7月3日，"校正一多文稿"；7月8日，"阅读并整理一多手稿"，9日，"写成闻集编后记。闻集前后历六周始编成"。③则朱自清作《编后记》时，《全集》应已抄毕，他编完即交吴晗邮寄时在上海的郭沫若校读作序。

至于吴晗开笔说及"山城快叙"，乃追述两人在昆明的交谊；而"已同隔世"之慨，也由来有自。1945年岁末，国民党制造了昆明一二·一惨案，抗战结束后类似事件接二连三，不啻为渊驱鱼，为丛驱雀，

① 朱自清：《编后记》，《闻一多全集》第4册，三联书店出版社1982年版，第7—8页。
② 郭沫若：《闻一多全集·郭序》，《闻一多全集》第1册，第1页。
③ 朱自清：《朱自清全集》第10册《日记编》（下），江苏教育出版社1998年版，第463—464页。

把一批接受过"五四"民主思潮熏陶的知识分子驱往左翼阵营。在支持学生反独裁争民主上,流金与闻一多、吴晗的立场日趋契合。①1946 年 7月,流金与吴晗先后或亲历或听闻共争民主的师友李公朴、闻一多相继被难的噩耗。8 月,吴晗夫妇由沪抵平;12 月,北平发生沈崇事件,再次激起学潮。1947 年春,国共和谈破裂,中共代表团撤离北平。这些活动,吴晗都积极参与,疾呼发声。值得一提的是,他也是"个人写纪念、缅怀闻一多文章最多的人"②。足见吴晗函云"已同隔世",既是有感而发,也在呼应流金"这一年里不知经历了多少风波"的感慨。③而"所幸"以下云云,尤其真切地反映了左翼知识分子的当时心态与今后取向。

吴晗信说:"很想暑假能到上海,有太多的事要做,只是,能不能来权不在我,这一点你是明白的。不过,还是存这么一个希望,暑假见面,假使我还能同你见面的话。"吴晗终于未能暑期南下,但这通伕札与流金往函,表明两人接续了中断年余的旧谊。此信以后,吴晗主动向流金约稿。据流金说:"王艮仲那时办了一个《中建半月刊》,还办了一个大型期刊叫《中国建设》。在半月刊上,吴晗要我写过一些文章。"④他还回忆道:"《文讯》是臧克家主编的,《中建半月刊》好像在北平出版,文章是寄给吴晗转去的。"⑤他的文章能刊于北平杂志,吴晗大有推挽之功;文章既由吴晗转去,双方自有函件往覆。而其后两年间,流金写作

---

① 参见拙编《程应镠先生编年事辑》1946 年相关纪事。
② 闻立雕:《从"鸟兽"横幅浅析吴晗、闻一多的友谊》,参见《狮吼虎啸永志于心:闻一多与吴晗的战友深情》,王宏志、闻立树主编:《怀念吴晗——百年诞辰纪念》,中国社会科学出版社 2009 年版,第 160—161、172—173 页。
③ 程应镠:《人之子》,《文汇报》1947 年 3 月 24 日。
④ 程应镠:《回忆大教联片断》,《上海文史资料选辑·上海民盟专辑》第 3 期(总第 119 辑),上海市文史资料编辑部 2006 年印。
⑤ 程应镠:《"文革"交代材料》,《程应镠先生编年事辑》,第 143 页。

重心从文学创作转向政论杂文，除去政情时局的客观因素，吴晗的影响不容忽视。

（三）

1947 年暑假，吴晗虽未能来沪，次年 8 月末，为躲避搜捕，却一度南下。此次沪上之行，据研究者说：

> 八月底，经地下党组织再三敦促，吴晗决定绕道上海，去香港，会合在港的民盟成员一起到解放区，响应中共中央关于召开新政协的号召。到上海后，由于去香港的飞机检查很严，不能成行。当天晚上，郑振铎来看吴晗，要吴晗行踪严守秘密，切不可以在公开场合露面。在上海期间，吴晗还会见了张澜、黄炎培、罗隆基等人。九月初，吴晗由上海回到北平，并在当天到达天津，当时袁震已在天津等候。过了两天，崔月犁便派交通员来陪吴晗夫妇到解放区去。①

但吴晗在沪活动，远不止此，大可进一步钩考与补充。据吴晗后来回忆说：

> 1948 年 8 月间，我又到上海了。原来准备第二天就乘飞机到香港，和在香港的朋友一道进入解放区的。不料当天的报纸就登载了到香港买飞机票得凭相片的消息，香港是去不成了。当天晚上西谛（郑振铎）先生就来看我，并立刻用电话通知了一些朋友，一起在

---

① 苏双碧、王宏志：《吴晗学术活动编年简谱》，《吴晗的学术生涯》，第 191 页。

一个朋友家吃饭商量办法。这次我在上海停留了个把月。他谆谆告诫，行踪一定要严守秘密，切不可在公开场合露面。①

但流金也曾与南下的吴晗晤面，他在"文革"期间已有交代：

> 大教联这时会员还不多，集会多在培成中学，有时在青年会大楼，有时麦伦中学。我参加过的还有两次集会，一次是欢迎吴晗的，在麦伦中学举行。一次是欢迎周建人的，开会是在青年会九楼。前一次集会，到的人数不多，吴晗问我："孙大雨怎么样？"我把我参加大教联是由孙大雨介绍的事告诉了他，吴晗对孙大雨也过问政治的事感到惊异。②

直到晚年，流金仍回忆道：

> 1948年夏天，吴晗从北京来上海，住在他的弟弟春曦家里。大雨先生通知我，大教联要请吴晗谈谈北京的情况，夜里在麦伦中学开会。我们都住在现在四平路的新绿村，当时叫做其美路。我和大雨从其美路雇了一辆三轮车去麦伦中学。会议由沈体兰主持。吴晗讲了北京的情况，主要是清华、燕京和北大的教授们对时局的看法，反对蒋（介石）是主流。他特别提到了张奚若先生和金岳霖先生，

① 吴晗：《1946、1948我的两次沪上之行》（此文10卷本《吴晗全集》也失收），《上海文史资料选辑·上海民盟专辑》第3期（总第119辑），第91页，上海市文史资料编辑部2006年印。但吴晗追记抵沪日期为"1948年8月间"却是记忆失误，详见下述。

② 程应镠：《"文革"交代材料》，参见拙编《程应镠先生编年事辑》，第138页。

还有北京大学的樊弘与曾昭抡，燕京的严景耀和雷洁琼。潘光旦先生和费孝通，在吴晗看来，是不用说的了。……吴晗来上海之后就去了解放区，我在来喜饭店请他吃饭。这一年，他正四十岁，我说："就算是为你祝寿吧。"席上有春曦，好像还请了陈仁炳作陪，他们两人同年，因此一直留在我的记忆中。我和吴晗说了我所知道的大教联的情况，对于孙大雨这样走出艺术宫殿颇使他感到喜悦。①

流金的回忆没有提供吴晗南下的具体日期，但吴晗另一友人黄裳却有明确记载：

> 1948 年夏秋之际，北平的白色恐怖日益严重，他也好久没有信来了。9 月 10 日，我突然接到了一封信，是本市寄出的。知道他已经来到上海，真使我惊喜，当夜就赶去了访问。这是我第一次见到吴晗。

黄裳还保存着吴晗这封信：

> 六日到沪小住。因路径不熟，迄未奉谒。今晚倘有暇，乞过余庆路一八二号王宅一谈为快。即颂著安。弟旧史上。十日。②

---

① 程应镠：《回忆大教联片断》，《上海文史资料选辑·上海民盟专辑》第 3 期（总第 119 辑），第 163 页。

② 黄裳：《过去的足迹》，《黄裳文集》第 3 卷《珠还卷》，上海书店出版社 1998 年版，第 329—331 页。此信《吴晗全集》第 10 卷《书信》也收入，但不知何故，系年却仅标"1948 年 9 月×日"，而不采纳黄裳提供的"十日"之说。

　　此信表明吴晗应在 9 月 6 日抵沪。①黄裳的同篇文章还说："吴晗这次南来，前后勾留了一个多月。最盛大的一个节目是由郑振铎、叶圣陶招待他玩了一次苏州，我也一起陪了去。"这在叶圣陶日记里也有明确的记载。②

① 张友仁：《学者和战士——深切怀念吴晗老师》也说："吴晗老师于 9 月 6 日乘飞机到达上海，本来准备次日就乘飞机到香港去和在香港的同志们一起进入解放的，不料看到当天的报纸上登载的消息说去香港的飞机票一律要凭照片买，上了黑名单的他只好不走香港了。在上海，吴晗老师不好露面，隐姓埋名地在余庆路182 号《中国建设》发行人王艮仲的宅中蛰居了一个多月"（王宏志、闻立树主编《怀念吴晗：百年诞辰纪念》，第 214 页）。而叶圣陶日记既坐实了张友仁提供的吴晗抵沪日期准确无误，也佐证了吴晗回忆抵沪当日与郑振铎等餐叙的详实可信，据其九月六日记说："将放工时，忽接王艮仲电话，谓辰伯来沪，欲与余相晤，将以车来接。候之至七时许，车始至，又迎（郑）振铎及辰伯之弟春曦，遂至艮仲家。辰伯两年之别，精健弥甚。谈平地近状，亦谈佩之全集。旋饮黄酒。食罢复谈。及驱车到家，将十二时矣。"（《叶圣陶集》第 21 册《日记（三）》，江苏教育出版社2004 年版，第 311 页）"佩之全集"即指朱自清（字佩弦）全集。
② 叶圣陶日记多次叙及吴晗在沪期间的社会活动，颇能反映出吴晗作为斗士与学者的双重面相：九月十九日，"方饭时，杂志聚餐会以电话来招，遂赴钱业公会。辰伯亦在，诸友向致欢迎。二时半散，与辰伯至我店谈话，议及佩弦全集出版事。"（同上《日记（三）》，第 314 页）次日"傍晚，与（高）祖文、辰伯、仲华、仲足、翼云饮于马上侯，言谈无禁，甚为畅适。十时散。"廿二日"傍晚，至《观察》社，应储安平之招。到者有辰伯、祖文、张季龙、张絅伯、施复亮、叶笃义，盖以辰伯来沪，邀友闲谈。辰伯谈北平搜捕学生情形，絅伯、季龙谓于上海被拘学生，宜使少受冤屈。次及其他时事。聚餐而散。"（同上《日记（三）》，第 315 页）廿六日，"至辰伯寓所，应其招饮之约。到者仲华、仲足、振铎、祖文、黄裳。辰伯义乌人，近自其家运来陈酒一坛，乃邀诸友共尝。七时举杯，辰伯之弟春曦及弟妇亦能饮，全座酒徒，所饮不少。春曦谓其兄四十岁，适来沪，亦称庆之意。"（同上《日记（三）》，第 317 页）廿九日"傍晚，在店中四楼小饮，外客有辰伯、振铎、祖文、黄裳四人，同人六人。连饮两小时，谈话又一小时，始散。"（同上《日记（三）》，第 318 页）这是叶圣陶在开明书店设席招待吴晗。时隔一天，叶圣陶十月一日日记云："七时半至车站，应高祖文之招游苏州，同游者振铎、（周）予同、辰伯、黄裳。至则诸君几皆先到，唯予同未来，不久亦偕许杰同来。"列车十点半抵苏，当日一行同游了木渎与灵岩，次日游狮子林、西园与虎丘，午后乘特快"二时即抵沪"（同上《日记（三）》，第 318—320 页）。据黄裳说："苏州回来以后不几天，他就又回到了北平，随即转到了解放区。"（《过去的足迹》，《黄裳文集》卷 3《珠还卷》，第 332 页）而叶圣陶在其后十月十日与廿八日日记里分别记有郑振铎与黄裳招饮事，吴晗确实再未到场，以郑振铎、黄裳与吴晗交谊之厚即可推测，吴晗应在十月三日至九日间离沪返平的，这与前文所引他事后回忆"我在上海停留了个把月"恰相契合。

据此，吴晗应是 1948 年 10 月初由沪返平转津再去解放区的，而绝非研究者所说的 9 月初。

流金自 1947 年来沪后，对盟员身份秘而不宣，他在沪接上关系也与吴晗南下有关。据知情者说：

> 因为程应镠来上海后没有参加民盟的组织生活，所以，我一直不知道程应镠是民盟盟员。在我负责上海民盟地下组织之后，吴晗通过他弟弟吴春曦，把程应镠的盟组织关系转到我这里，我才和他取得联系。①

流金自述与吴晗关系说，昆明"分别之后，又还通信，虽然不多"②。这种不多的通信断续延至 20 世纪 60 年代，但唯有前引那通吴晗佚札，历经劫难而幸存至今，从中颇能窥见吴晗从书斋型学者向反专制斗士转化的心迹与遗事，这种转变在那代学人中绝非个例，而具有相当的代表性。

二、吴晗自述语境中与胡适关系的蜕变

1954 年，举国开始胡适思想的批判运动，胡适在大陆的许多弟子与友人，或主动，或被迫地投入了这一大潮，其中包括众多后来被学界尊为大师的人。但吴晗却始终没写批判文章，在那场大合唱中宣告缺席。

---

① 尚丁：《遗札三复待春归》，《芳草斜阳忆行踪》，第 323 页。
② 程应镠：《南北朝史话·后记》，《程应镠史学文存》，第 103 页。

对于这事，吴晗友人的说法颇不一致。黄裳认为："说他是念旧情殷可，说他未能划清界限也未尝不可。"①但据另一好友夏鼐说，吴晗"后来也不讳言自己是胡适的学生，不过在政治觉悟提高后便'反戈一击'了"。②言谈之间，对故人"反戈一击"颇不以为然。不过，夏鼐没有说吴晗是在何时"反戈一击"的。另据与吴晗有同门之谊的罗尔纲回忆，1952年思想改造运动时，吴晗的夫人袁震曾当着吴晗的面对罗尔纲说："你和吴晗都是给胡适思想影响很深的，必须好好改造。"吴晗当即说："联大从昆明搬回北京后，我做胡适工作，可他顽固不化，我的脚就不再踏上他的客厅了。"罗尔纲据此认定，吴晗"于解放前三年就与胡适断交，划清界限"。连吴晗在内，四个人四种说法，让人颇有罗生门之感。

及至1966年，在批判吴晗的高潮中，有人写过一篇《吴晗与胡适》的文章，旨在通过揭露他与胡适的关系，制造打倒他的重磅炸弹。如今，吴晗本人业已成为20世纪中国政治与文化的研究对象之一，他与胡适的关系，折射出中国政治与学术互动纠葛的复杂内涵。在这个问题上，吴晗自己的言论是最有说服力的。记忆心理学认为，当事者的回忆，总不由自主地进行筛选，过滤掉一部分自己不希望保存的东西，凸显出自己希望张扬的东西。这应该是考察分析吴晗自述与胡适关系时的主要准则。

这里试图根据吴晗的书信、讲话与文章等自述性文献，重新梳理他与胡适的学术关系，在其话语表述中是如何随世推演的，从而揭示20世纪中后期史家与时世之间的特殊面相。

---

① 黄裳：《吴晗全集序》，《吴晗全集》第1卷，中国人民大学出版社2009年版，第2页。
② 夏鼐：《我所知道的史学家吴晗同志》，《吴晗全集》第1卷，第42页。

（一）

1950 年，吴晗发表过一篇自传体的文章，关于胡适是这么说的：

> 在中国公学的最后一学期，写了一篇论文《西汉的经济状况》，卖给大东书局，得了 80 元稿费。这篇论文是在胡适之的中国文化班上写的，他很赏识。这学期结束，胡适之被迫离校，在那时候，他是反对蒋介石的。他一走，我想在中国公学再念下去也无聊，刚巧有了这笔稿费，就糊里糊涂跑到北平。……1931 年夏天考进清华大学历史系二年级。还是由胡适之介绍，系主任蒋廷黻给我一个工读生的机会，每天工作 2 小时，每月得 15 元的报酬。①

吴晗在 1929 年秋季升入中国公学大学部，胡适作为校长，给他上过"中国文化史"课。次年 5 月，胡适辞去校长之职，他与吴晗仅有两个学期的师生关系。当时，胡适已是名满天下的学界领袖，吴晗只是初入大学的及冠学子，前者的著作与教学都对后者起一种启蒙作用。1930 年 3 月 19 日与 6 月 29 日，吴晗在中国公学时给胡适写过两封信，前信请教有关法显《佛国记》的问题，后信则讨论曹雪芹生平与生卒，明显受到胡适佛教史研究与《红楼梦》考证的影响。他在给胡适的第一封信里说："除了先生以外，我实在想不出一个比先生更能用科学的方法来解决和指导路径的人。希望先生能花几分钟的工夫给我一个回信。"②应该

---

① 吴晗：《我克服了"超阶级"观点》，《吴晗自传书信文集》，中国人事出版社 1993 年版，第 24—25 页。
② 吴晗：《致胡适》（一），《吴晗全集》第 10 卷，第 125—126 页。

说这是他向胡适求教的肺腑之言，后学面对名师大家的志忒之情也溢于言表。后信是在获悉胡适辞职北上仅月余后写的，信尾附笔道："我下半年要转学到北平燕京大学去读历史系，想请先生写一封介绍信，不知可以吗？"①胡适是否代为介绍不得而知，但吴晗在胡适走后就要转学燕大，显然有追随北上的意味在。因而吴晗在 1950 年说，"他一走，我想在中国中学再念下去也无聊"，是真实的想法；而自称"糊里糊涂跑到北平"，却是言不由衷的讳饰之语，他已不想暴露当初北上的真实动机。但直到此时，吴晗还是承认胡适在学术上对他的重大影响，把胡适对他"很欣赏"保存在记忆深处。②他在 1954 年批判胡适思想时保持沉默，应该与这种回忆不无关系。黄裳说他对胡适"念旧情殷"，"未能划清界限"，却都是言之有据的。由此看来，1952 年吴晗对罗尔纲说的那番话，一方面固然有与胡适在政治上撇清的考虑在，另一方面，吴晗从抗战后期起明显左转，以至引来国民党方面"吴晗诺夫"的绰号，胡适也对人说过"吴晗可惜，走错了路"③，因政治观点上"君向潇湘我向秦"，吴晗从昆明回京后与胡适少有往还，也应不虚；但对胡适学术对自己的影响，并未一笔抹杀。故而罗尔纲说他在解放前三年就与胡适划清界限，则未免过早。

1957 年吴晗在其《自传》里再次述及与胡适的关系，一方面仍然

① 吴晗：《致胡适》（二），《吴晗全集》第 10 卷，第 128 页。

② 千家驹《缅怀吴晗同志》说："新中国成立以后的吴晗，再也不是抗战以前埋头读书不问世事的了。但他对胡适还是敬仰的，书房里挂着胡适赠给他的一副对联，大意是'大胆假设，小心求证'之类的话。"（王宏志、闻立树主编：《怀念吴晗：百年诞辰纪念》，第 21 页。）但这一回忆可靠性值得存疑：胡适当时被新政权列为战犯，吴晗似不可能悬挂胡适书赠的对联。

③ 转引自苏双碧、王宏志：《吴晗传》，上海人民出版社 1998 年版，第 216 页。

保持着 1950 年的口径："学年论文《西汉经济状况》胡适很赏识，介绍大东书局出版"；"插班进清华历史系二年级，没有钱上学吃饭，胡适介绍我找清华历史系主任蒋廷黻。"但另一方面，在学术影响上，吴晗已经有意识地作自我批判，他回忆 30 年代在清华求学与任教的经历说：

> 选课也只选中国史方面的，受陈寅恪影响很大。受胡适、顾颉刚、傅斯年的思想影响都很大。虽然和他们的往来并不多，读他们的文章却很多，治学的方法，以至立场基本上是胡适的弟子。胡适和陈寅恪的考据，顾颉刚的疑古，都在我这时期的著作中留下深刻的烙印。虽然因为和另一些人接触，在文章中出现了一些经济基础社会背景的话，遭到他们的斥责，但是他们仍然很看重我，以为将来一定可以成为如他们所期望的资产阶级的学者。①

虽然不得不承认"基本上是胡适的弟子"，受胡适、陈寅恪与顾颉刚的影响，但"深刻的烙印"等用语不再有自炫的成分，明显有逃离倾向。与此同时，不但在人际关系上声明"和他们的往来并不多"（是否如此，下文分解），而且强调在学术观念上与胡适等人的分道扬镳，以至"遭到他们的斥责"云云。夏鼐所说吴晗 1949 年后"也不讳言自己是胡适的学生"，大致持续到 1957 年反右以前，当然，其间已有从暗自肯定到有意疏远的重大转变。尽管如此，对胡适的学术给自己的影响，吴晗尚未全面否认。

---

① 吴晗：《吴晗自传》，《吴晗全集》第 1 卷，第 91—92 页。

1957 年反右以后，吴晗再次提到胡适是 1962 年 7 月与《北京日报》记者关于研究历史的谈话。在这次谈话中，吴晗从自己学历史谈起，一再强调"我是自学的，过去自学，现在自学，没有跟过任何老师。这话说来不大合理，我上过小学、中学、大学，为什么还要说没跟过老师？"关于大学，他这样说：

> 旧制中学四年读完，不能直接上大学。以后到杭州之江大学念了一年，又到上海中国公学念了一年。这时（1929 年）我写了一篇文章《西汉的经济状况》，卖给大东书局，得到 80 元稿费。拿到这笔钱后，我就于 1930 年跑到北京来考大学。……后来清华大学破例收我作插班生，我进了史学系二年级。

行迹编年依旧，但胡适、陈寅恪、顾颉刚与蒋廷黻等对这段经历起过关键作用的人物，却作了虚化处理。谈话另外几处尽管还提及他们，口吻却与此前大相径庭：

> 当时史学系主任是蒋廷黻，一个十足的洋奴，他上课用洋文，连对老婆讲话也用洋文，中文不通，不能写。他的文章都是由胡适改了发表，因为不通。
>
> 我跟陈寅恪先生还学了三年，听他讲隋唐史。他研究得很细，如唐代李姓考，也没有学到什么。
>
> 三十年代，我进清华大学读书时，教师中没有一个人研究明史，全国也没有人研究。明史知识，我是靠自学得来的。
>
> 胡适之做过我教师，没给过我什么。我没有从蒋廷黻那里得到

什么知识。我之有些知识，主要靠自学。①

作为一个经过大学专业训练的历史学家，吴晗当然深知大学主要靠自学，但名师的点拨开悟在其间却起关键的作用，而这种指点主要在方法上，未必一定要在明史之类的具体知识上。这段强调自学的谈话，意在否认与胡适等人的学术渊源。对清华园里有"教授的教授"之称的陈寅恪，以吴晗的学养不会掂不出其学术分量。他在1957年《自传》中虽欲保持距离，尚且承认陈寅恪的考据给他的著作"留下深刻的烙印"，但到这年却说从他那里"也没有学到什么"，哪种说法更符合实际，不言而喻。当然，后一说法，与"大跃进"时代郭沫若号召历史系大学生超过陈寅恪，以及主流史学不认可陈氏史学观念也是息息相关的。

我们还是主要围绕着他与胡适的关系，从其书信来梳理两个问题：其一，在私人关系上是否"往来并不多"；其二，在学术关系上是否"没给过什么"。

（二）

先来看第一个问题。吴晗的学术天分在中国公学的一年里就引起了胡适的关注，故而在1931年5月6日给吴晗的第一封回信劈头就说"我记得你，并且知道你的工作。你作《胡应麟年谱》，我听了很高兴"②。这一年的师生关系对吴晗走上史学之路至为关键。但吴晗北上转学燕京大学的愿望落空，这是因为他在中国公学的英文成绩为C，便由顾颉刚

---

① 吴晗：《吴晗谈历史研究》，《吴晗自传书信文集》，第222—223、228、234页。
② 杜春和等编：《胡适论学往来书信选》，河北人民出版社1998年版，第596页。

推挽暂入燕大做图书馆员。次年，吴晗报考北大与清华的二年级插班生，第一志愿显然冲着在北大任文学院长的胡适去的。考试过后，吴晗去见胡适，其时他因备考早就辞了燕大图书馆的工作，还把弟弟接来北平报考辅仁大学附中，经济上捉襟见肘，陷入困顿。这次会见，吴晗在1931年8月8日致杨志冰信中有所披露："犹记月前往适之师时，渠时适知生窘状，曾询生以需钱用否。如欲钱用，彼言时即手取钱袋欲以相授，生当时谢绝。"①8月发榜，吴晗终因数学零分而与心仪的北大失之交臂，却被清华大学录取。这一结果，吴晗自称"恰如'食之无味弃之可惜'之喻"，其原因首先当然是胡适在北大，其次"盖因在清大校内谋事极为不易"，而他则必须通过工读自筹与弟弟两人在京求学的全部费用，故而他自称"遂处于极端为难进退狼狈之地位"。进退两难之际，吴晗又去找胡适，胡适"劝他决定入学"，并慨然允诺给予帮助。胡适没有食言，8月19日他亲自致函清华代校长翁文灏与教务长张子高：

> 清华今年取了的转学生中，有一个吴春晗（按：吴晗原名），是中国公学转来的。他是很有成绩的学生，中国旧文史的根底很好。他有几种研究，都很可观；今年他在燕大图书馆做工，自己编成《胡应麟年谱》一部，功力判断都不弱。此人家境甚贫，本想半工半读，但他在清华无熟人，恐难急切得工作的机会。所以我写这封信求两兄特别留意此人，给他一个工读的机会。他若没有工作机会，就不能入学了。我劝他决定入学，并许他代求两兄帮忙。此事

---

① 吴晗：《致杨志冰》（四），《吴晗全集》第10卷，第115页。此信《全集》本未系月，经考应为8月，参见本书《〈吴晗全集〉自传书信的系年与校点》。

倘蒙两兄大力相助，我真感激不尽。附上他的《胡应麟年谱》一册，或可觇他的学力。①

胡适还在附言里特别吁请："他的稿本可否请清华史学系、中国文学系的教授一阅？也许他们用得着这样的人作'助手'。"翁文灏收信后即批办云："子高先生：此事请与冯、蒋二君一商如何。弟文灏上。"②冯即文学院长冯友兰、蒋即史学系主任蒋廷黻。足见胡适说项函所起的决定性作用。对这次求助，吴晗在8月27日致杨志冰信中说：

> 前日往见适之先生，云已崦函清大校长翁文灏、文学院长冯友兰及史学主任蒋廷黻诸先生，并生所撰之《胡应麟年谱》送交清大，嘱为生在清大觅一位置，已得答复，允为在史学系找一工作，名义为助教或其他未定，工作为整理大内档案，报酬至少为维持生活云云。适之师又恐生钱不够用，另借40元为入学后购书之费，并嘱安心入学，一切事渠又设法。盛意深情令生愧怍无地。③

由于胡适的推荐，吴晗在到清华报到时受到特别的待遇，这也有他1931年9月9日致杨志冰信为证："9日晨晤教务长张子高先生及史学系主任蒋廷黻先生，俱以胡师曾函托关照，对生甚为青目。关于工读事，蒋氏已定于下周开教务会议时以史学系名义通过，此不过手续关系，其

---

① 胡适：《致翁文灏、张子高信》，耿云志、欧阳哲生编：《胡适书信集》上，北京大学出版社1996年版，第555页。

② 此批语录文据胡适此函影印件，见张友仁：《学者和战士——深切怀念吴晗老师》，王宏志、闻立树主编：《怀念吴晗——百年诞辰纪念》，第199页。

③ 吴晗：《致杨志冰》（四），《吴晗全集》第10卷，第117页。

实毫无问题。"①由于胡适的关系，其工读事一路绿灯，不过履行手续而已。胡适鼎力相助他入学清华，并顺利解决工读手续。如此亲密的关系，恐怕绝非如其后来所说的与胡适"往来并不多"。

（三）

再来看第二个问题。吴晗在入学次日致信杨志冰说："清大环境之佳为国内第一，水木清华软红不起，自幸得此仙境，此生差为不虚。三年内已定崇攻明史，秦汉史则以积习已深，暇中犹复不能忘情，然已降作附庸，要终不能与和尚皇朝有休踮峙矣。"②由此可见，吴晗当时的史学兴趣主要在秦汉与明代两段，他此前撰写《西汉的经济状况》与已着手做的《胡应麟年谱》，都不过是初入史学之门的尝试而已，其立志治明史，当在入学清华以后。这一决定，固然与其本人学术旨趣有关，但与胡适关系极大。吴晗入学三天，9月12日，胡适即致信说："蒋先生期望你治明史，这是一个最好的劝告。"这与其说是蒋廷黻的劝告，还不如说是胡适为吴晗在设计今后的学术方向。他接着说明了之所以让吴晗专治明史的理由（信中着重号为胡适原信所加）：

> 秦汉时代材料少，不是初学所能整理，可让成熟的学者去工作。材料少则有许多地方须用大胆的假设，而证实甚难。非有丰富的经验，最精密的方法，不能有功。明代历史，材料较多，初看去

---

① 吴晗：《致杨志冰》（四），《吴晗全集》第10卷，第115页。此信《全集》本未系月，经考应为8月。
② 吴晗：《致杨志冰》（六），《吴晗全集》第10卷，第119页。此信《全集》本未系月，经考应为9月。

似甚难，其实较易整理，因为处处脚踏实地，但肯勤劳，自然有功。凡立一说，进一解，皆容易证实，最可以训练方法。

这是胡适在深思熟虑后以一个学术前辈对史学后进的中肯指示。不仅如此，胡适在信中还答复了吴晗的问学，共有五项，更是对吴晗治明史的直接指导：

你问的几项，大致可以解答如下：

（1）应先细细点读《明史》；同时先读《明史纪事本末》一遍或两遍。《实录》可在读《明史》后用来对勘。此是初步工作。于史传中之重要人的姓名、字号、籍贯、谥法，随笔记出，列一表备查，将来读文集杂记等书便不感觉困难。读文集中之碑传，亦须用此法。

（2）满洲未入关以前的历史，有人专门研究；可先看孟森（心史）《清开国史》（商务）一类的书。你此时暂不必关心，此是另一专门之学。谢国桢君有此时期史料考，已由北平图书馆出版。（孟心史现在北大。）

（3）已读得一代全史之后，可以试作"专题研究"之小论文（Monographs）；题目越小越好，要在"小题大做"，可以得训练，千万不可作大题目。

（4）劄记最有用。逐条必须注明卷册页数，引用时可以复检。许多好"专题研究"皆是劄记的结果。

（5）明代外人记载尚少，但如"倭寇"问题，西洋通商问题，南洋问题，耶稣会教士东来问题，皆有日本及西洋著述可资参考。

蒋廷黻先生必能指导你，我是全外行。①

对照吴晗 1962 年那番谈话，有必要指出三点。其一，吴晗进清华时，明史绝非如他所说"全国也没有人研究"，胡适提到的孟森就是大家。其二，从胡适推重蒋廷黻在明代中外关系史方面"必能指导你"，蒋氏作为清华大学史学系主任，其史学绝对不是吴晗后来鄙夷的那么糟糕，他当时在中国近代外交史方面已有独具识见的论文发表，其代表作《中国近代史》成书虽在其后七年，观其书，也不能说他"中文不通"，更不能说"没有从蒋廷黻那里得到什么知识"。恰恰相反，直到上世纪 80 年代，著名学者仍高度评价学生时代从蒋廷黻那里获得的教益："系主任蒋廷黻先生专攻中国近代外交史，考据与综合并重，更偏重综合。蒋先生认为治史必须兼通基本的社会科学，所以鼓励历史系的学生同时修读经济学概论、社会学原理、近代政治制度等课程。在历史的大领域内，他主张先读西洋史，采取西方史学方法和观点的长处，然后再分析综合中国历史上的大课题。"②其三，在吴晗成才之路上，蒋廷黻颇有伯乐之功。据何炳棣说："蒋先生另一培植清华历史系所需人才的办法，是给予有研究能力的助教以三年左右的时间去准备开新课。如同 1934 年秋我入学时，吴晗已先此升为教员，正式开讲明史新课了。他同时还协助蒋先生指导高年级及研究生有关清代制度及内政问题的研究。"③对照 1962 年吴晗谈话中对其的评价，无乃太罔顾事实。

再来说胡适，无愧名师大家，对吴晗治明史的指导要言不烦，开示

① 胡适：《致吴晗》，《吴晗全集》第 10 卷，第 140 页。
② 何炳棣：《读史阅世六十年》，广西师范大学出版社 2009 年版，第 68 页。
③ 同上书，第 69 页。

到位。他不仅从大处指点吴晗，甚至连论文中对历史人物"不宜多用表字"等细节都逐一指出。

而吴晗既经点拨，豁然开朗。他在两周后给胡适的信里就坦承从胡适那里获得的启示与教益：

> 上次先生所指示的几项，读后恍如在无边的旷野中，夜黑人孤，骤然得着一颗天际明星，光耀所及，四面八方都是坦途。在上星期已托人买来了崇文本的《明史》，逐日点读，另外做了几千张卡片装了几只匣子，分为（1）人名（2）书名（3）纪事三种，按类填定，比较复杂的就写上札记簿，准备先把《明史》念完后，再照先生所指示的逐步做去。①

吴晗在 1932 年 4 月 24 日给胡适信中又说："这半年来读《明史》发生了无数的问题，其中最叫人疑心的一个是胡惟庸事件。"②这也证明他后来撰著《胡惟庸党案考》，是遵循胡适"细细点读《明史》"的产物。

总之，吴晗专志于明史，在史学方向与治史方法上，多得胡适设计与指教。胡适爱才若渴，几乎逢人说项，当时的吴晗对此是感铭在心的，这也有他 1931 年 9 月 18 日给胡适的信为证：

> 从（罗）尔纲兄处得到先生勉谕的话，非常感激，同时又惭恨自己过去的不长进。我不敢向先生说一些"道谢"的浮文，只是时

---

① 吴晗：《致胡适》（七），《吴晗全集》第 10 卷，第 138 页。
② 吴晗：《致胡适》（十），《吴晗全集》第 10 卷，第 146 页。

时刻刻警戒着自己，使他日不致辜负先生的期望和好意。①

1934年6月24日，胡适在《赠与今年的大学毕业生》里提及，中央研究院历史语言研究所所长傅斯年"在暑假前几个月就要和清华大学抢一个清华史学系将毕业的高材生"②，胡适揄扬的这位高材生就是即将毕业留校的吴晗。不久，《清华年刊》登出了吴晗的毕业照，上有吴晗题字云："大胆的假设，小心的求证，少说些空话，多读些好书——录胡适之先生语"③，真切表明胡适对他学术宗旨与治学方法的深刻影响，而他也确实以此为荣。两相对照，吴晗在1962年谈话中一再强调在学术上胡适对自己"没给过什么"，显然是欺心之论。

综上所述，吴晗自述与胡适的关系，其语境明显有一个演变的过程。1949年以前，他对自己与胡适在学术与人事的双重关系上从未否认过。1950年，他在与胡适的人际关系上开始有意识的遮蔽，包括他向罗尔纲强调与胡适中止私人往来的表白。在学术关系上，吴晗虽仍承认胡适的影响，但已转向了自我批判。他在《我克服了"超阶级观点"》里说："由于受了胡适之极深的影响，治学钻到考据的牛角尖里去，也就不会有什么好的成绩了。"实际上，吴晗在明史上最好的成绩，且不论《朱元璋传》，仍是《胡惟庸党案考》与《明成祖生母考》那些深受胡适影响的考据论文。较之1950年，吴晗1957年反右前夕的《自传》，在人际关系上采取有意疏离的态度，在学术关系上，虽然还不得不承认胡适的影响，却已明确

---

① 吴晗：《致胡适》（六），《吴晗全集》第10卷，第137页。
② 苏双碧、王宏志：《吴晗学术活动编年简谱》，《吴晗的学术生涯》，第144—145页。
③ 苏双碧、王宏志：《吴晗传》，第56页。

采取批判的态度，开始了夏鼐所说的"反戈一击"。至于到 1962 年，吴晗就完全罔顾事实，在学术关系上也矢口否认了胡适的重大影响。

1949 年以后，吴晗对昔日导师从违心之论到欺心之论，与他对最高领袖从输心之语到输忠之语，两者在强度上都呈现出与时俱进的态势，最终定格在 1962 年的那番谈话中。在那篇谈话中，吴晗再次提到最高领袖对他的《朱元璋传》"提了许多宝贵的意见"。然而，历史也真够吊诡的。也就在这年，那桩关于海瑞的公案正在酝酿中。

三、《吴晗全集》自传书信的系年与校点

2009 年，在吴晗诞生一百周年之际，中国人民大学出版社出版了由常君实辑集的 10 卷本《吴晗全集》（下称《全集》），与 1988 年北京出版社 4 卷本《吴晗文集》相比，这是迄今为止吴晗著作最完整的结集，可谓功德无量。我在使用过程中，发现第 1 卷所收《吴晗自传》与第 10 卷所收吴晗书信，在系年与校点上，尚有值得斟酌处。既然研究现代中国知识分子，研究"文化大革命"史，吴晗都是一个绕不过去的重要人物，对与吴晗有关的细节考订，也是必要的功课。故不避饾饤，录下私见，未敢自信，质诸方家。

（一）《吴晗自传》的写作年份

《全集》所收《吴晗自传》未标作年。该《自传》选自苏双碧主编《吴晗自传书信文集》（中国人事出版社 1993 年 12 月第 1 版，下称《书信》），苏双碧在《前言》中认为："这份自传大约写于 1956 年，好像是为了向组织上汇报个人历史简况而写的"，其依据或因该《自传》分

三个时段，而第三段为"1948—1955"，故推断其写于1956年。但该《自传》末段说："今年2月以后，增加了副市长，工作专业化了"，而《全集》第10卷有其1957年7月24日《关于北京市教育、卫生、文化工作的报告》，说明吴晗作为副市长专管教卫文应是1957年事。而且《自传》结尾表示："努力作一个好党员，好干部，人民的好勤务员"，则写《自传》时吴晗已是中共预备党员或中共党员。而据苏双碧、王宏志《吴晗学术活动编年简谱》（收入《吴晗的学术生涯》，浙江人民出版社1984年版），吴晗是1957年3月被批准加入中国共产党的。故该《自传》有两种可能，或即其加入共产党之际交给党组织的自传底稿，或是其入党不久"向组织上汇报个人历史简况而写的"，但既然自称要"努力作一个好党员"，则必写于1957年3月入党之际或其后不久，似不可能写于1956年。

（二）关于致杨志冰信的系年

《全集》所收吴晗致其桑梓师长杨志冰的书信，都录自苏双碧主编的《书信》，两书系年却略有异同，《全集》本或有自己的判断，故而笔者考证也兼及两者。

《致杨志冰》（一），《全集》本系年作1930年×月×日。信中有云："义乌朱一新先生之《拙庵丛稿》，生前为颉刚师求得一部。"查台湾联经版《顾颉刚日记》，涉及朱一新者唯二条。其一为1928年顾颉刚记游朱一新广雅书院旧址，时在吴晗结识顾颉刚以前，与此事无涉；其二为1930年12月2日云："春晗、余逊来。看朱一新集。"春晗即吴晗原名，顾颉刚在吴晗来下即记"看朱一新集"，当是吴晗为其送来久求未得的朱一新集，当天翻阅把读之故，故此信当写在1930年12月2日后，月末之前。

《致杨志冰》（二），《全集》本系年作 1930 年×月 23 日，《书信》本作 1931 年 8 月 23 日。该信有云："曦弟于 18 日到平"，"现拟令其报考师大附中及辅仁大学附中二校"。"曦弟"即吴晗之弟吴春曦，1931 年应吴晗之召赴北平来考二校附中，这有吴晗《致杨志冰》（四）（《全集》本系年作 1931 年×月 8 日，《书信》本作 1931 年 8 月 8 日）可以印证："盖生初愿考入北大后觅一相当位置约六七十元者，以供二人学业。此事已有成议，故敢飞函令曦来平。"据上引《吴晗自传》，吴晗 1930 年"暑期到北京考大学，来晚了，北大已经考过"，次年即 1931 年暑期再考北大与清华，终因数学零分而落榜北大，为清华所取，故此信不当系于 1930 年，而仍应系作 1931 年。其《致杨志冰》（四）复云："生本届报考北大、清华二校，一挨一取，系 7 月 13 日至 15 日北大考试，……余项均佳，唯数学已抛荒久，致考零分，以是遂致被摧。清华自 16 考至 22 日，……8 日发榜录取，入学证亦已正式送来矣"，所说应是 8 月 8 日。但吴晗"飞函令曦来平"与"曦弟于 18 日到平"，应在 7 月二校开考以前，因其原以为考取北大颇有胜算；而不可能在北大落榜而清华录取后的 8 月（倘若 8 月 23 日发函，吴春曦接函来京，已经开学在即，岂能赶上报考师大及辅仁大学附中），据其《致杨志冰》（四）自陈："盖因在清华校内谋事极为不易，即谋得亦属笺笺稿费，又不能有固定收入"，不能解决他与曦弟的学费，决无可能再贸然"令曦来平"，故此信不可能作于 1931 年 8 月 23 日，而必在"8 日发榜"之前。此信复云："昨午由平返校，今晨即往谒颉刚先生，当即取得《礼俗》5 册，内 5 册揭载吾师《俗原》之一部《礼俗》一卷。"查联经版《顾颉刚日记》，1931 年暑期以前 23 日记及吴晗的，唯 6 月 23 日有"吴春晗来"的记载，故此信当据此系年作 1931 年 6 月 23 日。

《致杨志冰》（三），《全集》本系年与《书信》本相同，俱作 1930 年×月 3 日。此信云："前日所发一禀，另邮《礼俗》5 册及近影 2 帧，想已一一达帐石关，顾师颉刚昨交来《礼俗》稿费十元附函内奉上，希即检收，笺笺之费不足给纸墨，然新铡乍试即已奏捷"，考前引吴晗《致杨志冰》（二）提及《礼俗》第 2 期后有编辑按语云："本册先登载其凡例，下期登其书一部《礼俗》类"，故此信"新铡乍试即已奏捷"，必然指杨志冰经吴晗绍介首次刊出其《俗原·凡例》，若是第 3 期刊出其《俗原·礼俗》似不得再称"新铡乍试"，且《致杨志冰（二）》末云"《礼俗》5 册，另邮奉上"，则《致杨志冰》（三）当接 1931 年 6 月 23 日前信而写，故系年当作 1931 年 7 月 3 日。

《致杨志冰》（四），《全集》本系年作 1931 年×月 8 日，《书信》本系年作 1931 年 8 月 8 日。此信云："生本届报考北大、清华二校，一摈一取，系 7 月 13 日至 15 日北大考试，……余项均佳，唯数学已抛荒久，致考零分，以是遂致被摈。清华自 16 考至 22 日，……幸终场于 8 日发榜录取，入学证亦已正式送来矣。"既云 7 月 13 日至 22 日先后参加北大、清华二校考试，故其下所云 8 日已由清华发榜录取，必为 8 月 8 日。且吴晗考虑面见胡适征询去就，故信中复云："胡现住秦皇岛避暑，二十后始返"，查安徽教育出版社 2001 年版《胡适日记》，1931 年 8 月 6 日云："早起与祖望同往秦（王）[皇]岛，八点二十分开车"，8 月 17 日记云："料理回去事。午后一点三刻开车，……晚十一点四十三分到北京"，其行程正与吴晗所说相吻合。故吴晗此信当写于清华发榜当日，《书信》本系年不误。经查《浙江日报》1966 年 5 月 21 日首次摘发此信的《揭露吴晗的反革命真面目——吴晗家乡义乌县吴店公社调查材料

（续篇）》一文，即作 1931 年 8 月 8 日，不知《全集》本何故摈弃不取。

《致杨志冰》（五），《全集》本系年作 1931 年×月 27 日，《书信》本作 1931 年 8 月 27 日。此信内容与上信衔接："入学事近大有进展，前日往见适之先生，云已专函清大校长翁文灏、文学院长冯友兰及史学系主任蒋廷黻诸先生，并生所撰之《胡应麟年谱》送交清大，嘱为生在清大觅一位置，已得答复。"吴晗因北大落榜，录取清华，必须谋一工读位置以解决他与其弟的求学费用，而他当时在京最可求助者即昔日中国公学的老师胡适，故其"前日往见适之先生"云云，应是胡适避暑回京后当月 25 日。此信又云："清大下月八九号报到，十四日开学"，实为考订此信写于 8 月的有力内证。清华大学按例都是 9 月上旬新生报到，中旬开学。笔者虽限于条件未能查证清华大学档案，但季羡林《清华园日记》（辽宁美术出版社 2002 年版）1932 年 9 月 7 日日记可以印证："今天是新同学入校办理手续的第一天"，同月 14 日记云："今天早上行开学典礼，……十时举行典礼，首由梅校长致辞。"由此足证吴晗此信只可能写于清华报到、开学前的 8 月 27 日，《书信》本系年不误。经查上引《浙江日报》1966 年 5 月 21 日摘发此信，亦作 1931 年 8 月 8 日，《全集》本弃而不用似不足取。

《致杨志冰》（六），《全集》本系年作 1931 年×月 9 日，《书信》本作 1931 年 8 月 9 日。此信云："生于 7 日入学，住宿、交费、注册等手续俱于当日办妥。9 日晤教务长张子高先生及史学系主任蒋廷黻先生，俱以胡师曾函托关照，对生甚为青目。"胡适在 1931 年 8 月 19 日有致翁文灏与张子高信（参见苏双碧、王宏志《吴晗学术活动编年简谱》，原信亦载 1966 年 6 月 3 日《人民日报》），力荐吴晗云："我写这封信恳求两兄特别留意此人，给他一个工读的机会。他若没有工作机会，就不能入学了。我劝他决定入学，并许他代求两兄帮忙。"吴晗此信既云张子高等"俱以胡师曾函托关照，对生甚为青目"，则必在胡适8月19日致张子高信之后，绝无可能是8月9日，而只能是9月9日，且其信提及"于7日入学，住宿、交费、注册等手续俱于当日办妥"，与上信所云"清大下月八九号报到"以及季羡林日记所记清大7日"是新同学入校办理手续的第一天"正相吻合，故此信系年当作1931年9月9日。

《致杨志冰》（七），《全集》本系年与《书信》本俱作1932年×月27日。此信云："本校同学愤于国事日非，日前组织赴京请愿团，已于22日南下，今日抵京。生以特种关系留校服务，昨日为本系草一对外宣言，已在印刷中。"1931年12月17日全国各地学生代表在南京举行联合示威，要求政府抗日，国民政府弹压，酿成"珍珠桥惨案"。平、沪高校闻讯，相继组织请愿团赴京抗议。据上引《浙江日报》摘发此信按语云："1931年底，国民党反动派的卖国投降政策进一步引起全国人民的不满，华北地区的青年学生在我党的领导下纷纷组织请愿团，南下赴京请愿，要求奋起抗日。这个时候，吴晗又在干什么呢？当年十二月二十七日，他给杨志冰的信中说：（中略）生以特种关系留校服务"，则此信系年当作1931年12月27日。

《致杨志冰》（八），《全集》本系年作1932年×月25日，《书信》本作1932年1月25日。此信云："生数月来频疲疾痛，初则目疾，继以失眠。"对照《致杨志冰》（七）有云"缘日前忽患目病"，则此信当在其后。且此信复云"校中大考又届"，清华大考一如惯例，都安排在1月。此有季羡林《清华园日记》1933年1月5日所云"拼命预备考试"，可以印证；同月11日季羡林又记云"今天果然有许多人去考"，足可推断吴晗此信当作于清华大考之月。此信复云："外附近作《绿野仙踪》之作者一文呈正"，此文题为《〈绿野仙踪〉的作者》，收入《吴晗全集》第一卷，文末云"原载《清华周刊》，第三十六卷第十一期，1932 年 1 月"，吴晗寄呈的应是载有其文的《清华周刊》，亦可印证此信系年当作 1932 年 1 月 25 日。《书信》本系年不误，《全集》本不采亦可诧异。

（三）关于致胡适信的系年

《致胡适》（三），《全集》本与《书信》本俱据 1966 年第 3 期《历史研究》系年为 1930 年×月 28 日。其信云："明陈文烛的《二西园文集》有沔阳卢氏《湖北先正遗书》本，已请图书馆购得，附闻"，而据《吴晗自传》，其于 1930 年"暑假到北京考大学，来晚了，北大已经考过，只好住公寓，成天上北京图书馆读书。过了一个月，经顾颉刚介绍到燕大图书馆中日文编考部做编目工作，读了很多书。"则此信当是吴晗进入燕大图书馆后所写。据上引《顾颉刚日记》1930 年 9 月 30 日云："打电话与吴春晗，告以图书馆事已成。"则吴晗经顾颉刚介绍正式入燕大图书馆编目，应是 1930 年 10 月初事。此信复云："永忠的《延芬室稿》的一部分——《志学编》（删定本），二月前我曾替它作了一篇跋，最近燕大图书馆又陆续购得永忠手写的《延芬室稿》全部，约二十七册"，既云"又陆续购得"《延芬室稿》全部，则吴晗读其一部分之《志学编》也当在入燕大图书馆编目以后，最早应为 1930 年 10 月间事，若再后推二月，则此信似当写于 1930 年 12 月 28 日。此信也收入河北人民出版社 1998 年版《胡适论学往来书信选》，编者注云："此函未署年月，据内容考察，应是 1931 年上半年吴晗在燕京大学图书馆中日文编考部工作时写"，似亦有误。

《致胡适》（五），《全集》本与《书信》本俱据 1966 年第 3 期《历史研究》系年为 1931 年×月 19 日，上引《胡适论学往来书信选》所收本信系年同此。此信云："去年冬间，发心编一个《四史人名索引》，……大约下半年如能入学，年底可以成功。"吴晗准备通过考试在 1931 年转入北大或清华二年级做插班生，既然信云"下半年如能入学"，可知此信必写于上半年。另据吴晗《致胡适》（四）附录 1931 年 5 月 6 日胡适致吴晗信说："我记得你，并且知道你的工作。……星期有暇请来谈。"这是吴晗从上海中国公学休学北上后胡适给他的第一封复信，所谓吴晗的"工作"指其在编《胡应麟年谱》。吴晗理应在 5 月 6 日后首个周日，即 5 月 10 日应邀去胡宅拜谒，主要话题是《胡应麟年谱》与吴晗插班入学等问题，故而吴晗《致胡适》（五）提及"你说及的北大旁听生制度，我已去问明，据说现在没有这种制度了"。《致胡适》（五）复云："我想找出钱牧斋批评胡应麟的话，这几天曾把四部丛刊本的《初学集》和《有学集》翻了一遍"，吴晗对胡适说及北大旁听与胡应麟年谱事肯定上心，不会拖延至 1 个月后才去打听与翻检，且从其自称"这几天"云云，此信应作于面谒胡适后不几天，故其系年当作 1931 年 5 月 19 日。

《致胡适》（八），《全集》本与《书信》本俱据 1966 年第 3 期《历史研究》系年为 1931 年×月 15 日，上引《胡适论学往来书信选》所收此信注云："此函无年月，据内容考察，应为 1931 年 9 月写。"此信云："《清明上河图与〈金瓶梅〉的故事》一文，在暑假中仓促草成，本不想发表，因想买一部《明史纪事本末》，一时凑不起钱，所以只能送与本校周刊，拿到了十块钱，大概可以买一部了。"从"送与本校周刊，拿到了十块钱"云云，显是预支稿费的表述，而据《全集》第一卷所收《清明上河图与〈金瓶梅〉的故事》一文，原载《清华周刊》第三十六

卷第四、五期合刊，出版日期为 1931 年 12 月 5 日，则其此信应写在 12
月 5 日《清华周刊》正式出版之前。此信又云："《胡应麟年谱》早已收
到，近日穷日夜之力，重加编正，已二易稿"，而 1931 年 9 月 26 日吴晗
《致胡适》（七）提及《胡应麟年谱》时说："此稿现如在先生处，并请
寄还，以便重写"，故《致胡适》（八）必写于 9 月 26 日之后，而只可
能是 10 月 15 日或 11 月 15 日。但设若是 10 月 15 日，按当时邮政效率，
即便吴晗去信与胡适寄回间不耽搁，吴晗收到《胡应麟年谱》初稿，最
快也应在 10 月上旬中，要在短短几天里"已二易稿"，做到他在此信中
所说将这篇数万字《年谱》"小注另提出附于年后"，"前稿弃去者十之
五，增入者亦十之五"，在当时其白天工读，业余手写的情况下，绝无可
能。何况短短几天，也不能在覆信中说《年谱》"早已收到"，故此信只
可能写于 11 月 15 日。

（四）关于致郑振铎信的系年

《致郑振铎》，《全集》本系年仅作 1945 年。此信刊载于由郑振铎主
编在沪出版的《民主》周刊 1945 年第 10 期，经笔者查核原刊，其出版
于 1945 年 12 月 15 日。此信云："我们的《民主》周刊出到一卷十七期
了"，查该期出版日期为 1945 年 4 月 18 日，颇易令人以为是在其后不久
写的。但此信说及：昆明"物价贵得使胜利前的上海人吓死。一放爆竹，
暴跌了一下，随后过节又涨回去"。则此信必写于抗战胜利后，故有
"胜利前"云云。所谓"随后过节"，应指公历 1945 年 9 月 20 日的传统
中秋节，则此信至少作于 9 月 20 日后。此信复云："从《求书目录》和
《蛰居散记》上知道你这八年来的情形"，足证吴晗此时已读到郑振铎
《求书目录》（应是《求书目录》之误，此文后收入郑振铎北京三联书店

版《西谛书话》，流传颇广）和《蛰居散记》。据《郑振铎日记全编》（山西古籍出版社 2002 年版）所收《胜利前后日记》1945 年 9 月 2 日记云："写《散记》第一篇，毕"，整理者陈福康在其下注云："作者当时开始写《蛰居散记》，为上海沦陷期间所见所闻的回忆录，后连载在柯灵、唐弢主编的《周报》上。第一篇为《暮影笼罩了一切》，后发表于15 日《周报》。"也有力旁证吴晗此信绝不可能写于 1945 年 9 月 15 日前。而郑振铎的《求书日录》虽摘录其在上海沦陷初期抢救文献善本的日记，首刊时有一长篇前言，历述其中艰辛，提及"从八一三以后，足足的八年间，我为什么老留居在上海"，"日本投降，香港接收之后"云云，据陈福康著《郑振铎年谱》（书目文献出版社 1988 年版），该文首刊于 1945 年 11 月 1 日上海《大公报》，则吴晗看到郑振铎上述二文再写此信当在 1945 年 11 月 1 日后。而查昆明版《民主》周刊，第二卷第十期出版于 1945 年 9 月 23 日，按吴晗以昆明《民主》周刊主编与民盟负责人的身份，其时连第二卷各期也应寓目，故颇疑此信所云"一卷十七期"之"一"应为"二"之误写或误植。《吴晗全集》第七卷《投枪集》收有《正告赫尔利将军》一文，其后括注"原载昆明《民主周刊》2 卷 17 期，1945 年 11 月 22 日"，故而有理由推断此信当写于此后，倘若算上昆明至上海的信件投递期限与郑振铎将此信刊出的排印期限，此信约写于 1945 年 11 月下旬（或 12 月上旬）。

（五）关于致黄裳信的系年

《致黄裳》（九），《全集》本系年作 1947 年×月 21 日。此信为吴晗妻袁震署名，首云"二月二十六日信拜读"，则必作于 2 月 26 日后。其后复云："另由大陆银行奉上法币叁万元，请费神代订《文汇》航报一份，寄清华西园十二号袁震。"又据系年作 1947 年 4 月 26 日的吴晗《致黄裳》（十一）云："航报算是真正收到了，真是谢谢您！航费上次寄了三万元给你，我弄不清每月要多少，务请代为问一下，打算再寄一笔钱，保证这唯一的精神食粮不致中断。"因《致黄裳》（九）落款为 21 日，以当时银行汇款、黄裳代订与邮局发行等手续，倘仅有五天之期，吴晗绝无可能在袁震发信当月的 26 日就收到《文汇报》航空版，故袁震署名《致黄裳》（九）不可能写于 4 月 21 日，而只可能写于 3 月 21 日。二十余天后收到《文汇》航报，与吴晗《致黄裳》（十一）所说"算是真正收到"的久盼心情正相吻合。

《致黄裳》（十），《全集》本系年作 1947 年×月 21 日。此信云："报纸事真是头痛，承催促甚感，仍乞代询每月航费数目，打算一次寄上半年或三四个月，省得太麻烦您也。"所说仍是托黄裳代订《文汇》航空版事，但此信不可能与袁震署名《致黄裳》（九）同日所写，一是没有必要夫妇同日各自另函致信黄裳；二是《致黄裳》（九）袁震已说及"原赠平寄报一份，请即停寄。万一平寄报仍可赐寄时，三万元即作航费"，对航费已作安排，吴晗全无必要在同日另函中再让黄裳"代询每月航费数目"，故此信不可能与袁震《致黄裳》（九）同作于 3 月 21 日。而据上引系年 1947 年 4 月 26 日《致黄裳》（十一），重申袁震"航费上次寄了三万元给你"，则此信当写于袁震 3 月 21 日《致黄裳》（九）之后与 1947 年 4 月 26 日《致黄裳》（十一）之前，故系年当作 1947 年 4 月 21 日。

《致黄裳》（十二），《全集》本系年作 1947 年×月 13 日。此信云："至于我，《旧史新谈》原是挤出来的，本来就不怎么好，因为喜欢你的文章，你要我写，不能不挤。现在既然新编辑认为不好，那就落得藏拙，就此打住。"查系年作 1947 年 4 月 26 日吴晗《致黄裳》（十一）云："《旧史新谈》是可以写下去的，例如《终南捷径》这类题目就很好"，则其时尚未接到黄裳告知新编辑不拟再用《旧史新谈》的来函，故兴致勃勃准备续作，足证此信必写于 4 月 26 日后。因《文汇报》在当年 5 月 24 日即被淞沪警备司令部借口制造学潮而查封，1948 年 9 月 9 日迁港出版（号数另起），故吴晗此信只可能写于 1947 年 5 月 13 日。

《致黄裳》（十八），《全集》本系年作 1947 年×月 5 日。此信有云："佩弦字，今日送来，附上。"佩弦即朱自清的字，可知黄裳通过吴晗向他求墨迹。此事与《致黄裳》（十七）所说之事相关："孝通字附上。佩弦处下次见到一定拿来。"据《全集》本，《致黄裳》（十七）系年明确为 1947 年 6 月 30 日，则《致黄裳》（十八）当在其后不久。朱自清与吴晗是同校不同系，故见面不会太密，但也不至于太疏。查江苏教育出版社 1998 年版《朱自清全集》第十卷 1947 年 7 月以后的朱自清日记，出现吴晗处计有 9 月 5 日，11 月 1 日、2 日、8 日，12 月 6 日。既然此信称"佩弦字今日送来"，落款为 5 日，则唯暑假后第一次出现日期与之相合。故此信系年当作 1947 年 9 月 5 日。

（六）关于致杨志冰函的校点

吴晗致杨志冰信采用浅近文言，苏双碧主编的《书信》本当据原件录文，而《全集》本再据以过录。两者在校勘与标点上都有若干失误，下据《全集》本纠正，其文本、标校同于《书信》本者则不予注明。

《致杨志冰》（一）云："朱家有关一新先生之文件如宗谱中之传略或所存手稿及其他杂件暇时请为一查。"如此长句不加标点，颇难卒读，当点作："朱家有关一新先生之文件，如宗谱中之传略，或所存手稿及其他杂件，暇时请为一查。"

《致杨志冰》（二）云："生愚意，吾师垂矩门墙，焚膏继晷；揆之，贤者多劳，与孟子心力之喻，自无闲言。"此处"揆之"下与"多劳"下俱不应点断，《书信》本原标不误，当一句连读作"揆之贤者多劳与孟子心力之喻"，《全集》本不解"揆之……之喻"即以某某比喻而言之义，以至读成破句。又，"闲"原或为繁体"閒"字简化，当简作"间"。

《致杨志冰》（三）云："他又得钱大昕《潜研堂全集》一部，内《弇州山人年谱》一卷已由曦弟分年录帙。以其叙事过简，及于其学术思想渊源随选就之未及也，置《四部稿》及《玉剑尊闻》《弇山堂集》《太仓志》及当时人文集于案头，随所得补隶疏证，于下预计一月后当可订补成一初稿"。此处"于下"两字当属上，读作"随所得补隶疏证于下"，即将随时阅读所得补隶疏证于抄录《年谱》相关年份之下。

《致杨志冰》（四）云："其他如颉刚、以中诸师俱曾讽以彼等愿相资之好意，生亦一一婉言谢绝。盖受人借予则可受人赠与，则绝不可。""受人赠予"当属下读，应标点为"盖受人借予则可，受人赠与则绝不可"。此信又云："盖以老父半生精力皆已耗之，生兄弟身上际此时期雅不愿其再向人喋喋陈言，受人轻诮也。""生兄弟身上"当属上读，应标作："盖以老父半生精力皆已耗之生兄弟身上，际此时期，雅不愿其再向人喋喋陈言，受人轻诮也。"又云："故此计划所着重此只为第一年第二三年，或无须。"吴晗此信上文言及借款助学计划为期3年，因第一年身无分文，最为吃紧，故此句当标作："故此计划所着重此，只为第一年，第二三年或无须。"

　　《致杨志冰》（五）云："前日往见适之先生，云已专函清大校长翁文灏、文学院长冯友兰及史学系主任蒋廷黻，（中略）适之师父恐生钱不够用，另借40元为入学后购书之费。"吴晗信中从不称胡适为"师父"，查核前引《浙江日报》摘发此信时所附影印件，此处"父"当为"又"之形讹。吴晗此信说及入学清华事已由胡适力荐，"大有进展"，但燕京大学史学系顾颉刚也力劝吴晗明年转学燕大，其下云："似此情形因可欣幸，唯又似左右做人。虽因如一有云就便示人以轩轾易得罪人也，目下只得唯之而已。"此句文义颇难理解，查核前引《浙江日报》影印件，其中前一"因"字当作"固"字，"虽"字原作繁体"難［难］"字，与繁体"雖［虽］"字形近而讹；"唯之"，"之"字原为重文符号"＝"，应读作"唯唯"；"就"前原有"去"字。故此句当校读作："似此情形，固可欣幸，唯又似左右做人难。因如云一有去就，便示人以轩轾，易得罪人也，目下只得唯唯而已。"

　　《致杨志冰》（六）云："前读手示，当即将最近情形一一禀同"，"禀同"疑为"禀白"之形讹。又云："选课已定明日，间课则在下星期一"，"间［間］课"疑是"开［開］课"之形讹。又云："关于工读事，蒋氏已定于下周开教务会议时以史学系名义通过此（事），不过手续关系，其实毫无问题。"按："事"字不必补，"此"字当属下读，标点应作："关于工读事，蒋氏已定于下周开教务会议时以史学系名义通过，此不过手续关系，其实毫无问题。"又云："然《明史》三百卅二卷木刻本，普通在百本左右，遍询诸书肆，时价均在三四十元上下"，此处"木刻本"三字当属下读。又云："他若《明列祖实录》以无刻本，非次第到平中冬馆手录不可，明室档案则以存世不多，一见且虽，更无论传抄矣。"此处"冬馆"疑为"各馆"形讹；"一见且虽［雖］"当为

"一见且难［難］"之形讹。此信复云："日来奔波入学，倥偬一无暇晷知注，先此奉白。关于杨氏借款事于致家严，书中已详细说明用途，此不赘。"此处"知注"当属下读，"于致家严"亦属下读，标点当作："日来奔波入学，倥偬一无暇晷，知注先此奉白。关于杨氏借款事，于致家严书中已详细说明用途，此不赘。"

《致杨志冰》（七）云："继以国是颓唐，校中忙于集会论议。几日无吸晷，以是未能捉笔，幸吾师恕之。"此处"吸晷"疑即上信所说"暇晷"之形讹，此信下文也有"一得暇晷"措辞，可以印证。又云："《童谣诠证》已于前日由云林先生递到，忽促中拜颂一过，齿颊流芳。唯第一首《专壤谣》首标唐尧年代与时下思潮不合"。"忽促"疑为"匆［忽］促"形讹，《专壤谣》当作《击壤谣》，其诗为《古诗源》所收第一首，当是繁体"专［專］"字与"击［擊］"字之形讹。

《致杨志冰》（八）云："世风日下，读书人只知读性史及海上无聊作家之黑幕小说，高文典册欠已。如吴稚晖所言置之粪厕中"，此处"性史"当加标书名号，乃张资平所著书。"欠已"疑为"久已"形讹，当属下读，故此句当作："世风日下，读书人只知读《性史》及海上无聊作家之黑幕小说，高文典册（欠）［久］已如吴稚晖所言置之粪厕中"。又云："故乡生活程度低，印工较廉，纸张较贱，如能将二书稍加增删集，生等诸门人之力集腋以成此举亦非难事"，此句中前一"集"字当属下读，应标作："如能将二书稍加增删，集生等诸门人之力，集腋以成此举，亦非难事。"复云："生次与颉刚先生设法请其与燕大研究所接洽，当即与偕往与该所代主任洪威廉先生（前燕大图书馆委员长）面晤。据之该所现已改组分隶研究院"，"偕往"下似宜逗断，"据之"疑为"据云"形讹。

《全集》本吴晗致杨志冰信此类疑为形讹之处尚多，除第五信因有上引《浙江日报》影印件可以覆校，其他因未睹信函影印件，只能以理校推断。最妥善之法，就是将这些文言信函影印行世，以供校读。

（本文《吴晗逸札的本事钩沉》原载《澎湃新闻·私家历史》2016年11月20日，原题《吴晗遗札摭谈》；《吴晗自述语境中与胡适关系的蜕变》原载《万象》2010年第2期，原题《吴晗与胡适》；《〈吴晗全集〉自传书信的系年与校点》原载《文汇报》2010年7月7日《学林》。）

丁则良：进退失据于政治与学术之间

编完《程应镠先生编年事辑》，我开始关注谱主的挚友、同为历史学家的丁则良。随着阅读的深入与史实的发掘，发现他的经历与心路堪称复杂而曲折，折射出现代知识人直面时代剧变在政治关怀与学术追求间进行抉择时的纠结与取舍后的得失，而这种得失与纠结却铸就了他们的宿命。

一、清华学子的多重面相

1915 年，丁则良出生于北京，父亲丁震时任市府文秘。丁家是福州闽侯的书香世家。祖父丁芸为光绪举人，做过儒学训导，著有《有可观斋遗诗》等十余种，一生致力搜求乡邦文献。其父丁震也在光绪晚期中举，与陈衍、郑孝胥、黄濬等八闽名流广有往还。丁震曾任职礼部，1909 年到过日本；清末新政撤销礼部，他改任顺天高等学堂学监；辛亥革命后，做过北洋政府陆海军会计审查处科长，1920 年获得过民国总统颁发的四等文瑰勋章。

丁则良少时一度随父归里，学完了小学课程，在家兼习古文、书法与绘画，父亲还为他与乃兄另聘英语家教，使其上中学前已具英语基础。1925 年仲冬，丁震与表亲黄濬等十余人同游鼓山，镌石留念，自书落款时特书"丁则良同游"，足见期盼与爱怜。自初中后，他一直居留北京，读完了高中。家学与天资让他成为"学霸"，1933 年，同时为北大与清华的历史系录取，他选择了清华园。

当年清华园名家云集，丁则良很快赢得他们的青睐。大二那年，数学家杨武之请史学家雷海宗物色一名学生，专为爱子开文史小灶。丁则良获荐，家教持续了当年的暑期与次年半个暑假。那位杨府公子便是后来诺奖得主杨振宁，他曾追忆说：

> 丁先生学识丰富，不只教我《孟子》，还给我讲了许多上古历史知识，是我在学校的教科书上从来没有学到的。这对于我这个人的整个的思路，有非常重大的影响，远比我父亲那个时候找一个人来教我微积分要有用得多。①

在学术上，丁则良也颇活跃。1937 年，他在《清华月刊》发表了译文《鸦片战争前的中西交通》。与此同时，他向校外史家也多有请益。1936 年，他为顾颉刚主编的《禹贡》英译了杨哈斯班的《帕米尔游记》。次年 5 月 3 日，丁则良造访顾颉刚，后者"为写冯承钧及煨莲信"②，应

---

① 杨振宁：《我的家庭教师丁则良先生》，《丁则良文集》，清华大学出版社 2009 年版，第 421 页。

② 顾颉刚：《顾颉刚日记》第 3 卷，联经出版事业公司 2007 年版，第 638 页。

是为他向冯承钧与洪业写引荐函。

　　然而，丁则良也是读书不忘救国的热血青年，入学不久便加入"学生救国会"。1935 年 12 月，民族危亡迫在眉睫，他积极投身一二·九运动，参加了一二·九与一二·一六示威游行，冲进城门，与军警英勇搏斗过。据当年清华园党支部书记赵德尊回忆，"一二·九"前夕，"有不少个外围（如'左联'、'社联'等）成员条件成熟可以转党的，其中就有丁（则良）"①。次年 1 月，已是地下党员的丁则良参加了平津学生南下宣传队，同行中颇有人后来声名藉藉，包括蒋南翔、于光远、王汝梅（黄华）、韦君宜、杨述（后为韦君宜丈夫）、雷骏随（李昌）、吴承明、黄秋耘、赵德尊与黄刊（王永兴）等。据王永兴回忆：

　　　　我们相识是在一二·九学生运动中南下宣传队里。在高碑店，则良站在一个土坡上，向周围几十个人宣讲抗日救国。……那天夜里，我们睡在高碑店小学的教室里。突然，一大批军警包围了教室，撞开屋门，高声吼叫要我们立刻走出来，押解回北平。则良第一个站出来和军警讲理，我们宣传抗日救国无罪。②

　　宣传队最终被押回清华。2 月 29 日深夜，军警突袭清华，搜捕爱国学生，多亏系主任刘崇铉预知风声，丁则良受邀躲入其家，随后远遁洛阳伯父家避难，才逃过一劫。他曾于 1937 年自述前两年的学运经历：

①　转引自赵俪生：《记丁则良君遗事》，《赵俪生文集》第 5 卷，兰州大学出版社 2002 年版，第 507 页。
②　王永兴：《怀念则良》，《丁则良文集》，第 2 页。

　　笔者身为学生之一，热情激动时也曾参加多次的游行示威，宣传演讲。当时身受辱打，对当局由漠视而仇视；在去年三月三十一日为北平高中同学郭清君举行抬棺游行时，一种爱群的心理和愤怒的情绪萦成一片，不禁流下哭母以后最伤心的眼泪。①

　　《丁则良文集》所附《生平及著译简表》说他 1936 年"休学约半年"，应即 4 月以后。友人王勉晚年揭秘其隐秘履历说："正要进入最后一学年时，他突然休学，莫知去向。在三校南迁时，他才复学。他是由地下关系进入国民党的一个宪兵队，当一名文书。初时没有引起注意，有次宪兵拘留一名白俄流浪汉，他竟操英语代行讯问，使宪兵团人大惊失色。但并没有给他带来麻烦，这可称传奇式的一次经历。"②他之突然休学，原是奉党之命打入宪兵队。

　　但王勉说他三校南迁时才复学，似乎不确。据赵德尊回忆，丁则良"进入组织因政见不合又退出来了"③。既然奉命休学，退党便不可能在此期间。据王永兴 1956 年回忆，1936 年下半年，丁则良与他又在清华同学了：

　　　　（1936 年秋）北平学生运动有些低落，我主张学生运动应该正常化，不要越出学生的日常读书生活的范围，要考虑大多数学生和教师们的情绪，不要举行罢课、罢考。党批评了我的意见里的错误

---

① 郑蓬朋（丁则良）：《学生运动的前途》，《国闻周报》1937 年第 14 卷第 12 期。
② 鲲西（王勉）：《续感旧录》（一），《清华园感旧录》，上海古籍出版社 2002 年版，第 26 页。
③ 转引自赵俪生：《记丁则良君遗事》，《赵俪生文集》第 5 卷，第 507 页。

部分，但我没有接受党的批评。在具体工作里，我常常和党的领导人争吵，和民族解放先锋队的领导人争吵。当时和我有同样情形的还有徐高阮、丁则良、李宗瀛。①

这年 10 月，丁则良与徐高阮、王永兴、李宗瀛四人合作，请顾颉刚题写刊名，创办了不定期刊物《学生与国家》，但出到第五期即因经费告罄而停刊。据黄秋耘说，当时清华民族解放先锋队内"骨干分子分裂成为元老派与少壮派两派"，徐芸书（徐高阮）即所谓"元老派"领袖人物。西安事变发生，丁则良与王永兴、徐高阮一起坚决主张释放蒋介石，徐高阮还在《学生与国家》上发表了《论无条件统一》，强调统一战线应该承认国民党的领导权。以清华学生工作委员会书记蒋南翔为首的少壮派与徐高阮等开展了斗争。据前引王永兴回忆，1937 年春天，中共中央希望徐高阮到陕北去，如他不能去，丁则良、李宗瀛与王永兴"几个人里去一个也可以"，但不仅徐高阮、王永兴明确拒绝，丁则良、李宗瀛也未见成行。黄秋耘说，"后来元老派中的不少人都自动离开了党，或者被开除了党籍，虽然他们是清华大学最早的一批党员"②，他未明言是哪些人，但王永兴是就此脱党的。丁则良虽非元老派代表，对学生运动与统一战线的站队却不言自明。正如他们的共同友人程应镠所说，一二·九运动时，"王永兴、李宗瀛是北平学联的负责人，徐高阮、丁则良是地下党。一二·九运动后期，学生中有了不同意见。人们往往把这种意见的不同，看作是左右之分异"，人以群分，丁则良"当然也被左

① 李锦绣：《王永兴先生年谱》，《通向义宁之学：王永兴先生纪念文集》，中华书局 2010 年版，第 433—434 页。
② 黄秋耘：《风雨年华》，人民文学出版社 1983 年版，第 17 页。

的看成右的"①，他因对学运的意见相左而退党也应在其时，并与徐、王出于同一原因。

或许就在退党前后，丁则良以郑蘧朋的笔名发表了《学生运动的前途》，文末自署"三月十二日于清华"，足见其时他已复学，也印证了王勉说三校南迁时他才复学应是记误。

在那篇文章里，丁则良首先指出："在一个正常的国度里，学生运动是不存在的！国家大事等着学生们抛弃课本，冲出课堂，作些热烈的表现和要求，形成一种运动，这个国家的命运的悲惨，不问可知。"同时认为："学生运动，本在爱国，一年变迁，亦有进步，这都是不容否认的事实。"接着尖锐批评"目前学生运动之接受左倾的领导或影响，似颇明显"，除去一二·九、一二·一六两次示威，"始终都是由左倾青年包办的行动"，存在着"感情超越理智"、"浅薄胜过精深"等偏差，而"学生运动的宗派主义是要不得的"。他由衷忧虑"今天的左派青年如果主张继续阶级斗争，推翻政府，固属为敌人造机会"，明确呼吁学运应"纳入正轨"，即"爱护政府，爱护领袖，当始终以中华民国之国运为前提"；在他看来，"人民苟能一致拥护政府，完成对外第一主义之实现，则国家又何致有灭亡之虞？"②这些见解与徐高阮的中国应"无条件统一"论如出一辙，折射出西安事变和平解决后学运内部的思想冲突。

据王勉说，丁则良与徐高阮"都成绩优异，在清华园有相当知名度。他们抱有相同的理想追求，可是却又略带有异端的色彩：这就使他

---

① 程应镠：《联大第一张壁报》，转引自《流金集》（诗文编），上海师范大学历史
　　系 2001 年版，第 343 页。
② 郑蘧朋（丁则良）：《学生运动的前途》，《国闻周报》1937 年第 14 卷第 12 期。

们在一定程度上被排斥于历史的大潮流之外，或者被称为是'不走正路的安德伦（一本苏联小说名）'。"20 世纪末，王勉认为，丁则良此文"过早地进行自我反省的尝试，即使对于历史具有敏锐的感知，但在当时大形势下是不会被容允的"①。岂但当时不容许，直至 1986 年中共中央党校出版社的《一二九运动史要》仍将徐高阮、王永兴等对学运持不同意见者视为"右倾投降主义者"②。

然而，据何炳棣转述清华级友赵石的回忆，丁则良"在清华、联大时期，就已经加入又退出过中国共产党"③。丁则良在清华退党已无疑问，但联大与清华属不同时期，赵石 1937 年底已离开清华，前赴抗日战场，也从未进过西南联大，则其所说丁则良退党，究竟一次还是两次已难确证，唯有赖于其个人档案的全面公布。

在国家民族危在旦夕的外部大形势下，国内政治力量尚未达成一致对外的共识。热心政治的丁则良卷入其中，在方向的抉择上不免陷入进退维谷的尴尬。对其退党，何炳棣不胜感慨："我自始即知丁则良是富于感情的人，可是从未了解他是感情如此易趋极端的人。"不过，仅以感情"易趋极端"作盖棺之论似乎仍未中肯綮。丁则良在 1940 年说的一番话，也许才是其"不合即去"的政治洁癖一再复发的深层原因，五四以来"独立之精神，自由之思想"的熏陶毕竟深入其骨髓：

---

① 鲲西（王勉）：《续感旧录》（一），《清华园感旧录》，第 25 页。

② 李锦绣：《王永兴先生年谱》，《通向义宁之学：王永兴先生纪念文集》，第 443—444 页。据《年谱》引中共中央党校党史研究室编《一二九运动史要》说："在 1936 年秋天，北平党内学生运动领导核心中却出现了以徐芸书为代表的右倾投降思想。……徐芸书、黄刊等人掀起的这股逆流丝毫不能阻挡一二·九运动的洪流奔腾向前。"虽未提丁则良，但丁与徐、王显属同道。

③ 何炳棣：《读史阅世六十年》，广西师范大学出版社 2009 年版，第 188 页。

青年的政治思想不应交给什么人去负责。至于学生的政治主张，则不必存心代为决定。同时，学生对于政治上的各种思想，应该不变其学习的本色，多加思考，勤求知识，慎下判断。但如经过缜密思虑，多方探讨而得的主张，则又不应顾及其结论与他的师长有无不合。①

后人尽可以批评丁则良在政党去留上的书生气天真得可以，一有政治主张的某些不同就决然退党，试图保持那份"思想的独立"，殊不知革命政党需要的是钢铁一样的统一意志，否则何以夺取天下呢？

但在新政权下，退党经历却成为丁则良抹不去的"历史污点"。据赵俪生回忆，1953年夏，他一见到刚经历思想改造的丁则良，便执手叙谊："我们不仅是清华十级的同班同学，还是一二·九运动中手拉手的战友呀！"对方却低下头，压低声音说："惭愧，我走了弯路。"②不难推断，在1952年思想改造运动这场"洗澡"中，丁则良必定有所交代，才在老战友前有"走了弯路"的"惭愧"。

二、联大岁月的学人风采

卢沟桥事变不久，丁则良经天津南下，途经南京时，为流亡学生起草了募捐宣传信。这通文言书启在闽籍高官中递经传阅，以其典雅流丽大得激赏而多有捐助。与他结伴南下的，有同乡挚友、清华地学系的王

---

① 丁则良：《关于教师思想问题》，《今日评论》1940年第3卷第33期。

② 赵俪生：《记丁则良君遗事》，《赵俪生文集》，兰州大学出版社2002年版，第507页。

乃樑（后为著名地貌学家）。流亡途中，丁则良初识了后为妻子的李淑蓉。有一夜，小客栈房间不够，他与王乃樑对谈消夜，把仅有一间房让给了女生。被廊下的谈话深深吸引，李淑蓉也彻夜没睡。日后她向长子追述，正是那夜，"她意识到什么是志向与抱负，什么是智慧与风采"①。她对丁则良倾注了仰佩，后来升华为爱情。以才华与风采论，丁则良周围不乏钦慕的女性，据王永兴披露，西南联大期间，"则良在不稳定的爱情中，他选择对象很严，他的恋爱是先生坡聚会中话题之一。我们都希望他选得佳偶，果然，则良幸福了"②。交往八年，他最终选择了李淑蓉，1944 年元旦，潘光旦做了他们的证婚人，此是后话。③

　　三校南迁，备极艰辛。那年 10 月，丁则良进入长沙临时大学历史社会学系继续学业。次年春天，战火逼近长沙，临时大学再度西迁。他选择了徒步入滇的最艰苦方式，并被委为"日记参谋"，记录每天行程和活动。这支以闻一多为首的近 300 人师生团队，历时 68 天，跋涉 3 000 余里，4 月末抵达昆明。丁则良将 20 万字的全程日记交给蒋梦麟，拟由香港商务印书馆付印，但直至香港沦陷前迄未出版。在不知日记是否尚存天壤间后，他另写了《湘黔滇徒步旅行的回忆》。对徒步入滇，他的最深感受或如其说："忘记了自己，忘了周围，暗中赞叹着中国人的伟大。"④

　　随后，丁则良进入西南联大蒙自分校，与他往还频密的有王永兴、

①　丁克诠：《家书一封》，《丁则良文集》，第 455 页。
②　王永兴：《怀念则良》，《丁则良文集》，第 3 页。
③　《丁则良文集》卷首有潘光旦《铁螺山房诗草・元日为则良淑蓉证昏》手迹，有题注云"昏后则良将赴美游学"。诗云："献岁椒花酿倍香，两般正始义初长。一声爆竹开妆镜，五味辛风入洞房。无限绮情抒博议，有余壮志涉重洋。寻盟此夕何须证，天半衡星作主张。"《文集》编者注说："潘光旦先生坚信丁则良考官费留美必能中选，但丁则良却因病未能与试，其后考取了官费留英。"
④　丁则良：《曲靖之行》，《丁则良文集》，第 374 页。

王逊、程应镠、王勉、王佐良与许国璋等校内精英。王勉说，那时与丁则良"我们同住一处时，时见他与几位朋友高唱《我的家在东北松花江上》等流亡歌曲，慷慨悲歌令人泪下"①。

其时，他正在史学名家张荫麟指导下研治宋史，很快完成了毕业论文《秦桧传考证》。8月，丁则良毕业，留任联大所属师范学院助教。据其弟回忆："在中年教师中，他最佩服张荫麟先生，认为张先生思路敏捷，才华出众。"②他显然想追随张荫麟，走研究宋史之路，在助教必要工作外，将时间几乎都用于宋史，前期论文也多与宋史有关。他写出了广受好评的《杯酒释兵权考》，明显有乃师《宋太祖誓碑及政事堂刻石考》的胎记。张荫麟后因婚变前往南迁遵义的浙大任教，但仍记挂着这位史学新秀。1941年2月5日，他致函云南大学李埏："晤丁则良君，盼告知稿费已收到。日内另有书复之。"3月3日，再寄新作《宋太宗继统考实》给李埏，特别关照"阅毕请并附札转致丁则良君为盼"③。次年，张荫麟不幸逝世，丁则良随即写了《追悼张荫麟先生》，感铭这位启引他学术路向的史学奇才。在张荫麟生前与身后，他也直率补正了导师的若干阙失，表现出"吾爱吾师，吾更爱真理"的学术理念。

就在那年毕业季，史学教授姚从吾致函傅斯年："清华史系卒业较多，实以丁君则良为第一。彼同学舆论如此，寿民兄亦数以为言。"④寿民是刘崇铉的字，他在1937年前任清华历史系主任。姚从吾此信应是向

---

① 王勉：《怀则良》，《丁则良文集》，第418页。
② 丁则民：《忆二哥——则良》，《丁则良文集》第429页。
③ 张荫麟：《致李埏》，《张荫麟全集》第1卷，清华大学出版社2013年版，第685页。
④ 丁则勤、尚小明编：《丁则良先生生平及著译简表》，《丁则良文集》，第472页。

主政史语所的傅斯年说项，请其特许丁则良入所任职或报考研究生。傅斯年8月27日即覆函他与钱穆说："丁则良君昨亦来过。既经两先生称许，弟已商之寅恪、济之两兄。"鉴于抗战军兴，史语所疏散人员尚且未允全数返所，不便破例录用编外人员，而招考研究生也有规章限制，傅斯年动用可以支配的庚款余额，每月资助其30元，为期一年，但期间须在姚从吾等指导下专心读书及研究，不得兼任他事。①从丁则良毕业后即任西南联大师范学院史地系助教判断，他最终未接受这笔津贴，但此事也说明了诸多名家对他的垂青。

联大时期的丁则良，频频见诸顾颉刚等大师名家的日记书函，也足以掂出他的含金量。据顾颉刚记载，1938年10月24日，"丁则良、徐高阮来"；次年3月30日，"丁则良、（钱）宾四来"；8月18日，"丁则良与王君来"；8月31日，"写丁则良信"②。据吴宓说，1942年2月16日，"丁则良来，久谈寅恪之生平及著作"③，一个是陈寅恪的挚友，一个是陈寅恪的钦慕者，"久谈"印证了他们在话题上的投缘与契合。

1945年，雷海宗致函梅贻琦说：丁则良"对中西史皆能了解，在任何其他学校皆可担任西史课程"；并进而提醒："此种学生抗战以来已不可得，将来复校因中学退步及种种事实关系，亦非短期间能再养成如此根底坚实之学生。故少数此种人才，于可能范围内深值培养。目前丁君工作环境不佳，吾校致聘，对此可有补助。"④丁则良虽留任师院史地系

① 王汎森等主编：《傅斯年遗札》第2卷，社会科学文献出版社2015年版，第694—695页。
② 顾颉刚：《顾颉刚日记》第4卷，第152、214、269、275页。
③ 吴宓：《吴宓日记》第8册，三联书店1998年版，第251页。
④ 转引自丁则勤、尚小明编：《丁则良先生生平及著译简表》，《丁则良文集》，第474页。

助教，先后教过中西两门通史，但或许待遇不高，1939 年起，还兼任天祥中学文史课。1943 年起，他出任云南大学文史系讲师，但联大历史系却迟迟未向他敞开大门。或以雷海宗力荐，1945 年暑假联大历史系正式聘他为专任讲师，与吴晗共开"史学名著选读"选修课，他讲授《资治通鉴》。

留任助教之初，丁则良仍去旁听陈寅恪的魏晋南北朝史、雷海宗的欧洲中古史、刘崇铉的欧洲 19 世纪史与葛邦福的希腊罗马史。他之所以旁听这些选修课，一个原因诚如其弟所说，他崇敬陈寅恪与雷海宗，"以为他们都是博古通今、学贯中西和精通多种外语的史学大师"；另一原因是他已确立了今后治学应探究中西历史异同，有意在西方历史上下功夫。①

丁则良在史学上初露头角，及至联大晚期，青年教师中已有"三良一樑"之美誉。"三良"指丁则良、王佐良与周一良，"一樑"即前文提及的王乃樑。四人之中，除丁则良外，其他三人后在各自领域里都成大家。当年与他交深情挚的同辈学友后来也多是名家翘楚，忆及彼时的丁则良，都是众口一词的推重与钦敬。程应镠说他"在同辈中是通古今中外的一个"②。王永兴对其"绝世的才华"推崇备至，说他"博古通今，学贯中西，加之优良的史学、外语训练，天纵英才，是史学界难得的栋梁之才"③。王勉回忆，"与他谈话，使我惊叹他学识之渊博"，他翻译的英国作家赫德森散文《在克劳默海滩》，译笔之优美数十年后仍引起王

① 丁则民：《忆二哥——则良》，《丁则良文集》，第 428 页。
② 程应镠：《程应镠自述》，《世纪学人自述》第 5 卷，北京十月文艺出版社 2000 年版，第 317 页。
③ 王永兴：《丁则良文集·序》，《丁则良文集》第 1 页。

勉无尽的怀思。①与他同年毕业的何炳棣一向自视甚高，自认双方在方法与取向上最为相近，却衷心钦羡丁则良记忆力之好、悟性之高、学习语文之快、中文表达能力之强，学术及其他消息也比自己灵通，总"觉得自己几乎处处都比他要慢半步"②。

在留校助教后到赴英留学前，丁则良除了发表史学专论，还刊发了为数不少的史学书评与随笔。③他在 1944 年发表了《王道理想与实际政治》，以随笔形式纵论了中国政治史上王道与霸道，君权与相权，人治与法治，王道理想与师道及人才等问题的辩证关系，要言不烦，切中要害，所论虽是历史，关注的却是现实政治，最能体现其史学随笔的旨趣与深度。

三、国难当头的入世情怀

然而，丁则良决非沉溺书斋不问天下的学人，正如王勉所说，"在

---

① 鲲西（王勉）：《续感旧录》（一），《清华园感旧录》，第 25 页。

② 何炳棣：《读史阅世六十年》，第 187 页。

③ 1939 年第 6 卷第 1 期《中国社会经济史集刊》同时刊出他的《荷人治下的台湾》（评论英国传教士甘为霖 [Rormosa under the Dutch] 作于 1870 年的著作）与《中葡外交史》（评论周景濂在商务印书馆出版的专史）。1943 年 4 月 21 日《大国民报》第 7 期刊出《中国史学之新趋势——并介绍抗战以后四种国史新著》，评论了钱穆的《国史大纲》、张荫麟的《中国史纲》、蒋廷黻的《中国近代史》与雷海宗的《中国文化与中国的兵》。刊发在 1943 年 6 月 5 日《大国民报》上的《龚定庵》与 1943 年 6 月 13 日《生活导报》第 29 期上的《顾亭林》，在肯定这两位历史人物的同时，也表达出仰慕之情。1944 年 4 月 23 日，他在昆明《扫荡报》发表了《王道理想与实际政治》，主旨以历史观照现实。1945 年 2 月 23 日甘肃《民国日报》刊发他的《中西进步观念之比较》，在中西进步观念比较中展现出他对西方历史具有的精深素养。战后，他在 1946 年 5 月 13 日昆明《中央日报》刊有《西汉的家庭》，1947 年 2 月 28 日《平明日报》刊出其书评《介绍兰格氏〈世界史大全〉》。

国家兴亡上他好像总是满腔热情，有时又忧愤痛苦"①。

助教期间，丁则良的好友徐高阮、王永兴、李宗瀛也都转入联大继续学业。程应镠与李宗瀛赁居的树勋巷五号，成为同学少年论学议政的别馆，丁则良也是座上常客，议政则"指点江山，品评人物"，"论学的一个中心，便是西方和中国历史的异同"②。这年11月，经徐高阮发起，丁则良与程应镠、王永兴、李宗瀛等联手创办了《大学论坛》。丁则良在第一期上"写了一首七言古诗，题为《哀联大》。诗中有讥讽，有对学海无波的忧虑"③。

1940年7月与9月，昆明广播电台两次招考国语报告员（播音员）与征集员（编辑），8月1日昆明广播电台正式开播，成为轰动大后方文化宣传界的大事。丁则良既应募了征集员（还有其好友王勉与王逊），又担任了国语报告员（也包括挚友王乃樑与后为其妻的李淑蓉)④。抗战胜利以后，昆明广播电台为"适应建国需要，力求节目改进与充实"，增加了"学术讲座"节目，这年12月推出了节目改版两个月后的《学术讲座广播文集》，丁则良的《鸦片战争的背景》与贺麟的《中国哲学与西洋哲学》、冯友兰的《战后中国的文化问题》、汤用彤的《唐僧取经》、冯至的《杜甫的精神》等名家文稿同时入选，足见丁则良在当时的影响与声望。

1943年，联大师生成立了"十一学会"，所以名为"十一"，是把

---

① 王勉：《怀则良》，《丁则良文集》，第418页。

② 程应镠：《树勋巷五号》，《云南文史资料选辑》第34辑《西南联合大学建校五十周年专辑》，云南人民出版社1988年版。

③ 程应镠：《联大第一张壁报》，转引自《流金集》（诗文编），第343页。

④ 《昆明广播电台传音科征集员报告员名录》，载戴美政：《抗战强音：昆明广播电台与西南联大》，云南教育出版社2018年版，第154—155页。

"士"字拆开，表明那个时代忧心家国的知识人热衷于学人议政。当时入会的名教授有闻一多、潘光旦、曾昭抡、雷海宗、朱自清、吴晗、闻家驷、冯至、卞之琳、李广田、孙毓棠、沈从文、陈铨、沈有鼎等，还有尚是学生后也成名的王瑶、季镇淮、何炳棣等。在发起人和策划人中，青年教师丁则良与王佐良起了关键作用，以致吴宓、王永兴等都戏称之"二良学会"。丁则良当时颇热衷于政治活动，据程应镠回忆，抗战最后两年间，"在政治上和我有关的人为闻一多、吴晗、丁则良、陆钦墀。一九四四年秋，由于丁则良的介绍，我和闻一多、吴晗认识，因此和民盟发生了关系。由于吴晗的介绍，丁则良和我曾在唐家花园整理过图书。唐家花园是民盟一个集会的地方。那时，我和丁则良都不是盟员，但参加过民盟邀集的座谈会"①。

除史学论文，联大时期的丁则良还频繁发表时评政论。他忧心家国，指点江山，许多看法即便今天看来，仍称得上思想深邃，见解卓异。当时，除了躲进象牙塔不问天下事的少数学者，他那代学人几乎都是自觉的公共知识分子，都对这类话题或多或少发表过一己之见。

丁则良发文的报刊很多，有的还以笔名刊发，倘无知情者回忆，即无人知晓，但岁月悠远，很多也湮没无闻。②据《丁则良文集》与网搜民国报刊，获知他在联大时期先后发表的时评政论如下（以下篇名后不括注刊名卷期诸文均已收入《丁则良文集》）：1940 年有《关于教师思想

---

① 程应镠：1968 年 6 月 21 日《"文革"交代材料》，转引自拙著：《程应镠先生编年事辑》，上海人民出版社 2016 年版，第 115 页。

② 例如程应镠说，1945 年夏，"因为沈从文的关系，我编过昆明一份叫作《观察报》的副刊。这个副刊定名为《新希望》。在这个副刊上写文章的有丁则良、王逊、陆钦墀、冯至等人"（参见拙著：《程应镠先生编年事辑》第 119 页），但笔者迄今未搜到他在《新希望》上的文章。

问题》；1941 年有《论自由与组织》（《今日评论》1941 年第 5 卷第 5
期）；1943 年有《缄默的尊严》、《鬼语录》、《忏悔录之一》（昆明《生
活导报》第 39 期，1943 年 8 月 22 日）、《近代化与现代化》、《论现实外
交》（昆明《生活导报》第 49 期，1943 年 11 月 21 日）、《国际政治的新
时代》（《当代评论》第 4 卷第 3 期）与《现代政术论：政治出路与文化
前途》；1944 年有《欧洲的"中间地带"》（《当代评论》1944 年第 4 卷
第 10 期）、《中西进步观念之比较》；1945 年有《中国人的外交能力》
（1945 年第 20 期《自由论坛》周刊）与《穷通之际：一个追求者的自
白》（1945 年第 5 卷第 3 期《自由论坛》）。抗战胜利以后，他先后在
1947 年 1 月 1 日《平明日报》刊出《在今天谁能使人执着而谦卑》，同
年 3 月 24 日同报的《思想的放假》。从文题与内容看，丁则良所论都是
当年知识分子的公共话题，主要集中在三个层面。

　　首先是知识人的独立之人格与自由之思想。对此，丁则良明确主张：
第一，所谓独立人格与自由思想，就是每个人"必须具有怀疑古人，横扫
一切标语口号教条权威的态度。必如此才有所谓时代的进步，有所谓'青
出于蓝'"，这也是每个人应该拥有与必须捍卫的，用他的话来说："在思
想的领域内，人人自有其最高的主权，人人都有维护这个主权的完整的权
利与义务。"第二，在学术与教育上，国家与政党也不能干预这种主权。
他指出："在国家方在准备推行宪政该容许理性的发展，思想的自由，办
教育的是为国人才而来，不是为党搜罗群众而来；是为研究学问，提高文
化而来，不是为宣传主义而来；是为提供问题而来，不是为鼓吹结论
而来。"①

①　丁则良：《关于教师思想的问题》，《今日评论》1940 年第 3 卷第 23 期。

其次是中国发展的前途与出路。丁则良指出，中国最重要的就是政治的独立与文化的保存。对此，他有概括的论述：

> 从民族主义的立场出发，我觉得对于一个民族的子孙，只有两件东西，应是他所认为最宝贵的：国家的独立与文化的保存。国家的独立是一个民族延续生命的起码保障，文化的保存则是一个民族精神上生长的具体证明。国家不独立，则政治的主权操在他人之手。政治的独立与文化的保存，二者之间有一种相辅相成的关系。政治的独立可以说是文化的保存的一种起码的保障；文化的保存可以说是政治的独立所追求的最高的意义。①

这一认识大体不错，也是丁则良对中国成为"真正现代化国家"的基本理念。但在他看来："真正现代化的国家是一个进可以攻，退可以守，人民生活苦，而社会上仍有公平的国家。"②而相比美苏"已取得了世界上政治和文化两方面的领导地位"，中国"已失去政治独立与文化发展双方并进相辅相成的地位"③。

基于上述认知，丁则良对中国在即将到来的国际政治中的应对之道自有筹箸之策。据他预判，二战结束后，第一等强且大的国家唯剩美、苏两国，"中国如果要求在世界上独立生存，则必须努力做到成为名实相符的第一等强国。论资源，论人力，论土地，我们都有资格做到这一步"④。但关键在于，相对于已取得世界上领导地位的美、苏，

① ③ 丁则良：《政治出路与文化前途》，昆明《生活导报周年纪念文集》，1943 年 11 月 13 日。
② ④ 丁则良：《近代化与现代化》，昆明《生活导报》1943 年第 44 期。

"中国大而不真强"①。这些判断也颇在理，但接下去，丁则良在选择方案上却出现了偏差。他虽然自认"在气质上不是一个国家主义者"，却坦承"现实的中国却永远惹动我的哀愁愤懑"②。如何解决当时中国的内外困境与将来中国的可行路径，丁则良的立足点站在民族主义的立场上。他强调：包括中国在内，"今天世界上各国的最大任务，首先便是本民族政治独立的维持。环境愈艰苦，政治独立愈不易，便应该愈决心、愈努力去维护民族的生命，国家的独立"。为实现他主张的"本民族政治独立"，丁则良竟然以二战中德国为例说："为什么一个民族宁愿在本族的专制之下，不愿做外族的奴才，今天德国人民在战争中所以能够忍受痛苦，前仆后继，恐怕可以从这点道理中找到一个解释。"③这就大错特错，也与他一贯主张的独立人格与自由思想存在着根本的冲突。

那么，丁则良在其应对之道中如何安顿自由与民主呢？为了实现本民族政治独立，他认为："我们最需自由，也最需组织，易言之，即我们最需要民主，也最需要统一。因其需要民主，固当容不同之思想，提倡独立的精神，以比较代一尊，以讨论代专断，以会议代戈矛，以宽容代刑狱。因其需要统一，故当立统一之制度，收异形之武装，使全国人民，只有一个政府、一份法律，一种武力，一种币制。这两种情形，同为中国所急需，我们看不出统一与民主，有任何不可相容之点。"他的结论是："军政统一与思想自由，才是不折不扣的自由，思想自由所产生出

---

① 丁则良：《国际政治的新时代》，《当代评论》1943 年第 4 卷第 3 期。
② 丁则良：《穷通之际：一个追求者的自白》，《自由论坛》1945 年第 5 卷第 3 期。
③ 丁则良：《政治出路与文化前途》，昆明《生活导报周年纪念文集》，1943 年 11 月 13 日。

来的统一政府才是能力最强的政府。"①

民族政治独立确是 20 世纪的世界主潮之一，近代中国的屈辱经历与
孱弱处境让忧国救世的知识分子更容易拥抱民族主义思潮，在 20 世纪中
国革命中，从孙中山开始，民族主义思潮也一再被现代政党援为推波助
澜的动力。丁则良与他那代激进知识分子也不例外，在他看来，"这样
我们在政治出路与文化前途这两大问题上，才得一个解决的办法，我们
才有可能来做一个真正的民族主义者"。②丁则良主张"军政统一"的
"一个政府"，在提出的当时也许寄希望于国民党政府，但随着国民政府
在战后日渐失去号召力，他便把关注转向了与之角力的共产党政权。
1948 年，他在留英期间致函挚友说："中国自强之机会，一一错过，乃
至在美英藩篱下讨生活，于是民治之呼声大张。愚见以为所谓自由主义
者皆误国有份之人，中国今后如有机会，必仍不能循西洋民治之路。"③
据此似可推断，丁则良的思想转变起于抗战后期，在赴英留学时已坚确
不移，其鼎革前后的政治表现足以从这一转变中获得有效的解释。

四、英伦去来的得失是非

1946 年暑假过后，丁则良随清华大学复员回京，继续担任历史系专

---

① 丁则良：《论自由与组织》，《今日评论》1941 年第 5 卷第 5 期。

② 丁则良：《政治出路与文化前途》，昆明《生活导报周年纪念文集》，1943 年 11
月 13 日。

③ 丁则良此信中语。转引自流金：《知识分子的路》（原刊《时与文》1948 年第 3
卷第 8 期，亦编入《程应镠先生百年诞辰纪念文集》，上海古籍出版社 2016 年
版，第 174 页）。流金即程应镠，据此文说："最近有个朋友自英国来信说"，可
以推断这个朋友即丁则良。

任讲师。据朱自清 10 月 27 日日记，"陈寅恪昨到清华，丁则良来为他安排课程和助手"。①朱自清时任文学院长，让素仰陈寅恪的丁则良为其服务，可谓得其所哉！

与此同时，战后中国举行最后一次的庚款留学考试，历史专业仅取一名。经过激烈竞争，丁则良独拔头筹。与他同时考取留学资格的还有原联大外文系王佐良、数学系吴文俊、物理系朱光亚、化学系朱亚杰与艺术学院吴冠中等，都堪称一时之选。

不久，其弟则民也考取了自费留美的资格，丁则良随即为自家昆仲通盘规划了研究方向。他赞同弟弟专攻美国史的决定，自己决定改治苏俄史，研究苏联的历史与现状。在他看来，战后形成了两大阵营的对立格局，苏美各为领袖；"美国虽然是历史较短的年轻国家，但它却迅速地发展成为科学昌明、经济发达的强国，因而值得对它的历史发展进行研究和探索，供我们振兴祖国的借鉴"；而"苏联是一个阵营之首，在国际事务中具有举足轻重地位，因而需要研究它，特别是考虑到祖国的发展前途，就更需要研究它"②。既然在国际事务中两大国举足轻重，在家国观的强烈驱动下，丁则良认定兄弟就有必要进行分工，去作全面深入的研究。

丁则良这一认知可以追溯到 1943 年，当时他与何炳棣同年参加留美庚款考试，最终因便血而抱憾退出。何炳棣赴美前夕，丁则良与他相约："我们不要学林语堂，搞学问专以美国人为对象；我们应该学胡适之，

---

① 朱自清：《朱自清全集》第 10 卷《日记编·日记（下）》，江苏教育出版社 1998 年版，第 429 页。

② 丁则民：《忆二哥——则良》，《丁则良文集》，第 429—430 页。

搞学问要以自己中国人为对象。"①如今自己如愿考取庚款名额，丁则良很快函告分享喜悦，并表示决意进伦敦大学斯拉夫研究所改治苏俄史。鉴于好友在中国史，尤其宋史领域已崭露头角，何炳棣驰函劝他修英国史，"不宜以大量时间投入新的语文；如能从高深的英史研究中了解并达到史学较高的意境，将较俄史更有裨于长期国史的研究"。②但丁则良坚执己见，拒绝这一忠告。他矢志转攻苏俄历史和现状，固然为了践履与何炳棣的当初约定，也旨在呼应与前述他对战后美苏称雄的应对之道。

做出这一抉择并非心血来潮，在考取留学资格不久，丁则良有一篇随感也许说出其当时的思考。延续对二战以后世界格局的既有认识，他认为，相对美苏两大势力，"英国和中国都有资格成为两大势力间的桥梁"；而英国人已找出一条比较可行的道路，"他们的明哲的思想指引他们要继续在不放弃国家主义或代议制度的原则下，走上社会主义的道路"。但"在中国的社会中，正有一种思想放假的趋势"，他因而呼吁："面对着种种课题，以一种不让步的姿态，去谋求一个解决。我们今天如不能解决问题，则问题将要解决了我们。"基于这种问题的紧迫感，他强调说："重要的是活泼泼的心灵和清澄的空气，惟其活泼，才敢冒险，惟其敢冒险，才有希望找出一条出路。"③显而易见，丁则良正是出自"活泼泼的心灵"的召唤，才做出这一冒险抉择，其最终目的完全为战后中国"找出一条生路"。

凭着过人的才学，丁则良对留学英伦自信满满。去国次日，他就致

---

① 何炳棣：《读史阅世六十年》，第 187 页。
② 同上书，第 188 页。
③ 丁则良：《思想的放假》，《平明日报》1947 年 3 月 24 日。

信挚友程应镠说："我带了一个不太世故的头脑去，将来总要打出一个天下来。"对自己将来的学术前景充满憧憬。他在航途中考察了孟买，写了《孟买纪游》；在致友人函中，比较了中印现状与前途，认为"中国人之国家观念似不及印人之强，此其或因中国今日之问题不如印度之单纯"，而"印度虽苦，其前途实较中国当为光明也"。丁则良还对友人强调："在今日尚未大一统之际，国家仍有其意义，而非到外国，似不能深切体会国家地位关系之大也。"①国家认同观念，对于像中国这样从昔日荣耀跌至当下困顿的国家显得尤其重要；这种国家观念又总是让认同者激起亢奋的民族主义，左右了自己的政治选择。丁则良抵达伦敦不久，就寄来了一篇英伦书简②。文中记述了他初到英国偶遇的福州同乡蒋阿弟，他是"不会说国语，也不会写中国字"的海员，说的英文都是福州音，娶了英国太太，"英文也福州化了"。蒋阿弟称丁则良为"学堂生"，把中国称"唐山"，仍叫英国是"番国"，他说："你们看见了番国的好规矩，回去就应该把唐山弄好，处处要讲规矩。"在交往中，了解到抗日战争"惨胜对这些海员还是有很大的意义"，改变了他们过去被轻视的屈辱地位，丁则良由此更坚定己见："毕竟国家这个东西是重要的。十几年的流浪告诉他非要有一个像样的国家不可。"在其笔下，蒋阿弟说的"谁不愿意'返祖归宗'"不过一句话，而"他的心向祖国却是很明显的，一个'学堂生'被他的精神感动了"。显而易见，正是在赴英留学前后几年里，这种日益强烈而灼热的国家观念促成了丁则良不久以后的毅然归国。

抵达英伦后，仅经一年半学习，丁则良便以勤奋与天资，不仅对俄

---

① 拙文《"带了一个不太世故的头脑"——丁则良遗札摭谈》，《澎湃新闻·上海书评》2017 年 1 月 6 日。

② 丁则良：《记蒋阿弟》，刊于《平明日报》1947 年 11 月 1 日。

国历史和苏联现状的研究大有所获，而且顺利拿下了俄文考试，准备论文撰述。进入1949年，他密切关注着国内局势，致信何炳棣说："英国费边式社会主义福利国家无光无热，就要建国的中共有光有热。"①他与在美的弟弟在信中谈论时局剧变，对即将建政的新政权寄予殷切的期望，双方约定学业告一段落即"早日归国，为建设新中国贡献力量"②。据王永兴说："全国解放的消息传到伦敦，则良极度兴奋，他向导师提出辍学回国，为祖国效力。导师劝他再读一年，就可拿到学位，则良不能等，放弃学位，回到北京。"③1950年，如同许多海外学人那样，丁则良归心似箭，不惜放弃即将到手的博士学位，决然归国，为新政权贡献才智。

做出决定后，丁则良辞去了在英国广播公司华语播音的兼职。关于此事，有必要略作辨析。赵俪生与丁则良虽为"一二·九"战友，但说他当年"咋咋唬唬的，爱领大家呼口号"④，交情泛泛，晚年认为丁则良自称"走了弯路"可有两种理解，其一即前文述及的清华时期入党以后因政见不合而有退党之举；其二即在英播音也是其历史失足之一。王勉与丁则良交深谊契得多，不免径起为老友辩护。

王勉的驳难主要三点：首先，他认为，赵俪生据此说丁则良"曾失过足"，"岂非即是'叛国'之别称"，乃"厚诬死者"；其次，他承认，丁则良在英伦确做过华语播音，但播出时间每在英国零点前后，与中国时差8小时，在英的中国留学生"决不会在此时听广播，某君知有此事，但未足证明他曾听过这种广播"，赵俪生"以想当然的思路下此结论是

---

① 何炳棣：《读史阅世六十年》，第188页。
② 丁则民：《忆二哥——则良》，《丁则良文集》，第429页。
③ 王永兴：《丁则良文集序》，《丁则良文集》，第4页。
④ 赵俪生：《记被〈一二·九运动史要〉说作是"右倾投降主义者"的一伙人》，《赵俪生文集》第5卷，第456页。

很不应该的"；最后，他认定丁则良自承"走了弯路"，仅指1937年发表
《学生运动的前途》事，完全与在英伦当播音员无关，而且丁则良在归
国过沪时曾对他面述道，"如果再为英国广播公司做事，自觉在职业道
德上是不好的，所以未久即辞去这一兼职束装回国"①。

王勉护友心切，情有可原，但驳难却大可商榷。首先，赵俪生虽据
此说丁则良"曾失过足"，却从未说其"叛国"，王勉反应有点过度。其
次，仅据播音在零点前后，反驳中国留学生决无可能在此时听其广播，
无乃苍白无力，留英学生特地收听中国人讲中国事的播音，即便零点前
后也在情理之中，何况焉知这档播音在次日白天不会重播呢？2004年，
赵俪生在回忆文中转述西北师院外语教授李学僖之说："当时在伦敦的
有王崇武，还有丁则良。他（指李学僖）说每天早晨打开收音机，有一
段Morning Broadcast，是针对刚刚建立的新中国，这段话的撰者和讲者，
都是丁则良。"②最后，王勉断言丁则良"走了弯路"乃是刊文《学生运
动的前途》事，与其在英伦播音并不存在排中律关系。即便他在广播中
对新政权有所批评，与他当时及后来归心于新政权既不绝对冲突，也符
合终其一生的"爱之切而责之严"的理想主义原则。据丁则良思想行事
的一贯逻辑，作这番合理解释或许才是"了解之同情"。

1950年暑期，丁则良归国过沪③，转赴南昌接回妻女，挈家往游杭

---

① 鲲西（王勉）：《读同龄人书后》，《清华园感旧录》，第73—74页。

② 赵俪生：《记丁则良君遗事》，《赵俪生文集》第5卷，第508页。

③ 关于丁则良归国日期，丁则民在《忆二哥——则良》里说，"他也在完成学业
后，于1950年底回国"；周一良在《未刊丁则良文集序》里说，"全国解放后，
他放弃去美国的机会，于1950年春欣欣鼓舞地回到新中国"；而丁则良长女丁可
宁在《忆爸爸》里则说："大约是1950年暑期，有一天妈妈和我说去南昌火车
站接站，我的爸爸从英国留学回来，来接我和妈妈回北京了。"接着详细回忆了
初见时细节，可信度较大。

州西湖，回到阔别三年的清华大学，任历史系副教授。在沪期间，他约王勉等在霞飞路 DDs 咖啡馆匆匆一晤，相谈欢洽。席间辩论的中心问题是资本主义必然灭亡的问题，丁则良以英国所见对王勉的疑惑指陈辨析道："英国难道没有人才？如工党财政大臣克利浦斯爵士（战时曾到昆明在联大演讲）岂不聪明才智过人，然而也无法挽救资本主义的必然灭亡。"令王勉"嘿然无以应之"①。得知他已舍弃宋史研究而转治苏俄革命史，王勉虽深感惋惜，却也认为以挚友的学识和外文，今日能治苏俄史者"舍则良其谁能胜任"②。这年，丁则良 35 岁。

五、鼎革初期的政学取径

回国不久，丁则良便加入民盟，出任清华区分部宣教委员，与同校雷海宗、潘光旦、王乃樑等师友过往频密。据周一良说，丁则良回清华园后，就"在党组织领导之下，按照负责校委会的吴晗同志的具体指导，积极热情地参加清华历史系的工作：学习马克思主义，改进教学，开展研究，团结老教师等等。他善于出主意，也乐于出力气，工作有热情而负责任"③。当年对自己的进步"是有帮助、促进作用的"，不仅介绍他参加民盟，还第一个鼓励他"争取入党"④。丁则良对新政权是竭诚拥护的。1951 年，他与妻子随清华的队伍游行经过天安门接受检阅，据

---

① 鲲西（王勉）：《读同龄人书后》，《清华园感旧录》，第 72—73 页。
② 王勉：《怀则良》，《丁则良文集》，第 419 页。
③ 周一良：《未刊丁则良文集序》，《郊叟曝言》，第 11 页。
④ 周一良：《未刊丁则良文集序》，《郊叟曝言》，第 14 页；《中国文化书院访谈录》，《周一良全集》第 7 册《自传与杂记》，高等教育出版社 2015 年版，第 153 页。

其长女回忆，"晚上回来时，他们虽然游行很累，但是脸上洋溢出那种热爱党、热爱毛主席、热爱祖国的感情非常真挚，令我羡慕和佩服"①。从归国到辞世的短短七年间，丁则良在教学科研上异乎寻常地投入。其长女回忆他总是研究到半夜两点还不睡觉，甚至多次因工作忘却与妻儿同看演出的约定。凭着清华与联大的学术积累，兼之英伦留学的锐意汲取，丁则良进入了学术发皇期。

1950 年夏，丁则良担任中国通史教研组的负责人，在教学小组活动中作《宋代土地问题》专题报告；秋季，在清华与北大联合举办的教学讨论会上，再作同题报告。他编辑了《宋代土地问题史料选辑》1—3册，第 3 册为庄园制与租佃制，署名清华大学历史系丁则良辑；还完成了《北宋初年王小波李顺起义的性质》（次年发表）。这年，作为编委，他与张政烺、杨生茂、李光璧、孙作云、关德栋等发起创办了《历史教学》月刊；还撰写史学文章支持抗美援朝运动。

1951 年 7 月，丁则良出席了中国史学会成立大会。这年，除刊出两篇中国古代史论文外，他发表了多篇中美关系史与中国近代史的论文，诸如《马关议和前李提摩太策动李鸿章卖国阴谋的发现》《天津条约订立前后美国对中国的侵略行动》《李提摩太——一个为帝国主义服务的传教士》《义和团运动时期美国传教士丁韪良的罪行》《翦伯赞〈义和团书目解题〉中的几个问题》。从其论题所及，不难发现：一是他的研究重心由中国古代史（尤其宋史）明显转入中美关系史与中国近代史，英伦留学的学术训练大有用武之地；二是他的史学论著主观上留有为政治服务的时代烙印，客观上也为中国时局所欢迎。其中《李提摩太》一文

---

① 丁克宁：《忆爸爸》，《丁则良文集》，第 444 页。

被有关方面选为学习材料，丁则良随即将自己与之有关的文章扩写为同名专书，列入"抗美援朝知识丛刊"，在配合抗美援朝运动中影响不容小觑。①

　　1952 年知识分子思想改造运动中，或因退党的历史问题，丁则良也"登台发言，痛哭流涕"。好友周一良当时很不理解，后来"了解他的过去，才恍然领悟，这是他悔恨交加的心情的表现。这种心情，转化为他积极工作的热情，成为支持他勇往直前的动力，使他努力为党工作"②。这年，全国高等院校实行院系调整，清华大学取消文科，改为纯工科院校。丁则良带头报名支援新建立的东北人民大学（今吉林大学），与其同时调入的还有清华大学的理科教授余瑞璜、徐利治、江泽坚等以及北京大学的王湘浩、唐敖庆、朱光亚等学界精英，以致当时东北人大及其改名后的吉林大学被人视为北大与清华的东北分校。离京前夜，丁则良与即将调入北大历史系的昔日同事兼挚友王永兴有过长谈，他豪情满怀地表示："要把全部的学力贡献给新建立的东北人大历史系，办成像清华大学那样高水平的系，为国家培养人才。"③在远赴东北之际，丁则良对妻子说："这次运费是公家报销，我们一定要给国家节省些。"在他的执意要求下，什么家具都没运去，"连一块切菜板都没带"，他总是对妻子说："我们是来支援边疆的，有困难我们就克服吧。"④10 月，丁则良抵达长春仅数日，就致函挚友周一良，倾诉了由衷之言：

① 参见本书《丁则良史学的发轫与转轨》三"以《李提摩太》为中心：配合时局的政治批判"。
② 周一良：《未刊丁则良文集序》，《郊叟曝言》，第 12 页。
③ 王永兴：《丁则良文集序》，《丁则良文集》，第 3 页。
④ 丁克宁：《忆爸爸》，《丁则良文集》，第 445 页。

东北经济发展在国内是进步的。各种建设在突飞猛进之中。文教方面，普及与提高都是极迫切需要的。经费不少，缺的是人。看到这点，就了解抽肥补瘦的必要与不可缓。在这样一个新环境中，我将在工作中锻炼自己。常常会想起你们，想起我们一起搞过的工作。但我们必须向前看，尽自己的一点力量，创造更美好的将来。对新环境，了解情况是必要的，但不可存"先观察一下再说"的想法。最重要的是站稳人民立场，不旁观，不客观主义地对待新人新事物新工作。当然说话做事要考虑效果（这一点我过去极欠缺，给工作带来损失）。考虑之后，话还是要说，事还是要做，否则就不对了。①

调入东北人大，丁则良任世界史教研室主任。次年，他与朱光亚、唐敖庆等七人被选为东北人民大学民盟区分部委员，余瑞璜与他分别当选正副主任委员，徐利治任秘书。据徐利治回忆，当年东北人大"民盟活动的生气勃勃，是和丁则良的积极投入分不开的"，他"不仅在历史科学中有独到之见，而且对一般公众事务以及在当年民盟组织活动中，以他敏锐的洞察力，也常能发现问题，分析问题，且有精辟见解，加上他为人热诚直爽，所以在民盟组织中朋友较多"②。

1955年，丁则良出任系副主任，兼校务委员会委员。他前往辽宁省图书馆抄录馆藏中国近现代档案，次年《史学集刊》创刊号刊出《有关辛亥革命时期东北若干史事的一些资料（上）》即其一部分。这年，他发表了论文《近代亚洲民族解放斗争的三次高涨与中国》，次年仍以单

① 周一良：《未刊丁则良文集序》，《郊叟曝言》，第12页。
② 徐利治：《回忆则良学长》，《丁则良文集》，第415页。

行本由上海人民出版社出版。在批判胡适的高潮中，他也写过应命之作
《对胡适疑古论的批判》，虽然难免袭用当时风行的批判套语，但仍试图
局限在学理上展开论证。

1956 年，丁则良出任东北人大历史系主任，兼图书馆馆长；他还为东
北人大创办了《史学集刊》。当年全国高校教授定级，他定为三级，与北
京师大何兹全、山东大学童书业、王仲荦同一级别，可见他在史界的地
位。①这年 6 月 4 日，他作为历史系主任兼图书馆长接待了顾颉刚，陪同
参观了历史博物馆与图书馆，顾颉刚"与历史系同人谈话二小时"②。
丁则良对历史系与图书馆制定的发展规划，得到时任校长匡亚明的赞赏。
7 月 10 日，他赴京参加高教部文史教学大纲审定会，与周一良承担合编
亚洲各国史教材的任务，周一良负责古代，近代部分归他，下半年起经
常住在北大。何炳棣闻知此事，"内心又多少为他'庆幸'，因为这正是
表现他史识、史才、史笔的机会"③。11 月 15 日，他参加中国科学院历
史研究所举办的孙中山诞辰 90 周年学术讨论会，与历史研究所副所长侯
外庐、中央政治研究室历史组组长黎澍同作学术报告，是三位报告人中
唯一的京外学者。1957 年 5 月，丁则良受高教部委派，飞赴莫斯科出席
东方学国际学术会议，在大会上应邀作学术报告，《真理报》还编发了
报道，都是对其东方学成就的高度评价。④一颗史学明星正在冉冉升起。

① 丁则勤、尚小明编：《丁则良先生生平及著译简表》，《丁则良文集》，第 478 页；
参见屈宁：《1950 年代的教授分级与史学大家》，《中国历史评论》第 2 辑，上海
古籍出版社 2014 年版，第 143 页。
② 顾颉刚：《顾颉刚日记》第 8 卷，第 68 页。
③ 何炳棣：《读史阅世六十年》，第 188 页。
④ 周一良：《未刊丁则良文集序》，《郊叟曝言》，第 13 页。关于丁则良 1950 年代的
史学转轨，这里评述从略，详见《丁则良史学的发轫与转轨》。

六、史坛新星的遽然陨落

然而，丁则良的史学之路戛然止步于 1957 年盛夏。8 月 8 日，他自沉于北大未名湖，年仅 42 岁。这颗史坛新星或许是"反右"初起时最早自杀的"右派"。

周一良说丁则良之所以被打为"右派"，"是原单位欲加之罪，故意捏造出'三人反党集团'"①。所谓"三人反党集团"，指"黑统帅"余瑞璜（东北人大民盟主任、物理系主任）、"黑参谋"丁则良（东北人大民盟副主任、历史系主任）与"急先锋"徐利治（东北人大民盟秘书长、数学系主任）。倘若说余瑞璜与徐利治在鸣放期间还有点言论，丁则良因参加东方学国际会议，既未在长春市与东北人大的鸣放现场，也从未在任何报刊上发表过有忌言论，是谁"欲加之罪"呢？直到 2002年，周一良才披露了丁则良长子的说辞：

> 东北人大有一位老党员领导，写了一部历史著作，让丁则良提意见。其实这只是一种姿态，而丁则良本着学术良心和对党负责的态度，尽其所知提了不少正确的意见。②

那么，那位"老党员领导"究竟是谁呢？相较于乃父仍为尊者讳，其子周启博捅破了这层窗户纸：

---

① 周一良：《毕竟是书生》，第 50 页，北京十月文艺出版社 1998 年版。
② 周一良：《钻石婚杂忆》，三联书店 2002 年版，第 23 页。

父亲在清华的好友丁则良教授此时已调去长春东北人民大学历史系任教，隶属中共党内史学家吕振羽领导。吕以自己著作请丁指正。丁如有心机，自当捧场几句交差。但丁是朴实学者，认真研读之后写下多条意见，致吕不悦。①

但"反右"时东北人大的校长是匡亚明，前任校长吕振羽已调入中国科学院历史研究所，这一叙事仍然脱线。吕振羽是 1951 年 8 月出任东北人大校长兼党委书记的，1954 年春"因脑疾赴北京疗养，1955 年 7 月，正式调离东北人民大学"②。那么，丁则良对其著作提意见事，只能在院系调整调入东北人大后到吕振羽赴京疗养前，即 1952 年秋至 1954 年春。

关于吕振羽长校期间的治绩与学术，除正面传记外，罗继祖的说法值得重视。罗在 1955 年春调入东北人大，一到校即"先了解校中情况"③。他对吕振羽治校明显持保留态度。罗与吕、丁均无恩怨，其说可以采信，他曾提及教育部察访事，丁则良也卷入其中。

据杜瑞芝、姜文光《上下求索——徐利治》（哈尔滨出版社 2001 年版），1954 年暑假，徐利治曾向教育部党组寄送过一份"万言书"，反映东北人大领导在统战、教学与科研方面的问题，信件虽由徐利治执笔与呈送，余瑞璜、丁则良、唐敖庆等都提供了材料，表达了东北人大民盟分部主委的共识，而作为这个集体里唯一的文科教授，其见解往往比别

---

① 周启博：《一个人文学者的悲哀——记周一良》，http://blog.renren.com/GetEntry.do? id＝774451125&owner＝322850517。

② 朱政惠：《吕振羽学术思想评传》，北京图书馆出版社 2000 年版，第 61、64 页。

③ 罗继祖：《蜉寄留痕》，上海古籍出版社 1999 年版，第 246 页。

人更深刻，"在这份材料的起草过程中，丁则良或许起了更大的作用"。这份反映问题的上书"完全是出于公心，是为把学校的教学、科研等工作搞好"。教育部接到材料，随即派工作检查团前往调查，最后宣布的结论认定"材料内容是符合事实的"。这才有次年 7 月吕振羽与匡亚明的瓜代。

那么，丁则良对其什么著作提出意见而"致吕不悦"呢？笔者认为，最有可能是其《简明中国通史》。这部《通史》被称为"当时率先出版的马克思主义的中国通史著作之一"，人民出版社 1959 年版附有著者自序与后记，不妨引证其说以明细节。该书第一分册（前八章）也即上册，脱稿与出版于 1941 年春，由香港生活书店初版；第二分册也即下册，1948 年 2 月完成初稿，同年由大连光华书店初版。1950 年由新华书店出了全书校订新版，当年 9 月 3 日《光明日报》刊出柴德赓的《对吕著〈简明中国通史〉的几点意见》，指出其中人名、地名与年代上的错讹，但肯定"是开山之作，可与范文澜的《中国通史简编》媲美"①。其后，据吕氏自述："在行政和党务工作之余，在 1951 年 7 月完成了第一次修订（1953 年 2 月又作了一次'补订'），即 1955 年开始印行的新版本"；据朱政惠的《吕振羽著述年表》，1951 年第一次修订本交由三联书店出版，1953 年补订版改为人民出版社出版；在三联版与人民版之间，还以讲义形式在 1952 年由东北人大印刷厂印行，吕氏 1959 年版《后记》也肯定了这点："在人民出版社印行新版前，东北人民大学曾将修订稿作为讲义印行。"②罗继祖评此书说："首任校长吕振羽为最先用马

① 转引自朱政惠：《吕振羽学术思想评传》，第 130、142 页。
② 吕振羽：《简明中国通史》下册，第 792 页，1959 年第二版。

列革命观点于中国史研究者中之一人，其《简明中国通史》则实为一通俗教材，中引史料极驳杂，甚至把《三国演义》作正史看。"罗氏的判断应据该书讲义本或 1953 年版得出的（因人民出版社 1955 年新版在6 月）。丁则良在 1952 年秋季调入东北人大，吕振羽自然会让他对两种印本中的某种提意见，丁则良不会不发现罗继祖提及的问题，他毫无机心地直率而言，难免会带来意外的麻烦。

在教学上，罗氏说丁则良"教学有经验，且年富力强，精西文"，而院系调整前的东北人大历史系"任各断代史课者，皆从行政学院毕业生中选拔者，资历浅"①。所谓行政学院指东北行政学院，这一人事资源构成了吕振羽主政东北人大的主要基础。及至院系调整后，在治校理念与教研方针上，东北人大内无形中形成了清华、北大等外来专家学者与原当地人事骨干间的分歧。丁则良出于把东北人大历史系办成清华大学历史系那样的追求，在办校大政上，在史学专业上，秉持着他对周一良说过的原则，"话还是要说，事还是要做"，率言直行而缺乏心机。

教育部检查团的结论一锤定音。匡亚明长校后，对北京调来的党内外专家教授器重有加，"万言书"的主笔者徐利治被任命为东北人大党委委员，成为七人领导小组的校常务委员，教务长兼教务处长。丁则良也随即升任历史系主任，兼校图书馆馆长，"为了探讨学校工作的改革和发展，匡校长和则良常常在住所讨论问题至深夜"②。这让东北人大原行政领导与北京调入的业务骨干，地方干部与外来教授等诸多深层次矛盾不仅未因主政者易人而冰融雪消，反而在暗中进一步发酵。"反右"

① 罗继祖：《蜉寄留痕》，第 247、249 页。
② 徐利治：《回忆则良学长》，《丁则良文集》，第 415 页。

号角一经吹响，对"万言书"与后续处理骨鲠在喉者抓住余瑞璜与徐利治等鸣放言论，蓄意罗织了"反党集团"，丁则良虽无可抓辫子的言论，也被"缺席裁判"，欲置之死地而后快。

1957年5月，中共中央发出《关于继续组织党外人士对党政所犯错误缺点展开批评的指示》，丁则良远在莫斯科出席会议。8月1日，他回到北京，直接入住北京大学。李淑蓉已知东北人大有人正极尽构陷之能事，唯恐丈夫出事，亲往北京陪伴。8月6日，丁则良到北大图书馆还书，看到《长春日报》头版刊出批判"余、丁、徐反党集团"的文章。据周启博说：

> （丁则良）明白自己已无出路，也为减轻家人将受的牵连，表面不动声色，每天像他人一样看大字报，暗中写好遗言，终于找机会躲开亲人朋友在北大投湖。……我问湖水不过腰怎么能淹死，母亲说丁伯伯抓紧水草把头埋进泥里，是自杀。……父亲绕丁伯伯棺木以告别，并将丁遗书长置案头。我爱翻看父母案头文字，所以记住了遗书头一句话："我出此下策，是因为实在记不起自己所说过的话……"丁伯伯鸣放整风时人在国外，当然无从记起。可是当局从日常谈话中随意罗织几句，说你说了，你就是说了。

丁则良至死与出生仅四个月的幼子未见一面。自沉那一刹那，他不知是否想践行自己的话："在一个一切都违反人性的世界中，违反人性的缄默反而是一件可取的行为了。"[1]匡亚明事后扼腕道："丁则良这样的

---

[1]　丁则良：《缄默的尊严》，《丁则良文集》，第384、386页。

人才是不应该死的。"①

丁则良之死震惊了同窗故友，也长久引发了对其个性与命运的思考。丁则良的知交沈自敏对其个性有着入微的体察：

> 他确是个好人，纯正而近于天真。这里所指"天真"，不是指"童真"。则良的天真，从他和我的谈话中，很可以写一篇文章。他把人看做是可以"真诚相待的"，他把理想看成是很容易实现而且应该实现的。②

这一评骘有助于后人深入认知丁则良，他实在是一个纯正天真而容不得半点虚假的人，唯其如此，他可以加入又退出共产党，他可以放弃已有小成的宋史而新起炉灶改治苏俄史，他敢于指正已居高位且享盛名者的史著，他勇于批评东北人大存在的问题。所有这些，都基于他把人看成是可以"真诚相待的"，既如其致友人函自许的那样，"带着一个不太世故的头脑"；也如其弟丁则民评论的那样："丁则良喜欢谈政治，但仍是个书呆子。书呆子自然斗不过富于政治经验的对手，结果自己只有死路一条。"③

同为契友的王勉在晚年书函中谈及丁则良的昆明旧事：

> 忆四十年代曾与则良、高阮同话张君劢，彼时罗先生亦在座，

---

① 杜瑞芝、姜文光：《关于"余、丁、徐反党集团"》，《丁则良文集》，第 467 页。
② 此据《流金藏札》1996 年 1 月 1 日沈自敏致李宗蕖函。
③ 丁则民：《"向党交心"资料披露一段往事》，https://www.docin.com/touch%5Fnew/mip%5FpreviewHtml.do%3Fid%3D1507689929。

罗之一生亦确实经过不少波折，但读西方政治学，终究于世事尚欠聪明，致有后来之遭遇也。①

王勉的言外之意很清楚，在世事上"尚欠聪明"的岂止熟读西方政治学的罗隆基，也包括丁则良与自己（王勉也罹丁酉之灾）；这种教训是历经政治上"不少波折"才换来的。在某种不正常的政治生态下，丁则良纯正天真的个性不仅"尚欠聪明"，甚至要付出生命的代价。王勉认同赵俪生的观点：中国历来读书人大都不免与政权挂钩，纯学者是很少的，于是不免有"折腾"；但他认为：丁则良则是"折腾"中"极可悲的一种"②。反观丁则良的结局，既有其自身纯真而决绝的个性因素，也有其所处时代与环境的政治背景。也难怪沈自敏一声叹息："则良的人生，是可悲的人生！"

丁则良与他那代大多数知识人一样，既满怀着学术事业的勃勃雄心，又未忘情于天下兴亡的家国情怀，从30年代一路走到50年代，一再纠结于政治关怀与学术追求之间的选择与困惑。这种选择与困惑，与50年代起不断的政治运动相遭遇，让他们不知所措而进退维谷，最终酿成了宿命的苦酒。

补记：本文据拙文《英年早逝的史家丁则良》（2017年1月6日澎湃新闻《上海书评》）与《纠结于政学之间的丁则良》（2017年6月14日澎湃新闻《上海书评》）改作，既有史实的增补，也有因故的删改。

① 信函引文见拙著《程应镠先生编年事辑》，第546页。
② 鲲西（王勉）：《读同龄人书后》，《清华园感旧录》，第74页。

丁则良史学的发轫与转轨

作为历史学家的丁则良（1915—1957），如今已没有太高的知名度。其原因诚如其同代史家所说，他"终年仅42岁，很多著作还没来得及写出来就死了，所以现在流行的几本社会学家辞典和史学家辞典中都未列他的条段"①。但在20世纪四五十年代，他却是一颗令人瞩目的史坛新星。

1945年，史学大家雷海宗致函梅贻琦说："丁君为战前学生中之优异者"，并指出"此种学生抗战以来已不可得"②。当年与他深交的同辈学友在卓然成家后，对丁则良的史才无不推崇备至。令人感兴趣的是，如此少见的史学才俊，在历史剧变中究竟走了一条怎样的史学之路呢？

---

① 赵俪生：《记丁则良君遗事》，《桑榆集》，新世界出版社2009年版，第140页。
② 转引自丁则勤、尚小明编：《丁则良先生平及著译年表》，《丁则良文集》，清华大学出版社2009年版，第474页。

一、宋史研究：深得张荫麟的神韵

1933 年，丁则良考入清华大学历史系，标志着他走上史学之路。但自一二·九运动后，他在投身革命与沉潜学问之间一度举棋不定①。抗日战争全面爆发，他随校南迁，次年在西南联大历史系最终完成了学业。最后一学期，他在史学名家张荫麟指导下研治宋史，写出了毕业论文《秦桧传考证》②。这年 8 月，姚从吾致函傅斯年，评价其论文道："说到《秦桧传考证》作者丁君则良，据弟所知，他是反对秦桧的，彼意谓：秦桧误国之罪有三：（一）言行前后不一致，其主和不是为国为公，而是揣摩投机；（二）和议以后粉饰太平；（三）诛戮不必要的异己。"③姚从吾以治宋辽金元史见长，明确肯定他的结论。

毕业以后，丁则良留任联大所属师范学院史地系助教，后来还在联大师范专修科文史地组任教，讲授过"西洋通史"。1943 年为云南大学文史系专任讲师。这一时期，他还旁听了陈寅恪讲魏晋南北朝史、雷海宗讲欧洲中古史。除了"认为他们都是博古通今、学贯中西和精通多种

① 参见拙文《纠结于政学之间的丁则良》，澎湃新闻 2017 年 6 月 14 日《上海书评》。

② 这篇毕业论文或许仍保存在有关档案中。丁则良后在 1947 年 5 月 18 日与 29 日《平明日报·史学》上发表《秦桧拒立异姓考》或即此文一部分。针对靖康之变时北宋朝臣拒立张邦昌，而旧史"或论马伸实为主谋"的疑案，他钩考史实，揭明秦桧此时"独冒鼎镬，直捋虎须，有足多者"，为拒立异姓"缴状不止一篇"。他强调"兹文之作，在探求事实真相"，持论公允地指出："桧之人格，前后不同，要未可以其晚节有亏而置前烈于不论也"，堪称良史之见。

③ 转引自丁则勤、尚小明编：《丁则良先生生平及著译年表》，《丁则良文集》，第472 页。

外语的史学大师"①，关键在于丁则良已确立了今后治学应探究中西历史的异同，故对西方历史也颇用功。在中年教师中，他最心折于张荫麟。作为宋史研究的早期拓荒者，张荫麟在史法上强调中西会通，理论与实证并重，识见超拔，文字俊逸，都影响了初入史林的丁则良。他显然想追随张荫麟，走研究宋史之路，故教学之外，将时间都用于宋史，前期论文也都与宋史有关。②据其好友王勉回忆："则良初治宋史，某次与他谈话，使我惊叹他学识之渊博。"③

这一期间，丁则良广泛研读了宋代史料，关注到王安石新政时曾著有《日录》，但全书亡佚，便立志辑佚，以期"为治《宋史》者添一部不可不读之书"。他勾稽群籍，辑成了多达千余则计四万余言的《王安石日录辑佚》。在此过程中，他索隐比勘，在"逐则之考订，年月之稽审"上下足了功夫，写出了《王安石日录考》，1941年刊于《清华学报》。丁则良通过考证指出，《日录》全名应是《王安石熙宁奏对日录》，原书约八十卷，确系王安石朝对的真实记载，临终前交付其侄王防；哲宗绍圣时，蔡卞重修《神宗实录》用以为据；所谓《日录》经蔡卞删改事未能确断，但即便有之，"必不甚严重"；故仍具"第一手"的史料价值④。

丁则良对《王安石日录》有一段总评价：

① 丁则民：《忆二哥——则良》，《丁则良文集》，第428页。
② 丁则良在1940年8月3日与6日在昆明《中央日报》上发表《跋朱希祖〈杨幺事迹考证〉》，认为《杨幺事迹》"史源不一，矛盾之处，有待考证"，直言朱文"无大发明"。他在考证杨幺死事后指出："吾人研究历史，对于神话性质之故事，务当抉举，考究其可信之程度"；而"富于神话性质如岳飞之功业者，盖棺千年，论断未定，岂可不无慎重？"已见其宋史研究的功力与见识。
③ 王勉：《怀则良》，《丁则良文集》，第418页。
④ 丁则良：《王安石日录考》，《清华学报》1941年第13卷第2期，转引自《丁则良文集》，第61页。

　　日记一类为当事人直接留传之史料，虽易陷主观，未可轻信，而参考比较，慎作推理，要不失其"第一手"之价值。近世西国史家，据日记、回忆录、自传以核验，订正其正式史籍者，盖繁有徒。矧荆公为北宋一巨子，即令所记未必全符事实，亦未可弃置不顾。而况其中所载，多为一代要典，举凡财政、军事、外交、教育、用人诸端兴革之动机、结果，大都可以窥见。兼其文字平实无华，字里行间，于荆公之音容笑貌，多所流露，较之《宋史》本传之呆板舛误，相去诚不可道里计也。抑《日录》一书，所记虽限于熙宁奏对之语，然其影响则历绍圣、崇宁以至南宋。荆舒为新党之祖，《日录》遂成宗派之书，每有更张，尊为经典。①

　　在这段总论中，他对日记类史料在研究中的功用，《王安石日录》的史料价值及其具体影响，把握得真确、全面而平允；而援证西方史学应用日记类史料，也见其涉略广泛，视野开廓，展示了超越侪辈的史料基础与史识视野。

　　张荫麟对他也青睐有加，从西南联大转往浙江大学后仍牵挂这位弟子。1941 年 3 月 3 日，张荫麟将新作《宋太宗继统考实》邮寄云南大学李埏，特嘱"阅毕请并附札转致丁则良君为盼"，希望听到他的意见，将其作为能够切磋的对象，足证丁则良的宋史研究起点之高。次年，张荫麟英年早逝，他写了《追悼张荫麟先生》，感铭启导其学术路向的导师。

---

① 丁则良：《王安石日录考》，《清华学报》1941 年第 13 卷第 2 期，转引自《丁则良文集》，第 46 页。

为丁则良赢得学界普遍好评的，还推论文《杯酒释兵权考》。他独具只眼地选择了宋初颇具戏剧性的传闻作为研究对象，乃鉴于这一事件"为宋室奠三百年文治之基，其关系之重大，不言可喻"。但他坚信，"实际政治之中，奇迹例不多有"，便试图究诘一系列"甚可怀疑之问题"：诸如"石守信辈之解除兵柄，果由太祖推诚感召所致？抑别有其不得不遵行命令之原因？此迹近传奇之杯酒释兵权一事，有无附会夸张之处？"其最终目的，不仅"旨在考证杯酒释兵权一事之不可信，并进而推求宋初军队国家化（或中央化）所以得告成功之根本原因"①。

丁则良在论文中展现了娴熟精到的考史功夫与治史眼光。首先，他比勘考证各种记录，指出收石守信等禁军兵权，事在建隆二年（961），而非《宋史·石守信传》说的乾德初（963）。接着追溯史源，抽丝剥茧，运用古史辨派"治中国古史，特申古史为层累的堆积之义"，令人信服地指出，"杯酒释兵权"事件也再现了"时间愈晚，故事愈多"的演进轨迹，到南宋中期"乃正式定形，遂成为国史上一大佳话，权力政治中一大奇迹"②。随后，他顺便考证宋太祖义结"十兄弟"之说，指出宋代"将太祖（有时赵普在内）故事化的例证甚多，初不限于杯酒释兵权一事"③，遂令前一考证突破了史考的局限，兼具了历史认识论的价值。

---

① 丁则良：《杯酒释兵权考》，《人文科学学报》1945 年第 1 卷第 3 期，转引自《丁则良文集》，第 2 页。

② 同上书，第 13—14 页。

③ 同上书，第 14 页。丁则良在 1947 年 1 月 10 日《平明日报·史学》上刊有《读〈宋史〉札记》，其"赵学究"条考证《默记》载赵普初见宋太祖事"其为舛误"，也指出"宋人笔记小说中所载赵学究事多不可信"，其史考与史识俱足称道。

这篇论文的重点还不在于考据，而是为了探究宋初的兵制变革。他认为，为此"至少亦当追求五代兵制变迁之迹"，便考察了五代兵制变本加厉地沿袭了晚唐以来骄兵悍将的割据之风，而出自藩镇兵制的侍卫亲军制经五代演变扩大终于变为宋代中央禁军体制，禁军兵权则完全操控在两司（殿前司与侍卫司）与三衙（殿前司、侍卫马军司、侍卫步军司）12 员高级将领手中。随后他将宋太祖朝禁军诸将的史料一网打尽，逐年排比其选任递嬗，制成详密的年表，有力揭示了太祖自北宋立国起在禁军大将开缺后新委命的继任者都是其后周典军时的中下级部下，成功推行了"擢用亲信中下级干部，屏斥其高级长官之政策"①。他还指出，远在代周之前，赵匡胤就着手破坏部曲私兵，多年一贯地交结中下层军校，立国后更因其纵容，"累有军士或军校告讦主将之现象"；及至建隆二年，石守信等禁军大将"乃握有有名无实之兵柄，势固不得不交出也"②。惟其如此，丁则良指出，所谓宋初释兵权，"为太祖多年之准备与布置。其间虽无一事足与杯酒释兵权一类佳话媲美，而中央集权之趋势乃造成于潜移默化之中，其意义之伟大，乃更非世人所认识者矣。"③

据丁则良之见，"太祖不愧为周世宗之继承人"，宋初军事改革实肇始于周世宗，"其威棱所及，且有甚于太祖。拟另成周世宗之军事改革一文详加考证"。④他还附带考证了开宝二年（969）"欢宴罢节镇"故事，认为亦非事实真相，太祖之所以能顺利解决藩镇权力，既基于中央政权已极稳固，禁军问题完全解决，也由于全国骁勇兵卒悉隶禁旅，藩

① 丁则良：《杯酒释兵权考》，转引自《丁则良文集》，第 37 页。
② 同上书，第 38、41 页。
③ 同上书，第 41—42 页。
④ 同上书，第 18 页。但这一撰述终因其治史方向的转换而未见下文。

镇兵力已无抗衡禁军之可能，交权自属必然，"其真相盖亦一势力消长之激烈斗争也"①。

在出色论证了宋初释兵权的史事后，丁则良提示两点：其一，两事"均为多年准备布置之结果"；其二，"由是吾人乃知实际政治中固无奇迹出现之可能也"②。这篇论文选题之有见，考证之缜密，史识之超迈，深得张荫麟《宋太祖誓碑及政事堂刻石考》的神韵。

丁则良接武张荫麟《沈括编年事辑》，对大科学家沈括也有一组考证文章③。其首篇《跋〈沈括编年事辑〉》纠正了乃师推测的生卒年，张荫麟的审阅按语对其结论"很表同意"。④但他其后重加考证，"意见有变动，又曾函浙大告知张先生，并将论据一一提出，张先生回信，也颇以这新的意见为然"⑤，遂写成《沈括生卒年考》发表。徐规同为张氏弟子，对丁则良新考提出商榷。丁则良作《读〈沈括编年事辑〉校后记》，重申己见时审慎指出："因现存史料有限，而且文辞笼统，不易作肯定的结论"，"希望徐先生和世之治宋史者有以教我"⑥，秉持了史家的求实精神。丁则良是继张荫麟后推进沈括生卒年考订的宋史学家，既表明他追随乃师的学术旨趣，也直率补正了其阙失。

1950 年暑假前夕，丁则良结束海外留学，返回清华大学历史系，负

---

① 丁则良：《杯酒释兵权考》，转引自《丁则良文集》，第 44 页。
② 同上书，第 45 页。
③ 丁则良：《跋〈沈括编年事辑〉》，载 1940 年 5 月 30 日重庆《益世报·史学副刊》第 5 期；《沈括生卒年考》，载 1947 年 5 月 21 日上海《大公报·文史周刊》第 29 期；《读〈沈括编年事辑〉校后记》，载 1948 年 3 月 6 日《申报·文史周刊》第 13 期。
④ 丁则良：《读〈沈括编年事辑〉校后记》，转引自《丁则良文集》，第 70 页。
⑤ 同上书，第 70—71 页。
⑥ 同上书，第 71 页。

责中国通史教研组，与周一良合开中国通史。暑期里，他参加了系里中国通史教学小组的活动，新拟宋史讲授的详细提纲交付讨论。在讨论中，他就整个宋代农民起义作报告时指出："宋代几次规模较大的农民起义，都是有计划有步骤的。关于方腊起义，更可看出在起义前夕曾举行有声有色的鼓动大会，史料虽少，而价值甚高。这是提纲中应予增补的。"①其间，他还在清华以及与北大历史学系联合举办的教学讨论会上两次作"宋代土地问题"的专题报告。这篇报告在其生前始终没有发表，显然认为尚未成熟。报告主要探讨宋代究竟实行庄园制还是租佃制，提出了两个讨论原则：其一，两种制度都有关生产关系，"不能跟生产力的问题分开"；其二，应该关注"各地生产力发展不平衡，因而影响到各地生产关系也有了不同的表现"②。他认为，宋代生产力最低的地区存在着旁户与地客；生产力较高的地区已有租佃制；生产力处于前两者之间的地区则存在着"庄"（既包括地主的庄园，也兼指一般的村庄）；"这三种方式加上自耕农，可以说是宋代四种生产关系的表现"。对庄园制是否宋代的主导形式，他坦承"现在我还没有充分的材料来下这样的断语"③。在清华大学历史系的两年间，他编辑了3册《宋代土地问题史料选辑》，第3册内容即为庄园制与租佃制，他讨论宋代土地问题显然以此为基础的。

据清华大学历史学系1950年度下学期计划，丁则良负责"中国通史

---

① 《清华大学历史系中国通史教学小组工作总结》（1951年1月15日），清华大学历史系编：《文献与记忆中的清华历史系（1926—1952）》，第32页，清华大学出版社2016年版。

② 丁则良：《宋代土地问题》，载《历史教学》1986年第1期，转引自《丁则良文集》，第98页。

③ 同上书，第100页。

第四段的讲授（明史部分）编拟详细提纲。就宋代明代几次农民起义中，选择专题，搜集材料，写出专文"①。50年代，他在宋史领域仅发表过《关于北宋初年王小波李顺起义的几个问题》。此前张荫麟有《宋初四川王小波李顺之乱》，是探讨其事原因与性质的唯一专文，丁则良承其余绪，补充其未用材料，对乃师的解释提出不同意见。他的结论是，"不论起义的领袖的职业是什么，起义的诱因是什么，起义军的主力恐怕没有疑问地是当时的农业劳动者"；他也关注到旁户"形成了起义军的主力"，表示"将来拟另文讨论"②。他的结论是成立的，但此文刊布的年代以及张荫麟题中的"王小波李顺之乱"变为丁则良题中的"王小波李顺起义"，都与农民起义蔚为史学热点息息相关，足见他自觉追随主流史学研究农民战争的主潮。

在清华历史学系存档的"1951年度上学期概况"里，丁则良填报的专长排序是中国近代史与宋史，似已表明治学的转向。50年代初期，他完成了两篇宋史论文与三册史料选辑，无论是否联大时期旧库存的新出炉，终究只是治史方向转轨后的一脉余波，他主动撤离了宋史领域。《丁则良文集》卷首有一幅"则良自书"手迹，编者推测"约写于建国初期"："近来愈知读史之要，愿得人赠一部二十四史，从头读起"。其时他对中国古代史似仍难割舍，其转换治学领域应该仅为国家与时代计，

① 《清华大学历史系工作总结》（1951年1月15日），清华大学历史系编：《文献与记忆中的清华历史系（1926—1952）》，第29页。丁则良1951年1月12日在上海《大公报》与《进步日报》刊出《介绍一部有关明末农民起义的文稿——〈素堂遗集〉》，也显然与这一规划有关。

② 丁则良：《关于北宋初年王小波李顺起义的几个问题》，载《中国农民起义论集》，五十年代出版社1954年版；转引自《丁则良文集》，第93—94页。他关注旁户，显然与前揭"宋代土地问题"中的思考密切相关，但"另文讨论"也因其治学领域的转移而未能兑现。

而非出自内心爱好的自发转移。

二、史学转轨："供我们振兴祖国的借鉴"

1946 年，丁则良考取了战后中国仅有一次的庚款留学名额，次年夏秋之际远赴英伦留学。其时，他已决定从宋史转向苏俄史，这一转向既与其秉持的史学观念不无关系，更与他这一时期形成的家国观念密切相关。

先说史学观念。丁则良对西方史学的流派及其史学理论的发展，尤其 19 世纪以来这一领域的流变与现状，有着充分的了解与把握。他赞同兰克"个别的事物本身就带有通性"的论断，从两方面批评过去的史学，一是"很少有人想要从这广大的史实范围之中，抽绎出文化发展的法则"，二是"根本没有［把］历史和史学这两个观察［念］清楚分开"。他指出，"历史事实的个性虽然很强，但却不是没有通性。即［既］有通性，就可以在异中去求同，就可以分类，就可以寻求其发展的法则"。他显然醉心于兰克学派的倡导，主张史学亦应成为科学，呼吁"要使史学向科学的领域迈进，一定要把史学建筑在历史事实之上。这样，我们的工作才不会落空，不致流为个人的、主观的玄想"。为达致这一愿景，他建议借鉴西方 19 世纪以来史学的进展，着力推进"科学方法之建立"，"历史范围之扩大"（包括文化单位的增加与历史内容的扩大）与"历史法则之探求"。在他看来，19 世纪以来西方史学尽管派别各异，但都注重"从历史事实之中，看出历史发展的法则"，并据此断言："由异见同的时机，已经成熟，史学确在向科学的领域，作大步地迈进。"他坚持认为："兰克所定的按照历史事实的真象［相］来构筑历史的标准，容许他自己就没有达到，但这个标准却仍有其存在的价值。"①反观丁则良的历史观念，除史学可以成为科学的认知颇受兰克史学的时风熏染外，总的说来，并无过多令人非议处。

但值得注意的是，上年丁则良在一篇书评里评论了钱穆的《国史大纲》、张荫麟的《中国史纲》、蒋廷黻的《中国近代史》与雷海宗的《中国文化与中国的兵》，揭示这些新著代表了中国史学"共同的新趋势"，其特征有二，首先"它是综合的，而非分析的"，其次"它是通俗的，而非纯学术的"。关于前者，丁则良认为，自从五四运动发生，接受西方科学方法整理国故以来，中国学术界"可以说完全埋头在这分析的工作中，大家误解历史，误解史学，以为就是考据，就是校勘。而于我们历史的大貌，文化的轮廓，反无有人能说得清楚"。在他看来，史学"要做综合的工作，从综合的工作中，寻求对于问题的解答"。他主张中国史学新趋势应走向综合，而非溺于分析，这与前述他在范畴与功能上重视史学与历史的区分，是完全一脉相承的，但书评更侧重史学功能上立论。他强调，史家追逐史学综合新趋势时，"他们所要诊视的不是一个支离的小病，而是整个民族的生死，他们不再停留在一个皇帝的生母是谁的问题上，他们要告诉国人我们的民族有没有理由在这世界上生存，我们的文化究竟对世界有多大的贡献。在他们笔下展开的不是一个个考据的问题，而是在刻划着我们祖国的政治的建设，思想的变迁，社会生活的各方面，文物制度的总成绩"。换言之，综合的史学必须能直接解决民族与祖国能否在世界上生存与发展的大问题。关于后者，丁则良痛

---

① 丁则良：《历史与史学》，《自由论坛》1944 年第 2 卷第 6 期。引文括注中的订正为笔者所加。

感:"五四运动在史学上的成就则没有文学革命这样伟大,而且差得很远,这二十年中,史学的研究和普通的国民生活、民众教育脱了节。"在他看来,史家与史学的当务之急,"就是要把历史的知识,历史的兴趣,由学校推广到社会,由学者传播给国民"。对史学的功用,他认为:"一个国家的全体国民对于本国的历史有了清楚的知识,亲切的感情,这个国家才可以成为现代化的国家,才可以继续发扬自己的历史,自己的文化。"①丁则良的史学功用论,赋予史学略显沉重的经世济国的使命,从原则上说虽也无大错,但这种史学功用论过于急功近利,一旦与他在这一时期定型而坚执的家国观念两相结合,就可能导致一种认知的偏颇。这就有必要考察他在 50 年代中期形成的家国观念。

丁则良虽生于书香世家,却长于"国耻"和"国难"中,由此催生了爱国思想。正如周一良指出:"一二·九时期,他从一个埋头读书的高材生,成为积极投身于火热的爱国救亡运动的战士。"②

作为一二·九运动的"一个健将"(周一良语),丁则良一度纠结于投身革命还是继续学业,其后虽回归史学,但内心的撕扯似从未消解。抗战后期,他对世界走向有一个预判:

> 今后世界上的国家大约只有两类,一类是少数的第一等强国,另一类则是它们的附庸。前者在军事上、政治上、资源上,乃至文化上,都有资格做世界的领导者。后者则无论名义如何,表面如何,

---

① 丁则良:《中国史学之新趋势——并介绍抗战以后四种国史新著》,《大国民报》第 7 期,1943 年 4 月 21 日。转引自《丁则良文集》第 377—380 页。

② 周一良:《未刊丁则良文集序》,《郊叟曝言》,新世界出版社 2001 年版,第 11 页。

实质上终不能不服从前者的命令。至于殖民地，则其翻身的机会，将比过去更少。

中国如果要求在世界上独立生存，则必须努力做到成为名实相符的第一等强国。论资源，论人力，论土地，我们都有资格做到这一步。所应注意的是我们的努力。①

一个月后，他对战后世界大势的预判说得更加明确：

世界的主人翁只有英、美、苏联和中国有资格来做。四国之中，尤以美、苏两国为最有希望。地理、资源、科学、技术等等方面的条件，我们都可不谈。单从政治独立和文化发展两方面看，美、苏两国都是条件齐备的国家。他们在政治上的称霸，正是有目共睹的事实。同时苏联是一个后起的民族，文化上的创造能力极为丰富。美国也是欧西文化中新进的分子，没有西欧诸国那样的老成持重。因此，我们可以说，美、苏等国最收政治称雄与文化发展相辅相成之效。……换句话说，这种国家已取得了世界上政治和文化两方面的领导地位。②

丁则良还认为："美苏的并立，不只有政治的意义，而且还有文化的意义。……美苏两国代表两大文化，一新一旧，一个代表平等，一个

---

① 丁则良：《近代化与现代化》，原载 1943 年 10 月 10 日昆明《生活导报》第 44 期，转引自《丁则良文集》，第 391 页。

② 丁则良：《政治出路与文化前途》，原载昆明《生活导报周年纪念文集》，1943 年 11 月 13 日，转引自《丁则良文集》，第 400—401 页。

代表自由。这两种不同文化相遇结果，必在相拒之中，造成相亲的事实。只有在这新文化中，所谓自由与组织两大趋势，才能得到有机的调协，人类的历史，才会进到一个全新的阶段。"①从二战以后迄于苏联解体，倘以后见之明来反顾丁则良的论断，这一预判显然不正确，美苏两大文化代表着两大敌对阵营尖锐对立的意识形态，只有相拒，何来相亲，历史并未进入他所预期的"全新的阶段"。此且搁置不论，关键在于，战后的中国应该如何应对这一可以预判的世界大势呢？丁则良明确主张，应该倡导与坚持国家主义与民族主义：

> 我们能否在战后二十年中一跃而为工业国家。凡此均有待于我贤明当局缜密研究，全国上下细心考虑。我相信真正现代化的国家是一个进可以攻，退可以守，人民生活苦，而社会上仍有公平的国家。民主的自由也许不可复得，但这样的一个国家，仍然值得我们为它效忠。因为事实是只有在祖国的国土上，我们的生命才有意义。②

为了建成现代化的国家，甚至"民主的自由也许不可复得"依然在所不计，而仍为这样的国家"效忠"，这种认识是极其谬误的。关于民族主义，丁则良斩钉截铁地主张：

> 一切过高的理想都可以放弃，但只有一个立场，却必须坚守，那就是民族主义。民族主义本身的功罪，我们暂可不去论它，事实

① 丁则良：《国际政治的新时代》，《当代评论》1943 年第 4 卷第 3 期。
② 丁则良：《近代化与现代化》，转引自《丁则良文集》，第 392 页。

是我们生到这世界里来的时候，只有民族主义具有最现实的意义，等到今天，在一切理想都逐渐为事实所粉碎的时候，只有民族主义还是人类生活方式的最后根据。

为此，他竟然以二战时期德国人宁愿在本族专制下忍受战争痛苦为说辞，来错误地印证自己的主张：

> 为什么一个民族宁愿在本族的专制之下，而不愿做外族的奴才，今天德国人民在战争中所以能够忍受痛苦，前仆后继，恐怕可以从这点道理中找到一个解释。因此我们可以说，今天世界上各国的最大任务，首先便是本民族政治独立的维持。环境愈艰苦，政治独立愈不易，便应该愈决心、愈努力去维护民族的生命，国家的独立。①

或即出于这一认识，丁则良考取庚款留学后，随即决定进伦敦大学斯拉夫研究所改治苏俄史；即便好友何炳棣驰函规劝，仍不为所动。其弟丁则民当年也自费考取留学资格，丁则良便统一规划了自家昆仲的治史方向。他赞同其弟专攻美国史，自己则转攻苏俄历史和现状。他之所以转换治史方向，完全基于内心秉持的家国观念："历史研究的功能不仅限于说明过去，而且在于从历史发展的来龙去脉了解现实，特别是与祖国发展前途攸关的现实。"②在他看来，只要历史研究能为国家前途服务，岂但治学方向的改道更辙，其他相关的努力与更张都是值得与必要

---

① 丁则良：《政治出路与文化前途》，转引自《丁则良文集》，第398—399页。
② 丁则民：《忆二哥——则良》，《丁则良文集》，第429—430页。

的。丁则良的史学功能论与家国观念就这样纽结为一体，无形中决定了他的史学转轨。

唯其如此，丁则良赴英后全力强化新外语的学习，仅仅半年就通过了俄文考试，转入论文写作。留英短短三年，他对俄国历史与苏联现状都大有所获，同时密切关注着中国时局的巨变。丁则良曾驰函留美的则民，"对即将诞生的新中国寄予殷切的期望，认为祖国遭受欺凌、屈辱的日子将一去不复返了"①。在寄予厚望同时，他决定放弃论文写作，辍学回国效力，迫不及待在次年返回北京。

丁则良这种家国观，在现代中国知识分子中具有相当的普遍性，其产生既与近代以来中国历经外患内乱的刺激有关，也成为新政权初期许多海外知识精英毅然归国报效的主要动因。正是基于这种家国观，丁则良归国后便将治学领域彻底转向了近代亚洲史与苏俄史。对其学术转向，其好友不无遗憾："则良后来舍宋史而治俄国近代革命史，他在伦敦时兼习俄语，我尝说具有如此的学识和外文，今日能治此科者舍则良其谁能胜任。然而则良对于宋史既已有良好的开端，中国失去一个有成就的宋史研究者，终是史学界的莫大损失。"②

三、以《李提摩太》为中心：配合时局的政治批判

新中国建政不久，中国基督教组织就断绝了与西方教会的联系，1950年，中国基督教知名人士提出了中国教会自治、自传、自养三原

① 丁则民：《忆二哥——则良》，《丁则良文集》，第430页。
② 王勉：《怀则良》，《丁则良文集》，第418—419页。

则，开展了爱国爱教的"三自"运动。与此同时，新政权基于意识形态，对近代西方来华传教士的宗教活动与政治活动掀起了猛烈的批判。丁则良归国不久，朝鲜战争爆发，中美关系彻底破裂，抗美援朝成为最大的政治。1951 年 1 月 14 日，政务院文化教育委员会颁布《接受外国津贴及外资经营之文化教育救济机关及宗教团体登记实施办法》，全国文化教育宗教界展开了肃清美国为首的帝国主义文化侵略的批判运动。据周一良说，丁则良与"清华历史系的同志们在吴晗同志的倡导下，积极用自己的专业为人民服务，撰写了一系列揭露帝国主义、回顾中朝友好的文章"①。为配合这场政治批判运动，丁则良相继发表了一组论文，包括《马关议和前李提摩太策动李鸿章卖国阴谋的发现》《〈天津条约〉订立前后美国对中国的侵略行动》② 与《李提摩太———一个为帝国主义服务的传教士》《义和团运动时期美国传教士丁韪良的罪行》③。

其中有关李提摩太诸文后经增订改写，作为单行本另行出版。网上有一明信片，是这年 4 月 7 日丁则良致开明书店编辑胡嘉的，他们是清华大学历史系的前后级系友。这封短笺未收入《丁则良文集》，因交代了这册专书的出版细节，故过录如下：

嘉生兄：

来示拜悉。周、邵二先生正在着手撰写中。弟实无合适题目可

---

① 周一良：《未刊丁则良文集序》，《郊叟曝言》，第 13 页。

② 分载《历史教学》1951 年第 1 卷第 2 期与第 2 卷第 2 期。《马关议和前李提摩太策动李鸿章卖国阴谋的发现》刊于《历史教学》1951 年第 1 卷第 2 期，该期封面标明出版于 1951 年 2 月，则撰写当在 1950 年底或 1951 年初，其主体内容后来写入单行本《李提摩太》。

③ 分载上海《大公报》1951 年 3 月 30 日与 8 月 17 日。

写。最近鉴于基督教人士正展开三自运动，同时检举教会中之帝国
主义份［分］子，弟曾利用英国秘档写一点关于李提摩太在华罪行
（如策动李鸿章将中国置于英国保护之下，又如以赔款办山西大
学），已蒙有关方面选为学习材料。弟甚愿将过去关于李之文章，
重新组织，另行标题为《李提摩太——一个**典型的**为帝国主义服务
的传教士》。大约可有二万至二万五千字。不知是否合适。望兄指
示。现在三自运动及镇压反革命均为首要工作，揭发李之罪行，或
不无帮助也。总之，此书如不合适，亦无关系，我们之间，无须有
丝毫客气也。祝

著安！

则良拜上　四、七

　　嘉生应是胡嘉的字。短笺是对其向周一良、邵循正与他约稿的简
覆①。丁则良关于李提摩太的两篇论文是主动配合"三自运动"撰写的，
而且被有关部门选定作为"学习材料"，"已蒙"两字道出他的荣誉感。
在"三自运动及镇压反革命均为首要工作"上，丁则良与当局保持一
致，愿意将已有关于李提摩太的诸文，"重新组织"改成专书，以期对
批判运动"不无帮助"。当年 11 月，他的《李提摩太——一个典型的为
帝国主义服务的传教士》（下称《李提摩太》）列入开明书店的"抗美
援朝知识丛刊"出版，首印达一万册。从明信片笔迹看，副标题中"典
型的"三字是他亲笔追加的。

---

① 　周一良其时正在写作《中朝人民的友谊关系与文化交流》，1951 年 7 月由开明书
　　店出版，与丁则良的《李提摩太》同列入"抗美援朝知识丛刊"。

就在致胡嘉函后十余天，政务院下属宗教事务处召集中国基督教团体代表开会，"对教会中帝国主义分子和中国基督教徒中的败类，进行控诉"，被点名的近代来华传教士就有李提摩太。①丁则良改写《李提摩太》一书时表态说：

> 在这次控诉运动展开之后，全国各地基督教的爱国人士继续进行种种爱国的活动。我自己不是基督教徒，但由于过去曾经搜集了一些史料，也曾写过一些文字，揭发帝国主义分子李提摩太的罪行，同时又感觉到基督教人士的爱国运动，不分教徒与非教徒，都应当尽力加以支持，就决定把过去搜集的史料和文章，重新加以整理，写成这本小书。②

这就清楚表明，丁则良出版该书就为了声援这次"控诉运动"，主动将史学研究与政治宣传挂钩。惟其如此，整本小册子不啻是政治色彩浓烈的大批判文本。《引言》对近代来华的基督教与传教士开宗明义道："基督教过去就是被帝国主义利用的工具之一，而一些帝国主义分子传教士，和帝国主义派到中国来的外交官、特务等共同执行着帝国主义的侵略政策"；那为何选择李提摩太作为控诉对象呢？丁则良定性说："他是一个彻头彻尾的帝国主义分子，一心一意要灭亡中国，使中国陷于万劫不复的境地。"《引言》最后强调说：

---

① 见 1951 年 4 月 24 日、25 日《人民日报》。
② 丁则良：《李提摩太》，转引自《丁则良文集》，第 119—120 页。

> 他这一副伪善的面孔,必须予以拆穿;他的罪行,必须在中国人民的面前,揭发出来。在一部帝国主义侵华史中,还有着很多类似李提摩太的人物,有待我们的检举与审判。①

这样的措辞背离了理性中立的原则,将学术研究与政治批判划上了等号,实在不足取。

该书其后诸章虽出以史学的形式,但政治先行从根本上左右了研究者的思路与结论。例如在讨论李提摩太来华之初"游历"东北动机时,论文不列史证,一则说其"目的何在,大可怀疑",继则说他"那些不曾发表出来的情报,一定是很多的"②,判断李提摩太在搜集情报。

毫无疑问,作为来华长达四十五年的英国传教士,李提摩太有其自身的国家立场,但也不应将其所有活动不分青红皂白地都归入"为英帝国主义服务,扩张英帝国主义在华的势力"③。即以他在沪上主持广学会编译西书的工作,以"扩大文化侵略的影响"一言以蔽之④,就有失公允。中日甲午战争期间,李提摩太频繁穿梭在李鸿章与张之洞之间,针对中国战败已成定局,在力主清朝与日媾和同时,还建议清政府启动"救目前兼救将来,无一损而有百益"的改革,内容包括设立西学课程,聘用西人幕宾与谙熟西法的华人,鼓励绅商兴修铁路,设立现代邮政,创办新兴工业,等等,其中虽有"华英相助"的取向,但与洋务运动总方向仍是一致的,不宜断言其"目的是要灭亡中国"⑤。李提摩太在戊戌

---

① 丁则良:《李提摩太》,转引自《丁则良文集》,第118、120页。
② 同上书,第121页。
③ 同上书,第127页。
④ 同上书,第128页。
⑤ 同上书,第134、140页。

变法时同情帝党，支持改革；政变之后又援救康、梁。丁则良采纳当时主流史家的观点，认为康、梁等改良主义者是"为帝国主义服务"，指责李提摩太与他们"一鼻孔出气"，"尽到了执行帝国主义政策的作用"①，也有失于偏颇。义和团运动失败后，李提摩太出面斡旋，将山西省支付教案的"罚款"创办了山西大学堂，由他主持西学专斋，山西巡抚岑春煊主持中学专斋，十年后全部移交中国自办，丁则良说"这是李提摩太为帝国主义文化侵略创造出来的新形式，比教会出钱办的学校，更能迷惑人们的视听"②，将其良苦用心一笔抹煞。李提摩太与近代中国政治关系密切，主张中国"渐进的改良"并"愿意贡献所能"；认定"从武力发生改革，多是杀人流血，生出多少恶果"，故曾面劝孙中山放弃革命。③丁则良很清楚其改良主张，但仍断言：

> 这一方面说明了他的无耻，另一方面也就道破了所谓"改良主义"是个什么东西。他的"改良"的内容是什么呢？就是假宗教之名，进行政治侵略、文化侵略，散播帝国主义的恶毒影响。④

在结束语里，丁则良有一段总评价：

> 李提摩太一生在中国住了四十五年，所干的勾当，没有一件不是与中国人民为敌的。他的手上虽然没有拿着刀枪，可是涂满了中

---

① 丁则良：《李提摩太》，转引自《丁则良文集》，第152页及注。
② 同上书，第159页。
③ 同上书，第161页。
④ 同上书，第162页。

国人民的鲜血。他一直戴着假面具，以中国的"朋友"自居，进行种种阴谋，时刻要灭亡中国。①

这种迹近粗暴的盖棺论定，有违于李提摩太的复杂面相，是非历史主义的。结合其《引言》强调："只有到了人民民主专政的政权成立之后，中国人民才真正翻身，而基督教在人民政府的正确的宗教政策之下，也才有了新生的可能。"②说明他的研究只能归入配合时局的政治宣传。

丁则良谙熟外文，在《李提摩太》中利用并翻译了英国外交部档案中有关中国秘档，指出"有很多宝贵的材料"，"很值得翻译出来"③，这一认识应该肯定。但他也坦承，他的有些分析"大致系摘自胡绳所著《帝国主义与中国政治》"④，表明他对主流史学的主动靠拢。

在研究美国传教士丁韪良时，丁则良这类失误再次重现，他说丁韪良出任同文馆总教习，筹办京师大学堂，是"藉教育事业的美名，进行文化侵略"⑤。他也清楚丁韪良在对华政策上主张"维持中国的表面的完整"，却仍然认定他"是彻底为美帝国主义服务的"⑥。丁则良之所以如此定论，无非附和当时的宣传口径："五十年来，美帝一直在宣传所谓'中美友谊'，自命为中国的'恩人'，用以欺骗中、美两国和全世界的人民。"⑦为配合抗美援朝与中朝友谊的政治需要，他还刊出了《三百五

---

① 丁则良：《李提摩太》，转引自《丁则良文集》，第 163 页。
② 同上书，第 119 页。
③ 同上书，第 134 页注。
④ 同上书，第 143 页注。
⑤ 丁则良：《义和团运动时期美国传教士丁韪良的罪行》，转引自《丁则良文集》，第 164 页。
⑥ 同上书，第 167、171 页。
⑦ 同上书，第 171 页。

十八年前的援朝抗日战争》与《美帝是怎样助日侵华的?》等文章
（1950年），其后又翻译了论文《朝鲜史上抗拒契丹的伟大国者姜邯瓒》
（1953年），与人合译出版了《朝鲜近代史》（1955年）。

这些论著汇入了当年政治大潮，足见丁则良确想真诚服务于新政权。
而以史学服务政治，丁则良也绝非个例。为配合抗美援朝，周一良在
1951年也撰有专著《中朝人民的友谊关系与文化交流》与论文《明代援
朝抗倭战争》《东学党——朝鲜的反封建反帝斗争》等。其时何炳棣负
笈美国，在大洋彼岸也看到了丁则良的近著，认为《李提摩太》"否定
了这位传教士引进西学和协助维新的一面，着重揭露他充当英帝国主义
工具的另面"，不是史家持平之作，"反映丁则良业已由衷地接受了马列
与中共的观点，但也不免为他大材小用而兴叹"。①丁则良的这些作品迹
于政治批判，严格说来难称史学论著。连周一良晚年也承认："今天看
来，其中某些提法或许不尽恰当，某些论点（如戊戌维新的评价）或许
是错误的。"②

四、近代亚洲史与苏俄史研究：汇入时代的史学主潮

1952年全国高校院系调整，丁则良调入东北人民大学历史系。次
年，朝鲜战争结束，中国一方面维护中苏结盟的政治格局，一方面日渐
重视自己在亚洲民族国家中的主导作用。据周一良说："50年代初，北
大历史系学习苏联教学计划，准备开设亚洲史的必修课和建立亚洲史教

① 何炳棣：《读史阅世六十年》，广西师范大学出版社2005年版，第188页。
② 周一良：《未刊丁则良文集序》，《郊叟曝言》，第13页。

研室。领导提要我负责，我觉得责无旁贷，毅然放弃从事多年的中国古代史而承担下来，着手亚洲史教学大纲，编写教材，培养青年教师。"①在这一大背景下，丁则良转入了近代亚洲史与苏俄史研究。

在近代亚洲史领域，丁则良的研究集中在两方面。一是以中国的视野研究近代亚洲民族解放运动与中国及其代表人物的关系，一是研究了1857 年的印度民族大起义。

1955 年，丁则良发表了《近代亚洲民族解放斗争的三次高涨与中国》，探讨了亚洲民族解放斗争在 19 世纪中叶、末年与 20 世纪初期形成的三次高潮及其共同发展规律，指出这三次高潮与近代中国民族解放斗争的互动关系与共同特点，并分析了这一大背景下的两个特例，日本明治维新作为资产阶级革命的不彻底与菲律宾资产阶级革命的被绞杀，引出了"帝国主义时期殖民地、半殖民地的资产阶级革命不可能取得胜利这个结论"②。丁则良以列宁"亚洲的觉醒"为立论依据，援引胡绳关于中国近代史上三次革命高潮的新观点，视野开廓、分析入理，其主体结论成为中国史学界分析亚洲近代革命史的理论框架，延用至上世纪 70 年代末期。胡绳首倡三次革命高潮的史论体系，时在 1954 年③，仅隔一年，丁则良就融纳进自己的史论，足见他对主流史学的追随与信奉。

1956 年 11 月 15 日，为纪念孙中山诞辰，中国科学院哲学社会科学

---

① 周一良：《学术自述》，《周一良全集》第一编《中国史》第 2 册，高等教育出版社 2016 年版，第 334—335 页。

② 丁则良：《近代亚洲民族解放斗争的三次高涨与中国》，原载《历史研究》1955 年第 4 期（上海人民出版社 1956 年出版了单行本），转引自《丁则良文集》，第 284 页。

③ 胡绳：《中国近代史的分期问题》，原载《历史研究》1954 年第 1 期。

学部举办学术讨论会，除侯外庐与黎澍作为学部下属的历史研究所同仁，丁则良是三位报告人中唯一受邀的所外学者，也见他在史学界的声光。顾颉刚在座下听讲，也"深佩其治近代史之精湛"①。这篇报告后经修订发表，题为《孙中山与亚洲民族解放斗争》。论文揭示了孙中山支援亚洲民族解放斗争的实例，探究了亚洲民族解放斗争与孙中山之间的双向相互影响，进而论述了在一次大战与十月革命的影响下孙中山对亚洲民族解放斗争的看法产生了根本的转变，那就是"亚洲被压迫民族应当和苏联联合起来，共同进行反对帝国主义的斗争"②。当然，论文最后强调了社会主义革命发展了孙中山民主革命的道路：

> 历史证明，中国人民在中国共产党领导下完成了孙中山所没有完成的民主革命，并把它发展为社会主义革命。这就是说，中国不仅如孙中山所指示的不走帝国主义道路，而是走上了社会主义道路。这就决定了中国必然和孙中山所向往的苏联一样，维护和平，反对侵略，同情和支援亚洲和亚洲以外的被压迫民族。③

除了孙中山，丁则良还探讨了章太炎同情与支援1905年印度民族解放运动的活动与主张，他的《章炳麟与印度民族解放斗争》"用历史主义的态度给这些主张以一个应有的历史地位"④，填补了中国近代史研究

---

① 顾颉刚：《顾颉刚日记》第 8 卷，联经出版事业公司 2007 年版，第 294 页。
② 丁则良：《孙中山与亚洲民族解放斗争》，原载《东北人民大学人文社会科学学报》1957 年第 1 期，转引自《丁则良文集》，第 245 页。
③ 丁则良：《孙中山与亚洲民族解放斗争》，转引自《丁则良文集》，第 248 页。
④ 丁则良：《章炳麟与印度民族解放斗争——兼论章氏对亚洲民族解放斗争的一些看法》，原载《历史研究》1957 年第 1 期，转引自《丁则良文集》，第 222 页。

中的空白，还以坚实的个案印证了列宁"亚洲的觉醒"的经典命题。此文写作在万隆会议以后不久，《结束语》指出："印度和中国都摆脱了殖民主义的侵略与压迫，并且在和平共处等五项原则的基础上不断地增进着两国之间以及两国和其他爱好和平的国家之间的友好关系"；"这一切成就无疑地比五十年前章炳麟所梦想着的丰富得多，而且在许多重要方面有着本质的差异。"①

这篇论文刊发在 1957 年的《历史研究》上，显然是纪念印度 1857年民族大起义一百周年的有为之作。这年，丁则良接连发表了《关于一八五七年印度大起义中封建势力和这次起义的性质问题》与《1857 年印度民族起义初期起义军在德里所组织的军事委员会》。前文与英国马克思主义史学家杜德否定大起义主力与性质的论点进行商榷，指出封建势力虽是起义的动力之一，甚至居于"占优势"的领导的地位，对起义起过一些有利的作用，但消极作用不容小觑，"而人民群众在这一方面所起的积极作用则更为根本"，并促使"起义并没有完全按照封建势力的领导而发展"，他们"在反抗英国殖民统治之外，还提出了反封建的要求"，"给起义留下了烙印"②。凡此都表明大起义的主力不是封建势力，而是下层人民群众，具有正义性、进步性与革命性。丁则良运用马克思、列宁与斯大林关于印度大起义与民族运动的观点，论述实证充分，批评理据有力，是他对近代印度史研究的代表作。后文主要利用印度进步作家的新出成果，介绍了这次民族大起义初期成立的军事委员会的成分构

① 丁则良：《章炳麟与印度民族解放斗争》，转引自《丁则良文集》，第 221—222 页。

② 丁则良：《关于一八五七年印度大起义中封建势力和这次起义的性质问题》，《历史研究》1957 年第 5 期，转引自《丁则良文集》，第 309 页。

成、主要活动及其性质。已难确知研究 1857 年印度民族大起义，究竟是丁则良的个人选题，还是奉命研究，但无论如何，都有"文章合应时而作"的强烈倾向。

20 世纪 50 年代"一边倒"的中苏结盟深刻影响了中国史学界。在苏俄史领域，丁则良以其专长介绍苏联史学界的成果与论点，1954 年，他先后翻译出版了《苏联大百科全书》中的《东方学》，译介了《苏联东方学者论东方人民民主国家的性质与特点》，在教学上写了《加强向苏联学习提高教学质量》等文章；1957 年，与人合译出版了苏联史著《东方各国近代史》，都无不烙上了中苏蜜月的时代印记。这年，他还发表了论文《俄国人第一次环球航海与中国》，介绍了俄国人克鲁森史特恩与李香斯基在 19 世纪初叶的环球航行以及在此期间与中国发生的贸易关系。这次航海发生在沙俄帝国向资本主义社会的转变时刻，其根本目的是为了加强俄国远东与阿拉斯加的经济联系，并开辟俄中海上贸易而探明海路的航海活动，尽管俄国科学院对这次航海也有科学上的帮助，但本质上是沙俄帝国扩张史的构成部分。丁则良却强调克、李二氏"把这一次商业性活动变成富有世界科学意义的航海"①，似乎在顺应当时中苏友好主旋律。但他充分利用俄中两国史料，论述了俄国海船抵粤贸易的始末及其开辟俄中海路贸易的失败，分析了清政府坚拒中俄海路贸易的深层原因，介绍了俄国航海家笔下清帝国的危机实相，仍有其学术价值。

当时个别中国史学家受中苏关系的误导，在研究中有意无意地抬高

---

① 丁则良：《俄国人第一次环球航海与中国》，《历史研究》1954 年第 5 期，转引自《丁则良文集》，第 330 页。

俄国革命对中国革命的影响。1956 年，丁则良的《评荣孟源同志有关 1905 年俄国革命对中国资产阶级革命派的影响的几个论点》就是批评这一倾向的。他从史料依据、立论尺度与准确理解列宁论述上批驳了荣孟源夸大 1905 年俄国革命对中国资产阶级革命派的作用，指出前者对后者并不存在革命组织、政治纲领和斗争方法等方面的直接引导，仅仅起一种"唤醒""引起"和"推动"的间接影响，这一批评无疑是深中肯綮的。①然而，从根本上看，丁则良的苏俄史研究也不可能完全走出政治大背景。两年以前，他在那篇苏联学术讨论会综述里指出，苏联史学界对东方人民民主国家的性质与特点的讨论，"对我国从事这些方面教学与研究的同志们，仍可有很大帮助与启发"②；而同年发表的论文夸大 19 世纪初叶俄国航海活动的科学意义，令人有五十步笑一百步的感觉。

从 1954 年到 1957 年去世的短短四年里，丁则良在近代亚洲史与苏俄史领域里刊发了一系列有分量的论文，以每年一篇的频率刊于《历史研究》。他的近代亚洲史研究受到了苏联史学界的肯定，应邀参加 1957 年在莫斯科召开的东方学国际学术会议，《真理报》还介绍了他的学术报告。对丁则良的近代亚洲史研究，周一良晚年评价道："由于他中国近代史的功力深厚，西洋近代史的基础扎实，又掌握英俄文这两种重要的语言工具，所以在马克思主义指引下开始研究亚洲史的时间虽不长，就已经卓然有所成就"；并极口推许其近代亚洲史论文，"资料翔实，分

---

① 丁则良：《评荣孟源同志有关 1905 年俄国革命对中国资产阶级革命派的影响的几个论点》，原载《东北人民大学学报》1956 年第 3 期，参见《丁则良文集》，第 356 页。

② 丁则良：《苏联东方学者论东方人民民主国家的性质与特点——苏联科学院一次学术讨论会的介绍》，原载《历史教学》1954 年 37 期，转引自《丁则良文集》，第 357 页。

析深入，论断精当，在当时的亚洲史学界，是拓荒之作；从今天来看，依然有其不灭之价值"。①虽不乏美言的成分，但大体仍平允客观。

五、结语：诘问与思考

综观 20 世纪 50 年代的丁则良史学，在研究课题与价值取向上，无论中国近代革命史研究②、近代亚洲史研究，还是来华传教士研究、中朝关系史与苏俄东方学研究，都有着那特定时代的鲜明烙印。对丁则良的史学转轨，不仅大洋彼岸的何炳棣在追忆里不无微词，连此岸的王勉在晚年也有苛评："后来弃专攻宋史（曾随张荫麟教授）而改攻亚非革命史，不免趋时阿附，亦是一失。"③

如何看待这种趋时之学，应该从丁则良的人生经历、价值取向与思想认知诸方面寻找解释。丁则良那代知识分子，即便家境优裕，身历目睹的却是近代以来灾难深重迭遭外侮的强烈刺激，接受的是五四以后的各种新思潮。他们一方面执着于"以天下为己任"的家国传统，一方面满怀着以学用世的书生雄心，在政治关怀与学术追求之间，不断在内心深处进行平衡与调适，其间更是困惑、摇摆与逡巡同在。基于深沉执拗

---

① 周一良：《未刊丁则良文集序》，《郊叟曝言》，第 13 页。

② 新中国建政不久，研究中国近代史成为史学界的重要任务，中国史学会为此先后编辑出版了《中国近代史料丛刊》。关于义和团运动，丁则良写有《义和团运动时期美国传教士丁韪良的罪行》（1951 年）、《翦伯赞编〈义和团书目解题〉中的几个问题》（1951 年）、《华学澜的〈庚子日记〉》（1952 年）与《义和团运动时期一个印度士兵的日记》（1954 年）等论文，另外还在 1955 年组织本系教师前往辽宁省图书馆调查抄录了《有关辛亥革命时期东北若干史事的一些资料》（刊于《史学集刊》1956 年第 1 期），也都是呼应当时中国近代史研究主潮的。

③ 王勉：《读同龄人书后》，《清华园感旧录》，上海古籍出版社 2002 年版，第 73 页。

的家国情怀，他们亟盼一个强大的中国崛起于世界民族之林，为此甚至不惜暂时搁置五四启蒙中民主与自由的元素，这在丁则良身上表现得尤其突出。

随着新政权的建政与紧随而来的强势宣传，丁则良与他这代中不少知识人由衷确信：梦寐以求的理想已然成为现实，也足以凭借一己才学大展学术抱负。在这种认知的形成中，超域度的民族主义与爱国主义起了关键的催化剂作用；这种有偏差的认知又反过来让他们真诚感到必须以自己的学术为当前的政事发出声音。

丁则良这种"为时而著"的学术取向，也有时段上的细微变化。在回国执教清华期间，以《李提摩太》为主打，具有强烈为政治代言的色彩；自院系调整，尤其 1954 年起，他似也有意纠正过度的偏差，重归学术的轨道。1955 年批判胡适的高潮中，他也写过《对胡适疑古论的批判》的应景之作，一方面不免袭用风行一时的诸如"文化买办""主观唯心论""反动的历史观""极端的民族虚无主义者""彻头彻尾的实用主义者"等政治套语，另一方面仍力图为自己的政治性批判涂上一层学理性色彩。

但总的说来，丁则良的史学在转轨后显然具有为时政服务的倾向，明确偏离了他在西南联大时期的主张：大学"是为研究学问，提高文化而来，不是为宣传主义而来；是为提供问题而来，不是为鼓吹结论而来"；"如果某先生一旦不以讲学为重，理性为重，而以宣传为重，趋时为重，则我对其原有之敬爱，转将消失"。①

---

① 丁则良：《关于教师思想的问题》，《今日评论》1940 年第 3 卷第 23 期，转引自《丁则良文集》，第 373 页。

20 世纪 40 年代，丁则良由宋史发轫走上史学之路，一路走到 50 年代，因时局变化与个人取舍开始向近代亚洲史与苏俄史自觉转轨。如果说他的转轨纯出于主动，周一良则"本着服从需要的精神"改行搞亚洲史①，也一度放弃了卓然有成的魏晋南北朝史研究，所幸他历经磨难，晚年再拾旧业，成果仍然丰硕。丁则良则因时代之殇而断然自我终结了史学生涯，选择了"过分的缄默"②。在这一永久的遗憾中，丁则良史学之路的是非得失也为历史留下了深沉的诘问与思考：诚然，任何历史都是当代史，但史学研究与现实政治的关系究竟应该如何拿捏呢？

　　附记：李孝迁、吴同与范荧诸先生在资料上慷慨鼎助，特致鸣谢。

（原载《历史教学问题》2022 年第 5 期）

---

① 周一良：《中国文化书院访谈录》，《周一良全集》第四编《自传与杂记》第 7
　册，高等教育出版社 2015 年版，第 150 页。周一良著有《中国与亚洲各国和平
　友好的历史》，上海人民出版社 1955 年版；《1905 年俄国革命与东亚各国》，见
　《光明日报》1955 年 1 月 24 日。
② 丁则良：《缄默的尊严》，昆明《生活导报》第 34 期，1943 年 7 月 18 日，转引自
　《丁则良文集》，第 384 页。其结局参见拙文《英年早逝的史家丁则良》。

《学习与批判》里的海上学人

一、旧刊新读说缘起

1973 年 9 月中旬，沪上书店与邮局开始发卖新创刊的《学习与批判》（以下简称《批判》）。虽然版权页上注明编辑部设在复旦大学内，但其实际组稿与编辑却出自当时上海市委写作组。创刊号《致读者》说，这是"一份哲学社会科学的综合性杂志"，似乎旨在区别当时同为上海市委写作组操控的文学性杂志《朝霞》与自然科学类杂志《自然辩证法》。这份月刊，出到 1976 年第 10 期，随着"四人帮"倒台戛然终止。

尽管《批判》略具综合性文科杂志的外相，却决非学术性杂志，而是别有用心的政治刊物，记得当时圈子里还有过"小《红旗》"的自诩（《红旗》是当时党刊，即今《求是》的前身）。不仅其创刊踏准了伟大领袖关于"批林批孔"的战略步点，在其后三年里，无论评论《水浒》运动还是"批邓反击'右倾'翻案风"，都有过出彩的表现。

作为特殊年代政治斗争绑架舆论宣传与社会科学的实例，《批判》

对研究前三十年中"文革"十年的政治历史、学术文化、新闻出版与知识分子，都是不可或缺的典型个案。时至今日，其创刊内幕究竟如何，命题定稿怎样运作，作者队伍如何罗致，杂志的执掌人物与主要作者在"文革"结束后有何遭际，在学术研究层面都还不甚了然。倘有研究者结合对亲历者的采访与相关档案的调阅，申报哲社课题，倒真能填补空白的。

杂志许多文章都以化名登场，例如罗思鼎、石一歌、康立、石仑、翟青、任犊，但也颇有文章署以真名实姓，其中不乏当时与现今的海上学人。这些学人大体可分三种类型：一是当时已经卓然名家，二是当年已在学界但未享大名，三是其时尚未跨入学界而如今却已声名卓著。当然，第一、二类间有时难划定明确界限，只能以年龄段略作区分而已。

笔者当年无书可读，继创刊号后，大多购读过。去年从存书中检出，索性在孔夫子网上补齐所缺各期。今年恰是这份杂志创刊四十年，试就海上学人与这份杂志的因缘瓜葛，仅限文本，略作钩沉。囿于时间精力，未暇采访调查，难保史实有郢书燕说，学者或同名异人，亟盼亲历者赐正，更祈涉及者谅宥。

二、卓然名家的第一代学人

属于第一代的海上学人有刘大杰、郭绍虞、王运熙、顾易生、顾廷龙、谭其骧、陈旭麓、谷超豪等。作为学习体会，数学家谷超豪那篇《无产阶级文化大革命使我焕发出革命青春》（1976年第1期），显然奉命配合当时"教育战线的大辩论"，不拟深论，其他学人之作都值得一说。

刘大杰在《批判》上有四篇文章，依次是《读〈红与黑〉》（1975年第 1 期）、《唐代社会与文学的发展》（1975 年第 8 期）、《李白的阶级地位与诗歌艺术》（1975 年 11 期）与《韩愈与古文运动》（1976 年第 4 期）。就刊出篇数言，虽不算最多，在第一代名家中却拔得头筹。

刘大杰以治中国文学史著称，首发的却是外国文学书评，但他早年颇有关于欧洲文学史的论著行世，对此也就毋须怪讶。而强调《红与黑》复辟与反复辟的时代背景，也许才是这篇作品论的微言大义。其他三篇都是他 1976 年 8 月新版《中国文学发展史》第二册相关章节的先期发表。这部文学史自有特色，而以 1962 年版最得好评。据说，毛泽东 60年代初曾召见过刘大杰，"与他谈了四个钟头，主要就讨论文学史问题，对他的《中国文学发展史》里引述分析许多作家作品这一点，大加肯定"；"文革"爆发后，钦定保护的复旦四教授里就有刘大杰。他也得以奉命改书，在 1973 年 2 月由上海人民出版社新版《中国文学发展史》第一册，荣膺彼时少有的恩典。由于毛泽东的青睐，批儒评法运动起来，刘大杰又遵命"以儒法斗争这条线为纲，来重新修改《中国文学发展史》"①。

据刘氏关门弟子林东海回忆，刘大杰其时"已完成一个修改稿"，全书"只是在某些问题上着以'儒法'色彩，并没以此为纲"，他还将修改稿打印呈送毛泽东。②1975 年 1 月 4 日毛泽东提到，"已印两部文学史，暇时可以一阅"③，一部就是这份修改稿的大字本。刘大杰也获赐一部，回沪后，喜形于色地将赐书事张扬告人。应该与周一良同样，他认

---

① 吴中杰：《刘翁得马，焉知非祸：记刘大杰先生》，《海上学人漫记》，三联书店1999 年版，第 22—23 页。

② 林东海：《文学的一生：记先师刘大杰先生》，张世林编：《学林往事》下册，朝华出版社 2000 年版，第 1100—1102 页。

③ 毛泽东：《建国以来毛泽东文稿》第 13 册，中央文献出版社 1998 年版，第 419 页。

为"批林批孔也好，评法批儒也好，都是毛主席的部署"①，便欣然从命。第一册修订本出在批儒评法前，尽管评孔子与《论语》已较前一版大相径庭，但尚未谬以千里。但1976年版的第二册就完全以儒法斗争为纲，而"武则天时期的文学"一节最是点睛之笔。

1975年8月3日刘大杰致信毛泽东，认为"韩愈以道统自居，鼓吹天命，固然要严加批判，但细读他的文章，发现其思想确有矛盾之处。如赞扬管仲、商鞅之功业等，都与儒家思想不合，而倾向于法家；他的散文技巧，语法合符规范，文字通畅流利，为柳宗元、刘禹锡所推许。对这些如果全盘加以否定，似非所宜"。次年2月12日，毛泽东复信道："我同意你对韩愈的意见，一分为二为宜。"②据揭载《韩愈与古文运动》的刊期推断，《批判》应是配合这份批示的。

"文革"一结束，刘大杰自然难逃谄媚江青的诟病，那部"文革"版的《中国文学发展史》也成为再批判的活靶子。批判者看不到大字本，依据的只是上海人民出版社的改写本，他"哑巴吃黄连，有苦说不出"，一年后便黯然谢世，甚至没机会向公众说一声"毕竟是书生"式的自辩。

在《批判》上，郭绍虞刊出了《从汉代的儒法之争谈到王充的法家思想》（1973年第4期）。他当时也在修改代表作《中国文学批评史》，他没有刘大杰蒙"旗手"垂青的幸运，却也是那种力图跟上形势的老辈学者。文章开头就表态："我读了杨荣国同志在《红旗》和《人民日报》上先后发表的几篇文章，非常同意他的意见，所以我在修改《文学批评

① 周一良：《毕竟是书生》，北京十月文艺出版社1998年版，第73页。
② 毛泽东：《建国以来毛泽东文稿》第13册，第522页。

史》讲到王充文论时，就准备特别加一章以说明王充思想的来源。"《论衡》在《隋书·经籍志》与《四库全书总目》都归入杂家，驳杂地涉及法家言论，自不足怪。但郭绍虞此文的结论却强调："王充《论衡》恰恰充分地突出地表现了法家精神与法家思想"，紧跟色彩相当浓重。

郭绍虞的跟风似乎由来有自。据其同系的同事说：

> 大跃进年代，他根据当时流行的"现实主义与反现实主义斗争"的理论修改他的批评史，出了《中国古典文学理论批评史》上册，这个修改本不能令人满意，宋以后的部分就没有再修改下去；文化大革命后期，他又根据儒法斗争的理论来修改他的《中国文学批评史》，当然更加困难重重，终于没有能够出版，"四人帮"就被打倒了。[①]

去世前一年，郭绍虞自编三卷本文集，有题记说："现将我的写作汇编成集，区为三类：一为古典文学论集；二为语言文字论集；三为杂著（凡不能列入上述二类之零星诗文都纳其中）。三类或按写作年代，或按内容编次。其已见各种专著之中者，均删弃不列入。"[②]但三卷《郭绍虞文集》都"删弃"了这篇文章。

王运熙、顾易生与李庆甲在创刊号上合署刊登了《试论屈原的尊法反儒思想》、顾易生、王运熙还有联名的《读洪皓〈江梅引〉》（1976年第5期）。前文说屈原尊法反儒，自是趋时之作。关于后文，据葛剑雄

---

① 吴中杰：《与古人交友的人：记郭绍虞先生》，《海上学人漫记》，第15页。

② 郭绍虞：《照隅室古典文学论集》上册，卷首，上海古籍出版社1983年版。

说，1975 年 5 月，"因为北京大学写作组对《江梅引》（南宋洪皓所作词）的注释提出了意见，姚文元交给上海征求意见，由王运熙与顾易生负责，要他（指谭其骧）发表意见"①。姚文元交办的任务，应是毛泽东晚年读大字注释本的需要。当时，文化部还抽调京昆名角、歌唱家与民乐演奏家，为其录制配乐演唱的古诗词，篇目应是毛泽东圈定的，其中就有《江梅引·忆江梅》。②另据当事人刘修明回忆，应毛泽东阅读之需，他与王守稼、吴乾兑以及复旦文史两系专家参加了大字本注释工作，接受的任务有"洪皓的《江梅引》（1975 年 3 月 21 日布置）、姜夔的《梅花引》（1975 年 4 月 11 日布置）"③。

《读洪皓〈江梅引〉》主旨说，"《江梅引》从对梅的忆念、访问到爱慕、歌颂，以丰富多彩的画笔，描绘了精美而宽广的梅花图卷，反映了南宋时期爱国和投降两条路线的斗争"。其皮里阳秋也许在于强调"爱国和投降两条路线的斗争"，但其论述词的时代背景却未见改铸历史，即在今天，仍不失为站得住脚的文章。然而，他俩的总结性文集《王运熙文集》与《顾易生文史论集》都未将此文收入。顾易生晚年致友人信说："自'混入'复旦，长期在集体研究中混日子，亦有失有得。上面交的任务，风云变来变去，统稿改稿方面固然消耗了不少气力，做了许多无益之事。"④这些"无益之事"或许也包括他在《批判》上的文章吧？

---

① 葛剑雄：《悠悠长水：谭其骧后传》，华东师范大学出版社 2000 年版，第 57 页。

② 胡长明：《配乐古诗词与毛泽东的暮年生活》，《毛泽东思想研究》1997 年第 1 期。

③ 刘修明：《从印制"大字本"古籍看毛泽东晚年的思想和心态》，《当代中国史研究》1994 年第 2 期。

④ 吴中杰：《集体项目磨半生：记顾易生兄》，《海上学人漫记》，第 247—248 页。

作为"文革"前上海图书馆原馆长顾廷龙，《批判》上的文章是与弟子沈津联署的，题为《关于新发现的〈京本忠义传〉残页》（1975年第12期）。沈津后在追忆其缘起道："1975年夏，我在一包明刻残页中偶然发现《京本忠义传》残页，仅存第十卷第十七页的下半页、第三十六页的下半页，并各残存前半页的后三行。次日，我即持残页请顾老、潘景郑先生审定，他们都认为此虽为残页，但不可小看，或许是《水浒》的一种早期刻本。后来顾老和我合作写了一篇《关于新发现的〈京本忠义传〉残叶》的文章。"①当时全民评《水浒》正轰轰烈烈，短文结语也有一段关于"《水浒》宣扬投降主义"的套话。2002年上海辞书出版社出版的《顾廷龙文集》收入这篇文章时，删去了与批《水浒》相关的卒章。这部文集以沈津始辑其师论著为基础编成，其时他也已成为饮誉中美的目录版本学家。当年这段蛇足，不知出自顾老，还是沈津，抑或竟是编辑部的手笔。

中国近代史大家陈旭麓当时也在上海市委写作组，《批判》上有他的两篇署名文章。②《"九州生气恃风雷"》（1975年第2期）是《龚自珍全集》重印前言，议论酣畅，文采飞扬，是笔者当年读后的第一印象。文章也有时代的烙印，但总体思路应是作者思索所得。唯其如此，他在1982年12月有个改写稿，删去了文末强调龚自珍"反儒尊法"倾向的文句，几乎保留了基本结构与原有行文，改题《论龚自珍思想》，收入自编论文集《近代史思辨录》（广东人民出版社，1984年）。他的另一篇

---

① 沈津：《学术事功俱隆文章道德并富：回忆先师顾廷龙先生》，《学林往事》下册，第1049页。

② 另据朱永嘉《关于一段故人和往事的回忆》（见"读书公会"公众号2019年2月19日转载），刊于1973年第3期上署名"《中国近代史丛书》编写组"的《资产阶级与儒法论争》，"是集体创作"，而"陈旭麓是参与者之一"。

《是拆庙还是补天——李贽与〈水浒〉及其他》（1976 年第 2 期），讨论李贽评《水浒》的思想倾向，文章发在全民评《水浒》的高潮中，难免有瓜田李下之嫌。其弟子编《陈旭麓文集》时，收录了前文而芟落了后文，应是经过斟酌的。

也许让人跌眼镜的是，《批判》上也有谭其骧的文章。这篇《碣石考》后收入作者审定的《长水集》下册，并在文末郑重括注"原载《学习与批判》，1976 年第 2 期"①，坦然表明其经得起历史的考验。据当年刊发此文的当事者回忆：

> 70 年代初，我一直要谭先生给《学习与批判》写一点文章，他一直拖着，到 1975 年他给了我一篇《碣石考》，写这篇文章的直接起因是 1974 年第二期《地理知识》上刊登了《沧海桑田话碣石》一文，论证了古代的碣石山确已沦亡入海。实际上谭先生要回答的是毛主席在《浪淘沙·北戴河》一词中写的"往事越千年，魏武挥鞭，东临碣石有遗篇"的碣石山，究竟是不是在北戴河一带。他用大量事实证明秦皇、汉武、魏武所登临的碣石山就是现今河北昌黎北偏西十里那座碣石山。……他送给我这篇文章，我看了知道他的用意，看我有没有胆量发这一篇考证文章。我想了一下，毛泽东是一个诗人，他是从文学的视角去意会曹操《观沧海》那首诗的意境，当然不会去具体考证碣石山的位置究竟在哪里，他只能根据成说，如果说毛泽东同志在碣石山地点的论证上有误，也无损于他。所以我决定照发无误，但不张扬，太张扬了怕引起其他的猜测，那

---

① 谭其骧：《长水集》下册，人民出版社 1987 年版，第 104 页。

就不好办了。①

对照《长水集》和《批判》两个文本的唯一不同，仅将"伟大领袖毛主席"改为"毛主席"，其他一字未改。一篇学术文章，历经乾坤翻覆，仍能基本不改毫无赧色地编入自己的文集，特殊时期的海上学人，也许唯有谭其骧庶几近之。

三、第二代学人的众生相

在《批判》上发文的第二代学人，有徐缉熙、戴厚英、刘修明、余子道、吴乾兑、杨立强、金冲及、黄霖等。就刊发篇数看，徐缉熙有五篇之多，余子道二篇，其他诸人各一篇。

徐缉熙的文章中，点评当年沪上新诗的《读诗漫评》（1975年第12期），只是应景之文，可以存而不论。毛泽东晚年再次号召读《红楼梦》，强调它是政治小说。徐缉熙的《论〈红楼梦〉》（1973年第2期）、《鲁迅是怎样读〈红楼梦〉的》（1974年第6期），应是配合这一号召而作。后文开篇就说"《红楼梦》是一部政治小说"，承风行文的痕迹一目了然。他的《漫谈看一点文学史》（1975年第8期）说："毛主席一再号召我们要关心上层建筑，要能文能武，提倡读一点历史，读一点小说"，兼之上年岁末毛泽东"已印两部文学史"，读一点文学史已成时髦。徐缉熙的文章自然是这一背景下的遵命之作，其论《水浒》说：这

① 朱永嘉：《在求真中求是：纪念谭其骧诞辰一百周年》，《谭其骧先生百年诞辰纪念文集》，上海人民出版社2012年版，第121页。

"是一部反映农民起义的长篇小说。尽管由于作者的阶级立场的限制，小说的思想倾向是只反贪官，不反皇帝，以至颂扬宋江的投降主义路线，但这部小说仍有助于我们认识封建时代农民起义的长处、弱点及其失败的历史教训"。文章写作与刊登时尚未获悉毛泽东有关于《水浒》评论的谈话，批判的调门还没高八度，总评与但书那几句话还不致太离谱。但毛泽东的谈话当月就以中央文件下发，次月4日《人民日报》刊发社论《开展对〈水浒〉的评论》。于是，《批判》9月号登出《青年工人谈〈水浒〉》的座谈会发言时，特加一段"编者附言"，引用徐文上述论断后指出："最近我们学习了毛主席的指示和鲁迅论《水浒》后，认识到这个观点是错误的。文章的作者在提高认识以后，对自己原来的观点进行了自我批评，并积极投入了战斗。"徐缉熙如何"自我批评"的，已不得其详，但时隔一月，《批判》就发表他的《歌颂什么，反对什么？》（1975年第10期），副题是"评《水浒》的投降主义本质"，似乎旨在表明他的"自我批评"与"积极投入了战斗"。但这篇急就章颇有敷衍成文之感，远不及其评《红》之文畅达淋漓，也许他原就以红学见长，而急转弯的文章又不那么容易写。"文革"以后，《红楼梦》始终是徐缉熙学术重点所在。去年，他将历年"红学"成果，结集为《读红手记》，作品简介说他"文字不媚俗"。之所以能从遵照指示评《红》到"不媚俗"，《后记》里有一句别有深意的话，道出了他对那段往事的深层思考："当然，用现代的政治概念对这部小说作牵强附会的政治解读，更是伪科学！"[1]

现以《金瓶梅》研究驰名的黄霖，在《批判》上刊出过《眼前二万

---

[1] 徐缉熙：《后记》，《读红手记》，上海文艺出版社2012年版，第247页。

里风雷》（1975 年第 12 期），是评新出《儒法斗争史话》的，"《史话》本身就是批林批孔的产物"，书评自然也是遵命之作。"编写这部近二十五万字《史话》的是十六名青年工人"，其中就有第三代海上学人，且留待下文再说。

戴厚英后以作家成名，"文革"前与"文革"中，也写评论文章。她的《"特种学者"的"考证癖"》（1974 年第 6 期），是批判胡适红学考证的。她后来反思说：那些都是脑袋还没有长在自己脖子上，作为别人的写作工具时所写的东西。包括这篇文章在内，她的那些东西都未收入其惨遭横死后行世的《戴厚英文集》。有学者指出，这些文章尽管对一般读者已无阅读价值，"对研究者来说，自然具有历史资料的意义"，"以后如有人编辑出版《戴厚英研究资料》，倒是应该收入她的理论文章的，因为这些文章毕竟反映出她青年时代的思想轨迹"。[1]善哉此言，推而广之，岂独戴厚英研究为然，对其他学者的个案研究也应如此处理。唯有这样，才能真实地还原学人的全貌，拼缀出有意无意被遮蔽的现代学术史真相。

1973 年 8 月 7 日，《人民日报》奉命发表杨荣国的《孔子——顽固地维护奴隶制度的思想家》，拉开了"批林批孔"运动的序幕。《批判》不甘落后，为配合战略部署，也刊发了刘修明的《孔子传》（1973 年第 2 期）。笔者与作者曾有交往，可惜未便探询这篇文章的组稿秘辛（企盼他与这份杂志的所有亲历者，都能为这段历史留下足资采信的实录）。"文革"以后，他以治两汉史知名，相比代表作《从崩溃到中兴：两汉的历史转折》，由其主编的十六册《话说中国》图文本更享盛誉。

---

[1]　吴中杰：《坎坷的人生道路：记戴厚英女士》，《海上学人漫记》，第 258 页。

余子道的《从东北解放战争看林彪的右倾军事路线》（1974 年第 6 期）与《从抗战初期的战略转变看林彪的右倾军事路线》（1974 年第 8 期），都是批判林彪军事路线的。其时，批林是打死老虎，所谓"右倾军事路线"也是中央文件定下的调门，这样的文章在"文革"结束后也未必会受牵累。作为中国现代史专家，"文革"后，他出长过复旦大学历史系，其"民国军事史"课程颇有好评，他在《批判》上的文章倒都与这一方向有关的。

作为上海社科院历史研究所的中国近现代史学者，吴乾兑的《抗战时期的一本革命三字经》（1975 年第 6 期）虽有批判孔孟之道的套话，但介绍的是"红色文物"，想来其后也不致惹上麻烦。杨立强的《辛亥革命后的袁世凯》（1976 年第 8 期）发表之际，正值"批邓反击右倾翻案风"甚嚣尘上之时，尽管内容似无失实，但借袁世凯"疯狂复辟"牵扯到"翻案、复辟不得人心"（行文中这句话颇觉突兀，不知是否编辑部定稿时横插一杠），所指为何，明眼人一目了然，不知后来是否有"说清楚"的遭遇。上世纪 80 年代，他在复旦大学历史系开设"北洋军阀研究"课程，文章的史实还能派上用场。

"批林批孔"方兴未艾之际，《批判》发表了金冲及的《〈天演论〉和中国近代反孔思潮》（1973 年第 3 期）。文章以毛泽东对严译《天演论》的评价"前半是唯物的，后半是唯心的"为立论依据，勾画了一个"以反孔开始，以尊孔告终"的严复形象，而近代"新学与旧学、反孔与尊孔这两种思潮的斗争"则是全文大背景，配合批孔自不待言。改革开放后，金冲及曾任中央文献研究室副主任，还出长过中国史学会，他不仅是中央文献出版社版《毛泽东传》的两主编之一，同时还主编了《刘少奇传》。由他主编的《毛泽东传（1949—1976）》认为，1973 年下半年毛泽东"并没有提出在中央的全盘工作中突出'批孔'问题,更没有主张要发动一场大规模的'批林批孔'的政治运动"①。

四、初露头角的第三代学人

在《批判》上现身的第三代学人,除前文提及的沈津,还有杜恂诚、陈大康、仲富兰、胡申生、石源华与余秋雨等。除了沈津与余秋雨,大多数人当年还没跻身学界,只是以大学工农兵学员或"工人理论学习班"成员而初露头角。

杜恂诚当初还是上海味精厂工人,他的首发之文是《由"结合部"想到的》(1975 年 3 期),歌颂在新的生产关系下,"哪里有结合部,哪里就有'龙江精神'"。他还以工人身份发表了《"斗争并没有停止"》(1976 年第 2 期),评论"以第十次路线斗争(即毛泽东与林彪的较量)为背景"的剧本《樟树泉》(作者就是后来以《苍天在上》等官场小说三部曲而广受好评的小说家陆天明)。杜恂诚评《水浒》的文章都未署厂名。其《论晁盖》(1975 年第 9 期)以毛泽东评晁盖的观点为论旨,歌颂"晁盖毕竟不愧为农民起义的英雄"。他与"洪延青"联名发表了《宋江与武训》(1975 年第 11 期),也是配合领袖"使人民都知道投降派"号召的,不得而知的是列名于前的"洪延青"究竟化名,还是确有其人。"文革"以后,杜恂诚转入经济史学界,似乎远离了当年涉足的文史领域,近年《东方早报·上海经济评论》上经常有他关于中国近代

---

① 逄先知、金冲及主编:《毛泽东传(1949—1976)》,中央文献出版社 2003 年版,第 1680 页。

经济史的大作。

陈大康先后刊有《论阮氏三兄弟》（1975 年第 9 期）与《并非小事》（1975 年第 12 期），后文说报刊文章难字注音的，与政治运动无关。前文首先论述阮氏三兄弟是"紧跟晁盖革命路线的革命将领"，而后指证他们在宋江那里"受到了越来越严重的排击和打击"。文章虽也配合运动，但在六名水军头领排名次序上，以石碣上的天罡排序与数日后四寨水军头领排序相对比，考实宋江将三阮位置"在往后挪移"，却颇有说服力。他在"文革"后考进入复旦大学数学系，后改投华东师范大学郭豫适的门下，专治中国小说史，以专著《明代小说史》而声名鹊起，抑不知《论阮氏三兄弟》在敦促其折回明代小说研究中占多大权重。

复旦大学历史系首届工农兵学员，1972 年赴七一公社开门办学，参加了公社史的调查和编写。这册公社史出版当月，《批判》刊发了该校历史系学员王金保与石源华合署的书评《战斗的史篇》（1974 年第 7 期），副题就是"喜读《上海七一人民公社史》"。石源华其后留校，从事过民国外交史研究，现为复旦大学韩国研究中心主任，这篇书评不知是否其史学处女作。民俗学家仲富兰当年也是复旦大学工农兵学员，在评《水浒》时发表过《宋江的"反诗"》（1975 年第 9 期），现为上海市民俗文化学会会长。

在"批林批孔"运动中，为培养所谓自己的"理论队伍"，上海市委写作组举办了历史学习班。据《青年工人讲儒法斗争史》（1974 年第 7、8 期连载）说："这个学习班共有十六名学员，都是来自工厂和农场的二十岁左右的青年工人，主要是学习儒法斗争史。"该文就是"经过集体讨论，分头执笔写成的宣讲稿"，而上文提及的《儒法斗争史话》

也是他们"几个月来的学习成果"。历史学习班成员在《批判》上列名可考的共九人，似乎唯有胡申生后来进入了学界。他当时是上海工具厂工人，除了参与编写上述宣讲稿，《批判》还选载过他与另两学员合署的《儒法斗争史话》之一《女皇帝武则天》（1975 年第 1 期）。江青曾一再把吕后、武则天捧为法家政治家，《批判》相中此文自有深意在焉，尽管作者也许未必了然。胡申生现为上海大学教授，作为知名的社会学者，在今年沪上"中国梦"主题群众性基层宣讲活动中还有他的身影。

在第三代学人中，余秋雨是最具话题性的。关于他与"文革"，与上海市委写作组，与《批判》《朝霞》等刊物，与石一歌化名等关系，早在 21 世纪初，就因"二余争论"而掀起过轩然大波，有人甚至揭秘他"写了一系列颇有影响的文章而深得头头们的欣赏"，乃至享受当时"中央首长"接见的殊荣。①笔者不想评断其他的是非，仅仅讨论《批判》上署其真名的大作。

据余秋雨在世纪之交自己说，"文革"中发表过《胡适传——五四前后》（1974 年第 1 期）与《读一篇新发现的鲁迅佚文》（1975 年第 8 期，下称《读鲁》），而后特别声明："在'文革'期间，除了这两篇，我还写过两篇农村题材的散文。"②两篇散文也许刊在《朝霞》上，此不具论。至于说只写过上述两篇大批判文章，却显然有误。仅在《批判》上，他的署名文章就有四篇，除以上两篇，还有《尊孔与卖国之间——

---

① 古远清：《究竟是谁对余秋雨进行"政治历史大搜身"》，见余开伟编：《忏悔还是不忏悔》，中国工人出版社 2004 年版，第 108 页。该书第二辑《"围剿"余秋雨》收入了关于"文革"中余秋雨问题的重要争论文章。
② 《余秋雨的一封公开信》，《文学报》2000 年第 1127 期。

从鲁迅对胡适的一场斗争谈起》（1973 年第 3 期，署名秋雨）与《评胡适的〈水浒〉考证》（1975 年第 10 期，下称《评胡》）。

那封公开信提及《胡适传》说："这样的文章对胡适先生当然是不公正的，但说当时产生多大影响，我不大相信。"前一句不失为反思；后一句却意在开脱，《批判》创刊号首印数高达三十万册，其后印数更有超过，说影响不大，过来人谁都"不大相信"的。对于《读鲁》，余秋雨承认是他"主动写的"，"但编辑部觉得太学术，在前前后后加了很多政治性的陈词滥调，这是当时惯例，但我由此决定不再在那里写文章"。或许那些"政治性的陈词滥调"并非他的手笔，但说"由此决定不再在那里写文章"却有悖于史实。

《读鲁》发表不久，《批判》就刊发他的《评胡》。该文劈头就说："胡适是中国现代史上一个臭名昭著的投降派。他叛离五四新文化运动，投降过北洋军阀，投降过国民党反动派和美帝国主义。"相信作者仍会重复公开信里所说："这对胡适先生当然是不公正的。"但有必要指出，《评胡》已以黑体字引用了毛泽东 1975 年 8 月 14 日关于《水浒》评论的谈话，而这份谈话作为中央文件下发到上海市委写作组，按当时中央文件流程，最早也在 8 月 20 日前后。①而刊登其《读鲁》的那期《批判》，据版权页，出版于 8 月 18 日，也就是说，其《评胡》只能写在《读鲁》发表之后。这样，他表白"由此决定不再在那里写文章"，自然陷入了罗生门。也许，公开信里那个说法，只是一时失忆而已。

---

① 据《建国以来毛泽东文稿》第 13 册《对姚文元关于开展对〈水浒〉评论的报告等的批语》的注释说："八月十八日，姚文元将《人民日报》《光明日报》讨论情况及初步规划各一份送毛泽东审阅，毛泽东审阅后批示"，《建国以来毛泽东文稿》第 13 册，第 459—460 页。

五、对狼奶的反思

"文革"结束，在《批判》定性为帮刊后，深陷其中者受到了清查，由于当事者大多讳莫如深，其内情至今不甚清楚。本文涉及的海上学人中，第一代以刘大杰最为众矢之的，"他的罪名也不再是资产阶级学术观点，而是向政治上上纲上线了"①。陈旭麓回到华东师大，也遭遇了"风风雨雨，深文周纳"，"甚至连一个教授职称也历久不能解决"②，多年位居"文革"后全国最资深副教授之一。另据 2004 年 8 月 13 日《新京报》的《余秋雨调查》，第二代学人中，徐缉熙也受到清查，"当时心里非常害怕，恨不得竹筒倒水，总希望早点解脱"。他还说及第三代学人余秋雨："在文艺组肯定解脱得比较晚，我解脱时他还没有解脱。"据当今沪上一位资深的文史编辑（他实际上也应归入第三代学人）说，他当时还是工人，因在《批判》上发过三篇文章，原系统就长期将其打入另册。足见受《批判》之累者，远不止以上几位学人。

四十年后，之所以重新梳理海上学人与这份杂志的诸般关系，决非曝光旧闻，摊晒老账，而是旨在理性反思：在那个特殊年代里，权力与学术、政治与学者、学术自由与学者人格、思想饥渴与文化禁锢之间有过怎样的异化，留下了哪些足资后人汲取的教训与启示。

首先，权力与学术的关系。现在知道，包括《批判》在内的那几份杂志，都隶属于当时上海市委写作组，而上海市委及其写作组又有着通

---

① 吴中杰：《刘翁得马，焉知非祸：记刘大杰先生》，《海上学人漫记》，第 23 页。

② 唐振常：《热泪祭旭麓》，《川上集》，三联书店 1996 年版，第 439 页。

天的关系，事后说有当政者直接操控这些刊物，也不为过。但当年"批林批孔"，评论《水浒》，乃至"批邓与反击右倾翻案风"，都以红头文件下达，这些当政者指示市委写作组（或工人学习班）的学人撰写批判文章，至少程序上都在行使最高指示与中央文件所赋予的权力。身处其中的一般学人有几个能够洞烛高层政治的复杂内情，大都认定自己在为伟大领袖的战略部署当呐喊者，做马前卒。及至政局已定、内幕揭晓，才知道站错了队，上错了船。就此而言，那些后来遭清查的海上学人，不啻是这种权力异化学术的牺牲品与受害者。即以徐缉熙两论《水浒》而言，前文已"左"，后文更"左"，但同样都是权力操纵学术的奉命之作。可以断言，海上学人在《批判》上的多数文章，都是权力支配下的产物。

痛定思痛，教训是沉痛的。学术之外的任何权力，不论以何种名义，走何种形式，都不应该役使学术；只有这样，学术才不会沦为权力的婢女，而权力执掌者的成败荣辱也不至于拖累学者的政治生命与学术生命。

其次，政治与学者的关系。自上世纪50年代以来，意识形态高度政治化，从批判《武训传》开始，经批判胡适与俞平伯的《红楼梦》研究，反胡风事件，反右派运动，直至为"文革"揭幕的批《海瑞罢官》与"三家村"，政治运动几乎从未在学术文化界消停过。"批林批孔"与评论《水浒》，不过是其前那些披着学术文化华衮的政治运动登峰造极而已。在这类运动不断"洗脑"与威慑下，学者为了避免整肃与边缘化，自觉不自觉地形成了唯政治马首是瞻的思维定势与生存本能。郭绍虞文章的主动表态，顾廷龙短文的蛇足套语，乃至其他学人文章中那些"政治性的陈词滥调"，都不妨作如此观。

以今视昔，殷鉴是深刻的。那些以整人为目的的运动政治，是驱人于绝境的达摩克利斯之剑，应该从学者头顶永远撤除，真正让学者研究学术，让学术回归学者；只有终结政治的绑架与政治运动的裹胁，学术才不会扮演政治的廉价吹鼓手，学者才不至于出于恐惧而充当政治运动的蹩脚传声筒。

再次，学术自由与学者人格的关系。在当年《批判》上唯有谭其骧的《碣石考》，才配得上刊发此文的当事人日后的赞扬："一以贯之的就是在求真中求是，在那个特定的社会环境下，不屈从于任何权威，同时又能妥善地保全自己，在学术研究上要真正做到这一点也真不容易。"①成为对照的是刘大杰，其晚年有诗自述知遇之情："残生坚走红旗路，努力登攀答盛恩。"他的遵命改书也自然出以旧士子仰答圣天子的报恩姿态，及至江青示意以儒法斗争为改书红线，在他看来一如领袖之意，也就遵奉不违，照改不误。据其学生陈允吉说，对奉旨改书，他"在临终时感到十分痛苦和遗憾"。

回望前尘，启示是昭然的。就学者层面而言，一旦自我捐弃独立人格，自由精神也就无所附丽。即便在自由仍缺乏保障的大环境里，一个学人能否坚守价值观，在精神思想层面获得最大的自由度，自身的人格修为还是起相当权重的。只有这样，学者才能维护学术的价值与人格的尊严。就制度层面而言，应该进一步推动政治制度建设，确保每个学人都能享有"自由之思想"与"独立之精神"的最大空间，生产出独创性的精神思想。

最后，思想饥渴与文化禁锢的关系。十年动乱，以"文化大革命"

---

① 朱永嘉：《在求真中求是：纪念谭其骧诞辰一百周年》，《谭其骧先生百年诞辰纪念文集》，第121—122页。

之名，行"文化大禁锢"之实。相信当时年当二十上下的过来人，都有同感，正处知识饥渴期却遭遇文化禁锢，最佳读书年龄却找不到书读。在这一背景下，先有批儒评法，后有评论《水浒》，在文化禁锢上开了一道窄缝，稍稍满足了求知欲。这种打着学术幌子的全国性政治运动，却激发了一批年轻人的文史兴趣，无意中催生了现已成为中坚的第三代学人。但这代学人当年在思想上却呈现出"集体无意识"与"空洞现象"，自然易于接受当时宣传机器的政治鼓吹。也就是说，正当嗷嗷待哺多维新鲜的思想乳汁之际，喂给他们的却是一口狼奶。当时的政治运动以及包括《批判》在内为之摇旗呐喊的舆论书刊，输出的都是狼奶。笔者愿意坦承，当年读了《批判》上的《论曹操的尊法反儒》（1974 年第 7 期），对其论荀彧部分颇有自己的想法，便写了《试论荀彧的政治立场》试图参与讨论。后来考入大学选修魏晋南北朝史时加以改定，删去了昔日把荀彧说成是法家对立面的滥调，改题《略论荀彧》收入《学史寻稿》（黄山书社，2009 年），并在自序里交待："也算是立此存照，提醒自己：在学史起步之际，你也是喝过你一口狼奶的。"

在无奶可喝时，被喂狼奶不是罪，苦于没比较，还会习惯上狼奶的口味。在《批判》上发文的第三代学人，推而广之，现今文史学界五六十岁的这代学者，很少不受那口狼奶喂养的，但声名藉藉后，却少有承认自己是喝过狼奶的，有人还标榜"我一生可忏悔的事情很多，但恰恰在'文革'期间最少。正是在那十年，我磨炼出了承受苦难、抵拒诱惑、反对伤害的独立人格"①。在那个年代里，除了像顾准那样的凤毛麟角者，恐怕少有人有资格自称已具独立人格（正是这种集体性

---

① 杨瑞春：《余秋雨：对于历史事实我从不谦虚》，《忏悔还是不忏悔》，第 92 页。

的无独立人格，才累积成"文革"劫难的社会土壤）。在这点上，类似第二代学人戴厚英、徐缉熙那样的反思（朱维铮尽管没在《批判》上发过文章，生前却从不讳言曾是"罗思鼎"成员），倒是值得第三代学人尊重的。

（原载 2013 年 12 月 22 日《东方早报·上海书评》，

入集时因故略有删改）

严耕望与他的《治史三书》

一、严耕望：一个坚强纯净的学术人

严耕望（1916—1996），字归田，安徽桐城人，出生于累世务农之家，仰赖父兄勤勉，家境渐裕，才得以进学苦读。与一般男生相似，他对历史的兴趣也由《三国演义》激发，却进而借字典强读了《三国志》。史学家与人类学家李则刚是他的高中历史教师，严耕望受其引导而初知治史门径。1937 年，他考入武汉大学历史系，抗战军兴，随迁四川乐山，其间广泛选读政治学、经济学与文字、音韵、训诂等课程，为日后治学奠定了基础。1941 年，钱穆讲学武汉大学，他投入门下，从师问学长达半个世纪。受钱穆开示，他决定以中古制度与历史地理作为终生治学的两大方向。

大学毕业，严耕望进入齐鲁大学国学研究所，与钱穆和顾颉刚时相过从。两年后研究所停办，他改入重庆国立编译馆做编辑员。1945 年初，转入金刚碚工艺班任教，苦于无暇读书研究，便致函傅斯年申请进入中央研究院历史语言研究所，受到青睐与识拔，入所任助理研究员。其后，一直在史语所从事研究，1949 年随迁台湾。1957 年 9 月起，他赴哈佛大学做了两年访问学者。自 1964 年后，严耕望应香港中文大学新亚书院之聘，兼任新亚研究所导师直至逝世。1970 年，当选台湾"中央研究院"院士。1980 年，他应耶鲁大学历史系之邀，为中国史博士班讲授一学期"唐史"。1986 年，自史语所退休，转任香港中文大学中国文化研究所高级研究员。①

严耕望一生研究，聚焦在政治制度史与历史人文地理两方面。前期为主的政治制度史研究集中在秦汉至隋唐的中古长时段。对中央政治制度研究，有专著《唐仆尚丞郎表》与专论《秦汉郎吏制度考》《北魏尚书制度考》等；对地方政治制度研究，有专著《中国地方行政制度史》，包括《秦汉地方行政制度》《两汉太守刺史表》与《魏晋南北朝地方行政制度》；晚年讲义《中国政治制度史纲》体现了他对中国政治制度的总体把握。后期为主的历史人文地理研究，有专著《魏晋南北朝佛教地理稿》《唐代交通图考》与待刊的《隋唐通济渠考》等。他的著作除台湾版外，2007 年由上海古籍出版社汇为《严耕望史学著作集》6 种 13 册刊行，2009 年出版的《严耕望史学论文集》收录其专书以外论文 58 篇，分为政治制度编、历史地理编与综合编，其著作至此堪称大备。

严耕望的研究规庑恢弘，笼罩全面，尤以《唐代交通图考》为"生平功力最深、论辩最繁之述作"，他自评其书道："详征史料，悉心比勘，精辨细析，指证详明，俾后之读史治史，凡涉政令之推行，军事之

---

① 参见廖伯源：《严耕望先生传略》，《充实而有光辉：严耕望先生纪念集》，稻禾出版社 1997 年版，第 199—218 页。

进退，物资之流通，宗教文化之传播，民族社会之融和，若欲寻其径途与夫国疆之盈亏者，莫不可取证斯编。"①

严耕望自认是一个坚强纯净的"学术人"②，余英时推崇他是"将全副生命献给学问的人"③。有两件轶闻最能印证他这种宗教性的奉献精神。其一，某年盛夏周日，蒋介石以"领袖"之尊未告而莅临"中央研究院"，不见有人迎接，找到史语所，严耕望天热未穿上衣正在工作，出来一看随即进去继续其研究。④其二，余英时受托宴请钱钟书访美，以同门之谊邀他出席，他坚守"避开任何不必要的活动"的原则，婉言谢绝。⑤关于严耕望的治学精神与史学取向，余英时的《中国史学界的朴实楷模》有真挚的追忆与到位的评价。

二、《治史三书》的成书与影响

20 世纪 60 年代初叶，严耕望起念写一篇《治史方法之我见》，还草拟了提纲大意，已具《治史经验谈》雏形，但事务丛脞终未成稿。1974年，他赴香港大学讲治史经验，后将论"原则性的基本方法"部分草成《治史经验谈》上篇刊布，颇受青年欢迎，希望他多写这类文章。⑥1979年起，他修改讲演旧稿，续撰论学新作，屡经增订，数易其稿。1981

---

① 严耕望：《〈唐代交通图考〉序言》，《治史三书》，辽宁教育出版社 1998 年版，第 209、213 页。

② 严耕望：《〈治史经验谈〉序言》，《治史三书》，第 4 页。

③ 余英时：《中国史学界的朴实楷模》，《治史三书》附录，第 301 页。

④ 林磊：《严耕望先生编年事辑》，中华书局 2015 年版，第 120—121 页。

⑤ 余英时：《中国史学界的朴实楷模》，《治史三书》附录，第 300 页。

⑥ 严耕望：《〈治史经验谈〉序言》，《治史三书》，第 3—4 页。

年,《治史经验谈》由台湾商务印书馆收入"岫庐文库",甫一行世,大得好评。

次年,严耕望接待台湾杂志编辑与史语所后学来访,由黄宽重整理成《严耕望先生访问记》发表。有感于"仓促应对,未能畅达",事后,他据来访者所列问题,并新增若干,陆续成文,个别篇什曾先期刊出。1985年,他将这些文章结集,后附上述《访问记》与《唐代交通图考》序言,题为《治史答问》,仍交"岫庐文库"刊行,内容都是《治史经验谈》尚未涉及或虽有涉及却未遑详述的,自称可"视为《治史经验谈》之续编"①。

1990年,钱穆逝世,严耕望受托撰成《钱穆宾四先生行谊述略》以为追思;还续作《从师问学六十年》,以追随钱穆的问学经历为主,兼忆小学与中学两位老师。1992年,这两篇回忆结集,附录此前发表的《我与两位王校长》与《我对傅孟真先生的感念》,总题《钱穆宾四先生与我》,仍由"岫庐文库"印行。②《治史三书》至此告成。但其生前,台湾始终将三书独立印行。

在学术大成的晚年岁月里,严耕望之所以"欲把金针度与人",将一生治学经验作全面总结,既有师友敦促,也有个人考虑。好友杨联陞敦请他对后学负起更大责任:"如此现身说法,读者得此鼓励,必有闻风而起者。"③钱穆也劝勉他应"给青年们一些影响,否则他们都不懂学问究该如何做了"④!而他发现,包括钱穆在内的前辈大师述作尽管繁

---

① 严耕望:《治学答问序言》,《治史三书》,第115—116页。
② 严耕望:《〈钱穆宾四先生与我〉序言》,《治史三书》,第219—220页。
③ 严耕望:《治学经验谈》,《治史三书》,第65页。
④ 严耕望:《钱穆宾四先生与我》,《治史三书》,第273页。

富，"但教人治学的文字并不多见"①，而"薪火相传，成功不必在己"②，故发心撰述治史三书。综观此书，《治史经验谈》允当内篇，《治史答问》视作续篇，都从问题入手；《钱穆宾四先生与我》作为补篇，改以经历说法。《治史三书》主辅互证，横纵结合，构成归田史学的枕中秘籍。

杨联陞以"尤为切实"评价《治史经验谈》；余英时也推许《治史三书》是"为后学现身说法"。③三书出版后，在台湾大受文史学子欢迎，成为他们的入门必读书，影响波及海外与大陆。20 世纪 80 年代，有韩国学生抱怨，留学台湾原想掌握中国传统治学方法，岂料听到的不是美国式方法，就是日本式方法，台湾学者黄宽重向他们推荐了《治史经验谈》与《治史答问》。1987 年，大陆学者黄永年收到严耕望转赠的《治史经验谈》与《治史答问》，次年撰文时称誉这两本小书是"对后学作'金针度与'之书"。其后十年，两书复印本在大陆研究生圈内广为流传。前人评俞樾一生拼命著书，后学最受用的还推《古书疑义举例》；严耕望也著作等身，但对初涉史海的学子来说，比起其皇皇巨著来，《治史三书》也许最有启发之功。

直至 1998 年，大陆才首次由辽宁教育出版社将《治史经验谈》《治史答问》与《钱穆宾四先生与我》合编为《治史三书》，列入"新世纪万有文库"的"近世文化书系"。2006 年，该社将其改版为《怎样学历史——严耕望的治史三书》，纳入"花生文库"的"大师谈学习系列"。

---

① 严耕望：《钱穆宾四先生与我·序言》，《治史三书》，第 220 页。
② 严耕望：《治学经验谈》，《治史三书》，第 54 页。
③ 严耕望：《治学经验谈》；余英时：《中国史学界的朴实楷模：敬悼严耕望学长》，《治史三书》，第 65、300 页。

2008 年，世纪出版集团上海人民出版社获得授权，在大陆出版《治史三书》的中文简体字版。2016 年恰逢严耕望百年诞辰，特推出纪念版。

三、最佳的治史入门书

《治史三书》所论几乎涉及史学研究的所有方面。大匠不遗细节，对史学论著的撰述体制、写作改订、引文格式、注释安排，对作为治史必备知识技能的目录学与校勘学应掌握到何等程度，对外语阅读与史著翻译如何有助于治史，严耕望都不厌其详地娓娓道来。这里仅对荦荦大者略作导读。

1. 史家的志业与修养

历史学家以史学研究为终生事业，如何确立志业，修养身性，规划目标，关乎其能否最终取得重大成就。严耕望认为，历史学不像文学与科学，少有年轻的大史家；其创获也主要不仰赖于天才。为此，他提撕三条：一有抱负，二能自信，三立计划。

关于抱负。严耕望认为，史家应该"不专为己，兼要为群，对于社会人群有一份责任感"。①在社会责任感上，他首先强调："文史学科的研究，本不应谈实用问题"，史学应以无用之用作为价值标准；但也肯定，"国家大计、社会动态、人民生活、思想潮流是最为大家所关注的问题"，应予首要的关注②。然而，在史学研究与现实关怀的关系上，严耕

---

① 　严耕望：《治学经验谈》，《治史三书》，第 90 页。
② 　同上书，第 50 页。

望与"当代前辈学人晚年著述往往寄寓心曲"持有异趣，更无导师钱穆"学术领导政治，学统超越政统"的价值取向，他明确表示，自己著述"只为读史治史者提供一砖一瓦之用，'今之学者为人'，不别寓任何心声意识"。①对《唐代交通图考》，他认为：别人"对于我的结论与图绘定能放心的利用。这也许就是我对中国史学界的点滴贡献"。②

关于自信。严耕望首先提醒，"自信心的基础不是也不能建筑在天才上"；而后指出："必须要下定决心，奋发努力百折不回的去达成目标，纵然明明没有成功的希望，也要坚定自信，以'知其不可而为之'的精神去做，企求愈能接近目标愈好。"③

关于计划。张之洞早指出，"史学须渐次为之，亦须穷年累月"④，钱穆昔年也提示："要眼光远大，要有整个三十年五十年的大计划，不可只作三年五年的打算。"⑤严耕望秉承师说告诫后学："若求取较大成就，决非事先有个大体固定切实可行的计划不可，否则纵能有成，也将大打折扣"⑥，因为史学研究是艰巨长期的大规模工作。即如他的唐代交通研究，"耗时四十年，文繁两百万"⑦，就计划三步走，首先《唐代交通图考》，其次《唐代人文地理》，最后《国史人文地理》，三者有其一贯性。虽天不假年，仅基本完成前者，计划中后两部著述只成若干专论，

---

① 严耕望：《〈唐代交通图考〉序言》，《钱穆宾四先生与我》，《治史三书》，第214、237页。
② 严耕望：《治学经验谈》，《治史三书》，第56页。
③ 同上书，第91页。
④ 张之洞：《輶轩语·语学第二》。
⑤ 严耕望：《钱穆宾四先生与我》，《治史三书》，第242页。
⑥ 严耕望：《治学经验谈》，《治史三书》，第91页。
⑦ 严耕望：《唐代交通图考·序言》，《治史三书》，第209页。

但如他坦承，若事先"无长远的计划，相信一部都不能完成"①。如何将
三大原则落实到研究工作，严耕望总结出身体力行的八字要诀："勤"
"恒""毅""勇""谨""和""缓""定"，并逐一申述了大义。②

　　严耕望认为，作为优秀史家的最基本条件，在生活准则与人格修养
上，首先必须"成为一个健康纯净的'学术人'"。说得具体点，应有
"强毅缜思之敬业精神与任运适性不假外求之生活情怀"；说得警策点，
即他提炼的座右铭："工作随时努力，生活随遇而安。"③而要真正进入这
一境界，"基本功夫不全在用功读书，尤要从人生修养做起"④。为此，
他给出两条建议。一是锻炼体魄，在他看来，"史学有较大成就，总得在
五十以后，至少近五十岁，最好能活七十八十"，故务须"健强身体、
健康心理"⑤。二是修养人格，他结合自身与时贤的正反经历，总结并缕
析了"一心力、惜时光"，"淡名利、避权位"，"坚定力、戒浮躁"，"开
阔胸襟"，"慎戒执著"五条原则。前三条与八字诀中"定"都有密切关
联，严耕望再三致意后学：对内心的见异思迁，外在的压力诱惑，都要
"达到老僧入定，不为名利权位等任何冲击所动摇"，将心力时光都投身
于史学研究。⑥

2. 治史的方法

　　严耕望谦称"不太讲究方法论"，自认为《治史三书》"说不上史学

①　严耕望：《治学经验谈》，《治史三书》，第 92 页。
②　同上书，第 92—101 页。
③　严耕望：《治学经验谈》，《〈唐代交通图考〉序言》，《治史三书》，第 102、214 页。
④　严耕望：《钱穆宾四先生与我》，《治史三书》，第 273—274 页。
⑤　严耕望：《治学经验谈》，《治史三书》，第 104 页。
⑥　同上书，第 105—112 页。

方法论，充其量只能说是我个人的体验，个人方法"。然而，这本书毕竟是专讲史学方法的著作。讲史学方法可有两种形式。一类是史学概论类的高头讲章。这类方法理论，在严耕望看来，"不妨让一些专家去讲，成为一项专门之学，但实际从事历史事实探讨的人只能取其大意，不能太过拘守"①。他以为，这类史学方法，难免呆板僵化，流于纸上谈兵，并无多大用处。另一类便是学有成就的史家结合自身经验，向后学传授的方法，往往亲切而实用。据说，萧启庆曾棒喝后辈：方法论只有成学的大家，才有资格谈论。作《治史三书》时，严耕望已卓然成家，当然有足够的资格来谈史学方法论。

严耕望承认"方法论对于我的治史不无相当影响"，也"赞同运用各种社会科学方法与理论作为治史工作的辅助"；他甚至接受唯物论，认为"物质生活是人类历史演进的基本因素，政治与意识形态是上层建筑"。②人类的历史包罗万象，史家面对的课题纷然杂陈，倘拥有越多的方法与手段，处理起来就越得心应手，这是不言自明的。

唯其如此，严耕望在方法论上持开放态度：史学方法"应该是多样化的，也该是无止境的进步，愈后愈臻精密"③。然而，史家应对的课题各不相同，处理的方法也不可能千篇一律，即便同一课题，不同史家的应对方法也未必千人一面。史家也如兵家，兵家有"兵无常势"之说，史家也有"史无定法"之论。正鉴于方法只是达到目标的手段，严耕望结合几十年治史经验，同样主张："治史不能机械的拘守某一类固定的

---

① 严耕望：《〈治学经验谈〉序言》，《治史三书》，第 1—2 页。
② 严耕望：《〈治学经验谈〉序言》，《治史答问》，《治史三书》，第 1—2、149—150 页。
③ 严耕望：《治史答问》，《治史三书》，第 171 页。

方法"，因为"各种社会科学理论在史学上的运用也各有局限，不能恃为万应灵丹"。各种社会科学对治史都会有帮助，但也各有局限性，倘若执一驭万，无异刻舟求剑。以量化史学为例，严耕望说自己最喜用统计法，但接着反问："历史材料不是都能量化的，难道不能量化，我们就不做？"①

在治史的根本方法上，严耕望尤其强调：研究者"要空荡荡的毫无一点预先构想，完全凭些散沙般毫无定向的零碎材料，自己搭起一个架子，自成一个体系。更明白的说，要从史料搜罗、史事研究中，建立自己的一套看法，也可说一番理论"。他说自己"固守一定原则，不依傍，不斥拒，能容众说（包括各种理论与个别意见），随宜适应"。②这与清代戴震的"空所依傍"和西方韦伯的"价值中立"大抵殊途同归。唯其如此，他坚决反对历史研究为任何预设的理论观点所奴役，无论大陆史学有过的"学术为政治服务"，还是海峡两岸滥用西方史学那种模式先行的做法。

在治史方法的观摩体悟上，严耕望主张："要多多的仔细阅读有高度成就的学者的好著作，体会作者探讨问题的线索。"③在中国通史的入门导读上，他就建议以钱穆《国史大纲》为主，以吕思勉几部断代史为辅，前者是近乎"圆而神"之作，后者是近乎"方以智"之作，"在如此一经一纬的准备下"，跨入史学之门，开启史海之航，将会四处通达，无往不可。④

---

① 严耕望：《治学经验谈》，《治史答问》，《治史三书》，第1—2、149页。
② 严耕望：《治史答问》，《〈治学经验谈〉序言》，《治史三书》，第150、2页。
③ 严耕望：《〈治学经验谈〉序言》，《治史三书》，第1页。
④ 严耕望：《治史答问》，《治史三书》，第198—199页。

3. 专精与博通

自章学诚说"浙东贵专家，浙西尚博雅，各因其习而习也"①，文史学界对专博的议论层出不穷。严耕望则以专精与博通的对应概念展开这一议题。他首先区分了"专"与"精"、"博"与"通"之间的具体差别："专不一定能精，能精则一定有相当的专；博不一定能通，能通就一定有相当的博。"然后申述己见："治史既要专精，也要博通。只能博通，固必流于肤浅；过于专注精深，实亦难以精深，且易出大毛病，而不自知。"近代学术分科细密化已成大势，最易导致治学偏走专精一路，史学也不例外。但专精仍应以博通为前提，史学尤其如此。严耕望认为，这是因为"历史牵涉人类生活的各方面，非有相当博通，就不可能专而能精"。②

博通涉及两个层面。一是史学本身的博通，如果研究断代史，必须对研究断代的前后时代有深入的把握；倘若研究专题史，必须对其他专题史也应有充分的了解。二是史学以外的博通，史家应该旁通各种社会科学。严耕望指出："社会科学的科别也极多，每一种学科都日新月异，一个历史学者要想精通各种社会科学自然是不可能的事，不过我们总要打开大门，尽可能地吸收一点！尽可能予以运用！"这与当下倡导的跨学科视野与多学科方法若合符契。博通之重要，从消极层面说，"可使你做专精工作时不出大错，不闹笑话"；从积极层面说，"可以帮助我们为史事作解释"。③

---

① 章学诚：《文史通义》卷五《浙东学术》，国学基本丛书本，商务印书馆。
② 严耕望：《治学经验谈》，《钱穆宾四先生与我》，《治史三书》，第7、266页。
③ 严耕望：《治学经验谈》，《治史三书》，第10—11页。

　　正是从博通出发，严耕望认为："历史的演进是不断的，前后有联贯性的"，断代研究便不能画地为牢，不应将研究时段限制得过于短促。在这点上，他的主张与现代西方"年鉴学派"倒是所见略同的。他告诫学子："断代研究也只是求其方便，注意的时限愈长，愈能得到史事的来龙去脉。我们不得已研究一个时代，或说研究一个朝代，要对于上一个朝代有极深刻的认识，对于下一个朝代也要有相当的认识。所以研究一个时代或朝代，最少要懂三个时代或朝代，研究两个相连贯的朝代，就要懂得四个朝代，如此类推；若是研究两个不相连贯的朝代，则中间那个朝代的重要性更为增加。"①他尽管没有写过宋史论著，为对研究唐代有所帮助，却把《宋史》从头到尾认真读了一遍。②

　　从博通出发，严耕望提醒后学，应该"集中心力与时间作'面'的研究，不要作孤立'点'的研究"。在他看来，所谓"面"的研究，就是"目标要大些，范围要广些，也就是大题目，里面包括许多小的问题"。这种研究的好处，一是"似慢实快，能产生大而且精的成绩"，即今所谓可持续发展；二是"容易发现材料彼此冲突，就可以即时纠正错误；材料彼此勾联，就可以相互补充"；三是"在一个大范围内同时注意相关联的问题群，则看书时到处发现材料，兴趣自然浓厚，乐此不疲"。而孤立"点"的研究，由于对整个时代缺乏全盘认识，每次看书只是翻查材料，还"美其名曰仄而深的研究"。这样，一来"仄则仄矣，不一定能精，而出了错误自己还不知道"；二来"如此东一点西一点的研究，势必心力时间都费得很多，而实际成果甚少"，事半功倍，欲速

① 严耕望：《治学经验谈》，《治史三书》，第13—14页。
② 严耕望：《治史答问》，《治史三书》，第133页。

不达。①

如何才能夯实博通的基础，严耕望劝勉史学入门者，应"对中国几部大的旧书能彻底的看，基础一稳固，将来往任何方向发展，皆能得心应手，毫无窒碍"②。严耕望所谓"几部大的旧书"，《治史三书》未见明示，他另有《中国中古史入门书目》（收入《严耕望史学论文集》），曾列出 10 种书目③；当然，由于治史断代与方向不同，后学不妨作适当的选择与调整。但有志于传统文史之学者，《史记》《汉书》与《通鉴》似乎都应列入。而他所谓"彻底的看"，就是从头至尾地细读精读，倘有注疏考证都不轻易放过。这一做法，也是诸多前辈史家与当下学者指导研究生最行之有效的方法。

青年学子入门之初，应该彻底看几部大史书，在专业知识与基础史料上，尽可能打下博通的根底；起步之后，严耕望提醒，因"一个人的研究重心范围不能太多，多则精力分散，工作不会能精"，而在自己熟悉的少数大范围内，无论选择课题，抑或撰写论著，"不但较少出错，而且能深入探讨，能创获新的成果"④。在他看来，最可行的进境是"由小而大，由专而通"，从专精逐步走向博通。他研究唐代交通即遵循这一轨辙，从每一道着手，从点及面，由小到大，最后汇为全国性的交通图

① 严耕望：《治学经验谈》，《治史三书》，第 16—18 页。
② 严耕望：《治史答问》，《治史三书》，第 204 页。
③ 严耕望：《中国古代史入门书目》，《严耕望史学论文集》下册，第 1345—1347 页。这十种书是司马迁《史记》、班固《汉书》、司马光《资治通鉴》、杜佑《通典》、刘义庆《世说新语》、慧皎《高僧传》、钱穆《国史大纲》、吕思勉《秦汉史》《魏晋南北朝史》（引按：应作《两晋南北朝史》）《隋唐五代史》三书选一、梁启超《中国历史研究法》、永瑢等《四库全书简明目录》。
④ 严耕望：《治史经验谈》，《治史三书》，第 18 页。

考；他研究历史人文地理倚赖的也是同一路径，先是作专精的《唐代交通图考》，而后是唐代人文地理，最终是国史人文地理。①

对应专精与博通之论，严耕望还阐述了考据之作与通识之作的关系，对章学诚的独断之学与考索之功高下论，作出了回应：

> 考据之作，重在实证，必须一字一句明其来历，如无明显具体证据，必当详为辩解，为之证明；但不当议于通识著作。通识之作，尤其通史，重在综合，重视章节布局，提出整体意见。就一个时代言，须综观全局，作扼要说明。就前后时代言，须原始要终，通变今古；不在一事一物之点滴考证。核实论之，一部通识性大著作，固然也要以考证功夫为基础，缺乏考证功夫与经验，即很难提出真正中肯之通识性论点；但不能要求其叙事论说之尽合乎考证标准。②

议论透辟，毋须词费。严耕望一生研究也始终在追求考索之功与独断之学的一身二任。他的《唐代交通图考》固然偏于考索，国史人文地理虽仅成十余篇论文，但已与传统沿革地理大相异趣，从政治地理"推展到经济、社会、宗教、文化各方面，欲从人文地理角度窥探全史"③，自有其独断与通识。

4. 史料与史学

傅斯年有"史学即史料学"口号，本意乃强调史学是对史料进行研

---

① 严耕望：《治史经验谈》，《治史三书》，第 92 页。
② 严耕望：《钱穆宾四先生与我》，《治史三书》，第 267 页。
③ 同上书，第 242 页。

究的学问，由其掌门的史语所自是史料考证学派的巍然重镇。严耕望毕生供职于此，史料观当然深受其浸染。在史料问题上，他首先注重基本材料书的价值，"所谓基本材料书，最主要的是指专题研究所属时代的正史，不管它写得好不好，它总是比较包罗万象，什么东西都有，这是正史体裁的好处"；而后强调"就基本材料书从头到尾的看，尤其在初入门阶段"。他以身说法："看某一正史时，固然不妨先有个研究题目放在心中，但第一次看某部正史时则要从头到尾、从第一个字看到最后一个字，一方面寻觅研究题目的材料，随时摘录，一方面广泛注意题目以外的各种问题。"①只有这种阅读，才能由自己建立起对这一时代的概括性认识。

自陈寅恪首倡"一时代之学术，必有其新材料与新问题"②，新史学以新材料研究新问题得预新潮流，蔚然成风；但对新材料理解也出现了偏颇，往往局限于新发现的稀见史料上。在稀见的新史料与普通的旧史料关系上，严耕望却认为，"新史料固然要尽量利用，但基本功夫仍然要放在研究旧的普通史料上"，真正高明的史家，应该"看人人所能看得到的书，说人人所未说过的话"。他的治史取径，"也是从一般普通史料入手"，"真正基础仍然建筑在正史上"。③

在史料用为证据时，严耕望指出，既要处理好概括叙述性证据的较高价值与例证性证据的较低价值之间复杂而辩证的关系，也要甄别史料证据在时间性与空间性上的差异与限制，还要把握好史料反映的普通现

① 严耕望：《治史经验谈》，《治史三书》，第 19 页。
② 陈寅恪：《陈垣敦煌劫余录序》，《金明馆丛稿二编》，上海古籍出版社 1980 年版，第 236 页。
③ 严耕望：《治史经验谈》，《治史三书》，第 23—24 页。

象与特殊现象的区别，只有"普通现象才是社会的群像，历史的主流"。在建立己说或否证他说时，他还总结出"无孔不入""有缝必弥"的攻防原则。①

在史料观上，严耕望指出："过去发生的事，只有少数记录下来；有记录的，又未必传世，一直传到现在；而现在保存的记录，自己也未必都已看到。"②所以他主张对历史真相要尽量少下否定的断语，这与赵元任所主"说有易，道无难"两相契合。正鉴于此，在史料搜集上，严耕望贯彻陈垣的"竭泽而渔"原则，先将史料一网打尽，再做"地毯式的全面考证"③。他自述为研究唐代交通，"诸凡正史、《通鉴》、政书、地书、类书、杂著、诗文、碑刻、佛藏、科技诸书所见及考古资料，凡涉中古交通，不论片纸巨篇，搜录详密"，身体力行了傅斯年力倡的"上穷碧落下黄泉，动手动脚找东西"的精神。④

基于"竭泽而渔"原则，在史料处理上，严耕望强调："不能只留意有利于自己意见的史料"，"更须注意与自己意见相反的证据"，"一旦看到反面的材料，就当自己推翻自己的看法，在所不惜"。⑤这与清代朴学一脉相承："遇有力之反证则弃之，隐匿证据或曲解证据，皆认为不德。"⑥他明确反对史料处理上的抽样作证，用于服务政治的特别目的，固然要不得；"喜欢提概括性新见解、下概括性结论的学人"，同样值得

① 严耕望：《治史经验谈》《治史答问》，《治史三书》，第 26、152 页。
② 严耕望：《治史经验谈》，《治史三书》，第 27 页。
③ 余英时：《中国史学界的朴实楷模》，《治史三书》附录，第 301 页。
④ 严耕望：《治史答问》，《治史三书》，第 208 页。
⑤ 严耕望：《治史经验谈》，《治史三书》，第 31、33 页。
⑥ 梁启超：《清代学术概论》，《梁启超论清学史二种》，复旦大学出版社 1985 年版，第 39 页。

警惕。他还批评对史料的断章取义："利用史学为政治服务的人们，故意断章取义，以成其曲说，自不必论；就是一般学人也常犯此病，尤其主观强而学力不深的学人更易犯此毛病。"①

在史料选用上，严耕望遵循陈垣史源学主张，强调"尽可能引用原始或接近原始史料"，因史料每经一次改编，其信息真实性就可能多一次流失或改塑。后出胜于早出的史料特例也非绝对没有，但引用时"须得另一更早期史料作证"，这与朴学强调"孤证不为定说"如出一辙。②

5. 论题选择与论著写作

严耕望将治史方向与论著选题分为具体性与抽象性两大型。前者如政治史、经济史、民族史、社会史诸领域，客观实证成分较多；后者如学术史、思想史、文学史、艺术史诸领域，主观判断成分较多。他以自身经验建议学子："为把稳起见，最好多做具体问题，少讲抽象问题。"③当然，治史者才分天性人各其面，自不必强求一律。但他的建议，实含良苦用心，入门者不妨先从具体问题入手，经过必要的训练，再转向抽象性研究，由实起步，能够根砥不浮，由虚入手，难免游谈无根。

在论及大问题与小问题的辩证关系时，严耕望认为，史家当然应重视历史上"关乎国计民生的重大问题，但也要用做小问题的方法去做"，此即大处着眼，小处入手。而做小问题时，却应"注意到这个小问题是否对于某一重大问题极有关系，或是其一部分"，此即以小见大，小题大做。他的《唐代交通图考》，便采取这种聚小成大、集腋成裘的做法，

---

① 严耕望：《治史经验谈》，《治史三书》，第 31、35 页。
② 同上书，第 37、42 页。
③ 同上书，第 48 页。

终成不朽巨著。他还建议学者，"青年时代，应做小问题，但要小题大做；中年时代，要做大问题，并且要大题大做；老年时代，应做大问题，但不得已可大题小做"，这是他积一生经验的金玉良言。①在选择具体论题上，研究者的知识结构与能力范围能否胜任，存世材料能否全面到手与足以敷用，从学术史检查判断选题可行性，严耕望对此也都有所开说。

历史学家是以论著为成果贡献给学界与后人的。作为史学成果，无论著作还是论文，严耕望认为评判标准只有两条：是否正确与有无价值。前者是低层级的评判，标准在于"证据是否可信，证据是否充分，结论是否合乎事实，或近乎事实"；后者是高层级的评判，标准在于你的研究"是否比过去他人更进了一步"。②史学论著最终应该达到何种境界，严耕望借用《孟子》论断而高悬鹄的："充实而有光辉"。所谓"充实"，指"材料丰富，论断平允，踏踏实实，不发空论"，这是有价值的史学成果的基本条件。所谓"光辉"，一是有识力，有魄力，"能见人所不能见，言人所不能言，或言人所不敢言"；二是"规模恢宏、组织严密，且有创获"。③他进而将史学成果分为发掘史实真相与解释历史问题两种类型，认定前者考证复原，"永远有其价值"，而后者见仁见智，"或许有时间性"④。严耕望自己毕生追求的成果，便是"真实，充实，平实，密实，无空言，少皇论，但期人人可以信赖，有一砖一瓦之用"⑤。他的代表作《唐代交通图考》，器局之大鲜见其匹，功力之深难望其背，堪称这一境界的典范之作。

---

① 严耕望：《治史经验谈》，《治史三书》，第53、54页。

② 严耕望：《治史答问》，《治史三书》，第170页。

③ 严耕望：《治史经验谈》，《治史三书》，第61、62页。

④ 同上书，第171页。

⑤ 严耕望：《〈治史经验谈〉序言》，《治史三书》，第4页。

四、《治史三书》的其他价值

除作为最佳史学入门书，《治史三书》的其他价值也值得重视。

第一，作为严耕望学术自传的价值。

在 20 世纪中国中古史领域，继吕思勉、陈垣、陈寅恪一代大师后，大陆可举唐长孺与周一良为代表，台湾无疑应以严耕望为领军。严耕望既已进入中国现代学术谱系，对他的研究自然是中国现代学术史，尤其是 20 世纪中国史学史的课题之一。胡适曾劝学界朋友"写他们的自传"，以期"保存这许多难得的第一手史料"①。严耕望没有留下自传，虽提及记有日记或生活日录，据闻也未保存下来。但《治史三书》里，既有《钱穆宾四先生与我》的专书，也有自道学史历程的专篇，在漫谈治史经验时，严耕望随时回顾自己的学术生涯，研究者不妨将这些鲜活的叙述视为他的学术自传。林磊编著《严耕望先生编年事辑》（中华书局 2015 年版）时，就充分取资了这些素材，较详赡地勾画出这位史学大家的学术轨迹。

不仅如此，在《治史三书》里，严耕望对个人学术也自有定位。他与余英时同为钱穆的两大弟子，却自认为："在学术上，不能算是先生的最主要的传人"，因钱穆之学"从子学出发，研究重心是学术思想史，从而贯通全史"，但学术思想恰是他"最弱的一环"，而门人之中"余英时显最杰出"；而自己"只是先生学术的一个旁支"。②这种与钱穆学术旨

① 胡适：《四十自述·自序》，《胡适传记作品全编》第 1 卷上册，东方出版中心 1999 年版，第 1 页；《胡适书信集》下，北京大学出版社 1996 年版，第 1550 页。
② 严耕望：《钱穆宾四先生与我》，《治史三书》，第 281—282 页。

趣异同自我论定，还是客观而中肯的。再如，他比较自己对唐诗的利用与陈寅恪的"诗史互证"，自以为"注意面较广，可能较陈先生所获为犹多，但就学术境界言，自不如陈先生之深邃"①，诚是既不过谦也不自诩的平实之论。勾稽联缀这些自述其学的片言只语，也足以为归田学案所取用。

第二，作为现代学术史料的价值。

从初涉史学起，严耕望的学术生涯长达一甲子，而且基本处于学术主流圈内，《治史三书》的诸多回忆也就颇具史料价值。例如，他回忆内迁之初武汉大学历史系与文学院的课程设置，历史系教师有吴其昌、方壮猷、陈登恪、郭斌佳等著名学者，还算"阵容不很强"的，文学院开课的还有文字学家刘赜、文学家苏雪林与美学家朱光潜等名家。②严耕望对李庄时期与迁台初期史语所的回忆，有助于了解傅斯年如何营筑这座学术重镇，以及史语所独有的学风是如何形成的；而对钱穆"院士风波"的回顾，也凸显出史语所作为史学主流的门户之见。严耕望与海内外诸多名家有过疏密不等的学术交往，包括亲炙问学的师长李则刚、钱穆与顾颉刚，求学供职校所的掌门人王世杰、王星拱与傅斯年，史语所先后同事李济、姚从吾、劳榦、全汉昇等，其他台湾学人梁实秋、邢慕寰等，香港学者唐君毅、牟润孙等，大陆学者傅振伦、夏鼐、张政烺等，美籍华裔史家萧公权、杨联陞、何炳棣、余英时等。他在自道治学经历时，对这些人物或详或略都有叙及，即便吉光片羽，也足为研究现代学术文化史所取资。例如，《从师问学六十年》述及

①　严耕望：《治史答问》，《治史三书》，第141页。
②　同上书，第122页。

杨联陞推挹其《唐代交通图考》的打油诗云"新编又见追双顾，管领方舆数百年"，就为杨氏《哈佛遗墨》"诗稿"所未录。①

除亲历的人事，严耕望对 20 世纪中国史家颇有月旦臧否，既有专书《钱穆宾四先生与我》，也有关于南北二陈与吕思勉的专论。诚如所言，这些评骘虽仅基于其"个人治史之意趣"②，却不啻是对现代学术文化史的一家言。作为弟子，严耕望对钱穆堪称实事求是。他逐一列举其师不朽之作，指出都完成在 50 岁前，而其后述作"多讲录散论之类，视前期诸书远有逊色"。即便对列为不朽的《国史大纲》，一方面推崇其创获与识见，足以追步司马迁而超迈司马光，另一方面也批评"行文尚欠修饰，或且节段不相连属，仍不脱讲义体裁"③。对陈寅恪与陈垣，严耕望也非一味肯定。他对《柳如是别传》的著述体裁与论题价值独持保留意见；对陈垣晚年缺乏史家定力，学术生命"即此而斩"，也有扼腕之叹。但他提示后学，陈垣治史方法"易于追摩仿学"，而浅学之士刻意追摩陈寅恪之学可能走火入魔，却是不刊之论。④严耕望推崇吕思勉"拆拼正史资料，建立新史规模，通贯各时代，周赡各领域"，在他尊奉的四大家中，成就不在二陈、钱穆之下，确是慧眼独到的公允之论。⑤至于对其他史家与学人的片断评点，全书也随处可见。他论顾颉刚为盛名所累，与傅斯年一样，"对于近代史学倡导之功甚伟。惟精力瘁于领导，本人述作不免相应较弱"⑥。严耕望评价现代学术史的人

① 严耕望：《钱穆宾四先生与我》，《治史三书》，第 283 页。
② 严耕望：《〈治史答问〉序言》，《治史三书》，第 116 页。
③ 严耕望：《钱穆宾四先生与我》，《治史三书》，第 260、263 页。
④ 严耕望：《治史答问》，《治史三书》，第 174—179 页。
⑤ 同上书，第 182—185 页。
⑥ 严耕望：《〈钱穆宾四先生与我〉序言》，《治史三书》，第 219 页。

与事，其观点只是独得之见，妥当与否另作别论，却无疑值得玩味而不宜轻忽。

第三，作为古今学术名著的评点价值。

在六十余年治史过程中，严耕望研读与查阅过的古代典籍与今人史著难计其数，《治史三书》提及的就数以百计，随文或有评断，读者不妨以严氏书评视之。

在古籍方面，严耕望不仅重视历代正史、十通政书、总集类书、地志图经，而且强调佛传道藏、农书本草与金石考古类文献对历史研究的史料价值，对相关典籍的瑕瑜得失时有要言不烦的评判。他论顾祖禹《读史方舆纪要》与钦定《嘉庆一统志》："发现顾氏虽很有才气，但其书内容甚粗疏，错误很多；《一统志》虽是官修的书，成于众之人，但实甚精，往往转胜顾书"，完全是在历史人文地理研究中长期考较两书后的心得体会。

对所涉略的其他近现代中外名著，《治史三书》也偶有独到评价。严耕望认为，李则纲的《始祖的诞生与图腾》"大约是中国学者运用图腾学说讲中国古史最早的一本书"，陶希圣的《秦汉政治制度》乃"运用近代方法写中国政治制度的第一部书"，肯定它们在学术史上的地位。[1]而他指出，柳诒徵的《中国文化史》乃应用纲目体"颇见成功者"，桑原骘藏的《蒲寿庚事迹》"可视为纲目变体，亦有以简驭繁的好处"，尽管片言只语，却有真知灼见。[2]即便受到其批评的著作，后来使用者由此也能知其优劣，用其长而避其短。

---

① 　严耕望：《治史答问》，《治史三书》，第 119—124 页。
② 　严耕望：《治史经验谈》，《治史三书》，第 68、71 页。

五、《治史三书》的读法

严耕望所谈尽管"多属个人治学经历"①，但像他这样大家的学术历程，对后学不仅带来有益的启迪，还能产生示范的功用。他虽以史学为论旨，但广义说来，中国传统之学都可归入史学范畴，对初涉这些领域的学子来说，《治史三书》总结的原则与方法自有相通与可资借鉴之处。

当然，正如严耕望一再强调，对任何理论经验都不能过于拘执，机械照搬。这一态度也适用于《治史三书》的阅读。

严耕望将史学成果分为考史与释史两大类，主张"治史仍当以发掘史实真相为主流，以解释、论史为辅助"②。这一论断，既有其终生服膺的实证学风的熏染，另一方面也如余英时所说，有其"自审一己的才性近于追求确实而稳定的历史知识"的考量。③毫无疑问，发掘真相的钩沉考索确有永久性价值，然而，历史学兼有叙述学与解释学的双重功能，不仅追求最大限度复原实相，同时要求史家对历史真相进行论析与阐释。因而，历史研究不能仅止步于复原史实，而且应该进一步诠释历史。我们并不否认，每个时代的史家对前代历史的解释不会恒久不变，但唯其如此，历史之树才能长青。

在史料问题上，严耕望躬行"竭泽而渔"原则，主张研究中古史"更要尽可能的把所有关涉这个时期的史料书，全部从头到尾的看一

---

① 严耕望：《〈治史答问〉序言》，《治史三书》，第 115 页。
② 严耕望：《治史答问》，《治史三书》，第 171 页。
③ 余英时：《中国史学界的朴实楷模》，《治史三书》附录，第 302 页。

遍"①，现存中古书籍有限，这确是行之有效的经验谈。但印刷术普及后，传世史料急速增长，及至明清，要想将存世断代史料从头到尾全看一遍，终一生光阴也绝无可能，研究者自宜调整战略，而不必胶柱鼓瑟。但他强调先研读该断代正史与基本大书的方法，仍是必须力行的不二法门。而他指出："五代以前的材料较少，要考证的地方多；宋以后的材料多，需要考证的地方也许较少，但在组织及解释上要多下工夫"②，也是针对断代史料数量多寡作出的提示。

最后对《治史三书》的读法提两点建议。

其一，不应忽略具体例证的分析。严耕望谈治史方法，不是徒托空言，泛泛而论，而是结合实例，有血有肉。他充分利用了三类个例，一是自己治史实践的实例，二是利用前人成果的案例，三是传道解惑中学生的实例。无论成功的个例，还是失误的个例，对初学者来说，都是难得的观摩，就像高手在比武功，有严耕望这样大家在旁为你接招拆招，解说点评，自能给人莫大的启悟。

其二，《钱穆宾四先生与我》不妨与钱穆《师友杂忆》互读。严耕望有感于自己粗有成就，多赖导师耳提面命，而一般后学阅读钱穆著作，不可能像自己"当面聆教来得真切"，故"参以个人对于先生治学之认识"③，撰写了专书。读者倘能对照，不啻同时向两位大师问学请益，再加上自家的揣摩领悟，所得必能更多。

严耕望虽非陈寅恪式的天才史家，但在中古史学界却是璀璨的巨星。

---

① 严耕望：《治史答问》，《治史三书》，第 134 页。
② 同上书，第 203 页。
③ 严耕望：《〈钱穆宾四先生与我〉序言》，《治史三书》，第 219—220 页。

在《治史三书》里，他却一再自谦"才极平庸，尤弱记忆"，良苦用心无非"为中人以下说法"，期在苦心孤诣开导来者："当今能入大学受教育的青年，论天分必大半在我之上，举我小成之经验与生活修养之蕲向以相告，或能有一点鼓励作用"，在确立志业，规划目标后，"运用自己的心灵智慧，各出心裁，推陈出新，自成一套"，持之以恒，必能有成。①这也正是严耕望对史学界青年才俊的殷切的期望。

（原载 2016 年 4 月 8 日《文汇报·文汇学人》，

题为《严耕望与他金针度人的〈治史三书〉》）

---

① 严耕望：《〈唐代交通图考〉序言》《〈治史经验谈〉序言》，余英时：《中国史学界的朴实楷模》，《治史三书》，第 4、6、214、302 页。

刘子健的学术生涯与故国情怀

刘子健（1919—1994）是 20 世纪驰名国际的宋史学家，他在宋史研究上的慧眼卓识，在宋史领域毕生推进国际交流上，为他赢得了不凡的声誉。其代表作《中国转向内在》《欧阳修的治学与从政》《两宋史研究汇编》在海峡两岸颇受推重。读其书而不知其人，则不能透彻体悟其书；论其人而不知其事，则不能真正理解其人。但他久居美国，国内史学界对其学术生涯与故国情怀所知不多，故略作梳理与述评，对研究当代中国史学仍有必要。

一、从燕京大学到东京审判

刘子健，原籍贵州省贵阳市，1919 年 12 月 19 日生在上海。①他在

---

① 刘子健的出生地唯见于周明之《刘子健先生传略兼论旅美华裔文史专业者的历程》，载《宋史研究集》第 35 辑，台北兰台出版社 2005 年版，第 485—505 页。

1936 年入读清华大学，次年 7 月，抗日战争全面爆发，北平沦陷，也许因其银行家的父亲是燕京大学历史系教授洪业的挚友，便转入燕京大学继续学业。①洪业兼具导师与父执的双重身份，在学术道路上，对刘子健的熏陶与影响不容低估。1941 年 12 月珍珠港事件后燕京大学被迫关闭，直至 1943 年，刘子健才转入北平的中国大学，当年毕业获得学士学位，留校任教，任至讲师。抗战胜利，复归燕京大学教授国文。②在燕大期间，他与张芝联、齐思和、周一良、瞿同祖、房兆楹、侯仁之、聂崇岐、邓嗣禹、王锺翰、翁独健等或同出洪业门下，或曾经共事。

北平沦陷后，刘子健支持抗日学生运动。1941 年 12 月 8 日，日本向美国宣战。次日，驻扎北平的日本宪兵队占领了燕京大学，以鼓动抗日的罪名，逮捕了在校的刘子健与陆志韦、赵紫宸、洪业、张东荪、侯仁之、姚克荫等教师十余人，投入设在北京大学红楼的宪兵队监狱。被捕之前，刘子健冒险将司徒雷登委托他调查日本占领军实施奴化教育的一大包材料沉入朗润园北的小池中。抗战胜利不久，他回忆这段经历时说：

> 带到大办公室，解除口袋内的一切，解除裤带以防自杀，解除戒指以防吞金，立刻分批领下黑暗的地下甬道，走进囚房，再经过搜查，从像狗洞似的小门钻进木笼子。……久禁监中，真易得神经病，更何况两个馒头无法吃饱，背脊发冷，两条线毡，真是"不耐

---

① 陈毓贤说："洪业来往最频的朋友中，不少是学术圈外的人，东亚毛织厂的宋棐卿是一个，他学生刘子健的父亲刘石荪又是一位。刘石荪清末留日，本是银行家，后来也参加政治。"陈毓贤：《洪业传》，北京大学出版社 1996 年版，第 145 页。

② 王惠箴：1994 年 5 月 19 日致柳立言函。转引自赵晶：《刘子健先生的早年经历与旅美心境》，载澎湃新闻 2023 年 2 月 9 日《上海书评》。

五更寒"。①

日本宪兵队这次审讯，"着重学校，学生算参考犯，因此先放"。但他不久被日本宪兵队的再次拘押，受到了严刑拷打。直到 1962 年应邀访日，日本学者与他在温泉泡澡时，仍能看到"他的脊背上好几条因鞭打而留下的深长的伤痕"②。尽管如此遭遇，刘子健在追述这段经历时仍然坚持实事求是的态度，既不缩小，也不扩大：

> 无论如何，日本宪兵虽然残暴该杀，在大城市中的，还不致无理诬赖，屈打成招灭口了事（我第二次被拘，曾被屈打成招，后来证明是屈招，居然能释放）。③

二战以后在与日本学者的人际往来与学术交流中，他始终坚守这种客观理性的精神与原则，这是难能可贵的。

抗战胜利后，刘子健回到燕京大学。时值"爱国护权"的学生运动风起云涌，但分裂成对立的两派学生互相指责。刘子健有感于此，在报上刊发文章表达了他对人事与学问素所主张的民主精神与理性态度。他指出，学生运动"怎样才能不分裂呢，彼此退让，彼此容忍，彼此厚谅，彼此能依照民主的方式，民主的精神来磋商讨论，自然分裂的可能性就

① 刘子健：《"蒙难"之后》，载《燕大双周刊》1945 年 12 月第 2 期。
② 斯波义信：《刘子健教授：其人与学问》，《刘子健博士颂寿纪念宋史研究论集》，京都同朋舍 1989 年版。斯波说："在其后三年十个月间，刘子健两度受到日本宪兵队的拘押与拷问"，从 1941 年 12 月 8 日太平洋战争开始到 1945 年 8 月 15 日日本战败仅三年八个月。
③ 刘子健：《"蒙难"之后》。

比较少了"。他认为："合理的谈话，应当是交换意见，交换材料。经过这样的谈话，不但是知识可以增加，见闻可以推广，而且还能吸收旁人的观点和看法，使自己脑筋更活泼，思想更细密。"他认为："青年时代，应当是以学习为中心的时代。谈话，无论谈政治与否，都应当抱着学习的态度。特别是首先要学会学术的风度，研讨的精神。这样就能有客观的态度。"所以，他提议："主要是要听人家说的事实是否可靠，讲的理论是否通顺，下的结论是否妥当。有没有应该或者可以学习的地方。有没有错误应当矫正的地方。至于这话是（那）［哪］方说的，是次要问题。"又说："政治的错综复杂，罄竹难书。彼此谈谈，彼此都有启发，都能学习。这就大可满意。马上要结论，看来好像热心，其实是想取巧。如果结论能一说就是一个，那末大学不必开，研究所白花钱，图书馆简直可以换取灯儿了。"①这种态度也始终贯穿在他后来的学术研究中。

与此同时，刘子健连续发表了系列性专论②，探讨了战后美苏对峙下的世界走向，为这一局势下的中国决策提供了间接的参考。这些专论与他的学术方向密切相关，他最初的学术志趣就是研究二战以前的中日外交史。

1946 年，向哲濬率领中国代表团前往远东国际军事法庭审判日本战犯，亟须一位兼通英语和日语的有力助手，刘子健"除了讲流利的英、日语外，还懂法语、俄语"③，遂获洪业的力荐而出任中国代表团

---

① 刘子健：《寄青年朋友：客观的态度》，副题《少给人戴帽子，少要结论》，天津《大公报》1946 年 3 月 19 日。
② 主要有载于《益世报》的《论美苏外交的对立：和平究竟有没有保障?》（1946 年 1 月 30 日、31 日）、《回顾美国对华政策：对雅尔达秘密协定的一种认识》（1946 年 2 月 21 日）与《回顾苏联对华政策：对雅尔达秘密协定的一种认识》（1946 年 2 月 22 日）。
③ 陈毓贤：《洪业传》，第 151 页。

的史料专员。

刘子健大约在当年 4 月赴东京履职，这从其 5 月已在国内报刊上开设"寄自东京"专栏可为佐证。5 月下旬至 6 月中旬，他在《大公报》连载四篇《落日的回顾》①，分析与评述了日本从 1931 年 3 月少壮派军人武装政变到 1937 年 7 月卢沟桥事变的六年间是如何走上侵华战争不归路的。其后，他还有《军国日本的末日》与《日本帝国的丑史：崩溃前的黑暗与腐化》②，向国内报导了日本军国主义在战争期间的穷兵黩武与黑暗腐化，同时颇具远见卓识地告诫道："以他们建立军国的精神，工业技术、科学知识用在和平方面来，倒真不可以等闲视之。我们千万不要因胜利而骄傲。"

在"寄自东京"的《奇迹的生还》③，刘子健向国内最早揭露了中国被俘劳工在日本秋田县花岗矿山为死里求生而发起暴动的真相，强烈控诉日本战败后仍将参与暴动的十一位中国劳工作为犯人拘押在狱，竟然"比普通日本犯人还要受虐待"，他愤怒地说："笔者真痛恨自己不会写作，这不是最宝贵的题材吗？真的，多少历史，多少小说，多少文学，都在敌人的残暴下淹没了！只有天上的英灵知道他们在人间地狱的苦痛。但他们的残骸遗骨，还不知在哪里，更不会说话。"1946 年 8 月，刘子健与出庭作证的溥仪会晤，溥仪手书"东海妖氛靖，披怀饮千杯"向他致意④；他在《关于远东军事法庭》里向国内介绍了东京审判在法庭内外的斗争⑤。

---

① 连载于《大公报》1946 年 5 月 28 日、6 月 2 日、6 月 9 日、6 月 12 日。
② 分载《益世报》1946 年 6 月 17 日与 7 月 6 日。
③ 《益世报》1946 年 7 月 9 日。
④ 柳立言：《刘子健先生的治学与教学》，《宋史座谈会成立三十周年学术研讨会文集》，台北中国文化大学 1994 年印，第 3—16 页。
⑤ 《益世报》1946 年 8 月 2 日。

据刘子健自述，他在赴日两年间"对于过去日本侵略，自日政府旧档中搜获罪证甚多"，以史料专员的身份为东京审判做出了贡献。针对战后美国支持日本复兴的政策，他以自己对中日关系的深度观察，较早呼吁"注视日本复兴"，并在《观察》上刊文阐述了自己的总体观点："日本复兴，对中国不利，但未成威胁，应速谋挽救之方。"他以筹划策，逐一分析了战后国际大形势下中国可能采取的对策：

> （一）中国自强，对美坚决交涉，目前不大有希望；（二）联苏抗美，仅限于偶一运用（如拒绝放弃和会否决权），似也无希望成立。即能如此，似尚需顾虑美国反更袒日，更便宜日本；（三）事既如此，反对亦难济事。假定能对美妥协，而换得条件，争回一部分对日的权益来，或尚不失为现实下无办法中的一个下策。

以刘子健之见，"在已成立的美日关系中，插进中国去，造成美中日三角的均衡"，这是刻下中国政府"至少应当能够做到的最低限度"。但当时国内民族主义莫名高涨，他的见解竟在国内"大受抨击"，批为"不符民族利益的论调"。其时刘子健甫抵美国，特地驰函抗辩："若误为袒日亲美，个人甚不能接受"；并举证自白道："我曾两次为日寇拘捕，鳞伤犹在"，"在美发表的稿件，我也力劝美国不可过分袒日，而欺侮中国外交一时的软弱。"①

刘子健早想回归学界，遂在 1948 年春辞职离日，赴美留学。这年，

---

① 见梅碧华《论美国扶日政策对中国的祸害》文前的编者按及附刘子健美国来函，《经济周报》1948 年第 6 卷第 23 期。

他三十岁，开始了美籍华裔历史学者的学术生涯。

二、客居美国的学术生涯

赴美以后，刘子健进入匹兹堡大学历史系攻读博士学位；同时兼任华盛顿大学协理研究员，暑期在远东问题上协助作短期研究①。

据刘子健自述，由于"1946 年离开中国以前，学的是西洋史和外交史"，故赴美以后仍以现代中日关系为研究对象。1948 年与 1949 年，他分别以英文撰成《东京审判中的史料》与《1937—1938：德国调停中日战争》。1950 年，刘子健以题为《1933—1937 年姑息政策时期的中日外交》的论文获得了匹兹堡大学历史学博士（1984 年，他荣获匹兹堡大学授予的优秀校友奖状）。博士毕业后，他担任过耶鲁大学的协理研究员（一说在政治系任讲师一年）；1952 年任匹兹堡大学历史系助教授，1954 年升任副教授。

50 年代初期，刘子健开设的课程，应该"与现代中国和东亚政治有关"②。大约此际，他整合匹兹堡大学相关各系的资源，创设了东亚课程，他的短文《评〈历史上封建主义〉一书兼论亚洲社会》（1956 年）与《新课——亚洲各文化导论》（1957 年），或即与东亚课程有关。据1959 年 9 月 12 日杨联陞致胡适函说："上次谈的在匹资堡大学设一'胡适中国文化讲座'，蒙您在原则上赞同，子健想必去洽商了。"六天后，杨联陞再次致函胡适："子健这几年不但在学问（尤其是宋史）很努力，

---

① 何炳棣：《读史阅世六十年》，广西师范大学出版社 2009 年版，第 245 页。

② 周明之：《刘子健先生传略兼论旅美华裔文史专业者的历程》。

在办事方面也很出色，如杨庆堃（社会学）、周舜莘（经济学）都给他拉到匹资堡，再加上子健夫妇，居然也是一个小中心了。先生如肯假以名义，帮忙不小。子健进行如有眉目必来报告。"①刘子健在匹兹堡大学洽商设立"胡适中国文化讲座"（但此事后以胡适的原因而中辍），应该与他设想筹建中的匹兹堡大学东亚中心有关。1960 年，匹兹堡大学东亚中心成立，但就在这年，他转赴斯坦福大学应聘副教授。②

20 世纪 50 年代，刘子健将研究重心从现代中日关系转向宋史，这一重大抉择有着多方面的因素。

首先，出于史学研究必须排除史家情感干扰的考虑。尽管刘子健的最初学术志趣是现代中日关系研究，且已卓有成果；尽管战后不久他就理性与公允地区分日本军国主义与日本人民，但还是唯恐在研究中掺入个人感情。1962 年，他曾向日本友人袒露心怀："自己在日本占领下的北京度过青年时代，也被宪兵队逮捕过。时至今日，只要一想起抗日战争就激奋得夜不能寐。尽管想搞日中关系研究，怕自己的神经不堪承受，这才决定专治宋代。"③刘子健果断终止原先擅长的现代中日关系史，这一考量应与陈寅恪有意回避晚清史研究如出一辙④。

其次，与 20 世纪 50 年代华裔学者颇难平衡旅居美国的学术环境与无法释怀的家国情怀也是息息相关的。华裔学者在美国研究中国近现代

① 胡适纪念馆编：《论学谈诗二十年：胡适杨联陞往来书札》，安徽教育出版社2001 年版，第 440、442 页。
② 周明之：《刘子健先生传略兼论旅美华裔文史专业者的历程》。
③ 斯波义信：《刘子健教授：其人与学问》。
④ 陈寅恪对学生说："其实我对晚清历史还是熟习的；不过我自己不能做这方面的研究。认真做，就要动感情。那样，看问题就不客观了，所以我不能做。"转引自石泉、李涵：《追忆先师寅恪先生》，《陈寅恪印象》，学林出版社 1997 年版，第 145 页。

史，研究的是中国失败的那段历史，难免产生超越学术的心理负担，其原因诚如有学者所说："历史专业者，当然不能不顾历史的客观性，一味为自己的国家辩护。然而每一个历史专业者，在分析自己国家和他国的关系时对自己的国家都会有一份自然的历史同情心"，华裔学者的这种研究取向与见解，在美国学术环境中很难获得"同情的回应"①。刘子健对这种分析"没有特别不同的意见"，应该也是他为了立足美国学术界而放弃现代中日关系研究的考量因素之一。

第三，受到匹兹堡大学缺少中国研究必备图书的限制。据刘子健回忆："最初在的学校，原来没有中文书，慢慢才筹措一点基本书籍。十年后转到规模较大的学校（按：指斯坦福大学），有中日文收藏，可是绝大部分属于近代范围，个人用书还是很不够。近年来任教的大学（按：指普林斯顿大学），才具备研究的条件。所以有很长一段时间都是利用假期长途跋涉，到名列前茅的图书馆去借读。来往匆迫，仿佛走马看花。"②当年，其师洪业曾询问他何以放弃原先专长转而改治宋史，刘子健回答："从消极说，学校没书，自己买不了多少。收入少，教完暑校再跑哥伦比亚和哈佛的大图书馆也看不了多少。"久在哈佛供职的洪业是不容易体会这层难处的。华裔美国学者在与美国同行专业者竞争中，在中国古代史料的阅读与理解上比起近代史资料来明显占有优势。至于为何改治宋史，而不是其他断代史，他也从客观的图书资料与个人的知识结构诸方面经过诸多权衡。他向洪业推心置腹道："如论唐史，要懂佛经，要熟唐诗，很难。元史要会蒙古文。明清史的书又极多。只有宋史，

---

① 周明之：《刘子健先生传略兼论旅美华裔文史专业者的历程》。
② 刘子健：《引言》，《两宋史研究汇编》，联经出版事业有限公司1987年版。

勉强还拼得了。洪先生编有《四十七种宋代传记的索引》。宋史全部书目，大体上也不过十倍，四五百种。业余苦读，十年八年，多少会有点眉目。"①

当然，之所以改治宋史的根本原因，还是刘子健在通史教学中"发现宋代的确是近代中国定型的时期，很值得从各方面去推究分析"②。在转攻宋史的 50 年代前期，刘子健还只能借助暑期，千里驱车到波士顿，利用哈佛大学的藏书。据 1956 年 8 月 1 日《胡适日记》，在普林斯顿图书馆看书的胡适，"在馆中陆续见朋友甚多"，包括瞿同祖、周策纵与洪业等；其中也有刘子健，而他应该仍是利用暑期驱车普林斯顿看书的。当年刘子健治学的艰苦状况与执着精神，今人是很难想象的。

获得博士后的五六年间，未见刘子健有学术论文发表，这既是其研究沉寂期，也是其学术转型期。战后西方日渐重视中国研究，1955年，法国史学家白乐日（Etienne Balazs）倡导发起了国际协作研究宋史的宏大计划，刘子健作为其《宋代人物传记》计划的合作者之一也名列其中；次年，他交出了作为样稿的《梅尧臣传》。1957 年，费正清主编的《中国的思想与制度》论文集出版，刘子健的《宋初改革家：范仲淹》与华裔学者杨联陞、瞿同祖、杨庆堃的论文同时入选，说明他的研究已获得美国中国学领军人物的首肯，也标志着他成功完成了学术转型。1959 年，刘子健出版了专著《宋代中国的改革：王安石及其新政》，赢得了美国中国学界的普遍好评，一举奠定了他在国际宋史学界的地位。斯坦福大学之所以聘任他，与他的声誉鹊起应有密切的关系。

---

①② 刘子健：《重印自志》，《欧阳修的治学与从政》，新文丰出版公司 1963 年版。

在斯坦福大学期间，刘子健创立了语言中心（全称"美国各大学中国语文研习所"），一度担任理事会主席。1965 年起，改任普林斯顿大学历史与东亚研究系教授，在大学部主讲中国文化史，在研究院讲授宋代政治、制度及思想史（直到 1988 年退休）；其间一度担任东亚课程指导主任，与他人合编有《宋代中国的变化》（1969 年）；他还用英文译注了《名公书判清明集》（纽约州立大学出版社 1999 年版）。1972 年至1973 年，他兼任美国国家人文科学基金组织高级研究员。他还出任过美国历史学会的提名委员、亚洲学会理事、美国学术联合会中国文化委员会委员、纽约州教育司外国文化研习处顾问委员等学术兼职。

三、家国情思与国际襟怀

刘子健身处旅美华裔学者圈，以其燕京大学的老师洪业为首，还有萧公权、瞿同祖、杨庆堃、张仲礼、许烺光、杨联陞、何炳棣、余英时等，还包括他的夫人王惠箴①。

刘子健赴美不久，世界风云陡变，冷战加剧。他因现实因素而旅居美国，"却始终关心中国、热爱中国"，"更关切中国政治的发展"②，他曾对友人说起，"青年时代是国耻时代，自己也险些遭难，所以对《满江红》等歌曲有一种特别的感情"。50 年代初朝鲜战争时，在美的不少中国人都希望中共打败，而他却希望中共打胜。他说："因为

---

① 斯波义信：《刘子健教授：其人与学问》。其夫人王惠箴 1956 年获匹兹堡大学博士学位，专治中国社会史；瞿同祖与张仲礼其后回到中国大陆。

② 黄宽重：《刘子健先生的为人处世》，《宋史座谈会成立三十周年学术研讨会文集》，第 19—21 页。

这不是中共的战争，而是中国人的战争。自己是中国人，当然希望中国打胜。"①终其一生，刘子健始终站在中国人的立场上。

1952 年 8 月 15 日，恰逢日本战败七周年，杨联陞邀集刘子健等在家中餐叙，在座者回忆"故事甚多"，刘子健在杨府纪念册上慨然题诗，序里抚今追昔道：

> 罗斯福逝世消息传来，洪先生于席上有《落花》之作。不久胜利，师友亦各事所业。今日来剑桥，适日皇诏降日之纪念，在杨府盛馔后复作叶戏，喟然忆旧。竟未藏拙，聊博一哂也。

其诗云：

> 落花时节又相逢，七载沧桑志未穷。
> 杜老壮游今古恨，方城有友话诗钟。②

他以杜甫流亡重逢李龟年为比喻，抒写了客居异邦的故国之思。在中美关系长期断绝的态势下，这种郁积的情思越来越挚烈。

1965 年的一天，何炳棣在芝加哥家中招待刘子健、杨联陞与黄仁宇。饭后，何炳棣唱《霸王别姬》，刘子健唱《四郎探母》，都是慷慨悲歌。杨联陞说："我们为中国的母亲同声一哭！"③

---

① 王曾瑜：《哲人日已远——忆刘子健先生》，《丝毫编》，河北大学出版社 2009 年版，第 498—501 页。
② 杨联陞：《哈佛遗墨》（修订本），商务印书馆 2013 年版，第 340—341 页。
③ 黄仁宇：《母亲》，转引自《哈佛遗墨》（修订本），第 345 页。

1967 年，刘子健前往日本一年，在京都大学做访问学者，当时隔海相望的中国大陆运动正酣，他把满怀忧思写入《京都志言两首》：

其一

独游重到洛京边，愈欲吟诗泪竟先。

点点青山思故国，悠悠秋水共长天。

何堪旧雨终分袂，偶有新知且并肩。

日月如梭飘泊度，支离忍性乐耕研。

其二

参禅时亦悟天真，寄迹扶桑姑俟春。

少未知书宁谈史，生逢乱世幸全身。

江山契阔诗情在，京洛追随客梦新。

邀月何如先问月，归乡有日举杯频。①

他在诗里有感于"生逢乱世幸全身"，以"支离忍性乐耕研"自道治学甘苦，也颇得"偶有新知且并肩"之乐。但二十年来，亲旧分袂，江山契阔，落得飘泊寄迹，只能在异国客梦中遥隔长天而望断悠悠秋水，追忆家国而回望点点青山，内心深处殷切期盼故国重回新春，自己也能"归乡有日"！

旅美治学期间，刘子健深以为憾的是"独学无侣"。为了弥补这一缺憾，从 60 年代起，他就不懈致力于国际宋史学界的学术交流，展现了卓越的协调能力与非凡的人格魅力。

---

① 此两诗录自斯波义信《刘子健教授：其人与学问》。

1963 年，刘子健到访台湾"中央研究院"，经其倡导与协调，邀请姚从吾、方豪、赵铁寒、蒋复璁在南港小聚，发起成立了"宋史座谈会"（Colloguium on Sung History）。其后，他与台湾"中央研究院"的历史语言研究所保持着密切的学术联系；1964 年曾委托"中央研究院"屈万里转请程元敏编集《现存宋人著作书目》①。

从 50 年代末至 70 年代初，刘子健多次访问过钱穆创办的新亚书院与新亚研究所。1964 年，杨联陞致函钱穆，称赞刘子健"人极能干、热心"②。他还受聘为香港中文大学校外委员，在香港史学界也广有人脉。

从 60 年代起，刘子健多次赴东瀛学术交流，与日本宋史名家宫崎市定、青山定雄、斯波义信、佐伯富、竺沙雅章、梅原郁与柳田节子等广结学谊。在交往中，他"秉持着尽管憎恨日本军国主义的暴行、却对日本与日本人从不表示敌意的严正而宽仁的态度"③。他正是以这种理性的姿态充当日本学术的理解者与对话者，也日渐成为国际宋史学术交流的核心人物。

转入普林斯顿大学后，刘子健发起创办了国际宋史研究情报志《宋代研究通讯》（Sung Studies Newsletter）④。1970 年，在他的努力下，这份杂志开始定期发行（1978 年第 14 期起更名为《宋辽金史研究报导》）。他还受西德国家学术协会之邀作访问学者。总之，在战后国际宋史学界的学术交流中，刘子健不仅是最活跃的著名学者，更是最孚人

---

① 山东省图书馆、鱼台县政协编：《屈万里书信集纪念文集》，齐鲁书社 2002 年版，第 255 页。
② 杨联陞：《莲生书简》，商务印书馆 2017 年版，第 56 页。
③ 斯波义信：《刘子健教授：其人与学问》。
④ 刘子健 1979 年 3 月 9 日致函邓广铭："《宋学通讯》（Sung Studies Newsletter）是鄙校创办，然后多校轮办，现在负责的是 CORNELL 大学。"

望的推动者与协调者。

在刘子健的推毂下，1971 年，第二次国际宋史会议在德国慕尼黑举行，也邀请了宫崎市定等日本学者参加，"算是美、德、日的三边会议，恰巧全汉昇先生去欧洲，非正式的参加"。刘子健将自己题为《宋史会》的两首旧体感怀诗印发给与会学者。其一云："读史从心欲，千年尚此风（自注：适值宫崎翁古稀大庆）。湖山看不尽，盐酒议无穷（自注：论文题也）。远至如归客，遥游感作东。何时重会友，他地以文逢。"其二云："昔年鹅湖事，今人异国逢。谁知辽夏别，竟识宋金同。泛尔得分究（自注：德国会址 Feldafing），思且可互通。浮云天际散，当念屯山中。"他在诗里以鹅湖之会作比，抒写了与学问同道在异国共论中国历史的学谊与友情，凸显出他的旧学修养与文学才情。会议也确实有过"浮云"，"在会后编研究集，意见不同。主编的人不愿意接受日本前辈的论文，（刘）子健抗议，把自己的论文撤掉，不在那里发表，因为这违反原来国际合作的大目标"。①

刘子健这种宏阔的视野、博大的胸怀与执着的追求，在国际宋史学界堪称典型而罕有其匹②。正如邓广铭所说："子健先生的为学如其为人，为人如其为学，都可用笃厚朴实四字加以概括。因此，他能使得一切受他沾溉的后辈都具有春风化雨的感觉，能使得与他同辈和年岁稍长

---

① 宋晞：《刘子健先生提倡国际间研究宋史的贡献》，《宋史座谈会成立三十周年学术研讨会文集》，第 19—21 页。

② 在这点上，刘子健也许颇受白乐日的影响。据宋晞在《刘子健先生提倡国际间研究宋史的贡献》里说：1988 年 6 月台湾举办"国际宋史研讨会"，刘子健因健康关系未能与会，但发去《国际提倡宋史的"史话"》的发言稿，在闭幕典礼上请人宣读，特别提及"我们不能忘记白乐日（Balazs）先生，首先在国际上提倡宋史。"

于他的同道们，也都和青年、中年的同道们一样，为他的这种笃厚朴实的作风所感染，突破了国家、民族、宗教的界限而与他结成知交。"①

其弟子回忆刘子健对美国中国学领域年轻学者的无私帮助：

> 作为这个国家（按：指美国）里关于中国中古时代历史研究的领军人物，很多年轻的学者都来寻求他的帮助，请求他帮忙修改论文初稿，而他来者不拒，欣然为之。这正是一种社区互动的服务，但这一切都是义务的，因为相关学术机构不会为此给他任何报酬。作为这一领域中非常著名的公众人物，刘先生很慷慨地为与他毫不相干的个人和机构挤出自己的私人时间。②

为了方便学术交流与合作，为了补偿独学无侣的缺憾，刘子健的大部分论文都有亲力亲为的中英文不同版本，有的论文则以日文刊行。有研究者指出，刘子健"把他的英文的著作，用中文重写，所以能与中文和日文的宋史界，经由他自己的文字，而不是第三者为他翻译的文字，保持一种平等而良好的交谊"③。不言而喻，他终生致力的远大目标，正是突破国家与民族界限的宋史领域的国际性合作。

四、故国异邦与半宾半主

赴美以后，刘子健出于谦虚自抑之意，自号半宾居士，并自书联语

① 邓广铭：《前言》，载《刘子健博士颂寿纪念宋史研究论集》。
② 戴仁柱：《悼念我的恩师刘子健教授》，载《丞相世家》卷首，中华书局2014年版。
③ 周明之：《刘子健先生传略兼论旅美华裔文史专业者的历程》。

云："多读多写还多忘，半山半闲枉半宾。"①对"半宾"之号的理解，除了表达去国怀乡的寂寥与感慨外，我更认为：

> 无论是在美国，还是在中国，他都把自己当作客人。但客人对主人家的观察，有时反而会比主人来得理性与客观。当然，作为"半宾"的另一半，也就意味着他对故国仍有半个"主人"的感觉，他身上流淌的，毕竟是炎黄子孙的血。②

1971 年，尼克松访华，中美关系门隙初开。次年，以物理学家任之恭为团长、林家翘为副团长的美国华裔科学家代表团首访中国大陆，成员包括杨振宁、王浩等名宿，刘子健"自荐为书记"，成为随团来访的"唯一一位人文学者"③，终于圆了"归乡有日"的宿梦。尽管重返故国，因仍在非常时期，作为科学代表团中唯一的人文学者，刘子健并无可能与学界同行进行正常的学术交流。更令他伤感的是，他确切得知直系亲属在土改运动的往事。周恩来总理接见代表团时，以娴熟的外交辞令主动向他表示遗憾与歉意。事后，刘子健对友人说："这还能教我说什么！"但他并未一味纠缠于丧亲之痛，"对故土的热爱，真心诚意地希望促进中国大陆的史学发展，在子健先生的心目中，占有压倒一切的地位"④。

---

① 柳立言：《刘子健先生的治学与教学》说："半山是王安石，半闲是贾似道，二人毁誉不一，但安石推行新政，似道实施公田，都是有作有为，这是先生难以忘怀的。"
② 拙文《变革之门何时关闭》，《东方早报》2009 年 12 月 20 日《上海书评》。
③ 何炳棣：《读史阅世六十年》，第 391 页。
④ 王曾瑜：《哲人日已远》。

　　1978 年，刘子健再访北京，经有关部门安排，才获准首次与大陆宋史学界代表邓广铭会晤。邓广铭说："据我所知，久居国外的历史学家，第一个回到大陆，把欧美历史学界的各种流派、各种思潮，向我们作了简要介绍的，也正是子健先生。"①据刘子健回忆，"那时候，还不能随便谈话，两人就假装湖边散步"，听他说起台湾宋史座谈会，邓广铭"就想同样去做"②。这次交谈似乎成为两年以后中国宋史研究会成立的契机。刘子健还与邓广铭动议，中美宋元史界争取联合召开研讨会，返美后他向美国方面极力促成其事，虽然会议讨论的时段后来扩展为宋元明清③。也在这年晤谈中，两人谈到北京大学成立唐宋研究中心的设想，刘子健次年 1 月致函邓广铭说："我愿意自告奋勇，做一个'在外友好'，先向美国、德国、日本各研究中心，做铺路的任务，使北大的'唐宋研究中心'立即取得国际的重视、交往和合作，把研究中国史的真正的中心重新在国内树立起来。"

　　刘子健真诚看好中国的改革开放，热情致函邓广铭说："祖国史学欣欣向荣，我们在海外的，十分鼓舞！"④他把对中国史学的关心从台港

---

① 邓广铭：《前言》。作为久居海外而回到大陆的华裔史家，何炳棣是 1971 年 10 月"重入国门"的，早于刘子健（参见《读史阅世六十年》，第 391 页）。

② 转引自宋晞：《刘子健先生倡导国际间研究宋史的贡献》。

③ 刘子健 1980 年 1 月 7 日致函邓广铭函说："关于中美交流，派遣代表十人一事，已经从华盛顿打听明白。果不出所料，是用了前半年我们宋元部分提案的意思，而加以改变。讨论题目是宋元明清社会发展，希望在 80 年秋天举行，美国拟派十名，希望中国有二十位学者出席，共同开讨论会。这事在正月底开会时，还要讨论。这十名中多半没有我这样的人，因为我总站在中国人的立场和他们抗衡。"刘子健促成的这次中美史学会议就是 1980 年 10 月下旬在北京召开的"自宋至1900 年中国社会和经济史"中美史学交流会，这是中美复交以来两国史学家召开的首次学术研讨会。

④ 刘子健 1982 年 9 月 1 日致邓广铭函。

扩展到大陆，更积极地推进中美史学交流。在这一过程中，刘子健的态度十分明确："我总站在中国人的立场。"

为了让大陆宋史学者尽快接轨国际宋史学界，刘子健着手筹划在香港大学举办国际宋史讨论会。1983 年 6 月 1 日，他在《请香港大学筹办国际宋史学会》修订提案里阐明了会议宗旨：

> 宋代兼有复古与创新，其影响远及近代。研究与讨论宋史不但可以促进了解当时的改变，并且可以贯串古今。但是各国学者分处各地，很少机会谈论。因为香港的地点最便利，所以在香港集会，交换研究经验、最近成果和将来研究的动向和方法，以供青年学人的参考。①

有赖于刘子健的发起、联络与斡旋，1984 年 12 月，香港大学如期召开国际宋史研讨会。大陆邓广铭等 6 人，台湾宋晞等 5 人，香港全汉昇等 6 人，美国刘子健等 6 人，还有西德、澳大利亚各 1 人，出席了这次研讨会，大陆学者第一次与台港及美国的宋史学者聚集一堂。刘子健"除了幕后推挽外，为了祛除海峡两岸学者因政治隔阂，造成心理负担，在会前特别到大陆，介绍会议情形"②。这次会议的顺利举办，刘子健功莫大焉。

80 年代前半期，刘子健频频往来于大陆、台湾与美国之间，友人说他，"更关切中国政治的发展，对改革开放以来的中国大陆寄予厚望"③。这种欢欣的心情在 1985 年春节致邓广铭的贺笺中表达得尤其淋漓尽致：

---

① 宋晞：《刘子健先生提倡国际间研究宋史的贡献》。

②③ 黄宽重：《刘子健先生的为人处世》。

勺园借居，远客重游。恍如旧枝新芽，期以古为今用。南门雅集，殊感东道厚谊；香山盛宴，更劳群贤毕至。庆祖国之锐进，老当益壮；幸交流之渐增，久而弥珍。①

刘子健推动中外学术交流并不限于宋史领域。1985 年秋，他造访华中师范大学，建议时任校长的章开沅与普林斯顿大学合作进行中国教会大学史研究，因为他曾就读的燕京大学与章开沅曾就读的金陵大学同属教会学校。这一领域在当时大陆视为禁区，几乎无人涉足。章开沅经过思量，接受了他的建议，成为大陆教会大学史研究的先行者和开拓者②。

1988 年，刘子健从普林斯顿大学退休，次年就是他的古稀寿辰。为了向以学识与人格同时折服国际宋史学界的著名学者表达由衷的敬意，日本学者发起编辑了《刘子健博士颂寿纪念宋史研究论集》，荟萃了包括日本、中国大陆与台港以及美国、西欧 43 位著名学者的论文，这部颂寿集用日文、中文与英文三种文字印行，堪称国际宋史界破天荒的盛事。他为弟子保存的这部论集上手题谢辞与绝句云：

四十年来侨居，急流告退；九千里外汉土，学侣音稀。转承京都益友衣川先生古道热肠，辑文志念；还蒙欧亚美洲、海峡两岸惠赐鸿篇，蔚然成集。诚呜谢以无涯，抑吟感而不禁。

三洲翰墨并，两岸史文连。

巨册无先例，寸心感万千。③

① 刘子健 1985 年 2 月致邓广铭贺笺。
② 刘莉：《一位充满人格魅力的学者——记著名历史学家章开沅》，转引自《历史学研究通讯》2021 年 5 月 29 日公众号。
③ 戴仁柱：《丞相世家：南宋四明史氏家族研究》，第 283 页。

在致谢时，他重提了侨居异邦"学侣音稀"的治史甘苦，祈愿学问应该跨越国界互相交流。

自 20 世纪 80 年代最后一年起，刘子健再未踏上过中国大陆。他晚年心境抑郁，情绪茫然，但仍关心着大陆的未来。1990 年，大陆学者王曾瑜赴美，刘子健时而很愿意了解些真实情况，时而又表现出厌烦，表示"不愿在自己心灵的伤口撒盐"。两人告别之际，他感慨地说："你走了，从此没有人既同我讨论宋史，又同我谈论国事了！"①

除了自号"半宾居士"的阳文印章，刘子健还有一方印章刻着"今卢黑马"。据其弟子说，"黑""今"合成的"黔"标明他的故乡贵州，"马""卢"合成的"驴"则自道其择善固执的秉性。一个宋史，一个国事，正是刘子健客居美国四十年择善固执的两件大事。在他那里，不仅宋史研究卓见纷呈，而且推动国际宋史学界交流厥功至伟；不仅对海峡两岸的家国大事置牵萦怀，在其宋史论著里也寄寓着挥之不去的现实关怀。在这两件大事上，确如其弟子所说："先生为人如斯，为学也如斯。"②

附记：邓小南、聂文华先生惠允引用刘子健致邓广铭先生函；林磊与王茂华先生在资料搜集上亦有助力，特此鸣谢。

（原载《商丘师范学院学报》2021 年第 11 期，入集时略有修正）

---

① 王曾瑜：《哲人日已远》。
② 柳立言：《刘子健先生的治学与教学》。

刘子健的历史观与方法论

在刘子健的治史之路上，其燕京大学的老师、史学家洪业的引领作用不容低估。尽管仅选过一门课，他对洪业"渊博精深，遇题追到底的考证功夫，只有崇敬"；追忆其"平日讲学教人，循循善诱，最注意治学方法，所用方法是中西参合的实事求是的科学方法"，其史学"值得追崇的还很多"①。

对刘子健的史学，邓广铭有过概括性评价："子健先生则熟悉东西方的多种文字，并攻治过东西方许多国家的历史，所以他的视野广阔，思路开廓。在这样的基础上，他对于中国历史特别是宋代历史的研究，不论就其取材的广博，见地的精到和剖析的透辟来说，都是超出侪辈，

---

① 刘子健：《洪业先生：少为人知的史家和教育家》，《历史月刊》1989年第17期，第77—80页；《重印自志》，载《欧阳修的治学与从政》，新文丰出版公司1963年版，第3页；王锺翰、翁独健、刘子健：《洪煨莲先生传略》，载《洪业论学集》，中华书局1981年版，第1页。

而卓然自成一家的。"①既然"自成一家",其历史观与方法论必有独到之处。遗憾的是,他没有全面自述历史观与史学方法论的专文。笔者不揣简陋,据其主要论著与他人回忆试作论述,既向前贤致敬,也便后进参悟。

一、历史观:"本人是倾向多元论的"

历史观是史家对历史与史学的根本看法,可谓史家的灵魂。刘子健认为:"历史是过去的陈述,随时纵逝,无法重演,无法反复观察。历史的因素繁复,过程驳杂,无从隔离起来,做个别片段的试验。"也就是说,历史实相无法再现,而造成历史的因素复杂多元,过程驳杂纷繁,后人不能通过重演或试验来观察历史,故其反问:"庞大无比的历史,渊源深长,错综复杂,变化不息的潮流,谁敢说一目了然?"至于史学研究所取资的史料"只是一部分的轨迹,既非事物本身,更不是全貌。所谓信史,也只是说这是比较可信的一种纪录"。在他看来,"所有纪录都是依据观点、角度加以选择。当然,纪录都有价值,必须参考,善加利用。可是既不能以为历史仅此而已,也不能限于局部所知,据为定论"②。

既然借助史料获知的历史,不能据为定论,便引出与历史观密切相关的两个问题。其一,史学是否属于科学范畴?刘子健明确反对将史学

---

① 邓广铭:《刘子健博士颂寿纪念宋史研究论集·前言》,载《刘子健博士颂寿纪念宋史研究论集》,京都同朋舍 1989 年版。

② 刘子健:《引言》,《两宋史研究汇编》,联经出版事业有限公司 1987 年版,第3—4 页。

与科学等量齐观："史学不算是科学，它可以也应当尽量运用所有合用的科学态度、科学方法和科学知识。但史学本身并不是科学。有的人因为科技时代的地位响亮，就说史学也很科学，这是含糊其辞，自高身价。"①其二，史学的功用是什么？刘子健认为："历史只是近乎情理的测度。它的实用是有助于思考，使人不至于陷入盲从、轻信、过简化、教条式的武断与误断。"他对测度有进一步表述："所谓'测'，即测候、探测、推测的意思，不一定能达到测勘、测量的准确性，但至少远胜于不加思考的妄测、臆测，以致造成错误观念，一误再误的误尽苍生。"②

立足于史学并非科学而只是测度的根本立场，刘子健反对一元论的历史观："古今中外许多史观都是一元论，抓一个主因。其实主因不一定是单数。有时很可能是两个因素结合在一起的连带关系。"③他指出：解释历史，"只有多元的互关性，没有一元的决定性"；各因素间"只有相对的重要，没有绝对的重要"。正如其弟子追忆：史学"必须容纳异说，才能有博大的气象；非黑即白的二分法，先生最为反对"④。

相对于一元论的历史观，刘子健主张多元论。他提倡对历史作多方面与多角度的研究："对历史事实的充分关照应当是多元的，从一个角度到另一个角度，在每一次角度转换中折射出更为多彩的光华。打个简单的比方，就像一枚切割精良的钻石，人们不会只从一个固定的角度观察它，而是会不断地转动它，在转动中去观察它的每一个刻面。"他坚持任何研究结论都不是定于一尊的独断论："本人是倾向多元论的。也

---

① 刘子健：《引言》，《两宋史研究汇编》，第3页。
② 同上书，第4页。
③ 刘子健：《重印自志》，《欧阳修的治学与从政》，第6页。
④ 柳立言：《刘子健先生的治学与教学》，《宋史座谈会成立三十周年学术研讨会文集》，第13页，宋史座谈会，1994年。

就是赞成多次研究，从各方面去推论，再进行比较综合，并不一定'定于一'。"①他指出："由于中国史的复杂性，我们通常不太满意各作片面式的描述"，认为"中国历史是一个复杂的统合过程"，在这一过程中，"最少可以找出三组广泛相互影响：地理的、思想的和制度的因素。"②反对一元论与独断论的历史观，深刻影响其史学方法。在他看来，史学研究就是不同史家的多方推论与比较综合，应该具有兼容性。他还认为，多元论引导不同的研究者"从多方面去看，基本上不是对错的问题，而是说看法愈多，对历史的了解累积起来也愈广愈深"③。他机智地翻用盲人摸象的寓言论述这种兼容性：

> 如果同意多元论，就可能把这四种测度，截长补短，调整综合，以取得较近事物的印"象"。可能像水牛，可能像骆驼，但总不至于"瞎"闹半天，莫衷一是。

出于多元论的历史观，在刘子健看来，史学研究当然具有开放性。他指出："主张多元论，也就是赞成研究历史的学人，各抒己见。其中有明眼人，但也不必唯我独尊，天长日久，自见分明。这也是既合乎科学精神，民主作风，又合乎儒家原有谦虚态度的过程。"④例如，他明确反对不断演进的历史观念，主张历史"不一定是直线的演进，而是许多错综、平行潮流的汇合"，却谦容地认为，"这种看法，正和进行一

---

①④　刘子健：《引言》，《两宋史研究汇编》，第 4 页。

②　刘子健：《中国历史中统合的因素及其相互的影响》（邢义田译），《中国文化的危机与展望：文化传统的重建》，时报文化出版公司 1982 年版，第 161、163 页。

③　刘子健：《背海立国与半壁山河的长期稳定》，《两宋史研究汇编》，第 21 页。

般的讨论一样，是和其他的意见并行不悖的。"①基于多元论，他明确反对史学研究中的唯我独尊与不易之论，认为"十年寒窗的结果，也未必成为一字不易的定论"；进而主张史家论点"不必等到研究完成才发表"，应该仿效现代科学，即"研究正在继续，就提出报告"；这样，及时"可以得到指正，建议和启发，有助于研究"②。他是这样身体力行的，在为《宋代中国的改革：王安石及其新政》作自序时就虚怀若谷地表示，对王安石"重新评价的任务仍旧刚刚起步"，"需要许多学者从事新的研究"③。他在《略论南宋的重要性》里首倡"南宋文化模式"，却声明"只是刍言，绝非定论。目的是抛砖引玉，呼吁各方学人，各抒己见"④。

多元论的历史观让刘子健史学充满了生命力与创造力。例如，他对岳飞再研究时就指出，虽有无数人研究过岳飞，但既然"史学研究是多元的，从新观点去摸索，又可能发现新的透视，新的兴趣"⑤。他自述研究宋代社会之所以提出多元社会的创见，"一半是因为现代化已经显示这大方向，一半也是笔者，用多元的观点，从宋代的史料里得到的概念"⑥。同样得力于多元史观的开放性启示，他认为，"不同文化的演进并没有一个放之四海而皆准的模型，不是沿着单一的轨

① 刘子健：《中国历史中统合的因素及其相互的影响》（邢义田译），《中国文化的危机与展望：文化传统的重建》，第 162 页。
② 刘子健：《试论宋代的行政难题》，《两宋史研究汇编》，第 93 页。
③ 刘子健：《宋代中国的改革：王安石及其新政》（张钰翰译，下称《宋代中国的改革》），上海人民出版社 2022 年版，第 64 页。
④ 刘子健：《略论南宋史的重要性》，《两宋史研究汇编》，第 85 页。
⑤ 刘子健：《引言》，《两宋史研究汇编》，第 12 页。
⑥ 同上书，第 18 页。

道、经过相同的特定步骤前进的。相反，不同的文化常常有着不同的发展重心"①，得出了两宋之际政治文化转向内在的大判断。

既然史学研究只是一种测度，其中既蕴含了史家独到的看法，也必然投射出他的某种关怀。在刘子健史学里，这种关怀尤其灼热，这是与他浓厚的家国情怀密切相关的。他提议史学界应抽出力量研究传统文化中能适应现代潮流的东西，以便"运用传统的优点，变成活力，推动最合乎国情的现代飞跃"；而"探讨活的国史，动的通史"，正是历史学家不容推脱的责任②。例如，他在研究中国文化中的信仰时，就试图为现代化的社会道德与社会信仰推论出两项原理："第一，中国地大人多，历史久，延续长，可能要尽量沿用多种复合的方式。尽管进行现代化，还是力求复合，不强求一元化。第二，从前统一这些多元的因素是礼教。既不是政治，也不是宗教，而是共有共守的社会道德。在打破旧礼教之后，努力推行现代化，更迫切的需要新旧复合的社会道德。重达和加强社会的信仰，一定有助于进步。"③强调多元复合、新旧复合，反对一元化倾向，是其推论的立论基础。他以研究所得呼吁："理想的文化，端在一与多，谋求平衡"④，表达出对现实政治文化的关切与隐忧。

这种现实关怀体现了刘子健的价值观，是其多元论史观的自然发抒。在《中国转向内在》里，他研究的是中国为何转向内在的历史课题，关注的却是中国如何不再转向内在的现实问题。作为华裔美籍学者，他深切了解中国特色及其知识分子，知道中国"在大多数时候，政治总是在

① 刘子健：《序言》，《中国转向内在：两宋之际的文化内向》（赵冬梅译，下称《中国转向内在》），江苏人民出版社 2002 年版，第 2 页。
② 李涵：《与刘子健君一席谈》，《宋史研究通讯》1987 年第 3 期。
③ 刘子健：《中国式的信仰》，《两宋史研究汇编》，第 369 页。
④ 刘子健：《引言》，《两宋史研究汇编》，第 18 页。

决定一切"。在该书结尾，有一段意味深长的话：

> 最后，让我们将对新儒家的同情延伸到他们的现代继承人身
> 上，这就是今天受过教育的中国人——科学家、技术专家、官僚、
> 知识分子、作家、艺术家等等。现代国家体系接掌了那个政治—文
> 化的混合体，组织严密；而他们存在于体系之外，分散而无组织，
> 除了服务，别无选择。在痛苦中，他们同样应当受到同情。①

二、学问："首先要学会提出问题"

刘子健是战后首批留美的华裔学人，赴美以后，无论在匹兹堡大学
攻读博士学位，还是后来转治宋史，都是凭借其在国内既有的学殖，在
美国大环境中独立自学而终成正果的。在自学过程中，西方人文社会科
学的各种取径与视野，给他众多的启悟，他"很早便留心美国文史上的
各种治学方法，并且运用到他自己研究的专题上"②。

刘子健相当重视史学方法，他指出："研究古史，决不能抱残守阙，
故步自封。时常需要随着时代往前走，尝试新路子。"他将史学方法分
为沿用的方法、创用的新法与借用的看法。所谓沿用的方法，即既有的
传统考证方法，"以考证史实，分析推断，或说明史观为重"③。他虽自
称"以考证而言，笔者个性不近，很少做"，但有时"有了问题，非考

---

① 刘子健：《中国转向内在》，第144页。
② 周明之：《刘子健先生传略兼论旅美华裔文史专业者的历程》，《宋史研究集》35
辑，台北兰台出版社2005年版，第485—505页。
③ 刘子健：《史学方法和社会科学——研究宋代的一些例证》，《食货月刊》1986年
第15卷第9—10期。

不可"，例如在推证三字蒙训模式形成年代时，他娴熟考证出南宋中期陈淳的《启蒙初诵》已"以三字先之"①。

所谓创用的新法，即西方近现代史学新开出的方法，例如年鉴学派、量化学派与心理学派诸方法，也包括马克思主义的史学方法。他认为："马克思主义是个很严密体系，欧美有好些理论实际上都是以它作基础的（至少部分），在我们对它并未作深入地研究、全面理解以前，根本没有资格批判它。"②但刘子健对西式方法并不盲从与迷信，提醒研究者说："西方的方法论，对我们有用，但这些方法论是西方文化的产物。西方学人以为有世界的普遍性，可以适用于各种不同的文化。其实，决不能放诸四海。我们尝试采用这些西式的方法，随时要提防一拍即合、削足就履的诱惑，随时要注意加以改动调整，甚至不同的定义。"③他理性告诫道："海外时髦的不可不知，但未必全可用。而且海外史学界，以新奇取胜，所以可能只盛行一时。还是要就国史本身着想，走平坦大道，较易臻功。"④在他看来，"因为我们的史料里，没有多少这类的记载。但是反过来说，中国史上未尝没有其他的资料，可以尝试另用新的方法去处理。"他倡议中国史家应该结合中国史料的特点，"在方法论上，我们也希望向其他各国提示自己新贡献。补充或修正他们现有的成就。百年来中国争取平等，在方法论上，又何独不然？"⑤

在史学方法上，刘子健更擅长"借用的看法"，也就是将西方社会科学中的概念、观点与分析方法移用到中国史研究中。他认为："因为社会科学偏重近代，偏重西方。借用他们来重新分析古代的中国之后，

①③⑤　刘子健：《史学方法和社会科学——研究宋代的一些例证》。
②④　李涵：《与刘子健君一席谈》。

往往可以取得新的成果，以补充这些社会科学的偏差和不足，有投桃报李的功能。"①对他如何创造性地运用"借用的看法"，下文将有论述。

在史学方法上，刘子健有一段总论性阐述：

> 有人说史无定法。这句话没说清楚。研究历史的题材不同，当然不可能有呆板一成不变的方法。其实是史采佳法。说得更清楚一点，门道很多，因题制宜。再大胆一点说，因问求法。这不是佛教徒求法。假定说提的问题，一时没有现成的方法可以采用，怎么办呢？答案是去找去，试用各种途径去寻求。科学家做实验就是这样的左试右试，就可能走出一条路来。②

这段论述中的"因题制宜"与"因问求法"，都强调提出问题的头等重要性。杨联陞为刘子健《宋代中国的改革》作序，高度肯定他"显示出一种对任何政治学家来说都必要的敏锐的问题意识"。尽管在刘子健自论学问时未见有"问题意识"的夫子自道，但他确实把"提出问题"置于史学研究的首位。他曾强调："学问二字，尤重于问。不去想问题，是学究的迂学。"③他结合自己治学经历诠释"学问"一词说："治学，非问不可。常觉得中文的学问二字，涵义绝佳。学是先学过去已有的知识，接着就应当试提问题"，在他看来，"学"只是知识储备，"问"才算进入研究之门。他接着说："有了问题之后，就可以学胡适先

---

① 刘子健：《史学方法和社会科学——研究宋代的一些例证》。
② 转引自李伯重：《中晚唐五代的河朔藩镇与社会流动·序》，载《中晚唐五代的河朔藩镇与社会流动》卷首，社会科学文献出版社2021年版。
③ 刘子健：《明代在文化史上的估价》，《食货月刊》1986年第15卷第9—10期。

生的口号：'大胆假设，小心求证'，努力去发掘新学识，试求新解释。然后再学再问，川流不息。"他一再申论："学是离不开问的。学术训练的重点有两层，第一步是训练用有条有理的构思来问有意义的问题。"①他在回答问题与方法孰先孰后的质疑时说："有人怀疑，以为应当方法在先，问题在后。事实上这怀疑错了。……这'问'字尤其要紧。中国语文把学和问两个字连结起来，极为精妙。"他同时批评那种只知学习而不知发问的倾向："如果只是传习，待访，补遗，拾阙等等，而不发问，哪怕用功日知，也不会有新生的学术，激发新的思路，去寻求新的方法。"②唯其如此，他认为史学研究的具体方法应该在问题形成后再去寻找与探讨："学问首先要会提出问题，然后探讨方法，去寻求解答。"③据其弟子追忆，刘子健经常套用《论语》里的话，改成"学而不问〔思〕则罔，问〔思〕而不学则殆"，来提撕学生"学问的一半就是问，而且要不耻下问和大哉问"④。他还以西方科学为例，说明所有大发展都是从"问"出发的："西方科学，很重视问"；"牛顿要问苹果为什么往下掉，才引起近代物理学的巨大发展。历史研究正也如此"。⑤

　　既然提出问题是史学研究的第一步，那么应该提怎样的问题呢？刘子健认为，应该注意一要大，二要新。关于大问题，他主张："学问要提问题，问题要先提大的"，也即孔子说的"大哉问"。对史学问题的大小类型，他颇有独见："一类是确定很具体的范围，做窄而深的研究。这类

①⑤　刘子健：《引言》，《两宋史研究汇编》，第2页。
②　　转引自李伯重：《中晚唐五代的河朔藩镇与社会流动·序》。
③　　刘子健：《略论南宋史的重要性》，《两宋史研究汇编》，第79页。
④　　柳立言：《刘子健先生的治学与教学》，《宋史座谈会成立三十周年学术研讨会文集》，第14页。

研究做得好，可以由小见大，帮助对于整个时代的了解。万一范围太小，或者忽略了当时的大势，却又难免窄而琐。功力虽久，成果有限。仿佛数清了几棵树木，却无从看到森林的形势。另一类的工作是从大方面来看，作广泛的分析。这样做法，很容易有缺陷。一则笼统，难免错误。更糟的是挂一漏万，大而无当。虽然如此，广泛的分析还是有用处的。因为它有刺激作用，可以推动其他的研究。"①两种问题类型，尽管各有利弊，但其弟子回忆，在论及"以小见大"时，他近乎棒喝道："既然牵涉到大问题，就直接去研究这大问题，不要拐弯抹角。"②

关于新问题，刘子健也说："试提问题，最好是提新问题。"而所谓新问题，往往是原先研究忽略的边缘性问题，诚如其弟子所说，"如果没有他，这些早被边缘化的问题可能更加无人理睬"③。当然，大问题与新问题完全可以也应该统一，此即他说的"从大处着眼，希望提出一些新刺激"。

如何才能提出有意义的大问题与新问题，刘子健认为，可以根据学术训练与知识储备，"或是进一步的分析，或是从另一线索去看关系，或是从其他角度来综合"④。他对学生说得更具体："一是指科际整合，利用其他社会科学的观念和架构去研究历史问题。二是指比较研究，既以中国各时代的历史互相比较，也以他国的历史（如日本和俄国的现代化）去刺激思考中国的问题。……三是指多元史观，从多方面去想问题。解释历史，'只有多元的互关性，没有一元的决定性'；各因素间

① 刘子健：《背海立国与半壁山河的长期稳定》，《两宋史研究汇编》，第 22 页。
② 柳立言：《刘子健先生的治学与教学》，《宋史座谈会成立三十周年学术研讨会文集》，第 14 页。
③ 戴仁柱：《悼念我的恩师刘子健教授》，《丞相世家》卷首，中华书局 2014 年版。
④ 刘子健：《引言》，见《两宋史研究汇编》，第 2 页。

'只有相对的重要，没有绝对的重要'。"①关于比较研究，他以讨论文化史为例提示说："超越国界和时代，去做比较，常可以引起莫大的兴趣和启发。"②在研究范仲淹改革时，他指出这一改革"主要以道德原则为动因。拿此改革与 11 世纪欧洲基督教改革作一对比或许会很有趣"，"有意思的是二者发生在同一世纪"③。

刘子健还以前辈史学大家为例说明了解决史学大问题的意义。他认为，自己的导师洪业在史学功力上不亚于陈寅恪、顾颉刚与钱穆，"但他的声望不如他们，因为他选的范围和题目，不免逊色"；在提出与解决史学大问题上，前三位"确占上风"④。

在史学研究中，刘子健确实善于提问题，尤其善于提大问题与新问题。其弟子说他"最喜欢的问题，都紧扣时代的大动脉，呈现该时代的大特色，足以影响国家与社会的发展，故偏好政治、思想与制度"。⑤在《宋代中国的改革》里，他关注政治思想、中国官僚的行为模式及其与国家权力的中央集权化相关的诸多大问题。正如杨联陞所激赏："这些问题的重要性，所有制度史和思想史的研究者都会欣然承认。"⑥再如，针对美日史界将宋代视为中国"近代初期"，他一针见血地问道，为何中国"近代后期并没有接踵而至，甚至直到近代西方来临之时也没

① 柳立言：《刘子健先生的治学与教学》，《宋史座谈会成立三十周年学术研讨会文集》，第 13 页。
② 刘子健：《明代在文化史上的估价》，《食货月刊》1986 年第 15 卷第 9—10 期。
③ 刘子健：《宋初改革家：范仲淹》，费正清编《中国的思想与制度》，世界知识出版社 2008 年版，第 117—118 页。
④ 刘子健：《洪业先生：少为人知的史家和教育家》。
⑤ 柳立言：《刘子健先生的治学与教学》，《宋史座谈会成立三十周年学术研讨会文集》，第 14 页。
⑥ 杨联陞：《宋代中国的变法·序》，《宋代中国的变法》，第 62 页。

有出现"①，从而引出并完成了《中国转向内在》的大著作。

大问题提出后，刘子健认为可有三种做法："大题小做是先找关键的专题去做。大题中做是找一个方面，去做一连串的，希望能达成系统的专题。大题大做就必须期待各方面的群力合作了。"②由于资料条件限制与个人研究风格，刘子健更偏好并擅长"大题小作"。他以自己的《宋代考场弊端》为例说明大题小做的方法，虽"限于一个片断面，可是最终的目的，还是要回到大问题上"，"大题小做"并不容许"以小见大""由是观之"之类的轻断。这篇论文从宋代科考制度之所以发生弊端，甚至于崩溃入手，回到了"主因是制度不够应付新起来的现实环境"这样的大问题，而这种现实环境却牵涉到社会制度的诸方面问题，最终完成了大题小做的示范。③

三、"先建议一个分析的格局"④

刘子健认为，提出有待研究的大问题，这是学术训练的第一步，"第二步是训练如何看待问题。可能用什么样的架构，怎样的假说，需要找（那）［哪］种资料讯息才能寻求解答"⑤。在学术训练的第二步里，史家亟需解决的任务是构建一个看待问题的架构，他有时也表述为"分析的格局"或"分析模式"。他曾指出："历史研究是怎样往前推动？

---

① 刘子健：《中国转向内在》，第 2 页。
② 刘子健：《试论宋代行政难题》，《两宋史研究汇编》，第 94—95 页。
③ 刘子健：《宋代考场弊端》，《两宋史研究汇编》，第 230、232、247 页。
④ 刘子健：《宋末所谓道统的成立》，见《两宋史研究汇编》，第 251 页。
⑤ 刘子健：《引言》，《两宋史研究汇编》，第 1—4 页。

除了偶然有新史料的发现之外，我们只能在现存的书籍的范围以内去做工作。有一种工作是考订和整理。另外一种工作就是从多方面去看，提出新的分析，新的综合。"①在其心目中，推进史学有两种方法，一是对既有史料的考订与整理，一是对既有史实提出新的分析与新的综合。他显然更推重后者。在他看来，"为了分析简便，暂且按下史实，先建议一个分析的格局，以免在运用史实的时候，头绪纷繁。此外，这样的分析可能对于其他时代、其他文化之中类似的经历，能促进比较研究"②。他在研究宋代不同派别的新儒家思想时指出："缺乏具有启发性的主题和富于创见的分析方法，而这正是彻底梳理宋代学术全貌所必须的。分析模式的阙如使修正后情形看上去有些杂乱无章：新儒学加上其他思想派别，彼此又互不相干。解决的办法，是将宋代的诸多思想家和不同学术派别放置到一个有机的分析模式中去。"③

然而，刘子健认为，史家建构的"分析模式"，既非唯一的，又不是定论，只是出于研究需要的一种假说。所以他一则强调："这种分析的格局，是建议性的，不是定论，只是当作工具来帮助说明史籍的纪载"④；再则申明："分析模式绝非惟一的。历史事实如此纷繁复杂，任何一种单一的分类体系都不足以概括其全貌，惟一的观照方式是不存在的。"⑤基于多元论的历史观，他认为对同一历史问题，不同史家尽可以提出各自的分析模式。

那么，如何才能出色构建分析模式呢？刘子健主张，以多学科触类旁通的思维与视野去探寻适合特定问题的分析模式。他指出，"因为历

① 刘子健：《背海立国与半壁山河的长期稳定》，《两宋史研究汇编》，第21页。
②④ 刘子健：《宋末所谓道统的成立》，《两宋史研究汇编》，第251页。
③⑤ 刘子健：《中国转向内在》，第40页。

史所研究的就是过去的社会；社会科学各门从专科的架构去分析，是分门的，而历史则是全面的，可以按时代将其综合起来"①。他曾致函中国社科院主政者说："研究中国，如何把语言、哲学、美术打成一片的讲；或如何，现代行政学、心理学以及资本主义萌芽连起来讲——都是随便举的例证，讲过之后，马上就可以讨论研究外国区域，如何也可以同样的进行。"②邓广铭强调，刘子健在传统的文字学、训诂学与史学研究四把钥匙之外，对考古学、政治学、社会学、人类学、民族学、民俗学、心理学等与历史研究有密切关联的学科，"都有深造自得之处，从而他发为文章之时，便无处不明显地体现着他的这种触类旁通的本领"③。

　　早在1957年发表第一篇宋史论文《宋初改革家：范仲淹》时，刘子健就借鉴了韦伯、帕森斯与默顿的社会学的学理，拉斯韦尔和马恺维的政治理论④。杨联陞称赞他对王安石及其新政的研究，就是一项"融合了取自政治学、历史学和汉学的分析方法和技巧"的"跨多学科的研究"⑤。在自述王安石再评价的参考框架时，刘子健也说自己"设法将各种各样的阐释整合起来——只要它们是兼容的，以获得对于王安石及其时代的综合理解。这一再评价将借鉴关于政治思想、政治行为、政府运作的多种阐释，包括我自己的研究。希望这一政治性参考框架的使用，有别于许多当代学者普遍采用的社会经济背景，可以有助于为更深入的探索建立新的起点"⑥。他借用西方行政学理论，揭示了新政成败的

---

① 李涵：《与刘子健君一席谈》。
② 刘子健1979年9月4日致宦乡函（邓广铭藏札）。
③ 邓广铭：《刘子健博士颂寿纪念宋史研究论集·前言》。
④ 周明之：《刘子健先生传略兼论旅美华裔文史专业者的历程》。
⑤ 杨联陞：《宋代中国的改革·序》，《宋代中国的改革》，第61页。
⑥ 刘子健：《宋代中国的改革》，第88—89页。

症结在于具体的执行，而其"先决的条件是官僚素质和行政机关本身的品质"①。

刘子健借鉴过的西方社会科学方法有行政学、政治学、社会学、民族学与人类学等。在《封禅文化与宋代明堂祭天》里，"用的是多科方法，借助民族学、人类学和史学的结合"②。其《略论宋代武官群在统治阶级中的地位》"采用社会学的观点"，也就是"以军事史本身作为一个单独的部门，逐渐推进系统化的研究"③。在研究南宋政治时，他借助政治学方法，首创"包容政治"的命题，也就是说，领袖、君主在掌控官僚时，除名位、利禄与惩戒等手段外，"另有一种包容式的控制"，即利用其名望，保持其礼遇，但不用其政见，"大政方针，仍然照旧"。在他看来，这种包容式的概念，也可以借以考察包括宋金外交在内的"绥靖外交或妥协外交"④。

刘子健认为，史学研究融合社会科学多学科方法有两种作用："第一，是从这角度来对史实做个系统的分析。目的并不在详叙事实，细加描写，只是分析这些史实里，有什么特性，可以帮助现代的人，更了解过去。第二，是用这样的分析，去充实社会科学。到目前为止。社会科学多半是根据西方的材料。许多内容可以适用于中国的情况，而有些说法，就显然不合。处理中国的史实，常需要另行试用新的分析。这样去做，在方法上，内容上，和理论上，都可以补充社会科学。"⑤他关于官

---

①④　刘子健：《史学方法和社会科学——研究宋代的一些例证》。

②　刘子健：《引言》，《两宋史研究汇编》，第5页。

③　刘子健：《略论宋代武官群在统治阶级中的地位》，《两宋史研究汇编》，第174页。

⑤　刘子健：《包容政治的特点》，《两宋史研究汇编》，第41页。

僚素质与行政机构本身品质的论断"被一本英文关于官僚制度的选读所采用"；包容式的概念也已"写在新版《大英百科全书》里"①。

刘子健的研究领域更偏重于制度史与政治史，故尤擅借助行政学的理路建构分析模式，这当然因为政治与制度的运作与国家行政关系最为密切。他指出："现代的行政学是结合政治学、社会学、人类学这些基本社会［科］学而应用到公共机构与团体这范围的一种专科。有些地方和中国以往儒家的理论和史家的看法合。而有许多地方是比较古今中外，更广泛，而又深入的分析。把中国史学和行政学配合起来，彼此都有新的启发。"②

在培养学生过程中，刘子健提示他们，应该知道西方学者的治学方法与思考方式，注意辅助科学对史学研究的帮助。他经常提醒弟子："在大学校园中，聚集了各种学科的人，应多向相关学科的同事、同学请教，对自己史学研究的视野与方法之局限会有很大的突破。"③在开设研究生入门课程时，他特别聘请日本史、文学史、艺术史和社会史等领域的专家介绍该学科的研究现状，以利于研究生增广视野、开辟思路。

四、模式与类型在分析格局中的作用

在运用"分析的格局"探讨具体问题时，刘子健注重不同层级的分类操作，用意在于从纷繁的史实中寻找出特殊的目标。他认为，"当我

① 刘子健：《史学方法和社会科学——研究宋代的一些例证》。
② 刘子健：《试论宋代的行政难题》，《两宋史研究汇编》，第 95 页。
③ 徐泓：《在"宋史座谈会"举办纪念刘子健（半宾）先生的会上发言》，《宋史座谈会成立三十周年学术研讨会文集》，第 29 页。

们锁定某个特殊目标时，单一体系就显示出清晰的优势"，而"分类体系便是为了这样一个特殊的目标"。他以知识分子群体为例说明分类的作用："我们将知识分子区别归纳为不同的群体。群体名称含义宽泛，只代表人群和潮流，而不是要详细描述群体中每个个体的特点。当然，我们的界定并非绝对准确、无懈可击，其作用只是帮助读者确定每个群体在与其同时代的其他群体的关系中所处的位置，以及该群体在与不同时代的类似思想潮流之间的关系中所处的位置。"①基于其历史观，刘子健认为分类体系应该也可以是多元的，因为"历史事实如此纷繁复杂，任何一种单一的分类体系都不足以概括其全貌"②。尽管旧史的类传已呈现出旧史家的分类构想，但他指出，"传统的分类法，限于成见，甚至偏见。总之，过于主观。并且，传统的类型陷于公式化，损害了史料价值"③。所以他在《宋代中国的改革》中提出，"我们要尝试的是一种新的方法"④。

这种新分类方法大致可以分为模式与类型两种层级。尽管刘子健有时候也有欠严密地把类型表述为模式，但很显然模式囊括问题的广度与深度明显超过类型，我们还是容易辨别两种不同内涵的。无论模式，还是类型，都有赖于分类概念的不同界定，而"概念不是空泛的，还要进一步说明它的涵义"⑤。他在提出新模式或新类型时，总是首先定义其内涵。据其弟子说："主要概念非澄清不可；什么是专制？什么是家族？都要下一个定义，让讨论时有所依归。在下定义的过程中，往往就会发现

---

① 刘子健：《中国转向内在》，第 41 页。
② 同上书，第 40 页。
③ 刘子健：《刘宰和赈饥》，《两宋史研究汇编》，第 310 页。
④ 刘子健：《宋代中国的改革》，第 161—164 页。
⑤ 刘子健：《包容政治的特点》，《两宋史研究汇编》，第 43 页。

新鲜有趣的问题。"①他在《宋代中国的改革》里，将北宋晚期的官僚划分为理念、仕进与渎职三大类型，每个大类型下再细分若干小类型，理念型下分为德治型（包括洛、朔两党领袖程颐与司马光）、治术型（蜀党领袖苏轼）与改制型（新党领袖王安石），仕进型下分为占大多数的因循型与少数的干才型（曾布），渎职型中又分为野心不大的贪污型与既有野心又擅手腕的弄权型（蔡京），都要言不烦给出类型概念的基本界定②。

刘子健在分析的格局下创建的模式，是用以把握宏观大问题的，显然属于最高层级的分类。这里所说的模式，与他有时将"分析的格局"也称作"分析模式"不在同一范畴，而是从属"分析模式"的。他提出的这类模式主要有两个。其一是"南宋文化模式"（他有时也将其径称为"南宋的模式"）。他界定这一模式的主要特点，有"背海立国的形势""经济的生长和稳定""君权和代理相权的独断""包容政治的控制"；同时申明，模式的创立同样只是方便研究的一种假设，"所说的南宋文化模式，只是刍言，绝非定论"；最后提出了一个更宏大的测度，"中国以往八百年的文化是不是这形态"，"究竟南宋的模式在后代存续到什么程度，而后代又有什么新起模式"③？他的晚年名作也试图说明："为什么在此后的若干世纪当中，许多中国人所珍视的传统都以南宋的方式延续着？"④

---

① 柳立言：《刘子健先生的治学与教学》，《宋史座谈会成立三十周年学术研讨会文集》，第 14 页。

② 这一类型区分也见其《王安石、曾布与北宋晚期官僚的类型》，《两宋史研究汇编》，第 137—138 页。

③ 刘子健：《引言》，《两宋史研究汇编》，第 7 页；《略论南宋的重要性》，《两宋史研究汇编》第 80—82、85 页。

④ 刘子健：《中国转向内在》，第 3 页。

其二是君主官僚政体的运行模式。刘子健在列举了中央控制（the central control）、宫廷的集权（concentration of power at court）、专制（autocracy）与独裁（absolutism）的四种模式时，分别阐述了四种模式的具体内涵，并对一般人易于混淆的"专制"模式与"独裁"模式，作出了清晰而精准的内涵区分，同时指出："权力构架的实际运行往往叠合了多种模式，中央控制、集权、专制、独裁等概念只可作为参照而已"①，仍审慎说明只是方便研究的一种参照。

另外，刘子健针对中国历史上，"国家被异族所征服，而汉文化延续不衰"的史实，提出过"二者相互平衡成中国历史的模式之一"②，但他对这一更宏观的中国历史的模式未见有进一步的阐述与论证。

在具体研究中，刘子健更多区分不同集合的类型。例如，他将中国以往的信仰体系区别为四种类型：社会的礼教、团集的崇教、少数人的别教或个别宗教、大众的宗教③。他还根据北宋君主权力运用的范围及其应对困难的表现，将其演变归纳为四种类型："从创业型变为守成型，守成出了问题以后，只有两种其他的可能，变法型和倦勤型。"④对中国古代乡绅，他提出了南宋式乡绅的新类型，其作为独特类型既有别于学界已有关注的清代乡绅类型与明代乡绅类型，"也不同于唐、五代、北宋残余的旧族，也不是北宋新兴高官的名门"⑤。

刘子健研究重点是君主专制政体下的官僚士大夫政治，在官僚士大夫的类型区分上，他在不同的研究中别出机杼地提出了不同的分类体系。他

① 刘子健：《中国转向内在》，第 11 页。
② 同上书，第 2 页。
③ 刘子健：《中国式的信仰——用类别来解释》，《两宋史研究汇编》，第 363 页。
④ 刘子健：《试论宋代的行政难题》，《两宋史研究汇编》，第 96 页。
⑤ 刘子健：《刘宰和赈饥》，《两宋史研究汇编》，第 308 页。

认为，在尝试对官僚区分类型时首先应该设定相关的条件：

> 第一，政治表现不能完全简化为简单的类型，尤其是对于那些身处复杂环境之中和在某一时期几乎没有可靠记录留存的人。第二，这些类型和特点，应基于行为因素而非道德判断，尽管现实的正当或不正当的行为模式在客观上并不难区分。第三，一种类型并不意味着机械秤上的一个固定位置。它实际上表明重叠的行为模式的范围。第四，在将特定个体进行归类时，一定会存在两可之间的情况。第五，必须牢记官僚毕竟有许多共同点。既然一个类型的特征比另一个更多，则这种特质的区分不是唯一意义上的，而是相对的。①

玩味刘子健的五项条件，前两项说的是区分类型时切忌简单化，"最好用多元的标准"。简单化类型最显著的就是将官僚草率地分为君子与小人，这种传统道德二分法，"用以讨论政治上的权变应付，更感困难。用以说明官僚类别，总多牵强"。他虽也承认道德操守不容忽视，但明确反对将其作为一元化的划分标准，主张"还要注意到政治理念，学术地位，行政才能，政治作风等等的因素"②。也就是说，"除了道德之外，要看他们的政治行为。用政治行为去分类，远比褒贬客观，并且更重要，把他们和政治情况联结起来，更可以看出当时的变化起伏"③。另一方面，他也反对仅仅关注社会经济因素对政治趋势的影响，还强调其他因素在类型区分

---

① 刘子健：《宋代中国的改革》，第 161 页。
② 刘子健：《王安石、曾布与北宋晚期官僚的类型》，《两宋史研究汇编》，第 135—136 页。
③ 刘子健：《引言》，《两宋史研究汇编》，第 10 页。

中的作用，例如"思想或者政治哲学的多元脉络——它将士大夫分为不同和相对立的学派"；不仅如此，他还认为，"政治趋势有其自身的动力"，整个官僚士大夫阶层即便"处于相同的社会经济背景，甚至在一个特定的思想流派内，士大夫以不同的政治行为做出回应。这些行为提供了一个将他们区分为不同官僚类型的基础"①。

刘子健所说的后三项，无非强调在官僚归类时，分类标准并不是唯一的与固定的，往往具有两可之间的模糊性，而类型特征也有其相对性。对此，他进一步阐释道："这些特征，无论在思想上、态度上、行为上都是相对性的，在程度上比较显著而已，并不是绝对性的，属于某一些类型，而旁的类型完全没有。因为特征是相对性的，所以类型只是模式，有时有典型的代表人物，有时则有人近乎某一型，同时也又近乎另外一型。"②由于类型特征的相对性，对划分官僚类型时，这种"独特的类型不是静态的，只是区分他们的一种'方便'。一旦引入历史背景，这种分类立刻提供了一幅政局演变的动态图景"。他指出，这种动态的分类有别于"以往分类都是静态"，而"论人物，论类型，一定要从环境里的动态来着眼。"③他举例说，有才干的官僚一般属于"行政型"，但在争权夺利的局面下，则可能演变成"手腕型"。

在刘子健看来，以标准的多元化与特征的相对性尝试划分官僚类型，"不过是一种新方法的试验"④，在他看来，"有一个分类，能说出某些类型来，能指出这些类型的特征来，总比完全不分类或太笼统的分类，能帮助

① 刘子健：《宋代中国的改革》，第88页。
② 刘子健：《王安石、曾布与北宋晚期官僚的类型》，《两宋史研究汇编》，第136页。
③ 刘子健：《引言》，《两宋史研究汇编》，第10页。
④ 刘子健：《宋代中国的改革》，第169页。

我们多了解一点政治史上各种不同的人物"。①例如，为了区别主导国家官僚系统的文官，刘子健把中央到地方的底层吏役划为吏役次官僚的特殊类型，深入分析在王安石新政中这一次官僚类型如何决定行政部门实际运营，并导致新政失败的。正是独具慧眼地尝试了官僚划分的新类型，他对王安石新政作出了迥异前人的全新阐释。

五、史料批判与历史写作

在刘子健史学的轻重缓急中，首重提出有意义的问题，其次构建分析的格局，然后是"需要找（那）［哪］种资料讯息才能寻求解答"②。他曾向学生说法："至于史料史实，几年后也就忘了很多，如果需要用，有书目在，可以去找。但脑筋如果不好，却不易扭转。"③他对某些美国学者一味想到中国找外界未见的史料，嘲讽他们"等于是终南捷径，可以平步登天"④。

在史料学上，杨联陞表彰刘子健"达到了批判性人文研究的高标准"⑤，说的就是对史料的批判性解读与运用。这种批判，就是对史料"经过细读、分析、推论，也可以得到超出意想之外的成果"⑥。刘子健

---

① 刘子健：《王安石、曾布与北宋晚期官僚的类型》，《两宋史研究汇编》，第136—137页。

② 刘子健：《引言》，《两宋史研究汇编》，第3页。

③ 柳立言：《刘子健先生的治学与教学》，《宋史座谈会成立三十周年学术研讨会文集》，第14页。

④ 刘子健1981年2月9日致邓广铭函（邓广铭藏札）。

⑤ 杨联陞：《宋代中国的改革·序》，《宋代中国的改革》，第61页。

⑥ 刘子健：《刘宰和赈饥》，《两宋史研究汇编》，第307页。

尤其强调："不要让史料自己说话，要替它们说话，这样才知道自己了解得够不够。"①他"在辨别宋代史料中的许多曲笔和多层内涵方面，有着令人吃惊的娴熟技能。在这方面，他表现出历史与人文方面令人羡慕的判断力，而这种天赋绝不亚于他的渊博知识"②。

刘子健告诫说，"我们今日整理历史，不但得用各种文集和笔记材料来排比推考，还得把握当日情势，设身处地的去细细揣度，才能体悟到这些记载的本意所在。"他以神道碑与墓志铭为例，一方面指出，"一般而论，多属美言"；一方面却洞烛到，"在美言之中，也有时暗含'微言大义'。这些追述的记载，不独是正史所据，并且的确是主要的原料"③。在王安石新政研究中，他批判性地指出："王安石死后迅速涌现，并充斥整个南宋时期的五花八门的私人笔记必须极其谨慎地处理。它们中间有不少都充斥着谣言、诋毁，甚至是捏造。"④他有学生研究宋代书学机构，结论指出，宋代书学机构"还是继承唐代的书学而来，在制度上宋代并没有什么新创的"，他在批语中称赏其史料批判的眼光："对的。别的书上往往夸张［御］书院、书艺［所］，此实不然。"⑤

在史料上，刘子健并不推崇无所选择地搜集与占有，而主张从基本史料入手。他认为，在处理由小见大的问题时，"史料的种类并不一定需要很多，如果发现了有兴趣或有意义的问题，不妨先确定少数几种主

① 柳立言：《刘子健先生的治学与教学》，《宋史座谈会成立三十周年学术研讨会文集》，第15页。
② 戴仁柱：《十三世纪中国政治与文化危机》，中国广播电视出版社2003年版，第3页。
③ 刘子健：《欧阳修的治学与从政》，第153页。
④ 刘子健：《宋代中国的改革》，第82页。
⑤ 据傅申手稿。

要的史料"①。他提出，史料搜集也有经济学上的报酬递减律："整理历史，也受经济学上所谓递减的定律，再花很多时间，搜集大量次要的材料，是否倒弄成事倍功半。"②其弟子对乃师的递减律有进一步的说明：

> 刘子健先生数十年前在美国教学和研究，即使是利用纸本资料也比不上今日的丰富和便利。他一再主张，搜集到的史料足以支持论点，便应下笔，若一味追求完备，遍翻群书，也许偶然会找到重要的新史料，但更多的是陷入经济学的报酬递减律，事倍功半。③

美国葛思德东方图书馆以收藏宋代文献而著称于世，刘子健的另一弟子追忆自己利用这家图书馆的经历说："当我以为自己发现一部新的或鲜为人知的文献时，我总能发现刘子健先生在那里塞过一张纸条，或折过一页书角。"④足见他并不轻视史料的搜集，仅仅不提倡在次要材料上漫无节制地多下功夫。史料报酬递减律的提出，既与他从大处入手的历史观有内在关系，也与其客居美国时期纸本史料的分布现状有关，后人不应误解为他漠视史料在研究中的价值。他对弟子论文中据广搜资料整理而成的《宋代御书院已知人名录》，批有"好极"两字，表明他同样注重史料的考证。

与史料报酬递减律相关，刘子健对个案研究也持类似见解。针对应否多做个案研究再作归纳，一个个案能否对大问题作出结论等质疑，他

---

① 刘子健：《刘宰和赈饥》，《两宋史研究汇编》，第 307 页。
② 刘子健：《重印自志》，《欧阳修的治学与从政》，第 4 页。
③ 柳立言：《宋代的家庭和法律》前言，上海古籍出版社 2008 年版。
④ 戴仁柱：《悼念我的恩师刘子健教授》。

认为，历史研究同样应该借鉴自然科学方法，"就是做实验，建立一种看法。用这看法，进一步实验，再修正或充实这看法，再深入，再扩大"。其中，"看法是申论，不是结论"。在他看来，历史研究中的个案，并不仅仅充当归纳法的例证，而"应当配合已知的各方面的知识，阐明历史的大潮流，取得通盘的看法。从所谓窄而深的研究，走向较宽的，也是较深的申论"，惟其如此，"假定没有一种看法，个案尽管多，成果不过是大同小异"①，显然同样适用史料报酬递减律。他对宋代士大夫进行研究，也只"把注意力集中于几位最杰出的知识分子"②，以此作为不同类型的典型个案，以其一贯方法，配合有关知识，提出申论，作出解释。

刘子健的历史写作，其弟子柳立言概括出最得心传的四项原则，兹转述如下，略作补充。

其一，论旨明确。刘子健的历史写作，无论论文，还是专著，"无不开门见山，一下子厘清问题，说明其历史意义与研究取向，让读者有线索可循"。他总评弟子《笔墨纸砚在宋代》时有批语说，"不必一定要从原始讲起，那是另外一题"③，也无非提醒他论旨必须紧扣宋代。关于历史现象描述，他总要追问描述的目的在哪里，因为"历史真相，何只千万，必须说服读者有什么重要性"④。正是在这层意义上，杨联陞称赞他一方面"不使用不必要的细节或专业术语来增加读者的负担。另一方

---

① 刘子健：《刘宰和赈饥》，《两宋史研究汇编》，第 354 页。
② 刘子健：《中国转向内在》，第 12 页。
③ 据傅申手稿。
④ 柳立言：《刘子健先生的治学与教学》，《宋史座谈会成立三十周年学术研讨会文集》，第 14 页。

面，他也没有仅仅因为很难解释而回避复杂的问题"①。

其二，取材精审。在历史写作中，刘子健反对堆砌史料。他的中文论著基本没有大段引文，仅仅恰到好处地征引最关键的一二条史料；即便同一问题有参差不齐的史料，也决不逐条繁琐罗列，而是先经过批判性解读，再"权衡轻重，用自己的文字综合陈述"。凡与主旨"无直接关系的资料和议论，纵使难得和精彩，也一律割爱"②。

其三，组织严密。刘子健的论著"各章节分则自成一体，合则如九子连环，层层相扣，处处与前旨呼应"。为此，落笔之前，他"大力主张写摘要，可帮助作者分清楚哪些是叶，哪些是枝，哪些是干，一级一级组织起来"。他点化弟子说"历史如错织经纬"③，讲的似是历史写作的谋篇布局。他的"作品甚重气势，脉络分明而又前后紧凑"；在写作技巧上，"段落之间讲究起承转合，段落本身也注重首句开宗明义或末句画龙点睛的作用"④。

其四，文字精简。刘子健的历史写作不仅言之有物，而且自具特色，尤其讲究行文的传神与锻炼。他反对"化简为繁，以量惊人"；主张"用十个字便可以说清楚的，不要用十一个字，而每个字不但要具体，还要说出最多的意思"⑤。他倡导论著"不需要写太多，简论就够了"，因为在他看来，历史研究不可能是定论，只是一种建议性看法，"在不久的将来，一定会被修正充实"⑥。惟其如此，不仅涉及诸多大问题的论

---

① 杨联陞：《宋代中国的改革·序》，《宋代中国的改革》，第 62 页。
②④⑤ 柳立言：《刘子健先生的治学与教学》，《宋史座谈会成立三十周年学术研讨会文集》，第 15 页。
③ 据傅申手稿。
⑥ 刘子健：《背海立国与半壁山河的长期稳定》，《两宋史研究汇编》，第 22 页。

文，即便《宋代中国的改革》与《中国转向内在》那样的名著，中文字数也分别仅在八万至十万之间。

在开放多元的历史观的主导下，刘子健在史学方法上将善于发现与提出史学领域的大问题与新问题置于学问的首位；然后根据问题，因问求法，建构一个最适用既定问题的分析格局；在运用分析格局时，史无定法，借鉴一切可资利用的其他社会科学的方法，善于引入模式与类型等多层级的分类概念，帮助分析问题与解释问题；在批判性解读史料的基础上，在历史写作中贯彻论旨明确、取材精审、组织严密与文字精简等原则，完成超越前人启发来者的史学论著，这就是刘子健史学的精髓与要义。

附记：邓小南、聂文华先生惠允引用刘子健致邓广铭先生函，田洪先生提供傅申手稿照相版，王茂华在资料上亦有助力，谨此感谢。

（原载《唐宋历史评论》第 10 辑，
社会科学文献出版社 2022 年 12 月版）

外 编

张家驹三题

一、燕园岁月：尚余春梦足清谈

张家驹先生（1914—1974）是我所供职大学的史学前辈，毕业于燕京大学历史系，他提出的中国古代经济重心南移说在史学界几乎人所尽知。时下，各高校纷纷请出先贤，光大门楣，我也未能免俗，分别编了《程应镠史学文存》与《张家驹史学文存》。程应镠先生是我的业师，他在1935年入读的也是燕大历史系，而张家驹恰在这年本科毕业，转入研究院攻读研究生。他俩在燕大虽有交集却没有交往。1984年，程应镠说："我知道他已近五十年。他读研究生时我才上大学，他专攻的是宋史。当时，他并不认识我。三十年前，他从中学调到上海师专来，我们才相识。"①其后二十年，他俩是同事，同为上海师范大学中国古代史学

---

① 程应镠：《一位为人师表的学者》，《张家驹史学文存》，上海人民出版社2010年版，第526页。

科的开创者与奠基人。

燕大学人喜欢把燕园作为燕大校园的美称。历史地理学家侯仁之在其晚年自选集里开笔就说"燕京大学校园又称燕园"①，而"我们今天徘徊在山水衬托有致的燕京大学校园旧址，即现在的北京大学校园时，不免为这一度曾辉煌灿烂的学府感叹不已"。②实际上，现在北大校园比原来燕大校园为大，与侯仁之同是燕大毕业的清史名家王锺翰在其自传里指出："燕京大学坐落在北平西部（今北京大学西校门与未名湖南北一带），环境幽雅，景色宜人。"③侯仁之以其本色当行在《燕园追踪记》里附有燕大并入北大前夕的燕园本部略图，印证了王锺翰的回忆。

除去师承程应镠先生外（他在燕大历史系只读到大二，就因七七抗战而转入了西南联大），我与燕京大学本无直接关系，却因编集《张家驹史学文存》，燕大学术的雪泥鸿爪竟然以张家驹为中心，在我的视野中连缀起来。这是我编书时始料未及的。

（一）

我在《张家驹史学文存》前言中说到：

> 从燕京大学高年级起，张家驹就涉足这一问题。1942 年岁末，他自述道："此七八年来，对于中国社会中心南北迁转之史的研究，颇饶兴味。"这一研究的阶段性成果就是他的大学毕业论文《宋代东南之繁盛》。这篇论文的具体内容不得而详，他在 1935 年发表的

---

① 侯仁之：《燕园追踪记》，《晚晴集》，新世界出版社 2001 年版，第 1 页。
② 陈毓贤：《洪业传》，北京大学出版社 1996 年版，第 83 页。
③ 王锺翰：《清心集》，新世界出版社 2002 年版，第 18 页。

《中国社会中心的转移》《宋室南渡前夕的中国南方社会》与《宋室南渡后的南方都市》等文章，或许与此有关。

书出不久，北京大学宋史研究生聂文华君来邮告知，张家驹这篇毕业论文仍然完好保存于北大学位论文阅览室，还给我寄来了全份论文的照相复印件。他说，正在编《邓广铭先生年谱长编》，"注意收集其他宋史学者（像聂崇岐、张家驹、金毓黻）的相关资料，对此亦有所关注"。对我来说，这既出乎我意料之外，又让我大喜过望。鉴于我所在大学的惯例，本科毕业论文只存档四年（想想也是，现在大学招生动辄逾万，存档四年少说也有 4 万份），由于家属未能提供其手稿，对这篇 1935 年的毕业论文是否尚存天壤之间，我从一开始就不抱幻想。从复印件来看，这篇论文不仅坐实了我的推断，即张家驹同年发表的那几篇文章确乎改写自学位论文，还提供了许多《张家驹史学文存·前言》之外的燕园学术谈麈。

论文由蓝纸封面装订而成，封面上论文题目、姓名等均以宋体打印，姓名下有"燕京"两字圆形校徽。扉页评阅者前后有历史学系邓之诚与文学院院长黄子通的亲笔签名。张家驹署名下分别标有"民国二四年五月"与"学号三一〇〇三"。正文前衬页中围以黑框，内双行正书"敬以此文纪念先祖母张陈蓉姑"。据张家驹在论文自序中说："文甫成之日，方持此诣文如师归，即聆祖母之丧，时月之十日，距祖母之死旬又四日矣。祖母之与我，固又有与诸弟妹不同者，今未能见余成立而竟去矣！因以此文为纪念，并志此以示不忘。"①则其祖母是在 1935 年 3 月下

---

① 张家驹：《宋代东南之繁盛》，燕京大学文学院历史学系学士毕业论文。以下凡引此文，不再出注。

旬去世的，张家驹因在燕大做论文，似乎未能南归广州奔丧。如其自述，
他与祖母的感情"又有与诸弟妹不同者"。对这种不同，李培栋在《宋
史学家张家驹传》里有所交代：由于父母远在马来亚办教育，"幼年的
张家驹则被交给祖母带领，因此，他对祖母是很亲很有感情的"[①]。张家
驹在论文前郑重地写上纪念辞，又在自序中言及这层特殊的亲情，据此
可以推想其为人，也说明燕大毕业论文在程式上颇通人情的那一面。

论文以 300 格稿纸誊写，娟秀的工笔楷体字，让人看着就赏心悦目。
除自序、目录与征引及主要参考书目，正文共计 117 页，即便不计注释
双行，总字数也达 3 万余字，与当今史学硕士论文要求的字数相当。换
句话说，姑且不说论文质量，仅以字数比拼，当今硕士只抵得上彼时
学士。

（二）

张家驹在自序中说及与毕业论文有关的几位燕大老师：

去岁余与张亮尘师偶谈及毕业论文事，因以今题建议；商之邓
文如师，因允为指导。故文章之成，得先生之助力最多；如材料之
搜集，体例之指正，莫不经先生之口讲指画者也；又承洪煨莲师指
示方法，并志此以表谢忱。

张亮尘即张星烺，是留德回国的中西交通史专家，他在张家驹入学
前一年编成的《中西交通史料汇编》，至今仍是这一领域最基本的参考

---

① 李培栋：《宋史学家张家驹传》，《张家驹史学文存》，第 529 页。

书。据李培栋推测，张星烺教过张家驹的宋辽金元史，从"张家驹对宋史的专注始于燕京学习时期，想来，应该和张星烺的授课有关，可惜，没有什么可资证明"①，这次发现的论文自序印证了这一推断。张家驹的毕业论文实为其后来中国古代经济重心南移说的最早结胎，而"以今题建议"的适时播种则张星烺功莫大焉。

答允指导张家驹毕业论文的邓文如，即邓之诚，他不仅是清史专家，更重要的还是通史大家。据周一良自述："插班入燕京后，首先补听了一年必修的邓先生的中国通史。断代史除宋辽金元部分归张星烺先生之外，也都由邓先生讲授。"②王锺翰比张家驹低三届，也说及邓之诚的通史课："1934 年，这年正是我入燕大历史系选修中国通史的头一年，邓先生编的《中国通史讲义》以《中华二千年史》命名，列入《大学丛书》，将由上海商务印书馆出版"；他的通史课"注意历史发展分合之大势，启发学生宏观视觉，探究中国历史之分期转折；在叙述上，则纲目分明"③。可见邓之诚的通史课在燕大历史教学中的份量，各断代史中，除了张星烺揽下宋辽金元史（也许是他有意让给张星烺从辅仁大学前来兼课的），其他断代都由他主讲，即便宋辽金元那段，他当然也能开，否则他何以指导张家驹的论文呢？邓之诚的通史课与他以通史眼光指导学生论文，肯定对张家驹形成中国古代社会中心迁转说大有裨益。邓之诚在燕大历史系学生中最有口碑，这有周一良、王锺翰与侯仁之的回忆录为证。张家驹的自序对邓之诚满怀感激之情，也可与三人回忆相印证："故文章之成，得先生之助力最多；如材料之搜集，体例之指正，莫不经

① 　李培栋：《宋史学家张家驹传》，《张家驹史学文存》，第 530 页。
② 　周一良：《毕竟是书生》，北京十月文艺出版社 1998 年版，第 19 页。
③ 　王锺翰：《清心集》，新世界出版社 2002 年版，第 20 页。

先生之口讲指画者也。"他还特别提到："文成之后，复承文如师以北宋纳辽、南宋纳金岁币，皆取之榷场，疑或见《清波杂志》见告。"张家驹"因检阅周辉书而未获，遍翻诸家笔记又未得，未知所从出。以时间所限，不能逐一详阅故也。谨志此以待日后之补正"。这段记载，反映了燕大历史系在毕业论文环节上导师邓之诚倾其所知开展指导、学生张家驹一丝不苟进行研究的情况。

张家驹自序还说及"承洪煨莲师指示方法"。洪煨莲即洪业，留美七年，司徒雷登长燕大时聘他回国，先后任历史系主任与图书馆主任。他的门弟子侯仁之与王锺翰说："燕京大学之创办并使之成为与当时清华、北大齐名的国际性大学之一，先生与有力焉。"①据王锺翰自传，洪业认为："要想对中国传统文化进行有系统的整理，首先要有科学的方法。"他所授"史学方法一课分为初级和高级两阶段，对象基本上是历史系学生，高级史学方法是三年级的课，实际上是在洪先生指导下开始学习撰写毕业论文。二年级的课也多由先生率领学生进行写作实践，并不多讲理论"②。诚如张家驹所说，他在洪业那里受到的主要是方法论的指示与学术规范的训练。王锺翰回忆与他同修洪业这门课的同届同学，就有我的业师程应镠，而"高一班或两班的有侯仁之、周一良、龚维航（澎）、赵宗复等"，侯仁之、周一良与王锺翰后来都成为史学名家，龚澎与赵宗复离校后投身革命，一个成为外交家乔冠华的首任夫人，一个在1949年后出长山西省教育厅。这是题外话，却也可见当年燕大"同学少年多不贱"，张家驹不过其中之一，尽管亮度略见逊色。

---

① 侯仁之、王锺翰：《洪业传·序》，《洪业传》，第1页。
② 王锺翰：《清心集》，第29、33页。

（三）

张家驹是 1931 年从广州考入燕大的，他的二哥家良其时在燕大英文系读三年级，这肯定影响了他的择校。次年，周一良插班入读燕大历史系，与张家驹同届，他后来这样回忆他的同窗：

> 这一年级一共三人，另两位都来自广东，一为张家驹，专治宋史，后在上海师范大学任教，著有《两宋经济重心的南移》。他的夫人杨淑英，燕大社会系学生，也是邓懿（周一良夫人）的好友。家驹的公子在文化革命中失踪，家驹去世后，杨淑英和孙儿张飙相依为命，在上海教中学，极受学生欢迎。另一位同班同学刘选民，毕业后回香港。①

这段杂忆有一点需要纠正，张家驹唯一的儿子在"文化大革命"中并非失踪，而是那个时代屡见不鲜的"非正常死亡"。程应镠在纪念文中说到："就在这些日子里，他的独子在广东被迫害而死，丢下年轻的妻子和出生不久的儿子。他从没有对人诉说过这摇撼了他肉体和精神支柱的悲哀，工作一如以往，只是更沉默了。"②这是 1967 年的事。张家驹为孙子取名文飙，小名叫飙飙，并非周一良所说的单名。

另据 1936 年 10 月 15 日出版的燕大《史学消息》第一卷第一期中《历史学会会讯》一栏载："张家驹张君于上月二十九日与本校社会系毕

---

① 周一良：《钻石婚杂忆》，三联书店 2002 年版，第 37 页。
② 程应镠：《一位为人师表的学者》，《张家驹史学文存》，第 527 页。

业生杨淑英女士订婚于广州。志同道合，相得益彰。"而次年 6 月 1 日出版的《史学消息》第一卷第七期《会讯》栏则载"会员喜讯"说："本会会员张家驹君于四月廿八日在广州与杨淑英女士（本校社会学系毕业生）举行结婚典礼，本会会员多有电贺云。"杨淑英 1936 年从燕大社会学系毕业，学士论文题为《近二十年来研究中国家族制度的趋势》。杨淑英比张家驹低一届，她的学士论文的评阅者分别为吴文藻与杜开道：杜开道的落款为"法学院长"，燕大社会学系隶属于法学院，他只是署名而已；吴文藻的夫人就是著名作家冰心，他的落款为"社会学系"，应是论文的指导教师（费孝通与雷洁琼当时都在社会学系任教）。张家驹在研究中国社会中心迁转说时，颇具西方社会学的方法与视角，其中是否也有这位佳偶"志同道合，相得益彰"的间接影响呢？

（四）

据周一良说，"燕京大学的学生人数不多，约八百人"①。王锺翰则说："燕大历史系虽是一个小系，却颇有一点名气。我进入燕大时，全系师生加起来不过三十来人，老师几乎与学生相等。"②历史系一届仅三五个本科生，在读共四届，最多也就二十来人。不妨再来打量当时燕大历史系的教师队伍，综合周一良、王锺翰与侯仁之的回忆，除去曾指导张家驹论文的邓之诚、张星烺与洪业，此外还有顾颉刚、钱穆、谭其骧，外籍教师则有李德（美国人，教西洋中古史）、贝特（英国人，教世界

① 周一良：《毕竟是书生》，第 22 页。
② 王锺翰：《清心集》，第 19 页。

古代史）、王克私（瑞士人，讲中国基督教史）。我们常引用梅贻琦的名言："所谓大学者，非谓有大楼之谓也，有大师之谓也。"①反观当年燕大历史系，后人也许无法评骘三个外籍教师，但中国教师中哪一个不是令人敬仰的史学大师呢？放在当今大学，哪个历史系只要有其中一位坐镇，就足以让全国史学界肃然起敬的。

唯其如此，张家驹的一篇学士论文，竟然有三位史学名家共同指导，其史学研究起点之高可想而知。这篇学士论文的参考书目就达 10 页，101 种，这种阅读量，即便在当今历史学硕士论文中，也不多见。由于《宋会要辑稿》抄稿孤本迟至次年才影印行世，张家驹尚未寓目，故而他提醒自己："又一，《会要》终未得见，税收数目，多有未详。容于他日再图增补之。"相比之下，现在指导大学学士论文，还会排出三位大家指导一个学生的近乎奢华的阵容吗？我们听到的，往往是博士生导师连自己的博士生都认不过来的学界笑谈。

王锺翰曾自豪地回忆，在他就读时，"燕大不仅在建筑环境方面在古都大学中首屈一指，而且在学术水平上，经过二三十年惨淡经营，也后来居上，跻身一流大学，与清华、北大鼎足而三了"②。当时，燕大实行本系学生可以选听外系课程的做法。据周一良回忆，他听过一门到几门课程的外系教授，"国文系有顾随、郑振铎、马太玄，英文系有包贵思、柯岔喜（皆美国人）；哲学系有张东荪、黄子通，社会学系有雷洁琼；法律系有李祖荫；经济系有崔敬伯等"③。顾随、郑振铎、张东荪、

---

① 梅贻琦：《就职演说》，《清华大学校刊》第 341 号（1931 年 12 月 4 日），转引自《梅贻琦与清华大学》，山西教育出版社 1995 年版，第 301 页。

② 王锺翰：《清心集》，第 18 页。

③ 周一良：《毕竟是书生》，第 18 页。

雷洁琼的盛名，现在还众所周知。其他人因时世变迁，识者略少，但当年也决非等闲之辈。马太玄，与其兄马裕藻、马衡、马鉴，加上其弟马廉，合称"五马"。李祖荫则是民法学家，1949 年后曾任中央法制委员会委员兼民事法规委员会主任，兼任北大教授。崔敬伯是留英归来的财政学家，担任过国民党政府财政部直接税署副署长。至于黄子通，也就是在张家驹论文扉页上署名的那位文学院长，著有《儒道两家哲学系统》，武汉大学 1949 年前最后一届哲学系主任，院系调整后到北京大学，著名物理学家黄昆就是其侄，顺便说一句，黄昆也是从燕大毕业的。

周一良听过的这些名家课，或许其中相当部分，张家驹也听过。据《顾颉刚日记》1935 年 6 月 22 日载，燕大文学院"决定奖学金领受学生"，共九人，国文系有陈梦家，历史系四人，周一良、张家驹与刘选民这届三人全部在内。当时燕大把学生精雕细刻当作艺术品来培育的。我们不是经常感叹 60 年来培养不出大师吗？当下的大学，是把学生当作教育流水线上的产品来批量制作的。尽管大楼可以越盖越豪华，但其中有当年燕园那样的大师吗？没有大师的大学，即便招生数是当年燕大的十倍二十倍乃至更多，从中能走出像周一良、谭其骧、侯仁之、陈梦家这样的大家吗？

我的老师程应镠先生只在燕园读过两年书，20 世纪 50 年代，与燕大同窗晤面时，却对那段岁月情有独钟，赋诗云：

想得燕京读书日，尚余春梦足清谈。[1]

---

[1] 程应镠：《与周游柯华力野荣声集于中苏友谊餐厅》，《流金集》（诗文编），上海师范大学人文学院历史系 2001 年版，第 293 页。

燕京大学在 1952 年戛然划上了休止符，燕园旧址成为北大校园，往事旧痕在这些学子记忆中犹如飘忽的春梦。如今，从燕园走出的末代学人也将最终怀着当年的春梦渐次从历史的前台淡出。那时，也许连聊供清谈的春梦也没有了罢！

二、顾颉刚与谭其骧笔下的张家驹

作为 20 世纪宋史研究的先行者之一，张家驹的行事令人大有"零落成泥碾作尘"之慨。他的传记，主要有连襟李小松的《青山隐隐水迢迢——记宋史学家张家驹》①、好友程应镠的《一位为人师表的学者——张家驹同志逝世十周年》，学生李培栋的《宋史学家张家驹传》（与上文均收入《张家驹史学文存》）。

2014 年是他的百年诞辰，我为"张家驹宋史人物传记"写改版前言，在《顾颉刚日记》与《谭其骧日记》里颇见他与两位大家关系的雪泥鸿爪，便随手辑录，略加疏理，为学术史进一谈麈。

（一）

1931 年，张家驹考入燕京大学历史系，1935 年本科毕业，当年进燕大研究院读研究生。顾颉刚自 1929 年起为燕大国学研究所导师研究员，次年兼任历史系教授；1931 年，国学研究所停办，改任哈佛燕京学社研究员；1934 年起，创办并主持《禹贡》半月刊。顾颉刚在燕大的任职，到抗战军兴才告中止。他与张家驹的第一次交集就在燕大五年间。

---

① 《广州文史资料》第 38 辑，1988 年。

1932 年，张家驹参与周一良负责的《新唐书宰相世系表引得》编纂，由哈佛燕京学社引得编纂处印行，其时顾颉刚正是该学社的研究员，他对周一良与张家驹的关注或始于此。1935 年 6 月 22 日，顾颉刚日记说："今日决定奖学金领受学生"，所记历史系受奖者有"邝平樟、周一良、张家驹、刘选民、（候补）姚家积"①。据周一良说，"1935 年从燕京大学历史系毕业后，我在哈佛燕京学社领取奖学金（年五百元），作了研究生"②。顾颉刚作为哈佛燕京学社研究员兼历史系教授，对决定奖学金人选或起一定影响。次年 7 月 2 日，他在日记里说"一良、家驹来"③，两人应同以研究生身份去谒见未来导师之一的顾颉刚。但周一良当年暑假就放弃哈佛燕京的奖金与燕大的学位，转入中研院史语所陈寅恪门下；张家驹也只读了一年，即因家境变故而辍学南归。

再说谭其骧，他在 1930 年考入燕大研究院，两年后毕业，执教辅仁大学；1933 年起，回燕大兼授"中国地理沿革"课；次年起协助顾颉刚编辑《禹贡》。其间，与张家驹也开始了第一次学术交集。

> 到 1933 年张家驹升读三年级，历史系开出这门课时，年仅 22 岁的谭其骧已经从研究部毕业，并已由邓之诚介绍在辅仁大学教了一年地理沿革了；因为教学效果很好，这年燕京也聘请年轻的谭授课。听课的学生除张家驹外，还有侯仁之等。地理沿革课肯定引起张家驹的浓厚兴趣，不久，他就写下一篇文章《宋代分路考》。④

① 顾颉刚：《顾颉刚日记》第 3 卷，联经出版事业公司 2007 年版，第 358 页。
② 周一良：《钻石婚杂忆》，第 59 页。
③ 顾颉刚：《顾颉刚日记》第 3 卷，第 499 页。
④ 李培栋：《宋史学家张家驹传》，《张家驹史学文存》，第 530 页。

　　这篇开创性的宋代政区沿革报告，大获谭其骧好评，1935 年刊发在他协编的《禹贡》上，他建议张家驹将往返论学书札一并随文发表。查附录刊载的张家驹去函有四份，谭其骧复函却仅录第二札。据张家驹说，是他弄丢了老师第一次复函：

　　　　来示敬悉。关于刊印讨论函件事，生意以为甚是，刻已将来示奉上。至第一函，因房舍搬迁时曾将所有函件包裹，存于四楼之储物室，一时竟未觅得，至为抱歉。惟大意生亦能约略忆之，大概尊函所言三事。（中略）来示中大意大概若是，苟先生不嫌烦琐，或可重写一篇，刊之篇末也。①

　　但谭其骧终于没有"重写一篇，刊之篇末"。从去函看，张家驹对仅年长三岁的谭其骧十分敬重：

　　　　来示教悉。先生所言各点，生亦大以为然，盖生所言元祐元年分路各点，所举证据均不充分，至是已大白矣。前所举列河北淮南不分路之例，亦当如先生言，乃当时人沿袭北宋早年制度已。窃以为考据之难即在于此。盖当时人记之无心，而后人反因此而凿凿有据也。②

　　但后来两人交谊介乎师友之间，年龄接近固然有关，业余爱好相仿或许也有关系。谭其骧"一直钟爱昆曲"，在燕京期间追看名角演出，

①②　张家驹：《宋代分路考》，《禹贡半月刊》1935 年第 4 卷第 1 期。

粉墨登场玩票，都曾留佳话。①而张家驹"自少年时代喜爱戏剧和音乐，并曾经参与表演，燕京大学时，他就是民乐队的'打鼓老'"。另据其好友朱延辉诗说他"粤乐灌片传，粤港享盛名"，还灌制过粤剧唱片。②他们对传统戏曲的共同嗜好，保持到后来沪居时期。

张家驹对顾颉刚的关系当然更恭敬。1936 年，张家驹中断学业，南归广州。时隔一年，抗战全面爆发，顾颉刚辗转大后方，仍关心着身居敌占区的旧日学生，1942 年 7 月 15 日他曾致信张家驹（信不存）。③这是他们在 12 年间仍有联系的唯一记载，再晤却已在抗战胜利后。

（二）

自 1946 年起，顾颉刚在沪接手了大中国图书公司等多家出版事务，似乎有意凭借横跨学术与教育两界的优势，干一番出版学术书与教科书的事业，也招来了"顾老板"的绰号。次年 4 月 17 日，顾颉刚致信广州的张家驹（此信不存），可以推断，他急切希望借重这位旧学生，故在 6 月 27 日，"发张家驹电"，迫不及待招其来沪。④对此，李培栋说：

> 1947 年，上海大中国图书局和亚光舆地学社联合聘请他去作编
> 辑。张家驹没有到过上海，但是，在燕京大学教过他的老师如顾颉
> 刚（此次聘请应是他介绍的）、郭绍虞等却都在上海。

① 葛剑雄：《悠悠长水：谭其骧前传》，华东师范大学出版社 1997 年版，第 61—64 页。
② 李培栋：《宋史学家张家驹传》，《张家驹史学文存》，第 531 页。
③ 顾颉刚：《顾颉刚日记》第 4 卷，第 708 页。
④ 顾颉刚：《顾颉刚日记》第 6 卷，第 51、82 页。

李培栋认为，张家驹"家乡情结很重"，之所以"下定决心全家来到上海，从此开始他在上海的工作生活"，看来顾颉刚的电召作用不可谓不大。①

张家驹应是7月抵沪，应聘就职的。8月3日，顾颉刚回故乡苏州，"张家驹自沪来，留饭。……与家驹及高、崔二女士同观古物。……与家驹、玉华、守堃及高、崔二女士同到青年俱乐部吃茶，遇诗铭、毓芬（引按：诗铭即方诗铭，毓芬是其未婚妻，顾颉刚次日记及为他俩证婚）。十时许归。家驹言，苏、沪较广东为热，长江流域夏日真不可居"。张家驹当晚住在苏州，初来乍到，他显然不习惯当地气候。次日一早，顾颉刚"与张家驹到松鹤楼吃点"，并让他将致主管亚光舆地学社主管金擎宇的信函带回沪上。8月14日，顾颉刚与夫人在上海，早上"到武昌路广东馆吃粥。归，张家驹夫妇来"，便"与家驹夫妇到上海酒家再进点"。②张家住在四川北路，与顾颉刚其时在沪寓所看来相近，师生走动已相当亲近。其后直到1954年迁居北京，顾颉刚在日记里频繁记及张家驹，内容多与其主持的书业有关。

1949年，顾颉刚在7月28日记到："（金）擎宇来，改家驹所作募股启。……到亚光，与擎宇同到史地学社，开会，商募股事。今日下午同会：擎宇、凌大夏、董石声、马宗尧、张家驹。名为劳军，……总额定百亿元，书业公会摊到六千万元，大中国被摊四十五万元，亚光亦十余万元。"③令人感兴趣的是，倘若以大中国公司摊额测算，当时沪上类似私营书业应该不下百余家。

---

① 李培栋：《宋史学家张家驹传》，《张家驹史学文存》，第534页。
② 顾颉刚：《顾颉刚日记》第6卷，第97、102页。
③ 同上书，第492页。

这年 11 月 26 日，顾颉刚召集金擎宇、张家驹、董石声、刘思源"讨论中国史地学社出图事"。考虑到随着政权的更迭，中外地图势必面临着以新代旧的市场需求，这既是不错的商机，也不失为政治表态。这次会后，张家驹主要就为 1951 年上海舆地学社编的《新世界地图》与次年亚光舆地学社编的《中华人民共和国分省新图》撰写图说。1950 年 8 月 17 日，顾颉刚"看张家驹君所作世界地图说明书，略加修改"。这年 8 月 31 日，他在开具暑期所作 20 件事中就列入"修改张家驹所作世界地图说明书"。11 月 18 日，应出版社之嘱，顾颉刚"将《中华人民共和国分省地图》之说明书即速修改，……地图说明书为张家驹君作，材料甚丰富，而文字嫌噜苏晦涩，颇多应修改处。篇幅甚长，须费大工夫也"①。他肯定其内容而不满其文字。至次年 1 月 2 日，顾颉刚将《分省地图》说明"全书改讫"时说："张家驹君作地图说明二十五万言。予自归后即改，直至今日始毕，亦一巨工也。"2 月 17 日复云："家驹所作两种地图说明，自十一月十八日改起，至今三个月，始得改讫，综计约四十万言，诚一大工程。然予因此，对地理智识得丰富些，亦是在工作中求进步也。"充分肯定了张家驹撰写的图说。1951 年 8 月 26 日，顾颉刚接到电话，告知"张家驹与工会冲突，要予调停，因即往"。②冲突细节已不得而知，但以张家驹谦谨隐忍的个性，竟与所在工会发展到冲突，也足见其严重的程度。

1951 年全国高校院系调整，谭其骧从浙江大学调入复旦大学，顾颉刚也受聘为复旦的兼任教授。7 月 22 日，顾颉刚、张家驹与亚光同事凌

---

① 顾颉刚：《顾颉刚日记》第 6 卷，第 552、674、681、694 页。
② 顾颉刚：《顾颉刚日记》第 7 卷，第 3、21、103 页。

大夏、金竹安做东宴请陈梦家夫妇、张芝联、周谷城、胡厚宣、谭其骧等①，或与院系调整之际迎来送往有关，张家驹与谭其骧也开始了海上学界的新交集。

9月2日，顾颉刚到四马路会宾楼赴宴，这年他虚年59岁，他称"不知何人谬传予今年六十"，"诸人乃为予祝寿"。参与祝寿活动的海上学人除了张家驹，还有孙雨廷（即孙为霆，吴梅弟子）、王育伊（时为上海图书馆筹备委员）、魏建猷、赵泉澄与陈懋恒夫妇（赵、陈同为顾颉刚弟子，次子即海上早期围棋名手赵之云）、杨宽、方诗铭、洪廷彦、郦家驹、胡厚宣、谭其骧。16日，张家驹夫人前往大华医院，探望产后的顾颉刚夫人张静秋。10月27日，顾颉刚夫妇在锦江饭店为新生儿摆了五桌满月酒，回谢学界名流有顾廷龙夫妇、潘景郑、王煦华、郭绍虞夫妇、张家驹夫妇、赵泉澄夫妇与章巽。与上月祝寿名单相比，张家驹夫妇与顾颉刚夫妇私交情分似更多些。1952年起到顾颉刚北上，张家驹夫妇每年正月都到顾家拜年，也说明了这点。1953年1月18日，顾颉刚赴亚光同事凌大夏婚宴，记及与张家驹夫妇及其子行健同席（张行健是张家独子，"文革"中在广东受迫害而死）。②

1954年夏，顾颉刚决定调京。7月27日晚上，沪上学人在大来饭店设宴送别。除了张家驹，其他学人有林举岱（时为华东师大历史系教授）、王国秀（曾任圣约翰大学历史系主任，时为华东师大图书馆馆长兼历史系教授）、李平心、谭其骧、章巽、陈子展、梅公毅（时为华东师大历史系教授）、胡厚宣、戴家祥、魏建猷（时为上海师专历史科副

---

① 顾颉刚：《顾颉刚日记》第7卷，第91页。
② 同上书，第105—106、111、128—129、183、335、348、502页。

教授）。8 月 20 日，顾颉刚登车北上，张家驹与谭其骧、魏建猷、胡厚宣、章巽到火车站送行。①

随着顾颉刚北上，这对师生的密切交往暂告段落。1959 年 3 月上旬，张家驹有一次北京之行。顾颉刚 3 月 4 日日记说，"历史第二所召开中古史会议，故各大学之教中古史者云集"。张家驹时为上海师院中国古代及中世纪史教研室主任，赴京应即参加这次全国性会议的。3 月 6 日，他与亚光旧同事凌大夏到顾家拜访老师。11 日，已调入北京地图出版社的金擎宇做东，宴请顾颉刚、谭其骧、张家驹与凌大夏夫人。13 日，顾颉刚往前门饭店"访季龙（即谭其骧）、筱苏（即史念海）、家驹、宽正（即杨宽）、蒙思明，并晤王树民、杨品泉、尚钺等"。次日，他再到前门饭店，"晤季龙、朱永嘉、厚宣。与张家驹、杨宽、史筱苏同到动物园游览，茗于牡丹亭。十二时半到莫斯科餐厅饭。与家驹到天文馆，看《飞向月球》。四时归"。在学者云集应接不暇的会议间隙，顾颉刚居然忙里偷闲与张家驹到天文馆同看科幻电影，让人体会到浓浓的师生温情。②

（三）

顾颉刚北上后，张家驹与谭其骧同在沪上史学界。1961 年，张家驹新选为上海史学会理事，谭其骧则与吴泽、杨宽同为理事会中国古代史组召集人，两人往还肯定不少。据有关传记，"张家驹 60 年代曾参加《中国历史地图集》的编绘"。《张家驹传》也说："这对燕京当年的师生

---

① 顾颉刚：《顾颉刚日记》第 7 卷，第 574、583—584 页。

② 顾颉刚：《顾颉刚日记》第 8 卷，第 583、584、587 页。

本来就是学术知己,谭先生这时邀请他参与此工作,张家驹当然欣然应邀。他不顾自己业务多忙,每周总到复旦大学去工作一整天。"①

1965 年 11 月 10 日,姚文元发表《评新编历史剧〈海瑞罢官〉》;25 日,上海市社联与所属历史学会召开座谈会,谭其骧与张家驹似都应与会的。十天后,张家驹在《文汇报》发表《论海瑞的评价不宜过高》,或即据座谈发言撰成的。同年 12 月 31 日,《文汇报》再次举行座谈会,邀请文史两界知名人士讨论吴晗的《关于〈海瑞罢官〉的自我批判》,谭其骧以复旦大学历史系主任、张家驹以上海师院历史系副主任的身份在邀请之列,也都做了发言。受邀与会并发言的还有周予同、周谷城、蒋星煜、刘大杰、李俊民、束世澂、杨宽、魏建猷、陈守实、李平心、朱金城等。这次座谈的发言都摘发在次年 1 月 7 日《文汇报》上。②

遗憾的是,他俩"文革"以前的学术交往,谭其骧当时未留日记,唯有《文革日记》记及他们在那个非常年代的往还痕迹。

"文革"开始不久,复旦大学历史系不仅贴谭其骧的大字报,"系内大字报涉及张家驹亦加×",应即涉及他与张家驹的特殊关系。1967 年 6 月 27 日上午复旦大草坪"开军训动员大会",下午上海史学界斗批联络站在复旦大礼堂召开批判史学界修正主义黑线誓师大会,谭其骧日记说"此二会皆不找余等参加"。而在 7 月 3 日日记里则追记:"上午到室,始悉 6 月 27 日下午之会有魏文伯、杨永直、陈其五、沈以行(历史研究所负责人)、周谷城、吴泽、魏建猷、张家驹八人被揪上台。周予同因病获免。"被斗对象里,前三人为华东局、上海市委与复旦大学"修正主义

---

① 葛剑雄:《谭其骧前传》,第 51 页;李培栋:《宋史学家张家驹传》,《张家驹史学文存》,第 539 页。
② 葛剑雄:《谭其骧前传》,第 351 页。

当权派"，沈以行代表上海历史研究所，周谷城与吴泽分别代表复旦大学与华东师大历史系，魏建猷与张家驹时为上海师院历史系正副主任。8月7日，上海造反派在静园书场批斗石西民与杭苇，上台陪斗的有周谷城、徐仑、杨宽、姚耐等。批斗会十时许结束，谭其骧"出场晤张家驹，步行至永安公司上电车"。静园书场在江宁路与南京西路口，在步行到永安公司（今华联商厦旧址）的一路上，说些什么，日记当然不能记。但同年10月22日，谭其骧却记道：

> 星期日。下午四川路一转，买水果、糯米，吃点心。访（张）家驹。欲改写大字报，仍未动笔。①

尽管风涛险恶，必须改写大字报应付，但谭其骧点心照吃，知友照访，他与张家驹的师友之谊由此可见。

1968年，"文革"进入所谓"清理阶级队伍"阶段，张家驹因抗战期间在中山县警察局做过半年科员，自然属于"清查"对象。这年6月27日谭其骧语焉不详地记下"了解张家驹"五字②。作为对照，顾颉刚同年12月30日日记比较明确："到所。……上海师院人来，访问张家驹事。六时毕，回室取物则已上锁。七时归。"顾颉刚有失眠症，这夜"服药三次乃眠"，是否与这次"外调"（"文革"时期指派专人到外单位调查本单位"有问题"对象）有关不得而知。③

1971年元旦，谭其骧"下午三点到政协座谈学习元旦社论体会，至

---

① 葛剑雄编：《谭其骧日记》，文汇出版社1998年版，第111、146—147、150页。

② 同上书，第167页。

③ 顾颉刚：《顾颉刚日记》第11卷，第59页。

六点。四川路吃饭，饭后访家驹，谈到八点半归"①。看来，他是特地到四川路晚饭以便访友长谈的。早在 1969 年 4 月，谭其骧奉命恢复谭图的编绘工作，其时辽夏金图初步完成，即将着手宋图编绘。张家驹谙熟两宋地理，这次夜访不知与编绘宋图是否有关。1971 年 4 月，周恩来批示"二十四史"校点仍"由顾颉刚先生总其成"。不久，张家驹承担起《宋史》标点组的通读之责。参加《宋史》标点的除原上海师院的张家驹、程应镠与魏建猷等，还有复旦大学与原华东师大（时与上海师院等合并为上海师大）历史与中文两系的学者。张家驹因谭图编绘与"二十四史"标点与谭其骧恢复了频密的往还与合作。

1972 年 2 月 15 日，农历初一，张家驹与原亚光同事金竹安到谭其骧寓所贺年。3 月 1 日，谭其骧"四点半后入市找金竹安，又找家驹，同至扬州饭店吃饭"。②

4 月 25 日，谭其骧"一早赴（上海）人民出版社出席会议，谈《地理志》标校体例，至晚六点始毕。中午偕家驹在长虹吃饭。晚在出版社吃饭"③。张家驹显见也参加这次体例讨论会的，两位老友中午自个儿聚餐。7 月 10 日，谭其骧"八点半后开标点事学习会，以自今起中文系四人及张家驹、汤志钧来参加三校也"④。

10 月 12 日下午，谭其骧"赴市革会出席座谈会，谈学习研究方面有何打算，安排存在什么问题和困难，及学术讨论问题，出席者郭绍虞、漆淇生、胡曲园、陈守实、周谷城、蔡尚思、杨宽、程博洪、刘佛年、

---

① 葛剑雄编：《谭其骧日记》，第 235 页。
② 同上书，第 272、274 页。
③ 同上书，第 278 页。
④ 同上书，第 286 页。

吴泽、冯契、赵超构、林举岱、张家驹、曹融南十七人。吴瑞武主持，朱永嘉参加，五点三刻结束"①。

10月30日，谭其骧一早"赴绍兴路（上海人民出版社）出席标点廿四史座谈会，以北京来赵守俨等三人，要求交流情况也。中午偕家驹、建猷在长虹吃饭"。②张家驹与魏建猷作为《宋史》标点组代表参加了这次交流。

魏建猷与顾颉刚也是在燕京大学结识的，1931年至1933年他在燕大图书馆担任中日文编考部助理员。"时在燕京大学任教的顾颉刚、郭绍虞先生经常到图书馆查阅资料，魏建猷也时常向他们请教，并相互切磋，他与顾颉刚的友谊，一直保持终身。"③顾颉刚恢复"二十四史"校点"总其成"之责后，自然知道魏建猷与张家驹在《宋史》标校组。1973年夏天，他致信魏建猷：

> 自一九七一年以来，彼此负标点"廿四史"之责，闻兄与张家驹兄同任《宋史》工作。此书卷帙既多，牴牾必夥，应参考之文集笔记数量尤钜，想参加人数必然不少。何时可以毕工？念念。④

阔别十余年后，顾颉刚依然牵挂着张家驹。这时，张家驹通读标点本《宋史》的进展如何？据程应镠先生回忆：

① 葛剑雄编：《谭其骧日记》，第297页。

② 同上书，第299页。

③ 周育民：《风雨八十载：魏建猷传》，《史魂：上海十大史学家》，上海辞书出版社2002年版，第356页。

④ 顾颉刚：《顾颉刚书信集》第3卷，中华书局2011年版，第510页。

1973年他动了一次大手术，出院之后，在家休息，仍手不释卷地做通读工作。我最后一次去看他时，因手术后的综合症，他已卧床不起。在标志着大不幸即将到来的一片凌乱中，首先进入我眼帘的，还是他和他手中的那本书——百衲本的《宋史》。那时，他已经不能吃什么了，连鸡汤都难以下咽了。①

1974年3月18日，张家驹与世长辞的"第二天，谭其骧教授赶来看他"，送他最后一程，"为医院没能精心医治而悲伤难平"②。

三、张家驹与他的《宋代社会中心南迁史》

我入读上海师范大学时，张家驹先生已经去世四年，当时也不知道其人其书。我学宋史，追随的是程应镠先生，从先生那里才听说张家驹的大名。程先生说，他只是校点了《宋史》，材料熟悉些，对宋史还缺乏全面研究；已故的张家驹先生才是宋史专家。也许受到指点，大学一二年级，我阅读了所能找到的张家驹著作：《赵匡胤传》《沈括》与《两宋经济重心的南移》。尤其是第三本书，视野的开阔，史料的翔实，给一个宋史初入门者留下了深刻的印象。

2010年，由我经手选编的《张家驹史学文存》收入了他的三部著作：《宋代社会中心南迁史》《两宋经济重心的南移》与《张家驹史学论稿》，其中《宋代社会中心南迁史》尤其值得一说。

---

① 程应镠：《一位为人师表的学者》，《张家驹史学文存》，第527页。
② 李培栋：《宋史学家张家驹传》，《张家驹史学文存》，第534页。

（一）

中国古代经济重心的南移，不仅关系到对中国经济史的总体把握，也影响到政治史、社会史、文化史与历史地理诸多领域，堪称中国古代史研究的核心课题之一。在张家驹之前，虽有学者对南北经济嬗变消长做过零星的探索（其中较著名的日本学者为桑原骘藏与加藤繁，中国学者则有丁文江、谭其骧与全汉昇等），但将这些不成系统的关注提炼为一个关系中国史全局的重要命题，并给出全方位论证的，张家驹功莫大焉。

从燕京大学高年级起，张家驹就涉足这一问题。1942 年岁末，他自述道："此七八年来，对于中国社会中心南北迁转之史的研究，颇饶兴味。"这一研究的阶段性成果就是他的大学毕业论文《宋代东南之繁盛》。他在 1935 年发表的《中国社会中心的转移》《宋室南渡前夕的中国南方社会》与《宋室南渡后的南方都市》等文章，或许与这篇毕业论文有关。

1936 年，张家驹中止在燕京大学研究院的学习，南下故乡广州谋职，其研究却并未中辍，"积久而卡片愈众，亦不敢有意于著述也"。但不久抗战全面爆发，他也辗转播迁，积累的资料"多所散佚"。1938 年，他流寓香港，重搜史料，"始复旧观"。次年岁杪，他着手撰著《宋代社会中心南迁史》，至明年春，草就上篇。1941 年岁末，太平洋战争爆发，香港随之沦陷，他继续在"火线之下，潜心工作"。他自述其情其景说："维时鏖战方酣，炮轰之声，晨昏不绝，作者蛰伏斗室，如若无闻。自念生命危于顷刻，益觉时光之可贵。"这种不惜以生命写历史的精神，让人想起中国史家"史不可灭"的古训，也让人想起数学家高斯在拿破仑围城时研究不辍的执着精神。1942 年 3 月，他"逃难故乡，续成最后两章"。而战祸却使他的"所有卡片，悉数牺牲"。①

孰料业已完稿的《宋代社会中心南迁史》，依旧命运多舛。张家驹先以初稿自珍，后来屡经删易，最后考虑免遭兵火之灾，才决定由人介绍正式付梓。然而，负责印行的协荣书馆只印出半部书稿即告倒闭，在 1944 年草草装订行世。如今，这存世的半部原版本也颇罕见，唯在《民国丛书》第 5 辑中尚能一睹其貌，目录上标明《上篇——沿革考》，但没有版权页，下篇却就此不知所终。

对这半部《宋代社会中心南迁史》，1949 年以后，张家驹在多次填写的履历表上从不提及，直到他为湖北人民出版社 1957 年版《两宋经济重心的南移》写《后记》时，依旧讳莫如深，好似浑无此事。据曾与其共事的李培栋教授推断，主要原因也许"书是在沦陷区出版的，他认为不光彩"，而他又在沦陷区警察局供职过半年，历次政治审查与 1957 年的反右，让他对此噤若寒蝉。而实际上，张家驹对这半部著作，却是相当看重的。这次为出版《张家驹史学文存》，笔者前往国家图书馆查对原书缩微胶卷，缩微胶卷也没有版权页，只在首页标明："广州：协荣印书馆，1944"，可知该书正式出版应在 1944 年。《七十六年史学书目》著录为 1942 年商务印书馆出版，年份或许是据该书《弁言》"民国三十一年十二月作者自记"的落款。但为何最初委托商务印书馆最终却由协荣印书馆印行，两者关系如何，至今说不清楚。不过，令人注目的是，其上有他 1946 年 9 月 5 日的亲笔题签："国立北平图书馆惠存　作者持赠。"这一持赠本应是他在广州亲自邮寄的，足见他还是希望这半部书

---

① 张家驹：《宋代社会中心南迁史·弁言》，《张家驹史学文存》，第 2 页。

传之后世的。

（二）

在这半部《宋代社会中心南迁史》中，张家驹借鉴了人文地理学、文化学与社会史的方法与视野，对自己所研究的课题确立了一个主导性思想：

> 民族国家之发展，文化随而扩充；混合同化之结果，社会中心亦因以转移。盖每一次迁徙或扩张，势必促成新旧民族之接触。结果必使在文化上一面受原有居民之影响；一面则胜者及其文化，终为土著所吸收，其行甚缓，厥功甚伟。

在这一思路的引导下，他对中国历史上社会中心的转移提出了自己的观点：

> 约分析之，以为三期：（一）自上古以迄西晋，北方实为根本，衣冠人物之所萃；南方鄙野，形势悬殊，三千年来，可称为北方中心时代。（二）及至五胡大入，中枢南移，以至北宋之末，经营垂八百年，筚路蓝缕，始克相颉，是可为文化统一时代。（三）降及近世，八百余载，中原屡劫，鼎祚数迁，南方以成首要，富盛无伦；北方衰老，迥相判别，至是可称为南方中心时代。①

---

① 张家驹：《宋代社会中心南迁史》，《张家驹史学文存》，第5、6页。

　　这一分期，在《两宋经济重心的南移》中概括为北方的全盛时代、南北对立时代与南方的全盛时代，但分期坐标点与基本特性却是一以贯之的。

　　在这半部残书中，张家驹认为，在中国社会中心的南移过程中，永嘉南渡与安史之乱是两个关键性的转捩。由于前者，东晋南朝的二百七十一年间，"汉族文化之播迁，以及南方物质之建设，经时既久，成绩昭著。中国文化中心南移，斯为一大枢纽。"而"安史之乱，不特有唐一代盛衰之枢纽，抑亦吾国史上社会文化之一大转捩也。吾文以北宋南渡至近代划为南方极盛期。实则此极盛期之开端，早轫于此，至南宋乃臻成熟耳。"①《两宋经济重心的南移》重申了这些基本论点，并结合两宋历史把靖康之变与紧随其后的宋室南渡作为中国社会中心南移最终完成的历史坐标。可以推断，这些原来应该是他在亡佚的后半部书中展开的内容。因此，张家驹关于中国社会中心南移的总体思路与系统观点，在其 1942 年完稿、1944 年问世的《宋代社会中心南迁史》中已经完形。

　　现在看来，张家驹对中国经济重心南移说的总体研究思路十分明晰。他在 1942 年完成的《宋代社会中心南迁史》，只是一个初稿，据该书《弁言》说："将来战局敉平，得集大雅之诲，以正纰缪。然后遍历南北，博览群籍；纵游江湖，搜访遗迹。补之定之，期于异日。而全部之《中国社会中心南北迁转史》，亦冀可得以问世。"可见，他立志撰述的是《中国社会中心南北迁转史》，《宋代社会中心南迁史》只是宋代以前部分，即便这一部分，他还准备通过"博览群籍"与"搜访遗迹"，即

---

① 　张家驹：《宋代社会中心南迁史》，《张家驹史学文存》，第 37、70 页。

从文献史料与实物史料两方面予以充实完善，然后补足元代以后部分，最终完成他构想中完整的《中国社会中心南北迁转史》。然而，造化弄人，张家驹没有料到，他所付印的《宋代社会中心南迁史》却残损了半部，现存《沿革篇》的内容仅包括五代以前部分，宋代部分已经亡佚。他在 1957 年出版的《两宋经济重心的南移》，实际上是在补写那业已亡佚的半部书。

对照张家驹自拟的三部书名，40 年代分别是《宋代社会中心南迁史》与《中国社会中心南北迁转史》，50 年代则是《两宋经济重心的南移》。作为关键词，"南移"与"南迁"差别还不大，而"社会中心"与"经济重心"的区别还是显而易见的。"社会中心"具有社会史的丰富内涵，政治、经济、文化诸层面都包括其内；而"经济重心"则侧重于经济基础的层面。尽管在《两宋经济重心的南移》里，张家驹并没有局限于经济，还是兼顾到人材、文化等层面，但书名中关键词的改变，应该与 1949 年以后将社会学与社会史划为资产阶级学术流派息息相关，张家驹对此不能不有所顾忌。唯其如此，时至今日，我们不妨恢复他对这一论题的原先命名，称之为"中国社会中心迁转说"，庶几更切合其初衷与真意。

（三）

1949 年以后，作者自己遮蔽半部《宋代社会中心南迁史》，尚属事出有因。但令人不解的是，许多这一专题的学术史回顾，也往往只提他的《两宋经济重心的南移》，却只字不提他在 40 年代出版的《宋代社会中心南迁史》。例如，郑学檬指出："自从张家驹先生《两宋经济重心的南移》一书出版（1957 年）以后，中国古代经济重心南移问题引起史学界的注意，讨论渐次展开。"① "20世纪中国人文学科学术研究史丛书"中的《宋史研究》也说："50年代，'经济重心南移说'在张家驹《两宋经济重心的南移》中得到充分的阐述"，说其"资料的收集主要在1938年至1941年间，1955年才开始写作这本书"；又指出此说"不仅引起宋史界的注意，还成为整个中国古代史界的话题"，"各断代史研究者纷纷加以论证，议论纷纷，莫衷一是"。②看来，《宋史研究》作者也不知道他早在1942年就写出了《宋代社会中心南迁史》，这也许与该书印数有限流播不广有关。即便"民国丛书"收有此书影印本，仍未引起学界的关注，以至迄今为止不少宋史学者都还误认为此书就是《两宋经济重心的南移》的民国旧版。

对张家驹"社会中心迁转说"的隔膜还不止此。《两宋经济重心的南移》的核心论题认为：

> 两宋中央集权专制主义统一帝国的再建，构成我国封建经济高度发展时代，也是我国经济重心完成其南移行程的时代。宋王朝的南渡，标志着南方经济文化的空前发展，随着政治中心的南移，我国社会就完全进入南盛北衰的新阶段，因此，这一历史事件，就成为我国南部发展历史中的划时代关键。③

尽管这一结论持之有故，却横遭某位同行的严厉批判，批判者指责

---

① 郑学檬：《中国古代经济重心南移和唐宋江南经济》，岳麓书社1996年版，第380页。

② 朱瑞熙、程郁：《宋史研究》，福建人民出版社2006年版，第140、225—226页。

③ 张家驹：《两宋经济重心的南移》，《张家驹史学文存》，第110页。

"这本书在观点上是有错误的"，说张家驹主张"宋王朝的南渡，标志着南方经济文化的空前发展"，是"把历史的发展几乎完全归功于封建统治者"。在批判者看来，"宋王朝的南渡，政治中心的南移，并不是我国南部经济发展历史中的划时代关键，划时代的关键在于农民起义"①。稍有常识者都明白，张家驹在这里标举的"宋王朝的南渡"，只是一个年代学的坐标性事件；即便如批判者的理解，在南渡的宋王朝里，不也包括那些被统治者吗？这种令人啼笑皆非的批判，十足折射出那个年代中史学面临的荒唐与困惑。

当然，今日史学界对《两宋经济重心的南移》还是给予高度评价的：

> 这是一部跨越政治、经济、文化与社会多领域的研究专著。……张家驹此说得到史学界的重视，各断代史研究者纷纷加以论证，议论纷纷，莫衷一是，后大致形成"南移"完成于南北朝、隋、唐、北宋等几种不同意见，大部分学者认同张家驹的说法。②

也就是说，其后无论是补正完善张家驹之说的（例如郑学檬的《中国古代经济重心南移和唐宋江南经济》），还是对张家驹之说提出异议的（例如程民生的《宋代地域经济》与《中国北方经济史》），或者从社会、文化诸层面对"南移说"进行深化与拓展性考察的（例如吴松弟的《北方移民与南宋社会的变迁》与《中国移民史·宋辽金元时期》，

① 转引自朱瑞熙、程郁：《宋史研究》，第226页。
② 同上书，第225—226页。

程民生的《宋代地域文化》），无一不是在张家驹"中国社会中心迁转说"的示范与启发下，开展他们研究的。倘若借用西方科学哲学中库恩的"范式"理论，"中国社会中心迁转说"这一中国史研究中的"范式"是由张家驹创立的，其后的研究都是对这一范式的补充与展开。张家驹在中国社会经济史与宋史研究中的开创性地位也由此而不可撼动。

（四）

有理由推断，1957 年以后，张家驹始终揣着整部《中国社会中心南北迁转史》的念想，希望能够最终完成对南宋以后元明清三代南方中心时代的研究。可惜，接二连三的政治运动总是打断他的学术研究，而他最终也在"文革"中不幸去世。前引《宋史研究》在列举中国宋史学创立期"有添砖加瓦之功的学者"中提到了张家驹，还说"有的专研宋史，但天不假年，无法做出更大的贡献，令人惋惜"[1]，指的似乎就是张家驹。他去世时年仅六十岁，确实天不假年。但即便就其传世论著而言，他已经无愧为宋史学创立期的主要拓荒者之一，他的"中国社会中心迁转说"与冀朝鼎的"中国历史上基本经济区说"[2]，足以并称上一世纪三四十年代中国社会经济史领域最具问题意识的两大命题，这样的贡献不可谓不大。

笔者无缘亲炙张家驹先生，却从他的著作里了解了他的学术。在我供职大学的人文学院走廊上，挂着本校三位史学前辈的照片：业师程应

---

[1] 朱瑞熙、程郁：《宋史研究》，第 13 页。

[2] 冀朝鼎的代表作为《中国历史上的基本经济区与水利事业的发展》，英文本为伦敦乔治·艾伦和昂温有限公司 1936 年版，中译本为中国社会科学出版社 1981 年版。

镠先生、中国近代史专家魏建猷先生与宋史专家张家驹先生。每次在张先生照片前走过，总感到与他有某种无形的联系。这种联系，也许就是后代学子与先行者在进行绵延不断的心智对话。倘若重温半个世纪前他在《两宋经济重心的南移》中的结束语：

> 今后我国人民，完全具有充分力量来利用与改造自然，开发经济落后地区，达到全国经济平衡发展和均等分布，迅速促进生产力发展，以提高全国人民的经济生活。①

再联系目前东部与中西部在社会经济发展上的巨大不平衡，你就会觉得张家驹通过自己的研究关注到"开发经济落后地区，达到全国经济平衡发展和均等分布"，不乏历史学家的先见之明，仿佛是立足当下在说这番话的。

综上所述，我愈加觉得有必要彰显这段被忽略乃至湮没的学术史，把《宋代社会中心南迁史》介绍给读书界与学术界。

（本文《燕园岁月：尚余春梦足清谈》原载 2010 年 6 月 27 日《南方都市报》，《顾颉刚与谭其骧笔下的张家驹》原载 2014 年 12 月 21 日《东方早报·上海书评》，《张家驹与他的〈宋代社会中心南迁史〉》原载 2010 年 3 月 21 日《东方早报·上海书评》）

---

① 张家驹：《两宋代经济重心的南移》，《张家驹史学文存》，第 203 页。

程应镠的命运与史学

程应镠是著名的历史学家与历史教育家，青年时代相继在燕京大学与西南联大学习，参加过一二·九爱国学生运动，而后投身伟大的抗日战争；抗战胜利后，他在昆明与上海投入民主运动。1949 年以后，程应镠先后在中学与大学担任组织领导工作，他是上海师范大学历史系与古籍研究所的创立者，也是上海师范大学中国古代史学科的奠基者。他的史学成就、教育业绩与人格精神，是留给史学界与教育界的一份珍贵遗产，值得后人学习继承并发扬光大。

一、斗争文字疾风雷：1949 年以前

程应镠，1916 年 11 月 4 日（农历十月初九）出生于江西省新建县大塘乡。这时，新文化运动方兴未艾，但到求知时，他的思想和知识已完全受其惠赐了。程家是当地大族，号称"一门三翰林"：他的太高祖程焕采署理江苏巡抚；太伯高祖程矞采，历任江苏、广东、云南巡抚，

云贵、湖广总督；同族的程楸采也官至安徽巡抚。他的父亲程懋琨（后改名觉吾）先后在河北和江西当过县长，母亲况葆琴是一个旧式妇女。五岁那年，他入私塾读书，私塾设在家中的望庐楼，读的是"四书"、《左传》和《古文观止》等古籍。在望庐楼里，他接受了六年旧式教育。祖母是幼年对他影响最深的人，经常给他讲家史，希望他成为太高祖那样公正清廉的官吏。

1928 年，程应镠去南昌，半年补习完考中学的课程。次年考入江西省立二中，开始接受新式教育。他的读书面大为拓宽，生理卫生、植物学都使他感到前所未闻的惊异。1932 年，他以成绩优良免试直升本校高中，就读理科。南昌当时是"新生活运动"的中心，教育也颇受这一运动的影响。他和几个同学组织了一个"风岛社"，开始向刊物投稿。1933 年，他写过一篇《我们的西北》，投寄给在南昌出版的《汗血周刊》，次年正式发表，时仅 18 岁。因新任教务主任有意为难，指责他和几个同学不服管教，1934 年，他被迫转学到南昌私立心远中学。这个学校的历史教师讲中法战争，讲甲午战争，讲戊戌变法，常讲得流泪，而他也听得流泪，影响之下，喜欢上了历史，决定弃理学文。

1935 年夏天，20 岁的程应镠考取了燕京大学历史系。秋天，他负笈北上，赋诗说"异乡月好不须圆"[1]，抒发了开拓新生活的豪迈胸襟。一入大学，他就如饥似渴地沉溺于俄国小说、古典诗词和《世说新语》之类的著作中。然而，民族危机日益深重，华北之大已安放不下一张平静的课桌。受抗日民主运动的影响，他渐渐感到蒋介石所说的抗日是靠不

---

[1] 程应镠：《十九岁初度》，《流金集》（诗文编），上海师范大学历史系，2001 年，第 269 页。

住的，便参加了著名的一二·九运动，并成为 12 月 16 日示威游行的前锋队员之一。他后来回忆："一二·九运动给了我很大的影响。过去不敢喊的'打倒日本帝国主义'的口号，十二月九日那天，我高声喊着，一边喊，一边淌着滚热的眼泪。"①以后的三·三一、六·一三几次示威游行，他也都参加了。

1936 年年初，程应镠参加了北方左翼作家联盟。这年，燕京大学成立了"一二·九文艺社"，他成为负责人之一，主持名为《青年作家》的文艺刊物。当时大家都希望得到著名作家的支持，推他作代表去找沈从文。于是他初谒这位倾慕已久的作家，沈从文为《青年作家》的创刊号写了一篇几千字的长文——《对于这新刊诞生的颂词》。其后，两人保持着终生的交谊。这年春夏之际，他与燕京大学同学王名衡、刘春发起组织"大学艺文社"，出版《大学艺文》的杂志。他还代表燕京大学"一二·九文艺社"和"大学艺文社"，参加由清华大学发起组织的北方文学社成立大会。他当时是艺术至上论者，强调写什么都可以，但必须"情欲其真，景欲其切"，才能打动人心。②这一主张，遭到刘春的尖锐批评，撤销了他出席"北方文学会"的资格。这年，他加入了中华民族解放先锋队。年底，参加上海妇孺慰劳团赴绥远，同行有柯华、周游、李植人、李植青等。

1937 年，抗日战争全面爆发，程应镠留在北平，一度想去西山找游击队，没有成功。8 月初，他经天津至秦皇岛，由海道在 8 月 12 日到上

---

① 程应镠：1968 年 6 月 21 日"文革"交代材料。参见拙编《程应镠先生编年事辑》，上海人民出版社 2016 年版，第 16—17 页。

② 程应镠：1968 年 8 月 22 日"1935 年至 1937 年在北平燕京大学读书的一些情况的补充交代"，参见拙编《程应镠先生编年事辑》，第 24 页。

海。次日转乘沪杭车至嘉兴，由苏嘉路经苏州到南京。在南京居留月余，参加过平津流亡同学会的工作。9月中，他离开南京，回新建故乡小住数日，即由九江去汉口，借读于武汉大学历史系，与赵荣声、刘毓衡（即陈其五）办过一份叫作《活报》的刊物，仅出了一期。12月，因范长江的介绍，他到山西临汾参加八路军115师343旅686团工作，主要编印团宣传科发行的一种油印报，开始使用流金的笔名。这年，他发表在《大公报》上的《离散之前》《平津道上》《记绥远》《给一二·九运动中的朋友们》等文章，真实反映了卢沟桥事变以后人民的流离失所和慷慨纾难的情景。

1938年4月，柯华从八路军总部来到686团，他打算搞一个火线通讯社，刊发八路军战地消息和照片，邀请程应镠参加。征得领导同意，他们同去延安。延安有关方面同意他们去武汉，一方面向国民政府办理通讯社的登记手续，一方面采购通讯工作所需的器材。南下途中，在耀县碰到周游，便邀他一道参加通讯社工作。5月，周恩来在武汉八路军办事处接见他们，认为国民党不会批准通讯社立案的，要求他们等延安电示再定行止。在武汉待命期间，程应镠写了一些记述八路军抗战的报道、散文和小说，主要有《汾水的西岸》《我们怎样在这里生长着》《黑夜的游龙》和《姑射山中的风雪》等，他还以八路军的战地生活为题材，写过一本名为《一个士兵的手记》的小书。6月底7月初，他趁待命的机会回家省亲，在故乡组织大塘读书会，举办过农民识字班，教唱救亡歌曲，刷写抗日标语，还演出过短剧《放下你的鞭子》。其后，读书会有些成员分别去了延安和新四军，积极投身于抗日救亡运动。当他返回武汉时，柯华、周游已奉命北返，他便由江西经湖南、贵州辗转到昆明。

自 1938 年 9 月起，程应镠转入西南联合大学历史系继续学习，阅读了大量中国历史要籍，为以后的史学研究奠定了厚实的基础。大约 10 月，经友人徐高阮的创议，他参加创办了联大第一张壁报，名为《大学论坛》。这是一份同人刊物，作者都是一二·九运动中的青年，其中王永兴、李宗瀛是北平学联的负责人，徐高阮、丁则良是地下党。第一期的主要文章由徐高阮执笔，丁则良写了一首七言古诗，题为《哀联大》，诗中有讥讽，有对学海无波的忧虑。这批年轻学子，对联大也不满意，与前线血肉搏战相比，这里犹如一潭死水，他们渴望波澜壮阔的生活。课余，程应镠继续向报刊寄稿。1939 年，因沈从文推荐，他参加了昆明《中央日报·平明》副刊的编辑工作，结识了凤子和孙毓棠。不少联大的学生在这一副刊上发表他们的处女作。他自己也发表了《秦皇岛上》《副官》《故乡小景》和《澂江小记》等大量文学作品。他在联大两年，除了学习，便是写小说和散文，内容多与抗战有关，也充满了对故乡的思恋。这些文章，一部分收入《一年集》。这个集子作为章靳以主编的"烽火丛书"的一种，由沈从文推介，1942 年由烽火社出版；1949 年 1 月，文化生活出版社将其列入"文季丛书"改版重印。

1940 年夏天，程应镠毕业于西南联大历史系。毕业之前，他已在联大所属师范学院的史地研究室参加过一个时期的工作，师范学院有意留他担任助教。就在这时，燕京大学同学赵荣声从洛阳来信，他当时是共产党员，正在洛阳国民党第一战区长官司令部当秘书，希望程应镠也去那里。于是，程应镠决计重返抗战前线。8 月初，由昆明间关赴洛阳，行程十分艰苦，从重庆到宝鸡几乎走了一个月。到西安时，他因痢疾猛袭，几度昏迷，多亏途中结识的国民党某军副师长蔡剑鸣将他送入医院，才转危为安。到达洛阳后，他担任第一战区长官司令部同上校秘书。

1941 年夏季，转入第一战区第 13 军任同上校秘书，仍驻洛阳。这一期间，他到过叶县、郑州、登封、密县、新郑，招待过记者，参观过名胜古迹。工作之余继续小说、散文、旧诗的创作，有的寄到重庆《大公报》，有的则在洛阳《阵中日报》和《北战场》上发表。在《北战场》上，他发表了长篇小说《京儿与小庆》的部分章节。洛阳的军旅生涯离他的追求相去颇远，他在诗里抒发内心的不满："萧条山市堪沽酒，寥落军书好醉眠"；"何时弃此冷官去，独向湖边赋索居"。同时，他对抗战前途和民生疾苦依旧投以殷切的关注："民困应知征调久，边烽频报捷书迟。诸公好画平戎策，莫任苍生靡孑遗！"①

1942 年年初，他为了营救军中一位受迫害的女译电员，避居第 13 军在临汝的办事处。3 月，化名上官灵亡命安徽太湖县，匿居赵荣声故里半年有余。在大半年避匿索居的日子里，他读了《宋元学案》等大量史籍，一种对历史专业研究的向往之情油然而生，《病余》一诗反映了这种心境：

> 病余岁月似还山，得意希罗古史间。
>
> 损益可知千载事，蹉跎已负一官闲。
>
> 希罗多德真吾业，凯撒庞贝失旧颜。
>
> 怀古怀人情不浅，短灯挑尽意犹悭。②

10 月，他结束避难，返回洛阳担任第一战区政治部主任张雪中的私

---

① 程应镠：《偶成》《四月五日遣怀》《洛阳经冬不雪开春后烽警频传因赋长句》，《流金集》（诗文编），第 270—273 页。

② 程应镠：《病余》，《流金集》（诗文编），第 274 页。

人秘书。1943 年初，他将战区政治部所属抗日宣传演剧一队和原第 13 军政工队的演员合并，成立了《北京人》剧团，在洛阳连续演出《北京人》一剧达 20 天。后来还准备排演《蜕变》，被政治部主任秘书等造谣诬指为共产党。见洛阳已难立足，而赵荣声夫妇正从太湖经过洛阳去成都燕京大学复学，程应镠便与他们同赴成都，然后经重庆去贵阳花溪清华中学任国文教师。这一选择决定了他今后将转向教学工作和学术研究，当时他很满意自己的角色转换：

> 三年奔走空皮骨，到此能安且作家。
>
> 止酒不愁贫无俸，著书可待笔生花。
>
> 溪山有约行千里，学殖何须富五车？
>
> 羁绊一官抛弃早，报书应向故人夸。[①]

1944 年 8 月，程应镠与李宗蕖在贵阳结婚。不久，他携妻移居昆明，担任云南大学文史系助教，并在私立天祥中学任教。因丁则良的介绍，他与闻一多、吴晗相识，和民盟发生了关系。由于吴晗的介绍，他与丁则良虽都不是盟员，但参加过民盟邀集的座谈会。《民主周刊》发行后，程应镠写过《一二·九回忆》和《一个十九岁的上等兵》等文章，都是交给闻一多，由他拿去发表的。1945 年 6 月起，因沈从文的关系，他开始编辑《观察报》副刊《新希望》。闻一多认为这个副刊脱离政治，不赞成他编这样的副刊。闻一多和沈从文原来是老朋友，这时，闻一多转向激进，认为沈从文还是老一套，没有进步。程应镠对两位师

---

① 程应镠：《三年》，《流金集》（诗文编），第 280 页。

长都十分尊敬，认为他们都是好人，还打算调和他们的关系。回顾程应镠后来的治学与为人，不时可以看到这两人对他的深刻影响，追求慷慨壮烈的事业与向往潇淡自然的情趣，是他性格深处看似矛盾却依傍共生的一对因子。

终于迎来了抗日战争的胜利，但政治现状并不符合程应镠所追求的民主社会的理想。这年岁末，昆明"一二·一事件"深刻教育了程应镠，他与广大学生一起投入了民主运动。1946 年，他曾任天祥中学训导主任。不久，学校迁往距昆明七、八里地的小坝，迁校的组织工作和宣传工作都是由他主持的。他请当时在校任教的冯契写了一首迁校的歌词，以后成为这个学校的校歌。他在天祥中学时，向学生大力宣传"独立不惧，朴质自然"的人生精神。①1946 年 4 月，闻一多希望程应镠也能和他一样勇敢地过问政治，他因而加入了中国民主同盟。7 月 16 日，闻一多被暗杀的次日，他去医院瞻仰了尊敬的师长的遗体。他后来指出："这件事对我是有很大的影响的。我对国民党反动派如此无耻地暗杀一个正直的学者，充满了愤恨。"②一时传闻他也上了国民党的黑名单，在学生协助下，他只身匆匆飞抵武汉，把妻儿都留在了昆明。在武汉等待亲人的日子里，他写诗吊唁闻一多，抒发他的哀悼和愤慨：

> 西南漂泊佳人死，忍泪脱从虎口来。
>
> 契阔死生诚梦寐，斗争文字疾风雷。

---

① 程应镠：1968 年 7 月 31 日"文革"交代材料，参见拙编《程应镠先生编年事辑》，第 117 页。

② 程应镠：1968 年 6 月 21 日"文革"交代材料，参见拙编《程应镠先生编年事辑》，第 127 页。

望门投宿思张俭，酹酒临江吊楚间。

家国阽危忠义绝，江声东去隐沉哀。①

8月，程应镠挈妇将雏回乡探亲，1947年2月由故乡抵沪，任新陆师范学校教员。8月起改任上海市立师范专科学校社会科学系副教授，在这里他结识了孙大雨和戴望舒。这年秋天，他们介绍他参加了上海大学教授联谊会（简称大教联）。上海教育界当时发表支持反饥饿、反迫害和反美扶日的宣言，他与大教联成员都签了名。9月起，程应镠兼任市立师范专科学校的训育主任，因站在学生方面与贪污学生伙食费的校长董任坚作斗争，11月被当时的市教育局撤去兼职。从9月起，他兼任上海法政学院教授；为生计所迫，他还在培明女中和越旦中学兼课。1948年，因支持学生运动，他被市立师范专科学校解聘，但仍在法政学院任教。这年9月起，因张芝联介绍，被聘为私立光华大学副教授，同时继续参加民主运动。1949年春，他由尚丁（孙锡纲）接上了民盟上海市组织关系。4月的一天，他正在光华大学上课，有人告诉他，国民党在市立师范专科学校贴出逮捕的名单，第一个便是他。他当即去找张芝联，请他用光华的车把自己送走。他蛰居了将近两个月，除了几个最亲近的人，谁都不见面。从1947年到1949年的三年间，他在《中国建设》和《启示》等杂志上发表了《知识分子的路》《论所谓中国式的代议制度》《论持久和平》《民主主义的真谛》《论新中国文化的创造》等长篇政论，还写了《帮忙与扯淡》《痴人说梦》和《停战乎？和平乎？》等杂文，宣传民主政治，抨击专制独裁，揭露国民党的和平阴谋。在避难的

———————

① 程应镠：《到汉口吊一多师并念滇中师友》，《流金集》（诗文编），第287页。

日子里，他迎来了新旧政权的更迭。

二、报国谁知白首心：1949 年以后

对新政权的诞生，程应镠当时是由衷高兴的，有《闻解放军云集江岸喜成一绝》。1949 年 5 月，程应镠仍在光华大学和法政学院任教，还担任民盟上海市支部组织委员会的成员。他后来被任命为民盟上海市支部临时工作委员会的委员，还兼任过组织委员会的副主委，积极参加民盟在上海的活动。例如，7 月 15 日纪念李公朴和闻一多的大会，他不但参与了筹备工作，还是主要负责人之一。与此同时，被国民党反动派查封的杂志《展望》周刊也被军管会批准复刊，他也参加了《展望》周刊的工作，当时《展望》的负责人是尚丁。在复刊第 1 期上，他写了欢呼上海解放的社论。自 7 月底 8 月初起，他担任了《展望》周刊的编辑部主任。

1949 年 9 月，上海市高教处指定程应镠担任光华大学的政治教授，同时，上海市军管会中教处派他前往高桥中学任校长。次年年初，他辞去《展望》的编辑部主任，以便集中精力专任高桥中学校长。他平生有两大愿望，一是办刊物，二是办学校。出长高桥中学，满足了他办学的宿愿。他本来就有一套办教育的想法，到了高桥中学，便把这些主张付诸实现。在极端困难的经济条件之下，他从办公费中节搏款项，购置图书。其后几年，图书费成倍增加，学生已能在图书室里阅读到各种中外文学名著。他努力贯彻"教学为压倒一切的中心任务"的口号，把升学率作为衡量办学好坏的标准。到任不久，他还抓了学生劳动建校的工作。在他的领导下，短短数年，高桥中学就成为闻名沪上的浦东名校。

1951 年 2 月，在仍任高桥中学校长、光华大学教授的同时，教育局一度命程应镠兼任上海工业专科学校秘书长，负责行政领导工作，但他在暑假后就辞去这一兼职。这年冬天，教育局组织部分中学的行政负责人和教师去安徽宿县参加土改工作，他被派在宿县王堂村工作了一个多月。1952 年，全国高校院系调整，光华大学和大夏大学合并成立华东师范大学，他辞去了原先兼任的光华大学的教职。这年，他参加上海市思想改造学习，通过以后，即由教育局指定兼任高桥中学的高中政治教员。思想改造运动，是新政权成立以后第一次触及旧知识分子灵魂的政治运动，树立了执政党的绝对权威。程应镠感到自己不是党员，不适宜做行政领导工作，几次向教育局辞职，打算回高等院校搞教学和科研，都未获准。1953 年，他写了一首七律，表达了自己在社会变动新旧交替之际的喜悦、迷茫和追求：

> 万里春风喜莫加，卅年委运恨如麻。
>
> 回天力已成诸夏，起死恩今感万家。
>
> 快意恶除萧艾尽，会心人惜蕙兰花。
>
> 自怜才薄当斯任，有志难谐鬓渐华。①

1954 年暑假，他从高桥中学调至上海师范专科学校任历史科主任。在其后三年间，他代理过一年教务主任，担任过校工会主席，但主要负责历史学科的建设工作。1956 年 7 月，上海第一师范学院成立，程应镠

---

① 程应镠：《屡求去回高校任教不获忽四年矣因春感赋一律》，《流金集》（诗文编），第 292 页。

出任历史系主任。这年，他当选为民盟上海市委委员，任市民盟高校工作委员会副主任委员。

1956 年，当"双百"方针提出时，程应镠以儒家理想的"一致而百虑，殊途而同归"的主张来诠释这一方针。①这种自由主义的理解，使他毫无顾忌地批评时政，而终于运交华盖。在一次民盟市委召开的座谈会上，他公开批评说："学校现在权威太多，党委书记是权威，校长是权威，一级一级的领导，都是权威，只有教授不是权威。而学术问题，真正的权威是教授，是每一门的专家。不去掉这些权威，学术就不能发展。"②1957 年"鸣放"期间，他大力宣传北大民主墙，认为这是一个新五四运动。反右斗争开始后，费孝通在报上被点了名，许杰也在上海被点了名，他在公开场合认为许杰在民主革命中是左派，不会是"右派"。还说："倘若这样，以后知识分子都不能讲话了。"不久，他自己也被上海的那位"好学生"点名划为"右派"。他坚定认为自己并没有"策划于密室，点火于基层"，和某些党员干部相处不好，只是个性脾气，决不是反党。他声明："宁可粉身碎骨，也不能当右派。"③但一个知识分子在狂暴的政治风雨面前，是多么渺小屈弱和无能为力。他也想到过自杀，只因儿女尚在童稚，才没有走这条绝路。直至这年 8 月底，在强大压力下，他见一向比自己进步的一些朋友也都沦为"右派"分子，才被迫承认自己是"右派"。从 7 月起，他被免去历史系主任的职务，入资料室

---

① 程应镠：1968 年 6 月 21 日"文革"交代材料，参见拙编《程应镠先生编年事辑》，第 213 页。

② 《程应镠自述》，《世纪学人自述》第 5 卷，北京十月文艺出版社 2000 年版，第 320 页。

③ 程应镠：日期缺失的"文革"交代材料，参见拙编《程应镠先生编年事辑》，第 234—235 页。

工作，等待所谓处理结论。

1958 年 9 月，程应镠参加了由上海市委统战部直接领导的部分"右派"分子劳动学习班，地点在上海县颛桥乡。1959 年 2 月起，他又参加了上海社会主义学院第一期的"学习"。7 月结业，回上海师院历史系工作，从教授贬为中文系马茂元等人的助教。仍须一方面在校学习，一方面在市委统战部和民盟市委学习，每月还必须向党组织汇报思想，这种汇报持续了三年。在这些阴霾的岁月里，他几乎每天都写思想改造日记，自题为《严谴日记》。1957 年以后直至 1960 年摘去"帽子"，他除了和母亲、姐弟还偶有通信，与一切朋友音问俱断。工资已被割得难以养家糊口，1959 年之后，为贴补家用，家里的藏书一批一批地卖去，所剩已经无多。这对以学术为生命、以图书为资粮的学者来说，是最不堪忍受的。

1960 年 9 月，程应镠被摘去"右派"分子"帽子"，允许正式授课。他感到作为教师还必须有点真才实学。从 1961 年秋天开始，他的注意力逐渐转到如何重理旧业，掌握魏晋南北朝的历史资料，为著书立说作准备。他一边读书，一边积极准备作论文。从 1962 年起，他因原任民盟市委委员，就不再在学校进行政治学习，而是直接参加由民盟上海市委组织的政治学习。直到 1965 年春夏之际，他才由民盟市委通知仍回学校学习。这期间，只要一有余暇，他就埋头于史学研究，尽管当时没有学术刊物会发表他的文章，但他还是陆续完成了《农业劳动力与三国两晋南北朝田制的变化关系》《魏晋南北朝民族略论》和《拓跋部汉化过程中问题述论》等论文。他有一首诗反映了在政治运动的夹缝里偷闲治史的情景：

少逐声名翰墨场，晚于青史识苍凉。

九年蝶梦迷归路，三斛纯灰净秽肠。

绿色侵帘瓜豆蔓，好风穿户午荫长。

夜窗卧看星河落，清露无声枕簟凉。①

由于周游和吴晗的促成，约程应镠在一套《中国历代史话》中选作《南北朝史话》。1963 年，他写完了南朝部分，把稿子寄到出版社，吴晗通读了全文，回信鼓励他："就按这个样子写下去。我们打算把它印出来，作为担任其他各朝史话作者的参考。"②写作过程中，吴晗和他通过四五封信，讨论的问题，大的如民族融合，小的如斛律光父子，吴晗都明确表示了意见。1964 年春，《南北朝史话》完稿，不久看了三校样。1961 年和 1962 年，对于历史问题，不同意见屡见诸报端；1964 年初夏，学术界正在酝酿一场大批判。作为一位历史学者，程应镠对当时讨论或批判的历史问题，是有自己想法的。经过《史话》的写作，这些想法更为明确，他很想为《史话》写一篇序，阐述自己对有关史学问题的系统看法。但这个念头只在脑子里转了一下，便放弃了。书稿交出半年之后，这年初冬，终因政治大气候，出版社正式通知他不能出版。

1965 年 9 月，程应镠参加上海师院农村学习访问队，去松江城东公社学习访问，住了 40 天，参加了公社、大队和生产队的一些会议，主要是成立贫协的会议。访问结束时，学院领导号召写家史，他也参加了两篇家史的讨论，写了部分初稿。回校不久，上海《文汇报》发表了姚文

---

① 程应镠：《秋后渐凉闲中得句》，《流金集》（诗文编），第 299—300 页。

② 程应镠：《南北朝史话·后记》，《程应镠史学文存》，上海人民出版社 2010 年版，第103 页。

元批判吴晗和《海瑞罢官》的文章。当时，他以为吴晗的问题是个学术问题，也希望是个学术问题。但在表示意见时，却非常慎重，他想：我是一个犯过错误的人，不能再犯错误。1966 年，《人民日报》发表了《吴晗与胡适》，他不仅感到吴晗问题已经是一个政治问题，而且预感到又一场阶级斗争风暴的来临。他的内心充满了恐惧，希望自己能够保住平安，被迫把吴晗的来信交给了历史系党总支。

风暴终于来了。"文化大革命"的开始阶段，他每次去看大字报时，总是担心大字报会集中揭露自己的问题。吸取了反右斗争的教训，他主动交代了和吴晗的关系，和周游的关系，交出了周游和自己的全部通信。师院的红卫兵抄了他的家，抄去了他的图书和诗稿，还准备烧毁文物陈列室的珍贵藏品，把他与魏建猷和张家驹等人挂牌游斗，沉重的铁质游斗牌压坏了他的颈椎神经。他认为红卫兵全面地否定过去的文化"太过分"，也"不合法"。运动初期的惊涛骇浪过去以后，他作为"牛鬼蛇神"被送到学校附近的桂林二队劳动改造。每天，他送蔬菜去市场，到梅陇镇去拉砖瓦，去七宝镇车酒糟，在桂林路和漕宝路上拉粪车。这一期间，他再次与亲朋好友都断绝了往来。晚饭后，和妻子一灯相对，唯一可以排闷的，便是读书。从中学便已熟读的《资治通鉴》成为他唯一的精神伴侣。他常常是坐在破沙发上，翻到哪里，就读下去，时而沉浸在历史之中，忘记了一切，时而古今对读，发出会心的苦笑。

1968 年元旦，程应镠是在写检查交代中度过的。这年 5 月，全国开始清理"阶级队伍"，他也没完没了地写交代，现存有日期可查的交代就有十余份。1969 年 2 月，他一度被隔离审查。4 月 12 日写了长达 20 页的"罪行交代"，约 25 000 余字，三天后，续写"我的交代"，约万言。当月，他被"解放"。5 月，参加"教育改革探索小分队"赴横沙岛。连年以来，揪斗关押，惊魂不定，面对横沙岛上的风雨怒涛和雁月夜窗，他感慨地写了一首诗：

> 海上涛来云似墨，天边雁字月如霜。
> 夜窗犹忆惊风雨，老眼婆娑泪万行。①

大约从这年岁末起，程应镠转到松江佘山劳动。1970 年 5 月，转赴江苏大丰"五七干校"，继续那种无休无止的改造和学习。

1971 年，上海师范学院与华东师范大学等五校合并为上海师范大学。这年 4 月，工宣队发还抄家取去的书物，而程应镠所珍爱的诗稿本却不见踪影，于是他凭借着记忆默录出部分旧作。10 月 2 日，他为默录的诗稿写了一段跋语：

> 龆龄学诗，至今四十余年。自二十五岁至五十岁，所作均曾留草，文化大革命中，为红卫兵取去。当时窃惟革命人们可以据此审查我的一生，因其中颇有与时事有关者，即友朋答赠的篇什，也可见交游。这种东西，本来是应当烧掉的。为了使儿女从这里取得一些教训，则还有可以保存的理由。我这个人自幼读孔孟之书，后又受到资产阶级民主自由思想的浸润。在洛阳，虽有忧愤，但仍幻想改良。在昆明，忧愤深了一些，改良的幻想也破灭了，却仍然拒绝到工农兵中去。"北去南来""东行西上"，固实有所指，但也不过是对朱颜失去的怅惘而已。《寄宗蕖》一首，是解放前在上海生活、

---

① 程应镠：《一九六九年十一月横沙》，《流金集》（诗文编），第 306 页。

思想的写实，仍旧落了古人的圈套，即有悲哀，也不过是一千年以前嵇康、阮籍的悲哀。

但跋语强调"读其诗，想见其为人"，"重录了这些东西，不免和它们一同回到了过去的日子"，肯定诗草对了解其人其事的价值。①这些诗草与他在 1949 年以前的小说、散文、报导、杂感和政论，后来大都收入《流金集·诗文编》。

从 1972 年起，程应镠结束了在大丰"五七干校"劳动，参加上海师范大学"二十四史"标点组，先后参预标点了《宋史》《尉缭子》《荀子简注》《国语》等，尤以《宋史》标校用力最多。1975 年，《宋史》标校完毕，次年，在他的促成下，"二十四史"标点组开始标校整理宋史研究的另一要籍《续资治通鉴长编》。

十年动乱中，程应镠私下里只与魏建猷、张家驹仍有往还，患难之中保持着十分感人的友谊。1972 年，他们三人还结伴携妻出游苏州，成为那黯淡的岁月中鲜见的亮色。1976 年春天，天安门事件的消息传来，他有《丙辰清明偶成》，表达了对政治阴晴的密切关注和乐观情绪：

> 日里几番晴雨晦，夜来月色暗还明。
> 黄梅时节江南客，头白昏昏醉复醒。②

10 月，他听到粉碎"四人帮"的喜讯，也有诗纪事道：

---

① 参见拙编《程应镠先生编年事辑》，第 234—235 页。程应镠：《流金诗稿跋语》，参见拙编《程应镠先生编年事辑》，第 334—335 页。
② 程应镠：《丙辰清明偶成》，《流金集》（诗文编），第 315 页。

　　　　谁知覆雨翻云手，搅得周天阵阵寒。

　　　　易直果能当大事，未须甲兵即平安。①

　　易直是宋代大臣吕端的字，他一向被视为"大事不糊涂"的名相。程应镠谙熟宋史，他预感到一个灾难深重的历史时期即将过去。

　　1977 年，程应镠仍在"二十四史"标点组工作，该标点组后来改为上海师范学院古籍整理研究室，由他主持工作。9 月，他应北京出版社之邀，赴京为十余年前的旧稿《南北朝史话》作修改定稿工作。不到京华已经 21 年，见到阔别已久的师友，抚今追昔，既感慨，又高兴。在北京的 50 天里，他往往上午校改书稿，下午去访寻古迹，或看望朋友。一星期中，大约有两次去小羊宜宾胡同探访沈从文。他还去探望了吴晗的遗孤，吴晗是促成他写《南北朝史话》的师友之一。稿子修改完毕的那一天，正碰上北京少有的蒙蒙细雨，他独自坐在窗下，写了一首怀念吴晗的诗：

　　　　地下能相见，生逢不可期。秋深云漠漠，风老雨丝丝。

　　　　遗札当三复，淫威逞一时。劳人还草草，寂寞待春归。②

诗的意思很明白，但在政治气候乍暖还寒的当时，他还不敢轻易示人。

　　1978 年，高考恢复以后首届历史专业的本科生入学，同年 4 月，上海师范学院复校。这年岁末，程应镠改正"右派"错划，出任上海师范

---

① 程应镠：《闻十月六日事有感》，《流金集》（诗文编），第 316 页。

② 程应镠：《十月二十三日北京微雨独坐窗下追念辰伯怆然有作》，《流金集》（诗文编），第 320 页。

学院历史系第一副主任，仍主持古籍整理研究室工作，为历史系的重建和古籍整理事业殚精竭虑，忘我工作。同时，他的学术活动和社会兼职也日渐增多。1979 年，程应镠被选为新一届的中国史学会理事兼副秘书长；成为全国第一批恢复招生的中国古代史硕士点学科带头人。这年 3 月，他在为即将出版的《南北朝史话》所作的《后记》里说：“为了不能忘却的纪念，我还应当在我的晚年为我国史学作出一点什么来。”他确实是以这种精神鞭策自己的，迎来了自己学术和事业的最后收获期。写完《后记》，他赶赴成都参加全国史学规划会议，会上决定成立宋史研究会，并推北京大学邓广铭、暨南大学陈乐素、中国社会科学院历史研究所郦家驹和上海师范学院程应镠组成筹备小组，责成上海师院负责具体筹备工作。12 月，他去天津参加《中国历史大辞典》编辑会议，与北京大学邓广铭同被聘为《中国历史大辞典·宋史》主编。1980 年 8 月，他赴太原参加中国历史大辞典编委会会议，会议决定分卷出版《中国历史大辞典》，希望宋史卷能作为断代史的第一部在 1983 年出书。会后，他全力投入了《中国历史大辞典·宋史》的组织工作。10 月，他与邓广铭、陈乐素发起组织的中国宋史研究会在上海师范学院举行成立大会。会上，他代表筹备小组介绍了宋史研究会的筹备经过，并被选为秘书长，主持宋史研究会秘书处工作。这年，他开始为撰写《范仲淹新传》作前期准备。

　　1981 年，程应镠完全摆脱学校里的工作，夜以继日地为《中国历史大辞典·宋史》审稿、定稿。1982 年 4 月，他查出患上了鼻咽癌，被迫住院治疗，但梦牵魂绕的却是尽量夺回在十年动乱中损失的时光，为史学研究多作贡献。他有两首诗最能说明这种心境：

忧患余生最自珍，病魔潜袭已兼旬。

文章又见流传日，议论终须不傍人。

得失久谙关世运，荣枯每惧损天真。

莺花三月江南夜，怀远思亲一怆神。

老去移山志未伸，汝曹宜自惜青春。

传经我爱他山石，报国谁知白首心？

秋入园林思塞马，梦回长夜忆青襟。

登临敢说兴亡事，太息当年苦避秦。①

　　盛夏出院，程应镠继续擘划《中国历史大辞典·宋史》有关事宜。与此同时，他进一步着手《范仲淹新传》的写作准备工作。盛夏休息在家，便浏览家藏的宋人笔记，有关范仲淹的则随笔录下。约 10 月开始，作范仲淹传记长编，断续花了一年时间。

　　1983 年，程应镠在原古籍整理研究室的基础上创建了古籍整理研究所，出任第一任所长，并把上海师院的古籍整理专业建设成为上海市首批文科重点学科之一。10 月，他赴昆明参加中国封建地主阶级研究学术讨论会，并与妻子重游昆明、贵阳等旧地。返沪后赴无锡参加中国历史大辞典编委会会议。11 月，又赴江西吉安参加纪念文天祥逝世七百周年学术讨论会。西南之行，故地重游，令他感慨和兴奋，为此他写了一组《重游西南杂事诗》。江西是他的故乡，他情不自禁地想到了文天祥和方志敏，欧阳修和陈寅恪，以"气节文章堪继往，江山人物自开颜"的诗

---

① 　程应镠：《友人问疾诗以答之》《示儿》，《流金集》（诗文编），第 325、326 页。

句来颂往勉今。①他频繁地参加各种重要的学术活动，几乎令人难以相信他是一个癌症初愈的年近七旬的病人。这年秋天，他开始写作《范仲淹新传》。写作之前，他对怎样研究历史人物的问题考虑了很久。上海师院校庆，他在古籍整理研究所就这个问题作了一次学术报告。10月去贵阳，在贵州大学又讲了一次。11月去南昌，又在江西师范大学讲了一次。回到上海，他收到《历史研究》创刊三十周年的征文约稿函，便写了《谈历史人物的研究》。《范仲淹新传》的写作，自然而然地成为他在那篇文章中所论述思想的一次实践。

1984年初夏，程应镠赴京参加全国高等学校古籍整理工作会议，被聘为全国高等学校古籍整理工作委员会委员（这一时期，他还是上海市古籍整理领导小组成员）。这年10月，上海师范学院改名为上海师范大学。11月，程应镠赴无锡参加中国历史大辞典编委会会议。是年，中国魏晋南北朝史学会在成都成立，他与谭其骧、周一良、唐长孺、何兹全、王仲荦、缪越、田余庆、韩国磐、吴泽等同被推为顾问。这年岁末，由他与邓广铭主编的《中国历史大辞典·宋史》出版面世。这年，为推动海内外宋史学术交流，他还创办了《宋史研究通讯》作为中国宋史研究会的会刊，并题写了刊名。1985年7月，《范仲淹新传》完稿。1986年4月，他赴杭州大学参加国际宋史讨论会。月末，赴贵阳参加清华中学恢复旧名活动。10月，《范仲淹新传》出版，自去年定稿后即着手《司马光新传》的写作。自是年起，改任上海师范大学古籍所名誉所长。1987年9月，在中国宋史研究会第四届年会上增补为副会长，仍兼秘书长。

因"文革"中被揪斗时伤及颈椎，颈椎压迫症引发多种疾病而住院

---

① 程应镠：《吉安净居禅寺途中有感》，《流金集》（诗文编），第329页。

治疗。这时，他的《司马光新传》已经完稿，唯传主事迹著作编年仅成其半，征引史料也未及复核，遂委托助手完成。自此，他久困病榻。卧病期间，偶以笔墨书录昔年所作旧诗。1991 年 8 月，《司马光新传》的出版，给他带来了一丝快乐。1994 年 7 月 25 日，程应镠病逝于上海寓所。

三、历史教育家的成功实践

（一）历 史 教 学

相对于历史学家的声名，程应镠更重视他作为历史教师的身份。他多次对人说过："我首先是一位教师，不是什么学问家"，可见教师生涯在其人生历程与自我评价中所占的重要地位。从中学教师到大学教授，从中学校长到大学历史系主任，他在教育领域，尤其是历史教育园地里耕耘了半个世纪之久，培育桃李无数。任何时候，在他身边都会聚集着一群青年学子，平时，他关心他们的学业和为人，关键时刻，他总是忘我地保护他们。他在传道授业的同时，以自身的道德风范和人格力量，教育、感召着一代又一代的学生。

作为长期从事师范教学的历史学家，程应镠对历史教学和学生培养有自己的见解和特点。他曾经提出一个问题：为什么现在学生对历史课没有兴趣？他以为，学校对历史教学不重视，中学历史教科书编得不好，历史教师缺乏专业训练，等等，都是导致学生不爱上历史课的原因。而高等学校历史系的课程设置、历史教学和研究又直接影响着中学历史教学。因此他特别反对把历史研究与教学简单化，"简单化的结果，就使极其丰富的历史内容，剩下几条筋，无血无肉，干瘪得像瘪三，青少年是不会有兴趣的"。他还反对以一成不变的理论在历史研究和历史教学中贴标签，在他看来，贴标签"是不会有说服力的，就会使得学生以为历史味同嚼蜡"。他主张历史课可以通过讲人物，使学生了解过去。比如讲秦汉，就要讲秦皇、汉武，项羽、刘邦，陈胜、吴广；讲均田制，就要讲文明太后、魏孝文帝；讲改革，就要讲王安石、司马光；讲淝水之战，不能只讲战争性质、双方力量对比，要讲苻坚、苻融、谢安、谢石……通过人物的讲授，使历史课变得津津有味，才能使学生从中获得教益，否则，"要激动青少年的心大概是不可能的"①。

程应镠在大学先后讲授过世界史、中国通史、魏晋南北朝史、宋史、国学概论、中国历史文献学、史学方法论等课程。很多学生说，听他讲课，如同一种艺术享受。他的历史课既有理论上的开掘拓展，又常常在关键处旁征博引，中西比较，信手拈来，适时点化，使学生在豁然会悟、欣然有得中感受其中的深度和广度。他讲课时，感情十分投入，有时激越雄辩，使人奋立；有时深沉低徊，令人感慨；或描摹人物，或引据诗词，高屋建瓴又挥洒自如，把学生带入应接不暇的不同境界。20世纪70年代末，他曾为中文、历史两系讲授中国通史，大梯形教室为之爆满，以致走廊、门厅处都临时加座。他对自己的历史教学的最高要求是："每上完一节课，就像是写了一首诗，完成了一篇创作。"为了达到这种深度和魅力浑然一体的教学境界，数十年中，他始终要求自己把每堂课要讲的每句话写成讲稿，及至走上讲台却又不带讲稿，其中，需要付出多少创造性的艰苦劳动！他曾深有感触地说："要上好历史课，最主要的还是学习，比在大学读书时还要学习得认真，为培养人而学，为未来

---

① 程应镠：《从学生不爱历史课谈起》，《历史教学问题》1987年第1期。

的建设者而学，为那些将来要超过我们的人而学。"①这种高度的责任感和不懈的追求，正是他几十年历史教学常讲常新的源泉所在。

（二）筚路蓝缕创建历史系

程应镠是上海师范大学历史系的创立者。1954 年 7 月，他从高桥中学调至正在筹建中的上海师范专科学校，出任历史科主任，负责创建工作。1956 年，上海师范专科学校分为上海第一师范学院与上海第二师范学院，程应镠担任第一师院的历史系主任。直到反右运动以前的短短三年间，他筚路蓝缕，不辞艰难，把全部精力都放到历史学科的创建上。在此期间，程应镠主要做了三方面的工作。

首先，组建精干出色的师资队伍。

到任以后，程应镠一方面凭借自己广泛的学术关系，引进了不少骨干力量，包括著名的宋史专家张家驹，出身清华大学历史系的季平子、朱延辉，还有李旭等教师，另一方面，他倚重比他略早到来的魏建猷，并把师从贺麟与金岳霖的徐孝通从中文系调入历史系，让他们发挥更大的作用。这些人才大多出身于清华、北大、联大或燕京大学，当时颇有议论说程应镠用人只重学识，不重政治。但后来的事实证明，正是这些教师，构成以后上海师院历史教学与科研的领军人物。

其次，创建服务教学的图书资料室。

当时，诸事草创，资料室缺少基本图书，程应镠通过关系，购买了诸如《明实录》《册府元龟》等基本史籍。为了加强图书、资料、教具的建设，他一方面从当时的地图出版社聘请专职的历史地图绘制员，为

---

① 程应镠：《从学生不爱历史课谈起》，《历史教学问题》1987 年第 1 期。

历史教学绘制挂图，一方面物色了徐先麟、吴秉文等专业翻译人员，从事外文史料的翻译工作，为世界史教学与科研服务。这在当时，是相当有远见与魄力的举措。即便在被迫等待所谓"反右"结论时，程应镠为了资料室的建设，仍不计一己之荣辱，主动提议整理先前购入而未及整理的碑帖。他在"交代检讨"间隙，白天赴上海图书馆查核资料，入夜则伏案运思，挥毫作跋，终于一帖一跋，悉数完稿，交系资料室存用。

最后，筹备藏品丰富的文物陈列室。

与此同时，他认为历史教学必须充分利用实物，于是开始筹建历史文物陈列室。程应镠首先向学校领导力陈文物在历史教学中不可替代的作用，争取到一万元作为文物收购经费。然后，他通过已转入故宫博物院工作的自己的老师沈从文，托他在北京收购博物院不拟收购的文物。当时文物收购价格低廉，再加上沈从文的关系，许多有价值的教学文物陆续从北京运来，入藏我校的文物陈列室。他还邀请沈从文来校，对文物陈列室与文物管理员作了具体的指导。沈从文也因程应镠的关系，把他自己珍藏的乾隆宫纸与数种丝织物赠给了我校陈列室。1957 年，文物陈列室正式建成，其藏品至今为止仍是上海高校中最多最好的（现已改建为上海师范大学博物馆）。

反右运动以后，程应镠被迫离开系主任的位置，这时候，历史系的建设已奠定了基础，初具了规模，走上了轨道。他对接任系主任的魏建猷说："我们关于历史系教学工作的想法是一致的。由你来接手，我就放心了。"即使在遭到不公正对待时，他首先想到的还是历史系的建设。

可以毫不夸张地说，上海师范大学历史系与历史学科，程应镠是当之无愧的开创者与奠基人。

（三）为振兴历史系而殚精竭虑

1957 年反右以后，直到 1978 年复校以前，程应镠被剥夺了教学与科研的权利，当然更谈不上对历史系建设的发言权。1978 年，高考恢复以后，随着首届历史专业本科生的入学，程应镠也复出工作。这年岁末，他被改正所谓"右派"错划，出任上海师范学院历史系第一副主任（主任为魏建猷），并主持日常工作。他十分珍惜自己"忧患余生"的晚年，但仍把这最宝贵的生命余晖奉献给了上海师范大学，为振兴历史系与创建古籍研究所而鞠躬尽瘁，死而后已。

程应镠主持历史系工作以后，由于"文化大革命"的严重破坏，历史系百废待兴。他主要抓了三方面的工作。

第一，健全教学秩序，推进教学改革。

程应镠首先为恢复高考后首届入学的新生制定了教学计划。为了培养出更多基础知识扎实、创造思维活跃的优秀学生，他在历史教学上推行了许多有力措施。他依旧主张：必须让最有经验的老师上基础课，让学生接受最好的基础教学，他为此亲自担任了历史本科专业《中国历史文选》的教学；他认为，不仅历史系，中文系的学生也应该学中国通史，于是亲自为 78 届历史系与中文系的本科专业上《中国通史》的基础课。他强调改革基础课，在削减基础课课时的同时增加选修课，以扩大学生的知识面；他把走出校门考察历史文化古迹，列入了教学计划；他主张实行真正的学分制，让学有余力的学生多学早学；他多次主持学生的学术讨论会，引导学生积极思维，早出成果；他的课外答疑，使学生受益匪浅，以至启发他们走上研究之路。总之，他的办学主张与他的教育思想是一脉相承的，为的是培养有思想、有能力的人才，在提倡素质教育、开拓精神和创造能力的今天，他的历史教育的思想和实践，也依然是行之有效、值得借鉴的。

第二，重建师资队伍，加强专业培训。

程应镠主持工作后，十分重视历史系师资队伍的建设。一方面，他采用或引进，或召回的方法，聚集起了一批骨干教师，其中包括江辛眉、李伯勉、王育民、李培栋等。江辛眉出身无锡国专，文史兼通，尤精古典诗学，因划为"右派"而未展其学。李伯勉是邓广铭推荐的宋史学者，长期困顿市井。王育民长于历史地理学，也因"右派"问题而沉滞在中学。李培栋原是程应镠欣赏的学生，留校作为助教，终因程应镠被划为"右派"，而被逐出了大学。他们很快成为复校以后历史系的主要师资力量。此外，还聘请了徐兴业、李家骥等为兼职教师。另一方面，程应镠采取送出去培养与老教师辅导的两手办法，加强对原有师资队伍的培训。他借助自己的学术人脉，让从事清史教学的老师北上中央民族学院，跟随王锺翰学清史；把从事考古文物教学的青年教师送到四川大学去进修。在系里，他先后请江辛眉、沈熙乾等老教师为中青年教师开《左传》《说文》等研读班，提高他们的业务水平。他坚决主张通史课应该由一位教师主讲到底，这对提高主讲教师的业务能力大有好处。他还亲自多次听中青年教师上课，对于不能胜任大学教学的对象，坚决从教学岗位上将他们撤下来。总之，经过程应镠大刀阔斧的整顿与卓有成效的措施，短短几年，历史系的教学就回归了正轨，出现了令人瞩目的崭新气象。

第三，培养优秀学生，发现学术尖子。

程应镠知道，恢复高考以后入学的 77 届与 78 届本科生与其后不久入学的第一、二届硕士研究生，是十年动乱中积存的优秀人才。在他看来，上海师范大学历史系与历史学科的将来，应该在这些学生里面去发现人才，构筑梯队。对本科生，他鼓励他们养成独立思考、独立研究的学风，常常在自己的客厅里与来访的本科生或研究生平等地展开讨论。在研究生培养中，为了开拓他们的学术视野，他广请全国著名学者邓广铭、王永兴、胡道静、苏渊雷等前来举行专题讲座，并聘请王永兴、胡道静等作为兼职导师。他善于发现苗子，甘为人梯，及时扶植，严格要求，多方保护。经他推荐，本科生在学期间发表有质量的学术论文有刘昶、虞云国等人；研究生则更多，有严耀中、吕友仁、张荣明等人。他们后来大都成为本校或外校相关学术领域里的知名学者。对留校拟任助教的几个 77 届毕业生，程应镠不仅逐篇调阅了他们已发表的论文或毕业论文，还都一一招来，亲自面谈，了解各人的业务与为人，最后才与系主任魏建猷决定去留。由他发现与培养的这些学术尖子，后来成为历史系承先启后的骨干力量。

（四）为创建古籍研究所而鞠躬尽瘁

程应镠复出以后，原设在上海师范学院的"二十四史"标点组改为古籍整理研究室，由程应镠主持工作。当时，《宋史》已标校结束，正与华东师范大学合作标校宋代要籍《续资治通鉴长编》。程应镠认为，新时期的文化建设需要一支古籍整理与研究的力量，而通过对《宋史》的标点整理，上海师院已经形成了这样一支研究队伍。于是，他就开始了创建古籍研究所的规划工作。经过几年艰苦的努力，1983 年，上海师范学院古籍研究所成立，程应镠出任第一任所长。在这一方面，他主要做了四方面的工作。

第一，奠定了基本建制与研究力量。

程应镠以原有的研究队伍为基础，结合成员的研究专长与当时的研究需要组建了史学、文学、辞书三个研究室。史学研究室以校点整理宋代要籍与笔记为重点；文学研究室则以楚辞、唐诗以及宋代文学研究为主要方向；辞书研究室当时以配合《汉语大词典》的编纂为主要任务。同时，为了加强研究队伍，他还聘请我校中文系的马茂元，上海社科院文学研究所的陈伯海，上海古籍出版社的钱伯城、魏同贤以及中国科技史与文献学家胡道静等知名学者担任古籍研究所的兼职研究员，一方面大大推动了古籍所的研究工作，另一方面也提高了古籍所的知名度。

第二，开创了古典文献学的本科专业。

程应镠始终把培养专业接班人放到战略高度去规划与运筹。在创建古籍研究所的过程中，他得知全国高校古籍整理研究委员会有意向在全国高校中设立四个古典文献本科专业，便主动请缨，要求将其中一个设在上海师范学院古籍研究所。获得批准以后，他就在我校历史、中文两系低年级本科生中亲自遴选优秀学生转入古典文献专业学习。同时，他一面抓古典文献专业的课程设计，除了古委会规定的主干课程，他强调要多开古籍原典选读课；一面延揽合适的教师来为新生上生僻的专业课，例如音韵学，就请中文系许威汉来上。他还亲自讲授了国学概论，讲稿后收入《流金集》（学术编）。古典文献本科专业的设立，不仅对我校文科的学科建设赢得了声誉，也大大提升了我校古籍研究所在全国同专业中的地位。

第三，抓好图书资料的基本建设。

古籍整理与研究，在图书资料上有不同于一般古代史研究的特点，而图书资料是古籍所赖以运转与发展的首要条件。程应镠一方面通过校图书馆，调拨了古籍整理亟需的图书资料，一方面派人从古籍书店或相关单位采购了《四部丛刊初编缩印本》与《四部丛刊续编》《三编》影印本等珍本丛书。其后，他又通过关系，辗转从台湾购入影印《文渊阁四库全书》与《笔记小说大观》（全四十五编450册）等大型图书。同时，他还让在日本留学的学生代为古籍所选购日本汉学著作，以供进一步研究之用。经过短短几年努力，古籍研究整理所需的典籍图书基本齐备，这些凝聚着程应镠心血聚集起来的图书，为古籍研究所资料室建设奠定了坚实的基础。

第四，成功申报上海市重点学科。

古籍研究所成立的次年，程应镠再接再厉，将我校的古籍整理专业成功申报为上海市首批重点学科。这也是我校文科第一个市级重点学科，极大提高了我校文科在上海高校中的地位。1986年，《续资治通鉴长编》由他定稿的那些分册获得了上海市哲学社会科学成果著作一等奖，由他与邓广铭主编的《中国历史大辞典·宋史卷》获得了著作类二等奖，这些成果也成为市重点学科建设的坚实内涵，使其后重点学科建设以优异的评价通过了验收。

从1986年起，程应镠担任古籍研究所的名誉所长，但仍关心着由他亲自创建的研究所的发展。他先后创立了历史系与古籍研究所，这两个系所不仅构成了我校历史学科的全部基础，而且也成为我校文科的重要品牌之一。程应镠不仅是上海师范大学历史学科的开创者，而且对我校整个人文学科的发展作出了不可磨灭的贡献。

四、历史学家的丰硕成果

（一）史学思想方法

在史学思想上，程应镠既受传统史学的濡染，又汲取了新史学的理论方法，两者交融结合，形成自己的治史特色。他充分肯定由刘知幾首倡、章学诚补充的"史学四长"之说，认为"现代能写出一本可称为史学的著作的，也必须具备这四长"①。在史学的功能与作用上，他主张以史为鉴，古为今用，故而对司马迁的"究天人之际，通古今之变，成一家之言"，对司马光的"鉴前世之兴衰，考古今之得失"，都极为推崇，以为他们"以古为鉴的作史目的，实际上也是在史学的领域对古今关系的一种解决"②。他所主张的以史为鉴、古为今用有两层含义：一是指历史研究应该找出规律性的动向，以帮助当代人认识历史发展的方向与大势；二是指总结历史上某一方面的具体的经验教训，作为当代相关问题的借鉴。

程应镠强调"学问之道，在于求真"，因而十分重视史料功夫。他自述大学时代所受的史学方面的训练，"考证、校勘占的分量颇重"。这种传统史学的早期训练，以及后来长期从事中国古代史的教学、研究的经历，使他在治学方法上尤其重视史料的作用。他认为"考证的目的在于求真"，赞誉司马光的《通鉴考异》"在某种意义来说，开创了我国求实的学风"，肯定清代朴学中有"一种科学的精神"。他主张，"学历史是要有点'考据癖'的"，任何史料史实上的疏忽偷懒，都是他绝对不能容忍的。③他一再告诫学生要抵御名利思想的侵袭，以"板凳要坐十年冷，文章不写一句空"作为座右铭，静心坐下来认认真真多读几部中国古代基本史籍。他让研究生第一年以逐字逐句研读《资治通鉴》为日课，就是要求他们打下研治中国古代史的深广扎实的基础：通过查找《通鉴》的史源，初通目录版本之学；在比勘相关史料时，校雠之法也

---

① 程应镠：《国学讲演录》，《程应镠史学文存》，第 565 页。
② 同上书，第 524 页。
③ 程应镠：《历史的真实与通变》，《程应镠史学文存》，第 621 页。

得以略涉门径；在史料比较和溯源的同时，既可观摩司马光和胡三省在史料运用与考辨上的精当，若偶有讹误发现，又可粗知考证的门道；而《通鉴》正文和胡注涉及的典章制度、史事人物更是研治中国历史必不可少的基础知识。

　　然而，程应镠治学并不局限于史料考据促迫烦琐的天地中。五四以来的新思潮促成了他治史方法的另一侧面，即重视理论，推崇会通。他认为："史料不等于史学，不论他掌握了多少史料，都不能说他是史学家。"①"霸业千秋余古迹，议论终须大手笔"②，说出了他对史学研究中理论的高度重视。他所强调的史学理论修养，有特定的内涵。首先，要有理论追求的勇气。他曾指出："迷信神，迷信鬼，迷信领袖，绝不是科学的态度"，还经常引用张载"剖破藩篱是大家"的诗句，来提倡好学深思，不为前人与他人所囿，也不为自己所囿。③在他看来，剖破藩篱，解放思想，是提高史学理论修养的前提。其次，对理论的追求是不应该有止境的。他认为：理论是随着事物的变化发展而逐渐完善的，事物的发展变化永无止境，理论的完善也没有尽期。因此，"认为有一种一成不变的理论，是直接违背马克思主义的"④。第三，他所说的史学理论并不仅仅狭隘地局限于历史唯物主义。"传经我爱他山石"，这史学理论的他山之石，包括了人类思想宝库中一切对历史研究有参考价值的理论遗产。他曾向学生推荐过汤因比的《历史研究》、丹纳的《艺术哲学》等名著。"议论终须不傍人"，他在史学研究是这样要求自己的，也总是以

---

① 程应镠：《国学讲演录》，《程应镠史学文存》，第 564 页。

② 程应镠：《不作古体垂二十年壬寅二月十八日读德基访问内蒙古自治区诗欣然尽日取其自由得一百三十八字》，《流金集》（诗文编），第 298 页。

③ 程应镠：《中国文化三题》，《程应镠史学文存》，第 606—607 页。

④ 程应镠：《从学生不爱历史课谈起》，《历史教学问题》1987 年第 1 期。

有无新见解来评价当代学人与自己学生的史学成果的。

程应镠自幼养成对中国古典文学的浓厚兴趣至老不衰，青年时代又从事过文学创作。这种爱好、修养与经历，使他在治学方法上特别讲究文字的表达。他相当钦佩和推崇史学名家张荫麟那些"不用引文使人读起来十分有味的历史名篇"。[①]他的史学论著《南北朝史话》《范仲淹新传》和《司马光新传》等，无不形象生动鲜明，文字清峻雅洁，绝无斧凿的痕迹，却有一种文情并茂、摄人魂魄的魅力，堪称史学和文学相当完美的结合。但鲜为人知的是，为了追求史学著作在表述上的信达雅，他让当时还是初中生的女儿读他《南北朝史话》的稿子，以推敲行文是否通俗生动，而其中《崔浩之死》一节竟先后属稿达 11 次之多。他招研究生，都必须经过作文考试方得入其门下，文章优劣是录取与否的重要参数。这种做法在历史专业研究生招生中是别具一格的，其理由正如他说的那样："不能设想一个文理紊乱的人将来能进行思路清晰、识见敏锐的科学研究。"[②]

总之，程应镠强调扎实的史料功夫，却不主张仅以罗列史料为能事；推重理论，但也反对游谈无根的空疏之论。他认为：历史研究，无论宏观微观，都应当是具体的。他不止一次指出：研究历史应该从微观搞起，只有把微观搞清楚了，才能准确把握与清晰鸟瞰整个宏观的历史。他认为：宏观理论与微观研究的结合，独断之学与考索之功的结合，卓特的史学成果与生动的文字表达的结合，是可以也应该在一个优秀史家身上完成的。他所推许的剖破藩篱的史学大家，应该在史实史料方面具有广

---

① 程应镠：《历史的真实与通变》，《程应镠史学文存》，第 621 页。
② 虞云国：《治史三昧》，《宋史研究通讯》1986 年第 1 期。

博精深的素养，并能把握历史发展中带有普遍性或关键性的课题，以新的理论和方法，通过精炼优美的文字表述，作出新的概括和总结，从而取得超越前人的卓越成果。

（二）魏晋南北朝史研究

经过近二十年的学术积累，从 20 世纪 70 年代末叶起，程应镠才有机会将自己关于魏晋南北朝史的研究成果陆续刊布。他的魏晋南北朝史研究，在思维方向、学术观点、研究结论上，在当时都有独到领先之处。

其一，论述魏晋南北朝坞壁的性质、特点和作用，为深入了解当时人民的生存状况提供了真实的历史场景。对坞壁现象，陈寅恪、范文澜、唐长孺等学者虽各有涉及，但进行全面深入论述的，则首推程应镠的《四世纪初至五世纪末中国北方坞壁略论》。他克服了史料分散的困难，几乎把当时所能找到的相关记载都钩辑齐备，然后完整地勾勒其来龙去脉，称得上是一部坞壁简史。文章实证了坞壁在相当时期内是北方大多数人民的生存处所，对坞壁的各个方面，包括居民的构成及其相互关系，坞壁的军事属性和生产劳动情况等，进行全方位的考察。他认为，"坞壁对胡族统治者的斗争，客观上促使了胡族的汉化"；"永嘉乱后，汉族先进的生产事业被坞壁保存下来了"；"《齐民要术》所总结的生产经验，实标志着坞壁生产的水平，而不是均田制制度下生产的水平"，都是精彩而独到的见解。①他在《拓跋部汉化过程中问题述论》中指出："永嘉乱后，我国北方最重要的一个力量，是以坞壁为主的地方势力"；而他

① 程应镠：《四世纪初至五世纪末中国北方坞壁略论》，《程应镠史学文存》，第 411、413、414 页。

在《农业劳动力与三国两晋南北朝田制的变化关系》中强调："五胡十六国真正统治地方的是坞壁主"①，这些论点也都发前人所未发，开辟了一条以前人生存环境来揭示社会结构的研究路径。

其二，以考实均田制在北魏实施的具体情况，来把握少数民族统治下的胡汉关系。北魏均田制历来众说纷纭，但注意力多放在制度本身的研究上。程应镠在《论北魏实行均田令的对象与地区》里独辟蹊径，把研究方向着重放在与其关联的胡汉关系上，表现出对包括土地制度在内的经济体制与民族关系之间的独到洞察力，为理解与阐释当时土地制度提供了新视角。他的结论是，均田制是民族矛盾发展的结果，适应北魏鲜卑政权统治中原汉族人民的需要，在一定程度上缓解了他们和坞壁主所代表的汉族地主阶级的矛盾，展现了当时胡汉关系的多重形式。从现存史料来看，尽管不能断言北魏均田制的其他说法难以成立，但并不见得比程应镠自成一家之说的论证更有道理。

其三，通过对劳动者名实关系的探索，对魏晋南北朝社会结构进行全面的剖析和全新的阐述。魏晋南北朝社会矛盾交错复杂，人们的社会地位升降不定，决不可以将社会构成简单归结成诸如统治与被统治、地主与农民之间的所谓两大阶级的矛盾。程应镠认为，魏晋南北朝时期劳动者的名实关系是了解当时社会结构真相的绝佳途径，便发表了一组系列文章，作为个案研究的切入点。其中《释幹》是对幹的身份最早进行系统研究的文章，对北齐的幹与食幹制的论述，至今为止，不仅独树一帜，而且最近历史真相。《释"吏"》一文则认为"佃客和部曲，兵和

① 程应镠：《拓跋部汉化过程中问题述论》，《农业劳动力与三国两晋南北朝田制的变化关系》，《程应镠史学文存》，第455、431页。

吏，在这个历史时期内，是主要的劳动阶层；他们的身份、地位和欧洲中世纪的农奴相似"①。与泛泛而论农民阶级是主要生产者的说法相比，这一结论无疑要深刻得多。他在《释新民》里指出，"新民"是北魏统治者将各地被征服者迁徙到平城来进行农业生产的定居者，实质上是一种特殊的农奴，这一观点也是卓尔不群的。

其四，撰写《南北朝史话》，为史学通俗读物树立一个成功的样板。程应镠的《南北朝史话》完成于 1964 年，直到 1979 年才得以出版。但十五年的延滞，却未丧失其学科的前沿性。一经问世，即誉满京华，周一良推许其每一句话都是言之有据的。该书先后荣获过全国爱国主义通俗历史读物优秀奖和全国优秀青年读物奖，成为当时历史通俗读物的一个范本。这本书的特点，一是涵盖了南北朝时期政治、经济、军事、文化诸方面的大事要点，是一部较全面的通俗简史；二是文笔简练明快，生动流畅，整部书仅 12 万字，一气呵成，引人入胜；三是字里行间充满着历史的智慧和强烈的爱憎，充分发挥了史学著作的社会教育功能。

（三）宋 史 研 究

上海师范学院的宋史研究，是由张家驹奠定基础的，他是中国宋史研究开创期的重要学者之一。1973 年，张家驹去世以后，上海师院的宋史研究顿时少了一位带头人。为了使上海师院的宋史研究能够继往开来，更上层楼，程应镠毅然放下了对自己来说是轻车熟路的魏晋南北朝史研究，转向了宋史。在不到十年的时间里，他不仅把上海师院的宋史研究推进一个新高度，而且使其成为全国宋史研究的重要基地之一。

---

① 程应镠：《南北朝史话》，《程应镠史学文存》，第 24 页。

　　宋代史籍整理是程应镠对宋史研究的主要贡献之一。1971 年，他结束了在大丰干校的劳动，参加了上海师院承担的《宋史》点校工作。《宋史》在二十四史中向以卷帙浩繁芜杂而著称，陈寅恪为邓广铭的《宋史职官志考证》作序时就说过：“宋史一书，于诸正史中，卷帙最为繁多，数百年来，真能熟读之者，实无几人。”①点校整理这样一部史书的难度是不言而喻的。当时，上海师院集中了中文、历史两系几乎所有可用的人力，还从上海历史研究所和复旦大学借调了研究人员，而程应镠自始至终参与主持了这一艰巨的工作。他常常为了确定一个顿号或专名号，废寝忘食，遍阅群书，反复多次才能肯定下来。尽管如此，程应镠对整理本《宋史》仍留有一份遗憾，认为还存在问题，“标点、校勘、分段都有问题，更不必说此书原来已经存在的自相矛盾的那些问题了”。通过整理《宋史》，他进一步认识到：“宋代史料整理的工作，是大量的，没有一个相当长的时间，不认真组织人力，是整理不完的。整理是为了研究。整理研究的目的，那就是弃糟粕而取精华，继承宋代优秀的文化遗产。”②于是，在他的组织协调下，上海师院和华东师大两校学者开始标校宋史研究的另一要籍《续资治通鉴长编》，他还亲自为前 189 卷定稿。该书后获 1984 年上海市高校哲学社会科学优秀成果一等奖。稍后，两校又共同承担了《文献通考》的整理。《宋史》《续资治通鉴长编》和《文献通考》三大书的整理出版，是宋史研究中功被后世的盛事，程应镠在其中起了不容低估的重要作用。

　　编纂宋史辞典是程应镠对宋史研究的另一贡献。在整理《宋史》和

---

① 　陈寅恪：《邓广铭宋史职官志考证序》，《金明馆丛稿二编》，上海古籍出版社 1980 年版，第 245 页。
② 　程应镠：《杂谈宋史研究》，《宋史研究通讯》1984 年第 2 期。

《长编》的过程中，许多词语和典制令人不甚了了，他痛感编纂宋史辞典的必要性和迫切性。1979 年 3 月，在成都召开的全国史学规划会议上决定编纂《中国历史大辞典》，编委会约请邓广铭和程应镠出任宋史卷主编，由程应镠负责组稿，希望宋史卷能在 1983 年成书，成为断代史辞典的第一部。于是，他又以极大的热情投入到这项工作中去。从设计词目、邀请作者到审读定稿，他都每事躬亲。考虑到宋代的名物制度最难索解，他决定对食货、职官、选举、兵刑等词目尽量兼收并蓄，一些官职的简称、别称也加以收录。有关人物的词目也考虑得较周全，文官中参知政事以上的都收录，有著作流传至今的人基本上也都有一席之地。仅仅词目的收录工作就进行了一年有余，在他看来，"要使一部辞典适合于读者的需要，首先就必须在收录词目上下功夫"。初稿写就后，审稿、定稿是更艰巨的任务。他集中邀请了近二十位专治宋史的学者来进行这一工作，要求"一切据《宋史》所写的名物制度，除查对原书，还要核以《宋会要辑稿》和《文献通考》，其据宋人笔记以成文的，也必须参校他书。宋史人物，据《宋史》者必核以《东都事略》及有关行状、墓志"。这样就使许多《宋史》成书以来包括人物生卒、籍贯、俗语解释等失误得以大量改正。在这一阶段，他集中全部时间审稿。有的稿子要重写，有的稿子要补充，还必须根据需要增补词目、编写释文，工作之繁重，以"宵起旰食，殚精竭虑"来形容当不为过。在稿件三审时，他被查出患上了鼻咽癌，住院治疗期间，依然关心并指导着审稿工作的继续进行。治疗刚告段落，他就迫不及待地开始审读样稿。1982 年秋天，《中国历史大辞典》决定停止若干专史分册的编撰，宋史卷须酌量增加有关方面的内容。他一边断断续续地看稿子，一边约人编写新增词目的释文，1983 年暑假送出全部稿件。1984 年岁末，《中国历史大辞典·宋史》终于出版，成为我国第一部断代史专业辞典，也是第一部宋史研究工具书。他的兴奋之情溢于言表："我似乎又经历了一次青年时代完成一篇创作时的那种喜悦心情。"①《中国历史大辞典·宋史》后来荣获 1986 年上海市哲学社会科学优秀著作奖。程应镠不止一次地说过：编写年表、索引、辞典，包括整理典籍，如同前人栽树，能为学术研究起"开路搭桥的作用"，是功德无量的事情。为此，他甘愿为后学作人梯，置自己大量亟待整理的旧稿于不顾，投身于宋代典籍整理与宋史工具书编纂。

（四）历史人物研究

在程应镠的学术研究中，历史人物研究占有相当的比重。早在 1957 年后，他就萌生了为范仲淹写传记的强烈冲动，但命运阴差阳错，直到 1980 年才有机会实现夙愿。1984 年，他撰写了《谈历史人物的研究》，发表在《历史研究》上。这篇论文因对当时历史人物研究中的拨乱反正和理论探讨有推动的作用，而被《新华文摘》全文转载。他在 1986 年和 1991 年出版的专著《范仲淹新传》和《司马光新传》，则是对文章中所论述思想的成功实践。

其一，关于历史人物研究的重要性和必要性。首先，他从"研究历史和研究历史人物是分不开的"的角度，强调"历史人物的研究，是应当重视的"。在他看来，每个杰出的历史人物，都是他那个时代的缩影与时代精神的代表，人物研究完全可以通过一个人物反映一个时代，例如吴晗的《朱元璋传》，邓广铭的《王安石》。其次，他从史学社会功能

---

① 程应镠：《编辑〈中国历史大辞典·宋史〉卮言》，《辞书研究》1986 年第 5 期。

的角度充分肯定历史人物研究的价值和作用。较之于某些较专门的史学课题（例如制度史、经济史等等），历史人物传记无疑具有最广泛的读者覆盖面，社会上一般男女老少了解历史的最简捷途径就是通过对历史人物的了解。最后，他从历史人物的教育作用出发，强调"选取历史人物中的精华，作为教育青少年一代的教材，是我国教育史中的一个优良传统"；"培养人才，是当前建设的大需要。研究历史人物，有助于我们培养人才的借鉴"。[①]

其二，强调历史人物的研究必须全面。所谓全面研究，在程应镠看来，至少有四个层面。第一，研究历史人物，必须深入全面地研究他所处的时代、所活动的地域。不了解他们所处的时代，对历史人物的业绩、行事和思想，就会解释得不合理。但同一时代，因地域不同，其人物亦不同，对此"不能仅从自然地理方面去说明，更重要的还须从这些地方的经济、交通、教育或者别的什么方面去究其原委"。第二，应当深刻把握历史人物的局限性。他说："任何一个人，都有时代的局限，阶级的局限"；"除了这种局限之外，还有生理的、心理的、教育的局限"。[②]研究历史人物，应全面研究他的行事，人是复杂的，而不能只注意那些大事、好事。第三，历史人物留下的著作是进行研究的第一手资料，而研究一个人的作品则要求全，否则对人物的了解就不全面。在两部《新传》的写作中，他努力实践了自己的学术主张。尽管熟稔宋代史料，但重新研读了《范文正公集》和《温国文正司马公文集》，遍阅相关的宋人笔记与文集，充分全面占有传主资料，写出传记长编，这才正式动笔。第四，

---

① 程应镠：《谈历史人物的研究》，《程应镠史学文存》，第 488、489、493 页。

② 同上书，第 490—491 页。

有了对历史人物的全面了解，写起来才会有血有肉。他还认为，对经历曲折复杂、行事丰富多彩的历史人物，在着力表现传主思想、事业最本质、最主流的那部分的同时，对其性格、情绪等其他侧面也应努力发掘，以凸显一个完整无缺、有血有肉的传主形象。例如，他在《司马光新传》中甚至并不讳言司马光在元祐更化废役法时的固执，体现了对历史人物必须全面研究的一贯主张。总之，他认为，只有对历史人物的全面研究，才能使传主达到黑格尔在《美学》中所推崇的"这一个"的最高境界。

其三，关于研究方法与表现手段的探索创新。他尤其着力于历史人物个体与群体关系的发掘，即不仅仅关心研究个体本身，而且更专注于开掘研究个体的各种各样人际关系所特有的具体性。他认为，像范仲淹、司马光这样的时代巨人，前者倘若离开了庆历新政中的人际关系，后者倘若离开了熙宁新政与元祐更化中的人际关系，是既反应不了时代，也烘托不出传主的。在历史人物传记的叙事方法上，他往往不是对传主进行浓墨重彩的正面描写，而是在传主与同时代人的关系网络中展现所研究的个体。他认为，借助个体与群体的关系来研究和刻画传主，是对历史传记旧模式的突破，完全符合"人的本质是各种社会关系的总和"这一社会学著名原理的。这种研究方法和叙述风格，更能使传主形象克服扁平性，增强立体感。

其四，关于历史人物传记的叙事风格。有关历史人物的研究成果，其表现形式一是论文，一是传记。对历史人物传记的写作，程应镠也是富有个性的。他自幼养成对中国古典文学的浓厚兴趣至老不衰，青年时代又追随沈从文先生从事过文学创作，因而尤其讲究文字的表达。他主张历史人物传记应该既有历史学家的严谨和深刻，又有文学家的激情和技巧。《范仲淹新传》和《司马光新传》，融史学论著的严谨与传记文学的优美于一炉，堪称史学和文学相当完美的结合，正是他追求这一境界的具体实践，故一经问世，即被宋史学界推为人物研究的佳构。关于历史人物传记的写作，他推崇《史记》的风格，"着力于叙事，以及与事相关的人"①，不主张多发议论，甚至连夹叙夹议也尽量避免。他坚信论从史出，认为只要叙事作好了，其论自见。

总之，对于历史研究，程应镠是既有理论又有实践的史学家，给后人留下了富有启示性的史学遗产。

程应镠的史学著作主要有《南北朝史话》（北京出版社，1979 年）、《范仲淹新传》（上海人民出版社，1986 年）和《司马光新传》（上海人民出版社，1991 年），学术论文结集为《流金集·学术编》（上海古籍出版社，1995 年），文学作品有《一年集》（收入"烽火文丛"，1940 年；文化出版社，1949 年），其他散文、杂感、政论与旧体诗词结集为《流金集·诗文编》。另有《严谴日记》等未刊稿。

附记：严耀中与范荧教授分别提供了"魏晋南北朝史研究"与"历史人物研究"两节初稿，特致鸣谢。

（原载《程应镠史学文存》，题为《程应镠评传》，
上海人民出版社 2010 年版）

---

① 程应镠：《范仲淹新传·自序》，《程应镠史学文存》，第 109 页。

图书在版编目(CIP)数据

学随世转：二十世纪中国的史家与史学/虞云国著
. —上海：上海人民出版社，2023
（虞云国著作集）
ISBN 978-7-208-18246-2

Ⅰ.①学…　Ⅱ.①虞…　Ⅲ.①史学家-研究-中国-
20世纪 ②史学-研究-中国-20世纪　Ⅳ.①K092.6

中国国家版本馆 CIP 数据核字(2023)第 065331 号

责任编辑　崔燕南
封面设计　甘信宇

虞云国著作集
学随世转：二十世纪中国的史家与史学
虞云国　著

出　　版　上海人民出版社
　　　　　（201101　上海市闵行区号景路 159 弄 C 座）
发　　行　上海人民出版社发行中心
印　　刷　上海盛通时代印刷有限公司
开　　本　890×1240　1/32
印　　张　15.25
插　　页　5
字　　数　356,000
版　　次　2023 年 6 月第 1 版
印　　次　2024 年 3 月第 3 次印刷
ISBN 978-7-208-18246-2/K·3277
定　　价　98.00 元